我們的故事

濟世傳情
100位愛心志工，分享難忘的人生紀錄

王興隆 主編

出版緣起

二十八年前出版了《淘氣阿隆》，邀了二十三位好友各寫一篇，讀後引發童年趣事回憶。

今天《淘氣阿隆》由時報文化重新出版，引起更多好友寫作興趣，乃邀請大家共寫一本，可當傳家寶的好書。

一人一篇，也有人寫得文思泉湧欲罷不能。

每篇令人拍案叫絕，充滿人生智慧。做人做事求學工作的應有態度；如何克服艱苦卓絕困境，開創美好的人生。

這一百多篇精彩故事，富含見賢思齊的示範教育。

我很高興能和作者們志工們為大家服務，愛心行善造福世界。

王興隆寫於二〇二二年二月一日（大年初一）

大手牽小手，代代祝福

我們是飽經戰亂一代父母的子女，生長在風雨飄蕩的歲月，奮鬥一生。
這是一本由一百位作者，一群樂於分享的愛心志工，共同寫下的難忘人生回憶。
我們的善良，我們的敦厚，讓世界大同不再是純理想，而是可逐步一一實現的！
人是萬物最靈，保護每個人的生命，讓人類和平生活在這個世界，是各方英雄的共識。
祝福惜福共享幸福！

目次 Content

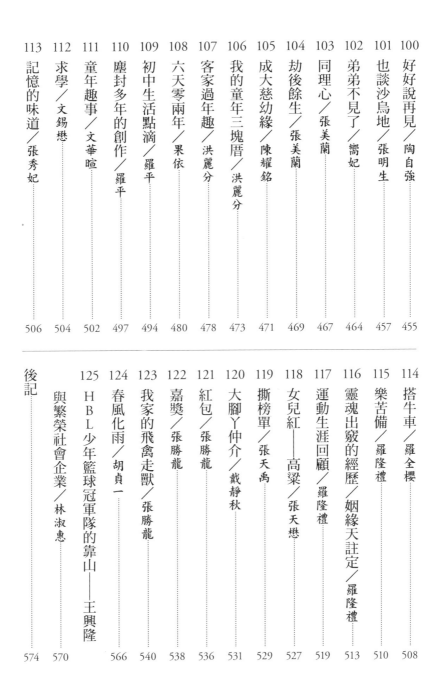

1

天使告解

謝旭英

六十四年前高雄誕生了一位可愛的小女生，但並未得到天主的垂憐，讓她得到嚴重的氣喘。

進出醫院上百次，可能是花光父母的安家費。最後一次醫生搖頭了，爸爸就把我放在床邊（喘），靠著自己強烈的生命力，我活到的今日。

四十年前的社會一般都是貧困的，哪來的零嘴，想吃東西自己想辦法。家門前就是一個芭樂園，我家有兩位小偷一位把風的小精靈，偷摘芭樂的樂趣驚險刺激，成功時開心的大吃（但上大號時就辛苦了），如被爸爸發現就會被打得半死，但我們的成功率很高，偷不少次。

家的斜對面開了一間雜貨店，顧店的是一位阿嬤，我們姊弟三人合作無間，專偷酸梅、金甘丫糖，不偷錢。每次下手都萬無一失，感覺自己很厲害，還好長大知羞恥，否則可能搶銀行……

上小學，坐在隔壁的同學家裡也是開雜貨店，有一次請我吃冰糖（一小塊），感到人間美味，就跟他訂了一毛錢的冰糖。錢從哪裡來？我就偷媽媽包包裡面的錢來滿足我的口欲。長大後我曾問媽媽，那時有沒有發現錢包裡面的錢少了？開始賺錢後，每個月我都把薪水袋交給媽媽，彌補我小時候天真的無知。

無情的歲月，帶走我們青春年華，我們在風中雨中艱難困苦歡笑中，漸漸的老了。回首少年的美好，青春的激情，中年成功奉獻，寫盡了人生的芳華，我無法用很多的錢奉獻於社會，但我捐血已超過五十次。

在董事長感化帶領下，每天用一顆善良的心，感恩成就一切的美好，用一顆寬容的心，感恩無法接受、無法改變的不好。

願大家平安！感恩！

2

大武山下的囝仔

林順益

我出生在屏東大武山的山腳下，一眼望去，就可看到山巒起伏、雄偉美麗的大武山。

民國四十七年要坐三輪車到鎮內的信愛幼稚園上學，國小三年級獲選去三十公里外的學校參加屏東縣算術比賽，老師去租了一輛鐵牛車載我們去。在小五的時候，政府決定從我們這一屆開始實施九年國民義務教育，升學壓力解除，下課開始去漫畫書店租漫書來看，尤其是四郎真平《大戰魔鬼黨》最好看。

假日有時到住家附近水稻田的溪流釣青蛙，有時跟大人去鎮內戲院看電影，日本片的《黃金孔雀城》、國片的《梁山伯與祝英台》等。

潮州有全國唯一的跳傘訓練基地，每天早上傘兵會從C119上一個接一個跳下來，十分好看。但升上小六後，因為政府預算不足，九年國教延後，風雲變色，開始放學後還要上補習課的苦日子。

初一上時，教室不足，要在大樹下掛黑板上課，選舉模範生採全校投票的，我當時以初一菜鳥的新生打敗初二跟初三的；初二擔任班長，有次在中午時，有一位男老師和一位新來的女老師去福利社吃點心，調皮的同學起鬨吹口哨，結果被體罰帶全班去行政大樓罰跪，班長跪在最前面，真是刻骨銘心。

我是預官27期少尉，分發至裝甲旅戰車營，參謀大學第一名畢業的陳少校營長會特別每週舉辦軍官團教育訓練、戰術研討，我心中暗自揣測這是一個很優秀的營。結果不出所料我們這個營二十多年後誕生了兩個陸軍副司令，其中一個嚴姓上尉更厲害，最後當上陸軍司令、參謀總長、國防部長，真是一個很奇妙的服兵役經驗。

3

研發歷程回顧

林德雄

人生座右銘：未經一番寒徹骨，哪得梅花撲鼻香？

一九八四進入一家做蘋果相容的電腦公司擔任技術員工作，為了加速對電腦的了解，向公司分期付款購買了兩套電腦（軟硬體分析搭配使用），花了半年時間研究，將時間分為三段：工作（8-18）、睡眠（19-1）及專業充電（2-7），很快地對電腦軟硬體有了一定程度的了解，於是有機會進入研發設計的部門。

有一次，有機會與日本HITACHI合作，一個LAPTOP膝上型電腦的ODM案子，產品由日立銷售日本市場，在它們的嚴格的品質要求下，產品必須通過嚴苛的驗證過程。了解到日本公司品管部門對品質不妥協的立場，即使研發部門判定可放行，品管部門決定不能通過，產品還是不能量產，直到把所有認為疑慮的問題解決才量產上市。

（研發的日子，可說是通宵達旦、燈火通明、廢寢忘食，日以繼夜、三餐不定、密集會議、壓力爆表。）

由於HITACHI ODM的加持，市場認可研發設計品質的能力，在日本、歐洲、美國產品市場的拓展急速擴張。以及對新客戶取得訂單的積極作為，甚至將研發人力送到客戶端及時解決或回覆客戶問題或疑慮，很快的公司即成為台灣數一數二的LCD顯示器製造廠。

在一次抉擇來到台南建立研發基地，由於公司文化環境因素，不得不改變以往產品方向，朝利基市場方向發展，於是我們選擇了工業醫療、戶外用顯示器產品。由於母公司的加持，很快地產品應用到超商、捷運、百貨公司，國外地下鐵、美食街，醫院等等。

然而，人畢竟會衰老，身體機能會退化，該是變換跑道的時候了。

在還有存在價值時，加入了服務志工的行列：

經濟部中小企業榮譽指導員（企業服務志工）

奇美博物館志工

繁榮社會志工

4

感恩之心

林炳榮（創造世界第一高爾夫球頭王國）

年過七十，退休已滿十二載。

憶及學校畢業初入社會之時，有外商、公家及房產公司提供之選擇機會。當時正好學長也是師兄金樹屏先生服務於復盛公司，就問是否有興趣成為同事，他可安排與李後藤董事長聊聊。因唸研究所的指導教授汪泰昌先生當時有開「人群關係」課程，有次邀請李董事長談其事業經營心得，地點就在復盛三樓會議室，故與董事長有一面之緣，也就請金兄安排引見。

再次回到三樓辦公室，董事長房間就在會議室隔壁，與金兄一起進入房間，就在董事長桌前坐下聊了起來，結束之前我就冒昧的提出一要求，是否可安排我與一些主管聊聊，董事長隨口即請金兄安排，也就到工廠與一些主管請教。結果發現這些主管都是資深人員，也因而對復盛有更進一步的了解。

離開工廠與金兄再聊時，他說公司每月初都有一經營會議，會提出上個月的報表，檢討經營成果。我又大膽的提出是否可請問董事長給我參加一次，未想到也又同意了。此時的感受又是另一種味道。當然，參加之後不論是對董事長的風格或是公司經營的理念，主管們開會時的點滴過程，更加深了進一層的思考。

後來金兄來電問我考慮如何？再次的說想與董事長再見一次面，因此又回到三樓房間。董事長問我考慮的如何，是否有興趣來復盛？我說還有一個問題想請教董事長本人，他說你就問吧！我說：「如果董事長要聘用一名員工，那最重要的一點是什麼？」當時董事長未加思索就隨口回答「誠實」。就在那瞬間我也接著回應「好的，我決定到復盛上班」，就這麼一句話，也沒問入職時的待遇多少，就從一而終在復盛公司服務直至退休。其中除感恩董事長的完全信任授權與各級上司的教導，加上同事夥伴們的同心協力，讓我能順利的走完職場之途。感恩再感恩！

5

永遠的痛

梁聿娟

不知道大家是否能記得自己四、五歲的事？而我這輩子永遠記得住在四、五歲的時候。

我的弟弟是一個乖巧聰明，而且非常孝順。

大頭弟弟我永遠都記得他的耳朵是那麼的大。

爸爸最喜歡跟他玩的遊戲就是「摸鳥鳥」，當爸爸摸鳥鳥，弟弟的笑聲響徹雲霄！

就在那一天我跟二妹在客廳玩——

媽媽突然聽到在廁所大便的媽媽：「阿娟拿衛生紙給媽媽！」

才剛回應說「好」，話還說完，孝順的弟弟急急忙忙抓著衛生紙衝向的廁所。

隨後馬上聽到了慘叫的聲音……

那撕心裂肺的聲音，這一輩子永遠忘不了……

我和二妹衝向廁所，看到的那一幕是我永遠無法忘記的痛。

弟弟下半身已經泡在熱滾滾的臉盆裡裡，媽媽抱著弟弟衝到鄉下唯一一間診所。

弟弟住進了醫院的日子是我們非常煎熬痛苦的日子，每天媽媽罵著哭著憤怒著，因為都是我沒有聽到媽媽的呼喊聲，以至於才會發生這麼不幸的事！

當時年幼的我完全不懂，只知道哭，更還有的是害怕失去了弟弟。

過了幾天，弟弟搶救無效。連最後一面都沒有看到弟弟，只看到弟弟被裝載至一個小小的箱子，永遠消失！

那瞬間，世界末日。

我每天痛苦與自責，媽媽更活在憤怒痛苦傷痛之中，直到有一天媽媽「牽人姨」，把弟弟魂附身在別人的身上，說明了當時的真相。

弟弟說是他搶先抓了衛生紙要給媽媽，不是大姊的錯。他告訴媽媽說不要難過！是土地公爺爺把他帶走的。他會保佑媽媽再生一個弟弟，弟弟會代替他永遠孝順媽媽……

那一年媽媽足不出戶，每天拿著弟弟相片哭了又醒了，醒了又哭，這種日子持續過了一年。

全家深處痛苦之中，度日如年。

神奇的是，隔年媽媽生了弟弟（家中唯一男丁），才慢慢地看見媽媽的笑容，媽媽也才漸漸地對我釋懷。

但是，這個痛到仍是痛……

「土地公爺爺的孩子弟弟」，感謝你來當媽媽的孩子、我的弟弟！孝順的你帶來現在的弟弟，弟弟很孝順爸爸媽媽，也很貼心，大姊對他的愛如同你一般。感謝你！一直保佑著我們，感謝我們短短幾年的姊弟情……

6

方城之戰

王康玲

小時候家裡最常見的就是方城之戰了，每每都是各位媽媽們在桌上為了加菜錢而奮戰，爸爸們則是帶著我們一群小毛頭去買玩具、放鞭炮和到公園玩樂。等結束後，我們也會看媽媽的臉色，判定今天是可以拿點零花錢，還是最好躲遠一點。

媽媽打麻將的怪癖很多，有時會接到她的電話，要你把枕頭豎起；向她要零用錢時，一律不能在打麻將前要；所有房間的書也都要收起來，當然紅內衣褲是必勝的裝備，這些怪癖隨著時間的推移越來越多，不勝枚舉。

曾有幾次，覺得錢包的錢越來越少，一開始以為自己花了忘記了，於是開始記帳，才發現原來這些錢都是被媽媽「借」去了，投資理財的基本觀念，也由此慢慢建立。不但讓我從小訓練記帳的能力，還讓我理解了投資是有風險的，不是每次都會賺錢的啊！有時連本金都會賠，當然若有贏錢，我也能獲得不錯的分紅啦！所以我也很認真的幫她執行這些怪癖，希望可以增加一點投報率。

為了吸引她的注意，希望可以多關心一下小孩，特別在圖文週記上寫了一篇方城之戰的作文，沒有想到居然獲得親友們的一致好評，還廣為傳頌。但長大後，媽媽打麻將時一起打發時間的兒時玩伴慢慢分離，牌搭子也從親朋好友、鄰居變到不認識的陌生人，牌桌上的話題，可以把所有的日常瑣事鉅細靡遺的報告一次，包含每天吃了什麼，誰家的小孩又換了男女朋友，誰考上了大學，甚至祖宗八代都可以拿出來說。每天從早打到晚的噪音，終於讓鄰居受不了報警，警察請她們交出證件，沒有一個人肯交，居然要沒有參與的我交證件，累積很久的怒氣終於爆發，請媽媽以後再也不要和她們打麻將。

現在媽媽年紀大了，如果打麻將能讓她開心和訓練腦力也不錯，只是時不時還是要透過監控看一下，重點是有沒有戴上口罩。每每看到沒有戴口罩，我就會打電話去關切一下，這時你就會看到每個人匆忙戴上口罩，跟我說都有戴啊！然後Line就會收到一張四位口罩美女的方城之戰照片。

7

趕麻雀

曾鳳蘭

小時候在台中大里鄉下長大，每次回台中總喜歡用開車的方式去。因為這樣可以隨意開到，我想念的那片土地上，下車走走看看。路途雖然辛苦，但一到大里頓時精神百倍，空氣是香的，年齡也回到從前……

每次從中興大學，往大里方向，想走一條早期常走的產業道路，繞來繞去始終沒成功。到現在依然無解……只好乖乖的走國光路，轉上田巷首先映入眼簾的，是大里長老教會。只看看外觀也開心，再到對面的大里國小走走。雖然日式建築早已改建，景觀完全不一樣。但尋找幼時在鳳凰樹下灌蟋蟀，在日式宿舍躲貓貓及在相思樹下撿拾相思豆的樂趣。再則走到當時農會舊址後面的老家，當時隔壁鄰居就是大里很有名的林家鹹菜製造所。依稀記得有好幾甕超大木桶，用來醃鹹菜。鹹菜的酸鹹味道瀰漫飄散在空氣中。

曾家古厝公媽廳後面，有棵老楊桃樹。小時候經常跟孫字輩的同年孫女兒伴（因輩份較大），爬上樹上遊玩。

當時爸爸在街上做生意，農事都是請人代勞。不管插秧除草割稻因著媽媽的好手藝，割稻飯及點心總讓大家吃得讚不絕口……除了田裡的幾分地外，在家稻場前還有一大片菜園跟田地。記得當時稻子收割後，會種香瓜，瓜甜引來麻雀。小一的我就有課後小工作，在檳榔樹下寫著功課，隨時看管麻雀。當一群麻雀停留吃瓜時，我即拿著綁著稻草的棍子，快速的跑跑跳跳趕麻雀，口中並大聲么喝嚇唬小麻雀。中場休息時，媽媽會帶來好吃的東西犒賞我。

大里除了古意盎然的媽祖廟，還有一座香火鼎盛的七將軍廟。每到農曆七月就會有來自各地的信徒參拜，此時賣香及紙錢的賣家，使出各家本領搶生意。酬謝的布袋戲三個月也演不完，到了七月五日當天慶祝生日，鑼鼓聲響徹雲霄。全村總動員辦流水席，款待親朋好友。傍晚時分客人蜂擁而至，把街道擠得水洩不通，家家戶戶歡笑聲不絕於耳。

童年治癒一生，恩典滿滿，感謝爸媽溫暖的守護，也謝謝家鄉的純樸底蘊，是如此般的美好回憶，讓我的童年快樂無比！

8

憶意外

蔡智雄

記得一九七七年在台南縣新化鎮某營造商當業務，負責行銷樓梯間的階梯鋼管，第一天與老闆開車去高雄拜訪客戶，在省公路上看到進香團遊覽車發生車禍半倒傾斜，不少進香客頭破血流爬出車外慘不忍睹。

第二天清晨上班我開小貨車去工地，車後架上放著鋼筋建材，下面放置甜點飲料，在虎頭埤路上車時速四〇公里，卻成S型往前跑，趕緊剎車後，小貨車竟然四輪朝天翻倒在路邊，本人毫髮無傷，馬上有路人來幫忙把車翻正，幸好清晨車少也無警察來訪。原來是車後架上鋼筋建材沒有固定綁好，導致車開後重心不穩左右搖晃，所以緊急剎車後向右翻車。第三天後都在老闆工廠內用機械割鋼管製品，滿一個月薪水不領就辭職不幹。

一九八六年在台北藥商上班，有次南下出差開車北上，在新營高速公路上前方八十公尺處油罐車突然出狀況，由右向左傾斜。我緊急開車往右前方加速衝過，閃避一場車禍。後來有天晚間奶媽先生開車載我們北上在台中高速公路上遇上前方車禍，緊急向右剎車左前方後鏡與前方車擦斷而過，還好右後方無來車，否則又是一場悲劇，馬上下交流道公路旁車廠修理。

一九九×年某月參加陽明山上的潛能激勵活動，用完午餐後我開車載四位朋友經由仰德大道下山一直踩剎車，一路上踩剎車一踩一剎竟然剎車失靈，一直衝到福林路口，為避免撞到前方車輛我趕緊把車開向左前方用手剎車緊急停車。好險中午對方無來車，也避免一場車禍發生。

又有一次晚間偕妻開車去烏來野溪泡溫泉（現已封閉），在回程碰的一聲撞到一條黑狗，牠哀嚎的走開；從此以後我就很少開車。去年（二〇二一）十一月初下午首次開車去公托載外孫女回家，進入社區地下停車場時女婿在旁叮嚀注意右邊牆壁，一時疏忽不知道前面竟然停輛黑色BMW的車，被我擦撞其左前大燈，這下只好請保險公司處理理賠事宜。往昔四十年開車經驗皆OK，竟然在社區發生小擦撞車禍，真的歲月不饒人，健康打折扣。這使我想起游泳池畔救生員的責任，就是排除解決泳客意外的發生，高官庶民窮富人皆一樣。所以健康＝1最重要也會降低疾病意外發生的機會。

祝福今後就平安了！

9

走入——樹人之路

潘淑梅

民國七十八年舉家返台，定居高雄（生長、出生的故鄉）一回台，雄心勃勃想再為社會貢獻一番，也找到了國小代課教師的工作，鳳山國小是我從事教育的搖籃。

在代課期間，接觸不少成為正式教師的資訊，當年六月底代課教師期滿，必須思考未來長期的任職，向同事借一些教師專業科目的書來研讀，對於注音符號、教材教法等等陌生的書越看越不懂。第一年參加屏東師範學院師資班考試，未上榜，再接再厲加入補習班補習。白天照顧小孩，晚上到高雄補習，夜深人靜時，我獨自依窗夜讀，一心一意只想考進師資班。終於，皇天不負苦心人，從二千多人脫穎而出，考進機率百分之七的東師師資班，喜而望出告訴我的父親。

父親面有難色，我怎能帶四個小孩還要讀書呢？最後決定帶著老二、老三到東部讀書，先生帶老大和老么住在高雄。白天帶著老二、老三到台東復興國小就都讀，自己到學校擔任短期代課，晚上再帶兩個小孩到台東師院上課。兩個小孩坐第一排，我坐在她們旁邊，我在上課，她們寫她們作業，晚上上完課回到租處都已十點了。現在回想起來，在那寧靜地方的夜晚，我怎會有那股毅力熬過這一年呢？真不可思議。第二年成為花蓮富南國小正式老師，每天早上從台東搭七點的火車到富南國小，接著騎摩托車在馬路上奔馳，看到兩旁稻秧隨風搖曳，真是心曠神怡。

一年後調回台東太麻里新興國小，學校雖小，一個年級一班，排灣族兒童確實樂天派，數理較弱，但歌唱和運動天分能力很強。在太麻里那一年深深感受到原住民家長的熱情好客，對老師的尊敬，學校同事間深厚的感情，每週三下午大家一起遊金針山，同事生日一起慶生，多遐意的生活。隔年調到台北縣新埔國小，號稱有舞蹈、美術雙資優學校，學生約六、七千人，每年級二十四班，每班五十～六十人，家長較冷漠，同事間感情較平淡，學生數理較強，但品性方面較市儈，沒有東部學生純真、樂天。

我從南部教到東部，再從東部繞到北部，幾乎走遍半個台灣，深深感受到孟子所言：「人之初，性本善」。要把天生善良本性啟迪出來，必須靠著良師來引導，我問心無愧為社會、國家樹人盡一份心力。

10

人生的際遇難期！

胡大文

人生過半漸老垂，縱談古今論誰非，相聚同歌憶過往，燒餅吃來誰推背？

八字排來莫道遲，先貧後富有誰知，當年韓信招人笑，其次蘇秦被嫂欺，

堯舜五旬登帝位，太公八十遇王時，買臣原是擔柴客，後當朝中宰相兒；

……

話說崑崙山上，大雪紛飛，蓋滿白色的山頭！

「姜尚，你在山上多少年了？今年幾歲了？」

「師父，三、四十個年頭了！打三十多歲上山到現在……」

元始天尊望了一下這個徒弟，嘆了口氣……欲言又止……還是說了「子牙！跟著為師修行，道業路途遙遠，我看你的骨質，我看今生成仙無望，下山去吧！」

「不！師父！我一定加倍努力尊從師父您的教誨，每日早晚練精化氣、練氣化神、練神還虛、將來更上一層

練虛歸空，永不辜負師尊，讓我留在山上吧！」

「不行！你塵緣未了，還是下山去吧！尚有事情等著呢？為師不留你了！」

子牙無奈只好收拾包袱，悶悶不樂的慢慢下了崑崙山……

「我四十歲時，為什麼不早說？下山還有點希望，都到七十歲了，頭髮鬍子都白了才趕我下山，什麼意思嘛?!師父真是豈有此理，不近人情，或許修道成仙之人都如此嗎？真是豈有此理！莫名奇妙嘛……」

一路上腦袋空白，搖晃之間居然到了渭河邊，肚子餓了，只好找了根竹竿，綁上線想辦法釣魚充飢……但又沒魚鉤，怎辦？反正願者上鉤嘛……

時間不停留，一混十多年的時光又過了，就這樣來到八十歲了……說時遲那時快，就在八十三歲那年姜太公遇到了西伯姬昌，也就是後來的周文王。姜子牙封神及功業開啟了人生的第二春，輔佐武王伐紂，建立了八百多年的周王朝。也是分封在齊國的創始者。八字排來莫道遲，人生的際遇就是這麼奇妙，年輕時的意氣風發，或老來走運又有誰能得知呢？走運之前走運之後，又有誰未卜先知呢？

想想自己、看看同學，咱們也邁入所謂古稀之齡，較之姜太公，尚未開始呢！

人生七十說古稀，轉眼如今輪自己，

退休安閒事無奇，長壽健康倚身體，
起居有節得自勵，粗茶淡菜不在意，
心靈舒調有所依，家庭和睦人歡喜，
朋友交流無盡意，寬坦和諧才有戲，
任運腦筋創新意，鍛鍊肌骨也練氣，
修習覺法啟玄機，了了心神難思議，
無煩無惱身無疾，天假春秋心不期。

11

想念

秋

在屏東縣的小村鎮上，一家雜貨店裡響起林某對著小女孩大聲說話的聲音：

「又不是不還你們錢，快把我要買的米跟砂糖拿給我。」小女孩也不甘示弱地怒斥著，「我們家又沒欠你，你已經積欠了好幾千塊，不要以為大聲就可以欺負我們。」

這時，女孩的媽媽出現了，手上還拿著剛剛林某要賒欠的物品。媽媽告訴林某：「你拿著吧，趕快回家給你太太做飯給孩子們吃。」

林某接過女孩媽媽手中的物品趕緊離去。

女孩的臉蛋氣得似蘋果般紅通通，嘴巴噘高高的對母親說道：「媽媽，都是妳害的！我們家也有六個孩子，我們自己也都快沒飯吃了，村裡這麼多人就是知道妳心腸軟，都是故意來這裡買東西賒帳不還的。」

女孩母親對著女孩說道：「每個人都有遇到困難的時刻，我們能做的只是物質上的幫助。人一輩子不用計較太多，施出了恩惠也別總想著要別人報答你，這才是真正的捨得。」

女孩的人生觀也從此刻改變。

在母親的諄諄教誨下，女孩養成了喜歡音樂及所有藝文推動跟社區志工的活動，她立志一生都要像母親一樣保持良善，盡己所能之力幫助他人。

二〇一八年女孩的母親因病去世了。女孩非常想念母親，非常……

波蘭鋼琴詩人蕭邦，是女孩最喜愛的音樂家之一。他的作品，不管是在當年，還是兩百年後的今天，旋律始終觸動人心，未曾改變。

女孩最難忘的是在一次旅遊中，華沙街上，那十五張黑色的大理石長椅。大理石是特別從瑞典挑選過來的，長椅上繪有一個路線圖，那是所有長椅放置的位置，也是蕭邦曾走過的足跡。長椅上有一個銀色按鈕，一鍵按下，蕭邦的琴音就這麼傾瀉而出。

這是波蘭人想念蕭邦的方式。

蕭邦的音樂，伴隨停下腳步休息片刻的旅人，這是最單純又幸福的滋味！

蕭邦的父親是法國人，母親是波蘭人，蕭邦有一半的法國血統，一半的波蘭血統。

蕭邦西元一八一〇年出生於波蘭華沙，從小就展現出在音樂上的天賦。蕭邦西元一八三一年到了法國巴黎，音樂上的成就達到了巔峰。

蕭邦的一生，在波蘭過了前半生，在法國過了後半段。蕭邦受肺病所苦，享年三十九歲。西元一八四九年病逝於法國巴黎，葬於拉雪茲神父公墓。但他的心臟，依他的遺願，飛越一五九一公里，回到了波蘭華沙，安置在聖十字教堂。

蕭邦去世後，仍然選擇了法國一半，波蘭一半。

女孩很難忘記，在聖十字教堂，親手撫摸蕭邦心臟安眠之處的柱子。冰冷的石頭卻有無限的暖度，彷彿母親及蕭邦從未離開。

女孩想念，聖十字教堂，有點淡淡憂傷的空氣了。

12

眷村生活軼事

楊蘭蒂

從小到現在已年屆七旬，只有在眷村中生活的二十五年的漫長歲月，讓我印象深刻，時有點滴在心頭。父母雙親帶著我的大哥、二哥跟隨將蔣介石軍隊在民國三十八年從基隆下船到達台灣，三哥與我陸續在台北出生，之後父親隨軍隊調到台南的砲兵學校，舉家搬遷到台南的眷村——影劇三村。

我居住的眷村臨近台南市就在小東路的尾端。這個眷村擁有五百多戶的住戶，百分之八十是陸軍的眷屬以及一些為國捐軀的遺眷，還有少部分的大陳義胞。眷村擁有自己的小學、天主堂、市場藍球場等公共設施，自然形成一個小型的眷村社會。還記得小學同班同學五十五位只有兩位是臨近農戶的子女，從來也不用推行國語，因為大家也只會講國語，甚至小時候我都不知道還有台語。所以在我小學畢業後，進入台南市就讀初中時，同學們下課後用台語交談，我幾乎一句也聽不懂，常常雞同鴨講，鬧出一堆笑話。

天主堂更是我童年常去玩耍的地方，星期日母親必定帶著我去天主教堂望彌撒，每作一次彌撒就蓋一個天主教堂的印章，集滿十個章就可以換糖果餅乾或者文具用品。每年到聖誕節的時候，更是全家出動，到教堂可以領取奶粉、包穀粉還有美國人捐贈的舊衣服，大家高興得很呢，都早早就去教堂排隊佔位子。這些小時侯的活動，也讓我成為一個天主教徒，養成每年的聖誕夜去望子夜彌撒的習慣。

由於家中食指浩繁，父親微薄的軍中薪資，讓母親在持家時常常捉襟見肘，難以應付六張嘴。記憶中母親早期曾至成衣工廠作女工貼補家用，但是無法兼顧家庭，只短暫作了幾個月，改在村邊空地種些蔬菜養些雞鴨。大約在民國五十幾年時，社會變遷，又改為在家裡接些手工代工，舉凡塑膠花加工、聖誕燈串加工、成衣加工等等，響應政府的客廳即工廠，也改善了家庭的生活。

猶記得在大哥、二哥在就讀高中，三哥就讀初中，我還在讀小六時，只要每當開學時，家裡惟一的腳踏車就被送進當舖籌措哥哥們的學費，令我印象深刻記憶猶新。雖然當時生活艱辛，但是生活充滿希望，全家人一起努力打拼，生活中隨時充滿歡笑。中秋夜時全家團聚在院子裡，一邊吃著月餅柚子，一邊談天說笑看著一輪明月高掛天際，院子裡叢叢的夜來香飄來陣陣清香，更是讓我融化在這醇香和樂的氣氛中不能自已，至今回想到此還是感動不已。到底是時光無法倒流，雙親已故去多年，兄長也各自成家，此情此景只待成追憶。

13

一甲子情緣

邱黃肇崇

在屏東三地門地磨兒部落一角，和父親一起望著層層山巒，大地的生命之水從未停歇，一如這裡的故事，精彩不斷。

六十年前，一九六〇年，爸爸從師範學校畢業，才十九歲就分發來屏東縣三地國小服務，也就是今天的地磨兒國小。那一屆他教出來的三地國小畢業生有八位考上初中，這件事他最津津樂道！我沒經歷初中考試的階段，不知這個數字到底是多還是少，只是從其他教育界的長輩得知這在當時非常不容易！我相信爸爸的皮帶應該很多人領受過其厲害。哈！

這八位當初考上初中的畢業生，就我所知的後來有擔任鄉長的，也有做老師、主任、志願軍官還有在公部門服務的，許多人投入原住民教育或是進入政府部門，扮演中堅角色。

二〇二〇年七月某日，爸爸擬稿託了一位好友書寫賀詞，表框起來，要我載他去三地門的旁聽席餐廳，親自送給曾擔任鄉長的愛徒。在大地山水綠蔭中停留片刻，看著爸爸和六十年前的所教的學生互道往事回憶過往，一甲子的師生情緣自然流露，令人感動。

這幾年爸爸的表達和行動能力日益退化，但潛藏在記憶深處的故事，在遇到某些人與事的時候就會不斷浮現出來，而且急欲分享。他說三地國小那一屆有一位學生姓蘇的，腦筋很好，但因為家境因素就去念軍校當到上校退伍，前幾年聽說身體不好，曾經告訴別人說想要來看看我爸爸，卻陰錯陽差沒有見到面就因病離世，爸爸一直覺得是個遺憾。爸爸又想起當時三地村一位年輕人騎著腳踏車從山上沿著現在的台24線溜下去水門，剎車壞了，最後像犁田似的鼻子被削去一半。他也提到後來在鹽埔鄉振興國小服務時，一位小朋友被工友的割草機意外割斷腿，那位小孩子並沒有喪志，努力奮發向上，最後考取醫學院當了醫師。

再舉個例子，爸爸寫賀詞對聯也有一套，即便是近年體力日衰，但賀詞對聯都還是自己構思，例如這次來到三地門旁聽席餐廳贈給鄉長伉儷的賀詞就用了鄉長伉儷大名。

榮宗耀祖勤奮有成納千祥

麗質天生相夫教子四季春

又如要恭賀同鄉的伍麗華校長當選立法委員，也是用她名字撰詞致贈。

麗質天生秋水為神玉為骨
華美博學金石諍言揚殿堂

其實爸爸到老即便思考表達有些遲緩，心靈一直是清澈的啊！

年少時讀到「一甲子」這個形容歲月的字詞，覺得似乎好漫長。而今回想一年多前和爸爸來到三地門旁聽席餐廳聽到他敘述六十年前的生活點滴，一甲子卻又好像只是沒多久的事一樣。真的，凡事沒有絕對，只有相對。

爸爸已在二〇二一年七月蒙主寵召，點滴歷歷在目，思念永不止息。

14

頑童合唱團

李涵瑜

民國七十年代，父母從基隆和新營來台北打拼，印象中搬過好幾次家，換了好多所幼兒園。直到我五歲時，在榮工處工作的父親前往沙烏地阿拉伯協助軍事工程，我們搬到板橋遠東紡織員工宿舍與叔叔一家同住，才逐漸安定下來。

叔叔嬸嬸對我們很好，媽媽和嬸嬸會輪流預備餐食，清晨是熱騰騰的白粥，配上煎蛋、肉鬆、青菜、麵筋、醬瓜；晚上則是營養豐富的一桌飯菜。叔叔每晚會回家吃飯，飯桌上圍著兩家六口。收拾完廚餘後，媽媽、嬸嬸會去園區的垃圾場倒垃圾，散步過去會經過一小段林道，三個孩子總是要跟，一起乘著晚風，伴著月光和歡笑。

叔叔嬸嬸有兩個兒子，老大全全，老二安安，分別小我一歲和兩歲。全全出生時由於臍帶繞頸，身體會不協調而且講話不清楚，動作更是跟不上；安安聰明過人，活潑好動，反應快到我追不上。嬸嬸並未把全全當成特殊的孩子養，常常帶他去游泳，讓他跟正常的孩子玩在一起。在那個純真可愛的年代，我們三人成為彼此的瘋狂玩伴。

每天吃完早餐，我們三人會排隊去浴室給叔叔用熱毛巾擦臉、自己刷牙，然後手牽手上學去。在家時，我們會玩躲貓貓，躲到衣櫥倒了出不來，還會製造化學藥水、打自創高爾夫球。有一次身為大姊的我突發奇想，想知道十元吞進肚子裡會不會上廁所時跑出來？於是慫恿全全做這事，當我的實驗品。結果可憐的全全無法做到，哭著找嬸嬸，那段期間我看到叔叔嬸嬸就會像貓躲老鼠一樣淒慘。

有一次嬸嬸去辦事，將三個孩子暫時留在一樓玩，旁邊還有一台手推車，我們三個當然全部站上那台手推車，開始玩火車快飛的遊戲。三人一起站車上還好，結果後來安安和我陸續下車，獨留全全在那台手推車上。突然，碰！的一聲巨響，手推車重心不穩，全全連人帶車往前傾，體重加上手推車的重壓讓他指甲裂開，滿手是血。隨之而來的是嬸嬸的驚叫聲，抱著全全一路奔至亞東醫院急診。幸好無大礙，嬸嬸也沒說什麼，但我非常自責，又沒把弟弟照顧好。

後來，隨著爸爸回國，我們也逐漸長大，更多的弟弟妹妹出生了。嬸嬸考上教職開始上班，父母買了市區的房子，我們搬離了叔叔的宿舍，開啟自己的人生。中學時我就讀紀律嚴明的衛理女中，後來考進成大地科系，奠定務實的基礎；全全考上師大特教系，現在在穩定的特殊教育機構服務；安安承襲叔叔的志業，考進輔大化學系，成為科技的專業人才；弟弟妹妹也分別是台大護理師和喬治城法學博士；兩個堂妹也在美國有好的歸宿。每一天我回憶起兒時總是會心一笑，閃過腦海的都是過年玩仙女棒等等那些美好記憶，兒時那個孩童很多的年代，單純、美好、幸福，充滿希望。

15

童年——絲瓜粥

李玉梅

小學一年級某天中午放學，號召約十位同學來家裡玩。

一群小不點到達時，我母親正準備煮絲瓜粥。想當然爾，待會我們就要吃絲瓜粥了。

大家玩了一會兒，母親呼喊大家吃粥了喔！

大夥兒肚子也咕咕叫了。來的正是時候啊！每人端著熱騰騰香噴噴的絲瓜粥，沿著我家客廳樓梯的階梯而上排排坐。

大家邊吹涼邊吃，此起彼落的聲音就是「呼呼」、（叔，台語發音）。大夥兒很滿足專注的吃眼前的這一碗絲瓜粥。

沒多久，突然聽到腳踏車急剎的聲音——「芋（台語）」。忽然出現一位婦人站在家門口，馬上破口而出：「猴死囝仔（台語），找妳很久了耶，居然在這吃飯。」

此時，這位婦人的小孩當然得趕緊跟隨回去。

母親對大家說：沒事，趕快吃。

（母親應該心裡有數，接下來不知誰的媽媽即將現身啊！把握時間，放心好好的享用粥。）

大夥兒沒把剛剛事件當一回事，專心吃粥了。

才吃幾口，某位同學媽媽急尋子，腳踏車騎得很快，匆匆一瞄看到了，來不及剎車騎過頭，再折返回來。又是急停「芋（台語）」聲。

聽到的是：「整個村莊都找遍，都幾點了，我擔心的要死。還不回家，在人家家裡吃粥。」

這個同學回家了。然後我們繼續努力吃啦！

沒一會兒，家門口突然冒出鄰居的媽媽，一開口就是：「妳是要當人家的小孩喔！別人家的飯較好吃，還吃的津津有味！」第三個同學回去了。

此時，心想該可好好吃粥了吧！

怎知又來了一個媽媽：

「妖獸喔（台語）！我找的心臟快停了。妳在這吃的很開心吼。」

接下來，戲碼差不多啦！

「找遍學校、四個村莊、大街小巷、河邊，找到快報警了。」

陸陸續續來了幾回合，大家好像很習慣了。

就是有同學被領回家，其餘的繼續吃。直到最後一位被帶回。

每當同學媽媽出現，大家很緊張地停止吃粥，望向這位媽媽，這回不知又要被碎唸什了？

有很多媽媽說，她去同學家問她自家小孩。對方還反問她，是否看到自己的小孩。（一群暫時失去小孩的媽媽）

有些媽媽終於看到自己的小孩，既擔心生氣又放心！

有些媽媽看到眼前景象，邊碎唸還邊笑的咧！

甚至對我母親說：「您家何時養了這一群啊！」

每次媽媽們來，母親都聞聲從廚房趕來，打招呼解釋。中午嘛，正好煮粥順便給小孩們吃。

看她們彼此間多是互相寒暄、相視而笑的咧！

其中，母親時時關照同學們幫添粥。也說吃完粥先回家再來玩。

有些媽媽較有脾氣，有些媽媽較溫柔。（我都很想當她的小孩。哈哈！）

在那當下覺得對同學很抱歉！

還好，同學的媽媽們沒有在我家動手教訓她們，否則我會更過意不去。

有此次經驗，每當同學媽媽找人，第一個就是來我家。我也很困擾呦，我又不是拐人集團。但是成功率大概有五六成啦！哈哈！

長大後回想起，怎麼都是媽媽們找小孩，沒有爸爸們出門找小孩？

16

危機和考驗

張瑞雄

人的一生中會碰到許多危機和考驗，如何度過就看每個人的心態，如何讓危機變轉機或讓危機和考驗變成每個人成長的助力，人生就沒有白費，個人在成長的過程中就碰到三個危機和考驗。

第一個是大學畢業後擔任預官排長，隸屬於某師的砲兵指揮部本部連，本部連的意思就是支援砲指部的所有勤務工作，舉凡正副指揮官的司機、部隊的採買、伙房等等，還有很多小兵都是公差出去，擔任值星排長每次晚點名就是最痛苦的時刻，整個連阿兵哥只剩一半，要一一清點知道每個小兵目前到底在哪裡公差，有一個不清楚就不准解散睡覺。

砲兵每年要下基地，我們整個部隊要從台北移往林內訓練，移防時所有裝備要跟著移動，但大家是坐火車專車，連各式軍車也要上火車，把軍車上火車是一門學問，如何安全移上火車，如何固定等等。本來這都是連長要指揮和運籌帷幄，很不幸的連長突然生病，所有的移防工作就落在我這個值星官身上，一個大學剛畢業沒有任何經驗的菜鳥。

軍令如山再艱鉅也要去做，一不小心若讓人員受傷或軍品受損（例如：車沒固定好火車剎車時衝出去），小則記過大則軍法，真是戰戰兢兢。幸運的一切都很順利，老天爺也很幫忙沒有下雨，讓部隊安全的完成移防，也感覺自己成長許多。

第二次是我在東華大學擔任副校長時，有次寒假某一天所有行政主管要出發到外地開共識會議，早上出發前突然傳來一位學生在學校宿舍內自殺（可查維基百科「Ycn事件」）的消息，校長囑咐我留守處理善後。首先要面對的是蜂擁而至的記者拷問，一開始還沒完全掌握狀況，難免支吾其詞，但學到的教訓是不知為不知，寧可說不知被罵也不要亂說話，事後被媒體大作文章。

其他學生怪罪校方沒有事先掌握狀況幫忙學生，導致學生在校園靜坐抗議，要求教官出面被公審，我也奉派出面接受抗議和溝通。此時學生群情激憤，當然不能讓教官出來面對刺激情緒，所以一到場就提議大家默哀三分鐘，讓大家情緒先冷靜下來，再來就比較可以理性的溝通，總算讓同學解散回去上課，沒有釀成更嚴重的學生事件。

第三是發生在民國一百年，東華大學和原花蓮教育大學合校後，決定所有新生都在壽豐校區上課，但因為宿舍新建工程延誤，要開學了大一新生都沒地方住，不得已緊急宣布延後開學一週，然後趕快在花蓮各地找空的床位，最後借了慈濟大學、大漢技術學院、台灣觀光學院的一些宿舍，再加上重啟花教大的宿舍，勉強湊足約兩千多個床位。

麻煩的後勤工作包括將學生的行李載到定位，學生上課後安排交通車往返壽豐校本部，然後新建宿舍終於在十二月完工，又要安排將學生接回到新宿舍，中間的辛苦不足為外人道已。

人生不管在事業上或是在生活上難免都會碰到危機或考驗，有些是逃不過躲不掉的，只有勇敢面對。但功不唐捐，只要你努力經歷過，那就是你生命的烙記，也是你生命的養分。

17

懷念眷村生活與感謝師長們

梁壽芳

從學長們提到的眷村，讓我懷念起我的家鄉台東岩灣。我從小生長在岩灣，印象中有住過日本和式屋，後來改建成連棟由石頭砌成的房屋，房子不大，有兩房一廳，每戶都有廁所，後院很大，大家都會養些雞、鴨、鵝等等，隔壁丁伯伯（醫官退休）養蜂最為特殊，常常在後院被蜂叮，就自己抹肥皂消腫。

我是家裡女生排行老大，小時候我會去撿螺與拔鴨草剁來餵雞鴨、透爐生火炒菜。吃飯時我們很喜歡串門子，到各家嚐鮮。我家廣東人多吃米飯，但我愛吃麵食，常常到隔壁丁伯伯家吃麵，也學會了包水餃與千層餅。飯後，大家都喜歡坐在前院聽大人們講故事，也會講大家逃難的故事。

最難忘的就是我爸媽的故事，爸爸是年少跟著軍隊到海南島，再到台灣時，軍隊就解散了，坐船時身上的錢也不見了，無親無故，靠跟老鄉們救濟也非長遠之計，就去考政工幹校。母親是從廣東順德到重慶坐軍機過來的，聽家母說，機場到處都是金條、錢幣，自己瘦小、太輕，外公隨手就拿了一包銅錢綁在媽媽的身上，讓媽媽坐軍機過來台灣。媽媽跟爸爸都是廣東人，喜歡看廣東戲，在台北看戲時認識，爸爸很有才華，數理與書法很棒，也寫文章，家母說爸爸少校薪水約兩百元，但常寫文章多有收入，還被人謊報匪諜，還好爸爸有寫日記習慣，忠貞愛國之心可以澄清。

爸爸在岩灣監獄做輔導官時，我從小就跟爸爸進出，也不害怕，不覺得他們有什麼不同，每個人都很認真做自己的工作與上課，只有我較調皮會戲弄他們，他們也不生氣，過年時他們會到各家舞龍舞獅拿紅包，還有踩高蹺、蚌殼舞、放鞭炮，非常好看熱鬧，年味很濃。

父親是軍人，常常得調不同單位，也常不在家，但規定我們每天要用舊報紙寫書法，我兒時貪玩，敷衍隨便寫一寫就交差。記憶中爸爸從不打我，但有一次約國小四年級，我問一題數學，爸爸教很久還是不懂，爸爸敲我腦袋一記，我痛的淚流，自己在旁邊認真多思考，從此我好像開竅了，功課也越來越好。哈！如今執教，我更體諒學子們的思維與學習挫折問題。

我70級畢業，曾在台北金屬科學雜誌社工作，七十二年很幸運參加化學系吳振成教授的國科會研究，當時工作在化工系與研究生們同一間實驗室，那是我最快樂的時光。那時做實驗都要漏夜取樣，學弟們就會幫我取樣，我們常鬧笑話還被稱為「烏龍院」。

七十三年有幸擔任化學系助教，是我最充實愉快的時光，我要感謝葉茂榮教授指導，讓我曾經在其有機化學實驗室裡工作學習，也要謝謝吳振成教授的提拔，擔任助教三年讓我能與天下英才教學相長，非常榮幸感恩，在此敬祝兩位教授身體安康快樂！

我也要謝謝母校成大的栽培，小妹77級生物系畢業，家母還榮獲得成大頒發的母親楷模獎盃。

後記：台東岩灣後山有小黃山之稱，非常美麗，那是我兒時練輕功的地方，晚上可到岩灣山上寒舍喝茶看古董與瞭望台東夜景，別有一番情懷。

18

把愛傳出去「撿回珍珠計劃」

楊美娟

二〇〇八年我應邀在新加坡參加一場六千多人的國際年會擔任分享嘉賓，當時和我一起同台當大會講師的人就是前監察院院長，也是我們成大台北校友會創會會長王建煊學長。

他說：「擊鼓的人，不知道鼓聲可以傳多遠」。這段話至今深深影響著我。多年後也見證了，能付出就是一種福氣！

在大陸有許多成績特別好，但因家中特別窮困而無法上高中的孩子，他們被稱為雙特生，這些孩子原應像珍珠一樣閃閃發亮，但他們卻因生長在大山、因經濟問題，而無法就讀高中，被丟進垃圾桶，因此王建煊先生特別為此創辦了新華愛心基金會「撿回珍珠計劃」，為這些雙特生募款，讓他們可以上高中、走出大山，用教育翻轉他們的人生。

受到學長的感召，自九十八年起至今十三年我跟隨他和蘇老師的腳步投入「撿回珍珠計劃」一起做公益。我們走過了甘肅、銀川、貴州、山西、雲南、蒙古……許許多多的偏鄉，每次到這些地方都要跋山涉水，走過許多崎嶇不平的道路，甚至開車好幾個小時才能到達，就只為了要到這些珍珠生的家中探視他們的父母做拜訪。

因為從事保險工作，為了凝聚大家的力量，我們也成立了世界華人保險慈善公益推廣會，而我也就當了台灣的公益大使協助推動。

一路以來這份愛的奉獻代表著保險從業人員對社會的關懷與扶助，雖說杯水車薪，但十三年來也資助了一萬一千多位大小珍珠，不只帶動了更多行業內外朋友對社會上的愛心資助，我們對於社會公益的不遺餘力，對於行格提升更是多所助益。

小成功靠個人，大成功靠團隊！不只是王建煊學長全心投入，敏實集團創辦人秦榮華先生更是令人感動。他雖然是個忙碌的企業家，但對於公益、對孩子們的未來，他不遺餘力、親力親為，不只是出錢，還捐地建校，只為大家共同的目標：幫助孩子們有受教育的機會，給他們一個美好的新希望。

多年前，我們將重心轉回花東的愛基會，幫助這群家庭弱勢功課跟不上的孩子，給予補救教學。當我看到這些愛心老師，每天要騎著車花一兩小時的時間，才能到學校教這些孩子數學、英文，真的很感動！還記得有一次我們去家訪，孩子的父母還向我們抱怨：「念什麼書？三餐都有問題，原住民鄉下的孩子本來就應該要幫助家庭賺錢，你們怎麼把他留在學校唸書了呢？我們的生活怎麼過啊？」

而我當下回頭看著孩子……那種漫不經心、毫無目標的眼神，令人擔憂他的未來。萬萬沒想到，做公益幫助孩子們成長，居然也有父母要反對。

在去年，我又回到學校探視，看到被培養長大的這群孩子們已經唸卑南國中，居然可以用英文演講，用美妙、充滿自信的原住民歌聲來迎接著我們。當我靜靜的欣賞著他們的表演，聽著他們對未來的夢想描述……這一幕幕映入眼簾的都是希望。我想這就是影響力，代表公益的價值，也再次見證，窮人、弱勢的孩子，只要我們給予關懷、補救教學，當他們提升能力之後，就有如閃閃發亮的珍珠，可以勇敢追夢。

他們的未來值得期待，而「撿回珍珠計劃」必須要被持續！

19

我看到最美麗天使

李秉宏

德芬走的那個晚上，她來到我的夢境，一位美麗天使出現在我的眼前，德芬已經昇華為美麗仙女……

我們班上（成大會計75級）才女德芬同學已經離開我們超過二十年了。

二〇〇〇年七月，我接到南部同學電話，問我有沒有空到高雄探視德芬，希望我能當面勸說德芬到醫院治療。那個時候德芬不幸得到乳癌並轉移至骨癌，德芬完全放棄治療並選擇在高雄老家靜養。

我們到德芬家裡一起鼓勵安慰她，也希望她能持續到醫院接受治療，不要輕易放棄任何生存機會（因為才三十六歲，還很年輕）。德芬的眼神堅定沉靜，並慢慢說出她心中的未來世界，她說：我已經找到永生之路，我不害怕不恐懼而且很期待到那個國境，那是她嚮往的天國。

我們沒有說服她，反而被她堅定的信念感動，原來那個時候德芬仙女已經是法輪功學員，終生追求「真善忍」，她堅定的信仰，心中已經找到永生之路，而且交待身後要樹葬。

回台北之後，也收到德芬親筆信，信中談到她信仰法輪功的體悟心得。

三個月後，接到震驚的惡耗，德芬走了，三十六年短暫的歲月，人生正要起飛就這樣撒手人寰，很難過與不捨。憶起在成大同窗四年，這位雄女畢業高材生，在班上表現不論是課業、才藝展現、體育各方面都相當優異，尤其口條好、幽默風趣，真的令人印象深刻。

告別式當日，我代表北部同學親自到高雄送德芬同學最後一程，到了殯儀館看到高雄其他女同學已哭成一團，非常不捨這位好同學的離開。我以老班代身分代表主祭，參拜好同學一路好走，此時也強忍著淚水，心中有無限的悲痛！

當天下午搭國光號北上，回到台北已經九點多了，晚上提前休息就寢，半夜兩點多神奇的夢境出現了……德芬出現在我的眼前，一位穿著華麗的仙女向上飄起，曼妙的舞姿曲線往下俯瞰著我，跟我說：「班代，請轉達同學別為我難過，我要去天國做仙女」。臉上露出天使般燦爛的笑容，一看就是美麗的仙女，邊說邊往上飄，不到一分鐘就消失在我眼前。夢醒了，我興奮地張開眼睛，這個奇幻的夢境太真實了，怎麼會在告別式的當天晚上出現呢？

三年後，法輪功飛天藝術學院正式推出「神韻」舞蹈表演，在全世界十幾個國家巡迴演出，有一次我們也買票在台北國父紀念館觀賞「神韻」演出。開場表演第一幕就是許多仙女穿著華麗的服裝表演飛天藝術，我看到這一幕非常驚訝，哇哇！這些仙女穿的華麗服飾，怎麼跟德芬三年前在我的夢境出現的華麗衣裳畫面一模一樣，太巧合也太神奇了，原來德芬真的去她嚮往的國境做天使了，她就是最美麗的仙女。

人的生命只有區區幾十個寒暑，「風來疏竹，風過而竹不留聲；雁渡寒潭，雁去而潭不留影」，只有追求永生才能超越輪迴宿命，而堅定的信仰力量及不斷地行善積德，或許才有機會得到永生。

今年（二〇二二）四月份，又要舉辦三十五週年同學會，每次召開同學會總會想起這位多才多藝的同學，雖然我們在不同的國度，但同窗之情思念之心午夜夢縈常伴隨我左右。

20

超人叔叔的捐血趣談

魏義旻

血庫又缺血了，超人再度變裝出動！

從高中至今，捐血已經成為我日常生活很重要的一部分了，回憶起自己的第一次捐血是在高二時期，當時因為捐血可以記嘉獎，加上當時自覺自己是熱血青年，於是就自告奮勇地走上捐血車，進行人生的第一次捐血。看著護士姊姊把那很粗的針要插進血管時，心中說不害怕是騙人的，還記得當時故作鎮定地跟護士開玩笑說我的肌肉很硬，像超人一樣，你要小心打喔（真是幼稚）！當護士姊姊打進去的那一剎那，卻又發現自己是多慮了，那針刺的感覺真的沒想像的那麼誇張。很快的兩百五十ＣＣ的捐血完成後回到教室，不知怎的心中就是充滿了歡愉，看了海報「雖然我不認識你，但是我謝謝你」，內心真的實踐了「助人為快樂之本」的生活守則，這種內心的歡愉真的持續了快一周的時間。

大二下自己報名了成大醫院的學生志工，每周去醫院協助病人，諸如補助的申請（當時尚未有健保）、學生課業的輔導等等。記得我第一次協助的病童是個國二的女生，看的出來家境不好，因此母親愁容滿面，但這小女孩卻非常勇敢的安慰母親，並擔心自己課業跟不上，於是我就在那個下午協助她複習數學的功課。爾後，每周我們都會去接觸不同的病患，一個月過後，自己再去翻那個小妹妹的檔案，發現她竟然在兩周前就不敵病魔的折騰，到天上去當天使了。我永遠記得那天的下午，內心的難過與徬徨讓我不知所措，離開醫院後，內心體驗到生命的脆弱與無情。後來，我竟發覺自己不太敢再踏進成大醫院，無法再承受那生命中難以承受的生死之重，但內心又卻很想為病患做些什麼，於是便告訴自己，捐血是我可以做的事，於是日後只要有時間，看捐血車就會定時上去報到。

隨著年齡漸長，事業與家庭的壓力越來越大，但每次想到自己所擁有的幸福，更覺得自己需要幫助更多的人，除了捐錢至家扶中心外，捐血更是不可中斷，而且希望能影響周邊的朋友一起來共襄盛舉。由於自己從小到大就是一個愛耍寶的幼稚鬼，就靈機一動想到若我能用更輕鬆詼諧的方式來捐血，讓大家更能關注到我的捐血日誌，希望藉由搞笑的方式來消除大家對捐血的恐懼，於是我開始了我的捐血變裝秀。

第一次的超人打扮讓捐血中心的工作人員哄堂大笑，原本安靜的捐血中心開始充滿了笑聲。之後每次不同的超級英雄的打扮，讓捐血中心替我取了「超人」的綽措號，也藉由臉書（FB）的分享，讓更多認識我的朋友開始挽袖捐血，並與我開玩笑的互動，滿足了我內心長不大的小飛俠，並讓周遭的朋友充滿了笑聲。這樣的效果真的會讓我有動力持續的捐血下去，去幫助更多需要幫助的人。

今年（二〇二二）過年長假，台北都是陰冷的天氣，但是過年就是要一身紅，過年就是要穿紅內褲，打麻將才會贏，因此，只有請阿里不達超人出動了！今年（二〇二二）過年大家都不能出國，因此用血量會增加，但捐血人也減少了，血庫大缺血，真的需要大家來幫忙。今早的捐血中心很冷清，大家快出來啦！

祝大家新年快樂，虎年行大運！第四〇八次捐血成功！

21

成大EMBA——孕婦上學記趣

陳麗娟

人生的旅程總是夾雜著酸甜苦辣，然總有一些記憶片段總是讓人倍感溫馨深刻。對我而言，十幾年前就讀成大EMBA時的過程真是難以忘懷。我常跟在中部就學的兒子自豪說你們現在搭高鐵回學校上課，媽媽更厲害，當年是隔週坐飛機去成大上課，夠用功夠帥氣吧！

當年我們是成大首創EMBA的第三屆，台北約有十五位同學左右，我們這一群所謂的菁英，平常工作忙碌又得兼顧家庭，但到假日的前一天或當天，就一起約好從台北搭復興航空到台南上課，過夜就住宿在學校迎賓苑。有機會能回到校本部享受人文氣息的薰陶，並和中南部同學厚植同窗情誼，不但當年經常期盼，至今每憶起上課時與老師和同學們的互動，歷歷在目，恍如昨日，一股暖流深入心中。

回憶當年比較特別的是是碰到SARS事件，我又身懷六甲，為了安全起見有一段時間我常無法上課勞請同學簽到，其實我心裡真的很過意不去。當時我們的班代是統一副總楊文彥，我們北部同學受到他很大的幫忙和照顧。在台南停留的兩天時間真是快樂時光，除了聆聽精彩實用的課程外，課餘外出品嘗台南著名小吃，校園大榕樹等優美風景，常令北部同學流連忘返，一直要到週日傍晚才匆匆搭飛機回台北，那段時間除了過得充實快樂外，充電了兩天也讓工作更有活力啊！

當年管院的院長是吳萬益教授，教我們的課是研究分析和論文寫作方法，初次撰寫論文讓我們經常有絞盡腦汁全身虛脫的感覺，不過在老師們循循善誘誨人不倦的教導下，老師總能體恤大家平常都忙於工作，常勉勵我們只要盡心盡力就好。他總是一直鼓勵我們：這只是人生一小點歷程，撐過去就好著。

為了自己也為了成大這塊招牌，我也幾乎有半年時間常挑燈夜戰到深夜四點才能就寢。很感謝先生幫忙帶孩子撐過了那段時期。當論文過關時真是有苦盡甘來海闊天空的感覺，真感動的要掉眼淚，就像我練功的口訣感謝天感謝地感謝父母與老師一樣。

我還記得陳再來教授教我們投資學，他特別指導的心法是要慎選公司領導人，真讓人印象深刻。王明隆教授教金融課程，他很認真但很可惜我都聽不懂那些繁複的數學式。曾燦燈教授上課很有趣，常喜歡提賓拉登，口頭禪是中東有個賓拉登台灣有個曾燦燈，讓人想忘都忘不掉。邱正仁教授教財務分析，出功課其中之一要從企業的財報預測未來股價會漲多少趴，這真是蠻有意思的學習。蔡明田教授教策略分析課程中，當年就建議我們到大陸置產買房，今日回想真是太有遠見了！

值得一提的是同學們間都培養出深厚的友誼，也建立出豐碩的人脈。比如綽號老爹的同學從工程界退休之後，平日也常常關懷送暖，北部OTTO班代聯繫上課事宜常付出辛勞，楊勝凱同學時任昇陽建設協理提供買房建議，小蕙、婕筠也都是情誼深厚的姊妹淘。

十幾年前台灣的經濟正蓬勃發展，當年我們這一群中生代無論在家庭和事業上都稱得上圓滿，這都是拜就讀成大之賜的。至今我仍感覺我非常幸運，除了在人生道路上學養能更上層樓外，也為子女留下勤學典範，終身我當以成大畢業生為榮。

22

啟蒙與感恩

林興茂

在台灣出生於民國四十年代之前的人，其童年及至求學時期，生活物質大多數缺乏，一面求學還要一面幫家事（或農作）、打工或當家教。茲將個人的歷經過程寫出來，讓大家參考。

從小學、初中、高中到大學，每一階段的教育都是一個新的啟蒙，曾看到美國某大學的畢業典禮，其使用的英文是commencement，意即另一個開始，可說受到師長的教導和啟發，及至進入社會能有基本的知識可應用。

個人於民國四十三年九月進入台中市成功國民學校，是一所郊區學校。記得當時入學的學雜費是十四點五元，對當時的公教或公營機關家庭有某些程度的負擔，當時低層者每月約兩、三百元的收入，小孩多者的家庭有兩人上學，更會覺得吃力，當時農人和工人的收入更低，上學讀書是家庭的負擔。

小學時很喜歡到外婆家，外公種田外，還兼駛牛車為其他農家載運貨品，稍比較有點收入，回家時還可帶回許多吃的農產品（番薯、南瓜、花生等）。記得小一時，曾和鄰居小朋友到水塘旁玩耍，不小心掉入水塘，差點被淹，還好命大，被水湧至池邊，之後對水上活動都會小心。因住家院子很大，共有六百坪，從祖父輩時就闢有菜園，種植蔬菜自己食用，記得小三時及幫忙早晚澆水的工作，有時需幫祖母一起扛尿桶施肥。

在小學時的成績很好，從小一至小五，大都多數是第一名，只有在小四下學期得第二名，連任五年班長。小五時學校分升學班和非升學班（放牛年），因家父為了省每月十元的補習費，我就被編制放牛班。一個年級三班升學班，三班放牛班，家父不知從哪裡聽到有保送升市立初中的制度，認為我的學年成績好應無問題。到了升小六的暑假，我對保送升初中之制度存疑，因此轉入升學班。這一年有一個學期第三名，一個學期第二名，小六第二學期開學後二個月，學校收到市政府保送制度之公文，事先級任老師已知我有一保送初中，也幫我申請，很幸運地被分發到台中市立一中初中部，這個中學後來改成居仁國中。很感謝當時小學的級任老師的幫忙，如願進入好的初中。

小五時被分班到放牛班，那一年也很值得回味，因無升學壓力，當時的級任導師剛從師範學校畢業，喜歡讀古代歷史小說，講了幾段《水滸傳》、《三國演義》之故事，又講項羽戰敗後，在烏江自刎前所作的詩：

力拔山兮氣蓋世，時不利兮騅不逝，騅不逝兮可奈何，虞兮虞兮奈若何。

此詩也讓我難忘。

進入市一中初中時，班上同學都是佼佼者，我的學習成績一直在五到十名之間，畢業前級任導師要我直升高中部，我未接受，參加中部高中聯考，考入省立台中一中。記得初二時，學校要蓋科學館，向市政府爭經費不足夠，校長於是動家長腦筋，要每位學生家長捐兩百元，此金額是當時公教人員半個多月的薪水，我為不被看不起，乃請家父向兩位做生意的親戚各募得六十元，共一百二十元交差，其實大部分的家長根本籌不出此款，此事迄今仍感念那兩位親戚慷慨幫忙。另外，在初中時家裡多養了幾頭豬，因此下課後騎腳踏車需幫家裡去親戚家載餿水，有時晚上幫家父拉二輪板車去台中酒廠買酒糟給豬吃，幫忙家事是常態。我曾聽一些種田的同學說，他們放學後或假日都須下田幫忙，這就是有許多二、三、四年級出生者所需經過的歷練。

走筆至此，想起往事，當時所經過的苦事，真是一種人生的歷練。至於高中及大學這一段往事，以後再談；出社會後的工作經歷，我曾寫過一篇〈回顧三十五年之職業生涯〉，另有機會再供有興趣者一覽。

23

開心的貿易生涯

何梓群

我想我是標準的雙魚座，浪漫星座卻捲入繁瑣的貿易流程。大學是成大夜間部的學生，因此很早就在貿易公司與工廠實習。

一開始是在剎車皮工廠，接著在知名電子公司歐洲部門做了五年的業務，再來是家電廠五年紮實的業務，都是在台南安平工業區。每天忙碌的敲打著電報機（telex machine）中渡過。有一天家電工廠老闆問我是否可以幫他在台北成立辦事處，職位是業務經理，開心前往經營從零到業績成長，只是雙魚個性又蹦出來了，不耐煩每天南部工廠來自不同合夥老闆們的指令，毅然辭職。這十多年的時間，我參與了公司歐洲、美國、澳洲各地的展覽與各式各樣的國外客戶，與不同的工廠協商是一段非常開心又有成就感的時光。記得有一次出差去英國，得一段小小的空閒時光，我到大英博物館流連忘返，直屬主管在外面等候，臉都綠了！

辭職後基於熱愛貿易工作，在一九八八年自己成立了一家貿易公司。在電子公司工作期間有一位澳洲客戶支持我，持續讓新成立的貿易公司運轉，同時美國洛杉磯的客戶也不斷的採購，使公司營業額持續擴增，期間客戶也建議我到大陸設公司，我始終堅持要陪伴中風十二年的母親身邊。緊接著大陸的工廠漸漸茁壯，貿易商的優勢漸漸被取代，經營了三十一年，在二〇一九年五月正式解散貿易公司。

在三十一年的自營貿易生涯中，我往返洛杉磯舊金山近二十多次，每次連飛行時間來回都是五天，印象中除了開會就是洛杉磯比佛利山莊的Window shopping，哪裡也沒去過！倒是在舊金山大哥家附近的海邊與shopping mall，品嚐了許多美味並欣賞了海邊的美景。其次是澳洲往返也近二十次，客戶在墨爾本，來去匆匆也是海邊印象最深刻。那位一開始就支持我生意的幽默客戶，賺了錢後把公司賣了，買了一大片馬場，我十分珍惜與他在馬場一起餵馬的回憶！

最開心的是陪伴爸爸一起到廣東。因為從事貿易常常往返廣州，就邀請爸爸一起回家鄉探望我的伯父與姑姑，還有爸爸的老同學。廣州流行喝早茶，爸爸與老同學的早茶可以從上午喝到中午，廣東話連續幾小時下來，我有點招架不住了。回到飯店，叮咚叮咚，電鈴響了，見到興高采烈的堂兄弟姊妹們，午餐開始了，廣東話又連續了好幾個小時。這是陪爸爸回家鄉的有趣畫面。如果是我單獨前往廣東出差，爸爸也會拿起電話一一撥給親戚，告訴他們我的行程；結果至少會有兩到三桌的親友聚會。開心從事貿易，還能聯繫鄉情，一兼二顧，也是始料未及的事。

自己經營公司並不辛苦，每年也到香港見客戶與旅遊，總是挑自己喜歡的五星飯店吃喝。最困難的是一疊疊的工程問題，因為沒有工程背景的合夥人，必須請教工廠與工廠協商，所幸客戶一貫支持我，才能經營三十一年之久。其次是財務，例如美國客戶金額龐大的訂單，出貨後六十天才收款，確實是一大壓力，也很幸運都穩當收妥。另外在此要特別感謝我的同班同學錢妙華（Irene），在我經營貿易公司時當我的銀行保證人，從無到有，支持我一路順利開心的經營公司。還有二哥與妹妹無微不至的照顧父母，使我沒有後顧之憂，做我喜歡的貿易工作。

許多人問我怎麼不再經營了呢？我回答目前瑣事太忙，很怕出錯，貿易是一點差錯都不能發生！初生之犢不畏虎，年紀漸長卻更戒慎謹慎。其實心中仍然十分熱愛開心的貿易工作，有工廠有客戶也有不同的視野，雙魚性格蹦出來的時候，還能犒賞自己，擦個名牌香水到處逛逛！

24

老頑余回憶小頑余

余國英

小時家居宜蘭金六結臨近蘭陽溪河畔，每當夏日黃昏時刻，眷村大人們下班後個自帶著孩兒趕到河邊游泳戲水，爸爸泳技超群會讓我騎著悠游，羨煞了童年的玩伴，其實他只是彎著背在走動的。小四我已學會游泳，但爸爸仍一再的告誡沒他看著是絕對不准玩水的；那個年代孩兒都光著屁股，褲子放河邊，狗爬式是唯一泳姿，踩水一上一下的換氣，不曾溺水也不曾見過蛙鏡。

小學就讀宜蘭空小，眷村與校園旁有著一條水深超過孩童的灌溉用溝渠，午間到校男童都常脫下衣褲集體放入大鋁盆，開心地跳入溝圳，一路嘻笑歡唱戲水漂流到校，快樂極了。所謂樂極生悲，最後一次是臉盆打翻衣褲全都濕透被老師查究後，人命關天，一一告知家長應嚴加管教，體罰難免，大家結束了漂流的游戲。

小五暑假的某日中午，膽大包天的我，獨自跑到溪邊游上對岸有沙灘的地方，腳意外踏觸到葉片居然會快速摺合奇特植物，當時不知名為含羞草既好奇又興奮，高興地拔起好幾束要帶回家栽種分享。因握著含羞草游不回原先平坦的岸邊，被水沖往下游的我即時抓著邊坡一把雜草不能讓水沖走，沒料到雜草撐不住體重，瞬間又跌落水裡，連續抓了好幾次雜草都告失敗；心裡慌了但手中握著的含羞草仍沒放棄的念頭，載浮載沉繼續被水沖著往下流，最後幸運的抓到一株小芭樂樹靠著它樹根牢固支撐，奮力爬上邊坡已是筋疲力盡。但總算幸運撿回小命一條，回家擔心再次受罰當然是不提囉！小時哪來的勇氣，還是年幼無知生命的寶貴，迄今無解。

軍旅十年退役後，配合職業產婆的內人，在澎湖吉貝島工作了兩年，那六〇年代景緻純樸自然的吉貝島尚未開發為觀光旅遊景區，當地漁民不見悠游戲水取樂，只顧討海及閒暇喝酒取樂，唯獨自喻歐納西斯的我，在此悠游享擁著潔淨白色美麗沙灘的島嶼。話說農曆七月半的一次夜晚，漁船都已出出港海面一片寧靜，心血來潮的我突發悠游港區欣賞月圓之美。

下水悠游在風平浪靜海面仰臥漂浮欣賞明月高掛夜景，甚是無比的享受著，也不知何時睡入了夢中，初醒時只見大海茫茫明月亦然高掛但不知身在何處，悲由心生四顧唯一指標是派出所的一盞微弱紅燈，確認退潮漂離港區已遠，泳技不佳的我悲由心生又何奈，也只得奮力游向紅燈。可是那盞紅燈距離始終很遠，為了維持體力減低退潮的阻力，改用之字來回前進的游法並提醒自己不得慌亂。這樣游著游著意外的遠處出現一了艘停泊漁船，當滿是心喜握著錨繩時確幸游進港灣了，但筋疲力倦的我攀爬不上漁船，只能握著錨繩稍息片刻後心裡有了定見，決續往前游，若體力不支退回船邊命是絕對保住的。此時此刻高興之餘無意間舉起雙手，身體筆直做出標準往下沉的戲水動作，天呀，我的腳碰觸到水底，瞬間內心的歡呼得意快樂賽似神仙，就這樣開心的惦著腳一路跳跳上了岸，但也自嘆早不試探水的深度，讓心驚膽跳的我搞得筋疲力倦啊！

吉貝島周邊海域水淺灘平，漁船只能依潮汐時辰進出非常不便，到宋楚瑜省長任內港區抽沙整治及疏通航道後，改善了灘島漁民之苦。

三十多年前因健康欠佳經醫生勸告要多運動，就此我決心彷郝院長長壽之道重啟游泳。這三十年來有恒的冷水晨泳，讓我體質明顯的改善，獨創一格的蛙式2.0輕鬆游法，也鍊出撐傘游泳防曬特效。歷年泳渡日月潭及其他水域三千公尺長泳的活動，超過四十次撐著傘免抹防曬油，並速度不慢游完全程創意，老頑童的蛙式2.0余式游法堪稱TW NO.1！

25

想念爸爸

謝馨瑩

憶起每當去拜爸爸時，媽媽總會煮了爸爸最喜歡吃的炒四季豆、皇帝豆、排骨湯等家常菜給爸爸吃。站在媽媽旁，聽著媽媽叫爸爸趕快來吃飯喔，不要餓肚子了，自己總是會不爭氣掉眼淚。

永遠忘不了那年在台北工作時，突然收到簡訊說爸爸病危通知，叫我趕快搭車回台南，一路全身發抖奔向高鐵站，前後不到半小時，堂哥就打電話來說爸爸走了。昨晚我還在跟爸爸通電話聊近況，健康的爸爸平常都會鼓勵他的朋友同事一起去慢跑運動，隔天就這樣走得突然，實在很難受很不捨。打給媽媽想安慰她，講完電話換我邊發抖邊哭……當時那種害怕發抖無助的感覺，至今仍忘不了。

我還很小的時候，因為內向不太敢講話，爸爸鼓勵我每天下課回家花幾分鐘跟他聊天，分享學校發生的事，所以我跟爸爸的互動很特別，我們不像父女，反而像是知道我最多祕密糗事的好朋友。我喜歡跟爸爸聊天，聊著今天發生什麼事、遇到哪些人、聊著當下我的心事、未來我的夢想，我開始慢慢變得活潑外向、有膽量、敢想像。

爸爸當年看著我大學畢業後，離開家鄉台南獨自在台北闖蕩，其實知道爸爸對我出社會後的選擇有所盼望，但他從未把對我的期待化為衣缽相傳，只是有時不放心我的單純、固執、莽撞，但又相信我所選的工作未來，相信我可以走出自己的路。

謝謝你放手讓我飛翔，起初到了異鄉，還看不見太陽，但黑暗裡的我不害怕，因為家人是我前進的動力。你看著我成長，我看著你日益消瘦，你提醒我要記得按時吃飯，我提醒你也是，要吃多一點、要注意身體健康，等我打拼幾年搬回台南換我照顧你。

現在參加朋友婚禮，看到新娘爸爸牽起新娘手的畫面，總是忍不住眼眶泛淚，你來不及牽著我的手交給另一個男人就這樣突然離開了。

還有很多故事還沒來得及跟你說……

安慰的是，你離開時沒有受到太大的折磨，老天爺對你的安排很溫柔，帥氣的臉龐闔上了雙眼。

安慰的是，你有看到我受邀回母校成大演講，站在三千多人的舞台上跟成大新生學弟妹做分享，我講得沒有同場傑克飛學長熱血有趣、沒有林飛帆學長有邏輯脈絡，我很緊張，甚至語氣平淡沒有亮點，但你說你還是邊聽邊擦眼淚，除了你是性情中人之外，因為你知道從內向小女孩蛻變成有勇氣站上台演講，轉變過程不容易，謝謝你從小對我的用心與付出。

（謝謝當年的林啟禎學務長、昌振學長、郁宏、貞霓給我機會，邀請我回我熱愛的母校成大演講，也讓爸爸放心。）

如今搬回台南家裡，翻閱以前節日寫給爸爸的卡片，看見不同時期的我所寫的內容，百感交集。謝謝你將女兒歷年來寫給你的卡片收藏保存好。

寫給爸爸的卡片內容，雖然沒有太多美麗流暢的文字在字裡行間，但是看見每個當下的我，花時間、花心思，一筆一畫將我想說的話娓娓寫出來，每個字沾著我對爸爸的愛滲入紙張裡，看似單薄柔軟卻情感濃厚堅定的卡片，用感性的文字永久存在著。

以前從未想過人生無常，以前天真地以為我可以跟你聊天聊很久很久，你不在的這些年，許多層面有了很大的改變，但我知道遇到貴人好事，相信是你帶來給我的禮物。倘若遇到低潮挫折，即便覺得難過，但只要想起你傳承給我的正向開朗與勇氣，就讓我重拾希望，莫急莫慌莫害怕，不放棄變成更好的人。

每個人生命中都有不可或缺的痛，雖然老天爺沒有辦法盡心盡力照顧到每個人，所以祂創造了家人師長朋友，讓我去相信這個世界存在著不同形式的愛，相互守護著。

親愛的爸爸，你好嗎？

我很想你，謝謝你。

26

新店溪畔的童年

王智和

昨天去看牙醫，被告知：僅剩的三顆牙齒，過年後若有時間，要來拔掉做假牙。哇！沒法嚼土豆（花生）啦，我心裡不覺的低吟起：我的青春小鳥一樣不回來……

不但青春喚不回來，那天真的童年更是一去無蹤影，它是我一生最快樂無憂的日子。每當有憂傷，有挫折，只要想起故鄉的草木和人情，總會在鄉思中悟出很多的慰藉。那是不知愁的歲月，每天清晨，只要聽到同年友伴的口哨鳥叫聲，馬上由床上一躍而起，抓起灶上正在蒸熱的地瓜，就急著拉把阿嬤的手，說要出去啦。

村裡只有近二十戶人家，過著小農生活，種田種菜和竹筍，家有青壯人才者，可造條木船。假日在新店溪上遊船載客，平日破曉時分，就在青潭段溪中挖砂礫，運到台北當建材，每裝滿一船可賣三百元，一天平均可挖兩船，收入相等於當時在工廠每月的薪資。因此，有在挖砂礫的鄰居，都是當時的村內有錢人。

我的童伴他克（武雄）和泥阿（庭中）的家裡壯丁多，

每天挖砂礫收入多，是村中的富戶，所以都用由美國進口的豆圈養豬，簡單省事，豬養得又肥又大，也快。每次他們家賣豬，都會送我們一條約一斤重的三層肉。

我們沒船的，大都以煮熟的地瓜葉拌米糠加番薯來養豬，整天都用颱風水飄而來的木頭，切塊燃燒大灶，保持番薯的熱度。所以我們家有時不煮飯，就抓起番薯配菜脯吃，其實味道很配，只是常吃難免會膩。

我們幼童三位，早餐不同，但一旦聚首後，就逕往竹林旁的中溪洲的祕密基地，是鄰溪的一塊砂石地，我們挖個穴，另由溪邊撿來一塊平坂大石，置於穴中。

然後，由竹林中撿來枯竹，或溪畔的相思樹的枯枝，鋪在石頭上，燃火起來，上面放番薯、芋頭，或茭白筍，等火勢凶猛時，就把砂土埋上，然後我們就四處漫遊，等肚子餓了，才挖起來吃。

有時到山上採野生的百香果，但最怕有龜殼花蛇，於是由一人拿竹子撥草叢趨趕蛇，一人採擷，另一人拉起上衣裝百香果。每次採二、三十個就夠，然後帶回祕密基地分享。

當時，由青潭變電所的對岸，到正對青潭段的竹林，有野生的紅心芭仔二十株左右，每株我們都熟，只要有快熟的芭仔，都由身手最快的他克爬上樹去採，每天最多採二十一顆，因為我們有一口訣是三七二十一，野生芭仔顆粒不大，所以每人吃七個並不算多。

有空時，我們會參照我阿公的方法，合編一個三角扁形的魚籠，放在近溪邊水深及膝的小石急流處，再用一塊大石壓住，魚蝦游進魚籠，很難逃出籠口。

在近黃昏時，我們由家裡各帶一個小木桶到溪邊，合力抬起那個魚籠到岸邊，裡面大都有溪哥、溪蝦和和尚魚。我們用猜拳，決定按順序，每人各抓一條魚蝦，一直到抓完。

但有一次，進了一條不大的鱸鰻，起先以為是水蛇，嚇了一跳，但確定是鱸鰻後，三人都想要，眼看就要擺不平，我們就決定放生，彼此不傷和氣。記得，那尾鱸鰻下水後，有轉身一圈並回頭才游向深處。

浪漫的童年就在我八歲那年的秋天，譜上休止符。

在台北的父母，要接我到西門國小唸書，我是百般不願，但畢竟學業為重。

於是，在離開的那個早上，他倆跟隨我阿嬤，送我到當時的新店火車站，我們都沒哭泣，但我們有感到是離別，六隻小手彼此堅握著。

我是他克，不要忘記我！

汽笛聲響，他眼紅了，手鬆開了。

我是泥阿，要記得返來喔！

他在手中塞給我一張一元的紙幣（那是當時小火車的新店到萬華的來回車資）。

我站在小火車最後一節的車廂，當車輪滑動後，我看到他們一直追跑著向我揮手，雖然身影越來越小，但我淚眼模糊的揮別了這兩位親愛的童伴，也揮別了我無邪的童年。

27

Golden Break黃金開球

柯磊

小學第一次看的好萊塢影片是Paul Newman與Tom Cruise主演的The color of money（《金錢本色》）。介紹正美國花式撞球（Billiards），盛行的風氣下，一個初出茅廬的菜鳥如何透過不斷磨練砥礪自己，逐漸成長為一個高手；高手最後進化成技近乎道，庖丁解牛的大師的故事。看著光可鑑人的花式撞球，在如果嶺般綠意盎然地球檯上滾動著，帥氣的Tom Cruise揮灑自如，逐一化解一盤困難的球型並清光檯面。年幼的我一下就對這項體育競賽深深著迷。

自此瞞著父母師長，在各個撞球場徘徊，期望能夠不斷精進球技，雖然靠著小聰明，學業成績仍然名列前茅，但那時侯的人生志向就是希望有朝一日能夠代表學校比賽，贏得撞球金牌。不過我的資質駑鈍，球技一直停留在業餘水準，而彼時普遍認為花式撞球是不良風氣的邪門歪道，學校間也沒有撞球比賽的項目，只有作罷。

然而這並不影響我對花式撞球的欣賞與熱愛。多年後因緣際會在華爾街投資銀行服務，美國東西岸文化交融，開放的環境讓我有更多機會參與花式撞球的活動與觀賞比賽，也結識了許多來自世界各地的撞球冠軍好手，每年的U.S Open美國公開賽更是不容錯過的賽事。

多年以來，總結這些冠軍給我的啟發與個人的體悟，我的撞球人生觀如下：

用心：任何運動從新手、高手，到冠軍甚至大師，經歷、環境或有不同，但是一定相同的是不斷的磨練、比賽、切磋與思考。沒有全心全意的用心投入是無法進步的……

專心：聚焦的激光能夠貫穿鋼鐵，而散漫的光線連紙張都無法穿越。花式撞球在瞄準時更需要聚精會神，專心致志。彷彿世界上只剩下你的視線，目標球與袋口……

細心：在落袋撞球8號球、9號球、10號球等比賽中，高手在處理每一顆球時，至少有三、四種不同的方式，打進目標球並做到下一顆子球。但有時失之毫釐，謬以千里。一顆球大意沒有做好，可能會造成後面好幾顆球粒粒皆辛苦。因此審慎細心的執行，才能避免魯莽行事的錯誤。

耐心：在你來我往，不斷攻防，戰局膠著的階段，一定要能耐住性子，忍字心上一把刀，防守做到固若金湯、才有機會一擊得勝！

信心與恆心：信為道元功德母。比賽進行中只有放棄的心態才是真正失敗。在大比分落後時，更有要保持信心與恆心，只要有一個上場的機會，One step at a time，一球一局慢慢迎頭趕上，把自己的實力展現出來，必然有機會可以扭轉局勢！

平常心：每個人都有瓶頸，卡住可能動彈不得。此時更要平常心看待。世界冠軍柯秉逸曾說：遇到低潮不用氣餒，要當作是更進一步的一個基石，因為一旦突破這個瓶頸，鯉魚躍龍門，就會跳得更高！

花式撞球最常見的比賽是九號球（9 Ball），九顆子球在指定位置上排成菱形，一號在最前端，九號在正中央，其餘子球圍繞九號球任意放置。子球擺放完成後進行衝球，若九號球在衝球時直接入袋，開球方即贏得此局，也就是所謂的黃金開球（Golden Break）。

因此Golden Break可遇而不可求，即使是世界冠軍也無法保證每一次衝球都是黃金開球。然而在人生的賽局，真正的Golden Break黃金開球是：接受自己不完美的完美！

不要與別人攀比，他強由他強，我自一口真氣足。行有不得，反求諸己。直下面對自己的恐懼，千萬不要把過錯怪罪於別人。

一切都源於自己，這個世界只是一面鏡子，映射出我們內心的心虛、恐懼、目空一切、自卑渺小……

不要讓自己耽溺於懊悔抱歉中，人生一路走來，這一切成就了一場精彩絕倫，奇妙無比的冒險。我只有無限感激，感謝父母給了我生命，感謝師長傳授我知識，感謝逆境給我力量，感謝天地萬物給我愛。勇敢面對生命的挑戰，你的榮光將比任何人更加輝煌燦爛。成敗得失，操之在我！

28

慢飛天使

黃忠熙

成大在二〇一〇年停招夜間部學生，造成慈幼社「燭光組」活動因此停止。這項訊息讓我感觸良多，瑞復的學生是早上上學，下午放學，志工在白天到瑞復協助慢飛天使學習，記得是林錦祥當社長時（一九七八年）和台南瑞復益智中心接觸，進而成立「燭光組」的固定活動。

成大慈幼社社員白天大多要上課，有空檔可以去瑞復當志工的社員不多。我喜歡到夜間部旁聽，常到應數系、統計系、中文系去旁聽，認識了許多夜間部的同學，加上也認識自己會計系的夜間部同學，找機會向同學介紹「燭光組」活動，歡迎同學白天有空時可到瑞復當志工。成大社團中能夠提供給夜間部同學活動的不多，和這些的同學說明後，他們都很樂意參加這個有意義的活動。慈幼社可以提供夜間部同學社團活動的消息在學校間傳開，燭光組志工有固定的來源。

當時瑞復的學生都是中／重度智能障礙，無法進去一般啟智學校就讀，部分學生基本生活都無法自理，老師還要幫學生梳洗弄髒的身體及衣褲，需要比一般老師更有耐心、愛心，當瑞復老師加倍辛苦。

燭光組每周固定二個白天的時間到瑞復當志工，協助帶活動，或者當授課老師的助教。因為學生學得慢，需要一遍又一遍慢慢教；老師人數少，非常需要有志工在旁來幫助學生練習，慈幼社的志工提供了這項人力協助。

瑞復的學生學習的速度很慢，進步有限，但只要有一點點的進步，會令人又感動又高興。在瑞復曾目睹一位慢飛天使，經過無數次的訓練而能夠站立。正常的小孩是一歲就能站，能走，而他到十歲才學會站立，小孩的母親當場喜極而泣，和老師抱在一起流著高興的眼淚，我在一旁看到感動掉淚，為他高興，為媽媽和老師們不放棄而感動！

慢飛天使除了學習比一般人慢很多之外，他們很需要別人的關懷。有的學生看到人就是給你一個擁抱，初來乍到的人可不要嚇一跳，給他一個關懷的抱抱，你會發現他們很純真。

甘惠忠神父曾為這些孩子發起「請幫幫我！別可憐我！」的活動，希望社會不要只是投以可憐的眼光；呼籲社會伸出援手來幫助這些學生，至少讓他們可以打理自己的生活。

慈幼社每年都固定為瑞復辦「榕園趣味競賽」活動，設計很多遊戲讓這些慢飛天使來在榕園活動筋骨，需要志工一對一，甚至多對一帶著慢飛天使。慈幼社公開招募志工來參與協助，慢飛天使在這一天由志工們帶著在榕園玩上一天，照顧者藉由這個機會可以獲得舒緩。在學校時參加該活動的志工，二〇一三年特地回台南當活動志工。「榕園趣味競賽」除了二〇二〇年因疫情停辦，已經辦了卅九屆，往後還會繼續辦下去。

我在就業幾年後當上部門主管，把一些純粹只是需要人力的工作改以委外，委由台北「第一兒童發展中心（和瑞復一樣收容慢飛天使的機構）」來承接，以較優惠的價格委託他們來做，長期配合並獲得社會局表揚。在優良廠商座談時，當面籲請勞委會主委，請政府把一些非技術性的人力工作，委外給這些慢飛天使來做，他們可以獲得工作機會，等於減少社會的負擔。

瑞復的金援大多來自天主教會，很感謝他們長期對台灣特殊教育的貢獻，希望國內有更多有能力的機構能投入幫助這些更需要幫助的社會弱勢者。我長期贊助瑞復，除了金錢贊助外，也時常到瑞復「漁光小舖」購買慢飛天使的產品。二〇二一年生薑生產過剩，有位企業家贈送五千斤的薑給瑞復，號召社友購買一百二十份（七斤×一二〇＝八四〇公斤）。

二〇二二年瑞復建築物因耐震度不足而需要整建，請大家一起來幫助瑞復再續五十年，讓慢飛天使有個地方可以藉教育、復健及訓練活動，在各方面充分地發揮他們的潛能，盡可能讓他們獨立照顧自己，並且融入社會，成為社會真正的一份子。

29

那些懷念的童年時光

蕭人琬

記得小時候住在高雄市興華路爸爸公路局監理所所長的宿舍，院子很大，還有一個車庫。假日時，司機叔叔常常會開車載我們去各名勝古蹟遊覽，快活得不得了。院子裡有幾株高大的玉蘭花和桂花等，花葉扶疏。放學後我會邀同學來家裡和我一起從後院的水塔爬上屋頂，摘下一朵朵盛開的玉蘭花，深深吸一口氣，感受撲鼻而來的香氣。或是摘下各種不同的葉子，當作不同的面額玩買菜的遊戲。有一天，在我爬著欄杆和隔壁好友講話時，不小心摔了下來，一時之間血流如注，媽媽立刻要爸爸趕回來送我去徐外科就醫，結果左眉上縫了三針，留下了疤痕，往後我變文靜了好幾天。

小學就讀信義國校，那時記憶力很好，不用花太多時間，便可名列前茅。每學期爸爸帶我去領公路局頒發的獎學金和獎品時，是我最興奮的時刻！記得那時候惡補盛行，放學後我們先回家草草的吃一下晚餐，便要帶著折疊型的桌椅去老師家補習，大約二至三小時後再拖著疲憊的身軀，一行人披星帶月，一路上打打鬧鬧的走回家。若是有人不參加補習，便要有可能被老師另眼相看的心理準備。那時常擔任糾察隊長，袖子上別著黃色的臂章，好不威風。弟弟說班上有人欺負他，我還特地帶了幾位糾察隊員去狐假虎威一番，為他壯壯聲勢。小時候口齒還算清晰，常被老師選去參加演講比賽，剛開始緊張得手心冒汗，爸媽總是告訴我，妳就把台下觀眾的頭，當做是一個個西瓜就好了。後來有一次還代表學校參加校際詩歌朗誦比賽，誇張的手勢和抑揚頓挫的捲舌音，著實令我覺得超級不自然的。

自有記憶以來，自己一直是個曬得又黑又亮的野丫頭。下課時，我們常常玩，把一隻腳勾起來的鬥雞或是騎馬打仗、猜首領等遊戲。拿著網子捕捉蝴蝶、蜻蜓，也是我們的最愛！當時養蠶寶寶也風靡過一段時期，每個人都至少有一個紙盒子，一個個方格裡面有吐絲把自己包起來的蠶寶寶和之後白色的蠶繭。記得有一次我們一票人約了班上的男生去打架，到了附近的802總醫院卻不知該如何打才好，後來只好以鬥雞方式草草解決！中午幾個好同學，會去路邊的果園偷摘芭樂，還知道選較白較淺顏色的較好吃，綠色的太澀難以入口。每次都要等到惡狗狂吠追出來時，我們才嚇得拔腿狂奔做鳥獸散。記得那時侯想學兄姊騎腳踏車耍帥，常常偷牽著他們的車子，東倒西歪的學，一不小心就摔得皮開肉綻，還要遮遮掩掩的怕被爸媽發現！

從小就愛唱歌，有次和幾個同學中午在802總醫院的病房外唱《月桃花》等歌曲，結果被病人追趕得落荒而逃！當時梁祝電影火紅，我也成了小凌波迷，老是跟著鄰居婆婆媽媽們，蹲在乘坐的三輪車前面，每部電影都看了一遍又一遍，所以幾乎所有黃梅調歌曲均能琅琅上口。那時不知為何非常喜歡吃米粉，常常拿著五毛錢的零用錢，自己一個人去麵攤點一碗陽春米粉，加上一點醋和辣椒醬就滿足得不得了！姊姊放學後有時會差遣我去買一塊土司，我總會一路上小心的剝著凸出來的部分，慢慢的吃，直到變成平的，再交給姊姊；若是那天老闆給的是塊平的土司，我就會氣嘟嘟的走回家！

夏天的夜晚，媽媽會要我們去買一塊冰塊，加入西瓜、鳳梨、香蕉等水果做成水果冰，在院子裡搖著羽毛扇，看著天上皎潔的月亮，一邊乘涼一邊閒聊。爺爺也會講些《西遊記》孫悟空的故事，聞著空氣中飄來的一陣陣甜甜的桂花香，一家人其樂融融！記得有一次，學校要辦旅行，媽媽不准我報名，我哭著絕食了好幾餐，還寫了一張紙條，放在媽媽外套的口袋裡，問她不讓我去，是不是要把省下來的錢，留著她日後養老用？媽媽看了啼笑皆非，居然就讓我參加了！

如今，時光荏苒，物換星移，自己雖然外表已垂垂老矣，然而內心卻依然保有一顆赤子之心，希望在未來的日子裡，能夠貢獻微薄的一己之力，幫助需要幫助的人，不悲不懼，盡量無病無災，無憂無慮的走下去！

30

跑步改變人生

劉宗傑

怎麼說跑步改變人生呢？原本體重六十九公斤，變成五十七公斤；有肚子沒肌肉變成沒肚子有肌肉；有脂肪肝，肝指數異常變為都正常。

怎麼會突然想跑步呢？大學時，住在光復操場旁，根本不會想跑步，太無聊了。以前體重本來是正常的，後來結婚、生小孩之後，配合家人活動力下降。上班到了一個很操的單位，每天早八晚十，運動時間幾乎沒有，假日只知道休息、睡覺、吃美食，體重直線上升。

二〇一三年，我開始第一次參加馬拉松比賽，那時是因為身邊的同事說要去報台北馬拉松，因為自己體重實在太重了，心想跑步是一個消耗熱量最快的運動。當時體重已經快接近七十公斤、肚子大大，衣服要穿L號，褲子腰圍要預留空間，怕將來會更胖。在賽前四個月，報名人生第一場半馬。平日上班工時長，沒空練習，只能利用假日的清晨跑十八尖山，我告訴自己要一口氣跑到山頭再休息，從五公里到十公里。偶遇大學學長，帶我跑清交大校園，我的單次里程進步到十五公里，月跑量突破一百公里，好開心。

二〇一三年，第一次參加台北馬拉松，半馬在大雨中進行，心想下雨也照跑啊!?就這樣跟著群眾，腳踏水坑，耳聽眾人雄壯的腳步聲、雨聲中邁步向前跑，看著老人，女生刷卡過去，自己的體力、腳力漸漸崩潰，跑了兩個半小時終於到達終點。跑完時，已經兩腿跛腳。有了失敗的羞辱，就會想要好好練，下次再來挑戰。雅典奧運女子馬拉松金牌野口水木的名言「我跑過的距離是不會背叛我的」。為了更好的成績以及鍛鍊體魄，我養成了跑步運動的好習慣。二〇一七年初，一位同事報名全馬沒空參加，要我去跑，他跟我說就跑跑走走，每個補給站吃喝、拉拉筋。比賽當天，過了半馬二十一公里，我就跑不動了，只能看著別人輕鬆從我身旁飛奔而去；跑在高架道路上，我只能鼓勵自己，跑到下一個電桿，一段一段的完成。第一次的全馬，我花了六小時！當時覺得自己好虛弱！

二〇一八年底，學長帶我進了新竹成大路跑社，遇到馬場老手——愛跑的喬偉學長，帶領著我們跑馬路、跑長距離的跑旅，邊跑邊旅遊參加比賽，使我全馬成績破四（全馬四十二公里以四小時整跑完全程），破三小時半。跑步不但是運動健身，還是另一種交通工具、旅遊的方式，更細膩的去看身邊的風土人情，化平凡為神奇。當你心跳加速，汗流浹背後，你會發現，跑步過來和搭車過來，一樣的風景，感受卻不同，腦中多巴胺的分泌，讓風景像上了濾鏡般令人感動！

最讓人回味的一場比賽是二〇二〇年尾的制霸環金一百公里比賽，別人遊金門是搭車、騎機車、看風景，我們卻是跑步環繞大小金門，穿越鄉間小路，沿著人煙罕至的戰備道路，隔著海看著對岸繁華的高樓大廈，沿途荒廢撤守的營區，訴說著過去兩岸緊張的局勢。長距離的比賽，往往在百分之七十時，體力、腳力就不支，頭洗一半了，不能輕言放棄。這時決心和毅力便越居而上，成為主導，帶領自己揮汗苦撐到感動的終點線，克服的不只是這遙遠的路程，更是這虛弱的身軀，唯有不斷的考驗，才能使自己脫胎換骨越變越強！

《漢森馬拉松訓練法》一書提到耐力訓練的好處，心臟能以更不費力，更有力量的方式輸送出更多血液。由於心室腔經過訓練變大，得以容納更多的血液；因此，不論在任何配速下，心率都會降低，心血管系統變得更有效率、更健康。另外耐力訓練能增加血液量，紅血球在血液中的比率降低，也讓血液變得不黏稠；血液量增加，更能輕易流動於心臟與動脈間，降低三高的風險。

投資好股不但讓你每年領股息，而且股價也會隨著公司成長而股價飆升。跑步也是，不但跑後消耗大量的卡路里，肌肉的產生，也增加了每日基礎代謝率。跑步並不是要衝刺一百公尺般全力加速，只要保持自己可接受的頻率向前邁步，不求快只求遠，便能感受到在揮汗中，聆聽心跳及腳步的節奏感及成就感。不敢嘗試跑步的人，往往說自己老了不行，跑步傷膝蓋等藉口，因而裹足不前。事實上，眼前所見的跑友都是令人羨慕的身材與活力，勇敢跨出自己熟悉的舒適圈，只要邁開步伐，你將跑出更健康、更好的自己。

31

我在銀行工作的日子

陳明智

退伍後就依照在交管系時與鐵路局的約定，一九八七年六月到鐵路局報到，在南港車站實習半年後擔任列車長。當時覺得這份工作發展機會有限，就想轉到銀行上班。雖然在交管系有修會計學但是只有初會且學習不精，所以就到補習班報名金融特考班。本想準備六個月後參加公家銀行金融特考，想不到三個月後就遇到中國信託招考；本只想試試書念得如何，想不到就考上了，於是我就到中國信託上班。

我在中國信託上班六年，第一年、第二年做汽車貸款，我很認真騎了中國信託偉士牌摩托車跑遍台北縣市各個汽車銷售店，想辦法認識每位業務人員，並且告知他們我可以配合客戶時間，隨時來汽車銷售點辦理對保，無論假日或晚上。我的勤奮及配合態度讓業務人員逐漸將案件都轉給我，我在第二年汽車貸款業績成為全國第一名。第三年我就調往房屋貸款，這對我而言是一項新業務，我也秉持積極開發的態度，拜訪了無數個台北縣市各房屋仲介公司及代書事務所，也以隨時配合對保時間及積極追蹤撥款，逐漸獲得各店的信賴，讓我的業績逐漸提升。從事房貸業務的第二年，也獲得全國競賽第二名，第五年就調往企業貸款，從事中小企業放款成績也很優異。

之後，我辭去銀行工作，到中國人壽從事保險工作，我本以為做保險跟做銀行工作一樣只要勤奮就會有好成績，想不到與想像中完全不同，不是約不到人就是約到人後對方態度冷漠，讓我好有挫折感，前三個月業績都是掛零。我曾在客戶門口待了一個多小時，都提不起勇氣去按門鈴，後來我想通了一個道理，為什麼我在銀行工作會成功，是因為我的工作幫助了他們無論是對業務人員或是客戶。前三個月作保險都是想伸手向別人要業績或要人情幫忙，所以別人都會躲著遠遠的，但我想應該檢視自己有什麼價值及能力幫助別人，讓別人自然就會來主動靠近。而後，我就用在銀行學到的貸款技能，教導及幫助別人跟銀行往來，得到自己想要的額度並且有好的利率。別人得到我的幫助信賴我後就主動來詢問保險內容，並且還會幫我介紹客戶。第二年業績逐漸起色，也曾獲得全國單季競賽冠軍。

在中國人壽兩年，因太太覺得生活及收入不穩定，又回到銀行工作。這次是到聯邦銀行信用卡部做事，這是我第一次接觸信用卡。剛進去派我做業務組長，可能覺得我有壽險業務經驗，然後讓我做一本折扣商店手冊，我就逐家挨戶去拜訪各種商店，如飯店、餐廳、美容院、旅行社、高爾夫球場等，簽約成為信用卡折扣商店並編排製作成一本折扣手冊。因沒有人教導我，是自己創造出來的，因此當時倍受肯定。第二年我就升為業務兼企劃組長，當時負責郵購手冊，我就創造出信用卡郵購分期付款機制，業績立即成長五倍，許多銀行也來詢問如何做，因為這是業界首創可用信用卡購物分期付款機制，第三年我就升為襄理，負責發卡業務及企劃部門。那時前幾大發卡銀行，除花旗銀行外，都是金控公司，如中信、富邦、台新、國泰世華、玉山、新光等，都有保險及證券部門，也就是有龐大的業務人員及客戶資料，那時聯邦銀行信用卡排名是第十名，要打敗這些金控公司排名提升其實不容易。

那時我們的策略就是發展聯名卡，我們自己銀行資源不多，我們就結合聯名單位的資源及客戶來源，一起發展聯名信用卡；而且當時我們選擇的客戶都是有購買力及活動力強的聯名單位，不但創造卡數成長且消費金額能同步成長。那時主要的聯名卡有家樂福、微風廣場、環球購物中心、高雄大統百貨集團、安麗直銷等，是當時所有發卡銀行中聯名卡發行最多的銀行。也因為這項策略，聯邦銀行信用卡突破兩百萬卡，發卡銀行排名從第十名提升成為第三名，成為聯邦銀行信用卡最高峰期，我自己也升為信用卡中心發卡企劃部協理。

兩年後，我就自行創業，從事信用卡企劃行銷業務，主要客戶是Mastercard、Jcb、Visa、銀聯卡國際組織，規劃及執行他們在台灣信用卡市場的商戶合作及刷卡消費活動，至今已有十二年。還是很懷念在銀行工作的日子，而且非常感謝當時的長官及一起打拼的夥伴。謝謝你們！

32

一段自我追尋的歷程

黃玉晴

自小，我在桃園的客家庄長大，後來因為父親工作的關係，舉家在花蓮落地生根。花蓮是個觀察族群關係很好的地點。居住期間，不但常被附近部落的阿美族人請去參加豐年祭，也與布農族的同學相處，周遭鄰居的身分組成更是形形色色，有客家、福佬、外省和原住民。環繞在生活裡的，除了本省語言，還有來自各省榮民伯伯的鄉音。特別到了菜市場，可以見識到各類的語言轉換現象，同時操多種語言的情形在東部是司空見慣，居住在這的人們也絲毫不認為有何奇特，這是和台灣西部不同的生活經驗。

最困擾我的，不是族群的相處和語言的使用，而是被問到：「你是哪裡人？」我羨慕可以立即回答這問題的人，但這問題對於我來說很複雜。如果回答是花蓮人，那是以當時的居住地而言，這答案是相對於被問到「你住在哪裡？」來回答的。而且我們家並非世代都住在花蓮，如果要回答「你是哪裡人？」的問題，應該是指自己的來源，也就是回答「根」在哪裡。可是當我回答是桃園人的時候，卻往往會感到心虛，因為桃園是我母親的故鄉。曾聽過父親告訴我，他的父執長輩們，多數住在台東，可是祖先是由屏東過去的。

在家中沒有任何祖譜，也不知道自己面對這個問題，是否應該回答是台東或屏東客家人，那些我從來未曾謀面和造訪的人事物，我強烈感受到自己的失根。於是在說出自己是桃園客家人這個答案時，我開始思索認同的理由和力量，自己到底是什麼人？為什麼我不回答是花蓮、台東，甚至是屏東的客家人，而是選擇回答桃園客家人。我想，那和從小教育我的外祖母有關，她過去總是對我耳提面命，要我記住自己是客家人的身分，不能夠忘卻母語等等。我想今日會投身於客家研究之中，那個最早萌發的客家意識，以及族群認同，應是居住在桃園時期就已建立，自然也就將桃園歸屬於是認同上的原鄉。

同時我也想了解這些跟我一樣住在東部的客家二次移民，族群認同對他們而言是否也同樣重要？日本時期他們由竹苗、六堆等地分別移入，可是在東部的居住經驗，卻讓我感覺東部的客家人，是有別於台灣西部的。東部在過去一直是帝國的邊陲，自台灣開始有漢人移墾，東部向來是被忽略的地方，也因為開發得較慢，被稱作是後山。當西部開始漳、泉械鬥，閩、粵分類的時候，東部一直停留在悠遊自在的族群關係當中；而到了日本時期，在國家有系統的移民和經營之下，東部始有大批漢人進駐。但因為有了國家力量的控管，東部自一開始發展，便避開了過去如械鬥那般的族群分立經驗，這和西部的開發史相當不同。

所以到了一九八八年之後，台灣社會開始推動的客家文化運動，雖然號稱是全國性的運動，但在我的研究當中，東部和西部所受到的動員力量卻是截然不同。西部過去的族群緊張關係，加上客家人進到都市之後所面臨語言和文化上的失落，強化族群本身的認同意識，進而展開行動。而在東部的情形則不相同，發展的歷程並沒有族群分立的經驗，自然無法激起意識，轉為行動，所以客家文化運動，在東部的影響非常有限。如果真要談論到東部族群方面的矛盾，應該是漢人們面對政府長期提供給原住民的優惠政策，態度上都顯得心中不平。對此，東部的福佬和客家在說法上皆一致，這又和西部福、客長期的矛盾情結有所不同。我在東部居住的經驗裡，福佬、客家互動良好，彼此的關係緊密。

目前投身在推廣客家文化，正因為有不同的客庄經驗，認為文化之美非定著在博物館裡，台灣各地的客庄都有不同的韻味值得細細品嚐，並非刻板化的認為客家族群該是什麼的樣貌。就例如在南部沒有桐花祭，花布、桔醬也不是舊時生活的記憶，我因為北、東、南各地的生活經驗，從族群認同開始思索族群關係，更曾透過尋根到先鋒堆萬巒，找到先祖的家廟，同時也是來台祖這一支的台灣後人之中，第一位回到祖籍地尋找的子孫。期待透過這一段自我追尋的歷程，能夠分享給可能曾經認同受到相類似困擾的朋友們，在多元的台灣社會裡，理解到因為歷史的獨特性，各族群更應該可以欣賞彼此文化之美而和諧共生。

33

精準與迷糊

陳品卉

兒子傳來一張居家照，只見他左手抱大孫女，右手抱小孫女，小丫頭一人吸著一瓶奶，兒子滿臉幸福的笑著。天啊！這就是我一向認為迷迷糊糊，啥事不放在心上的兒子嗎？結婚生子以後，竟脫胎換骨，變成負責認真的好爸爸。望著照片，思緒不經意飄回到兒子小的時候。

兒子從小迷糊，上幼兒園時，不是忘了外套，就是忘了書包，有次放學他不在校車上，嚇的保姆打電話給我。我急忙聯繫學校，才發現他只顧著玩，竟然沒上校車，把自己給忘在學校了！

上了小學一年級，沒見他寫過功課，問也沒用，永遠是「忘了、不知道」。參加第一次家長會時，老師拿出一大堆作業，告訴我兒子欠他這個沒交，那個沒做，我窘的只想鑽地洞。靈機一動，想起我們小時用的家長聯絡簿，硬著頭皮拜託老師，依樣畫葫蘆，這法子倒也有效。第二次家長會時，老師居然笑瞇瞇的拿出兒子寫的日記給我看，怪怪！我還真沒見過這種日記：

Today is Monday. Today is not a pizza day.
Today is Tuesday. Today is a pizza day.
Today is Wednesday. Today is not a pizza day.
Today is Thursday. Today is a pizza day.
Today is Friday. Today is not a pizza day.

直到現在，每次買披薩時，我們都會調侃的加上一句「Today is Tuesday. Today is a pizza day!」。兒子雖然迷糊，語句卻精準無比。第一次發現他有如此「長才」，是在他上中文學校的時候。星期天下午上課，他上午開始猛趕功課，只見他寫休息的「休」，先寫完整行「亻」，再補上整行的木，批量生產，果真快速！

娘心有不悅：你不是昨天就寫了嗎？兒無辜：是啊！我有寫呀！

娘：那你怎麼還在寫？兒：我沒說我寫完了呀！我和老爺對視半晌，回想我們昨天的對答，糟！我只問「寫了嗎」，而不是問「寫完了嗎」，以後我們就學會要如何問兒子話！

說到中文學校，不得不提兒子那次轟轟烈烈的演講比賽。為娘的自小參加演講比賽，心想這次可是要把兒子好好調教一番。題目是「我最喜歡的某某人」，兒子說最喜歡的人是姊姊，為娘的就開始寫稿，想到兒子的迷糊勁兒，講稿內容必須簡單好記。第一段就自我介紹加破題，第二段舉些姊愛弟的小例子，第三段就簡單結尾。訓練再三，勉強記住了。比賽當天我去別班當評委，課後去接兒子路上，碰到四位家長，對我含笑點頭，並且說：你兒子最喜歡的人是他姊姊！我點頭稱是，卻也納悶，為什麼每個人都說這句。見到兒子，迫不及待地問他今天過程如何。

娘含笑：你是不是先介紹自己是誰呢？

兒：I didn't say that!

娘訝異：那你直接說你牙齒掉的時候，姊姊當tooth fairy給你一塊錢的事嗎？

兒：I skipped this part!

娘不可置信：那你有說因為姊姊做了這麼多事，你才最喜歡姊姊嗎？

兒自然的回：oh, I forgot this part too!

娘快吼了：那你到底說了什麼？

兒天真無邪：我說我最喜歡的人是姊姊呀！

我恍然大悟，原來他上台總共就說了一句「我最喜歡的人是姊姊」，怪不得那幾位家長要這麼說了！

兒子成長過程中，所用過精準語法的例子比比皆是，常弄得我們啼笑皆非。每天他放學回家，我都會打個電話關心一下。娘：你在做什麼呀？兒：我在跟你講電話呀！竟有這種回答？我講不下去了！

兒子二年級時，我教他用電鍋煮飯，一杯米加上一又四分之一杯的水，平日煮兩杯米，小手把兩杯半的水，量的準準的，完全沒問題。有一天我打算炒飯，告訴他要煮兩杯半的米，兒子面有難色，想了半天問：一定要煮兩杯半嗎？這水真的很難量耶！原來精準的他，一定要準確無誤的量出1.25×2.5杯水，才算達成任務。

兒子十來歲時，看著他逐漸抽高的個子，娘慈愛的問：你現在多高啦？

兒子想了想，很謹慎的反問：with hair or without hair? 有人如此精準嗎？我又被打敗了！

兒子上大學時，有次考完期末考我們去接他，只見他疲憊不堪的告訴我們，在這考試期間，他只有做三件事，讀書睡覺考試，看他瘦了不少。

娘心疼問：那你這幾天都吃什麼？

兒：我剛剛不是說了嗎？

娘疑惑：說什麼？沒有啊？

兒：我不是說我只有讀書考試睡覺？原來人家沒說吃飯，就表示這幾天都沒吃飯！有如此精準的兒子，我們不僅要學會如何問話，還得要學會如何聽話！

回想孫女出生時，兒子包辦了換尿布餵奶洗澡哄小孩睡覺所有瑣事，做起來行雲流水，溫柔細緻。兩位孫女常都爭著要爸爸抱，聽著兒子和孫女們的對答，更發現他耐心十足，實在很難想像從小迷糊的他，能成長為這麼負責的好爸爸。想到這兒，為娘的也算安慰了！

34

我選擇，我驕傲！

流浪人

一月初因為公差接連三天從南到離島，再從離島到台北出差，習慣地將行程記錄在臉書時，以前在私人企業工作的同事，突然msg我要不要一起吃飯，並約了另一位一起在Cambodia工廠打拼過的同事一起。言談中，想起了自己從事公職前的那段令人懷念的驛動生活，是我人生中永難忘懷的經歷。

小時候，母親管得很嚴，偏偏我是家裡最不愛唸書及最愛玩的孩子，常常放學回家就書包丟了出去玩，也常常回家發現自己藏起來的小說和漫畫被搜出來丟在家門，然後肯定就是被罰跪。因此，媽媽最擔心我考不上大學。也因為有個優秀到一路都是優等生的醫生哥哥和努力唸書的教師姊姊，相形之下，我就是個不聽話的令人擔心的孩子，在被密切關注的情形下，我從小的願望就是離開家。

大學畢業後，我拒絕了父母要我考公職或教職的提議，進入私人企業從事行銷工作，一開始，頂著大學畢業的光環從事行銷企劃工作幾年，但其實對業務該怎麼做是紙上談兵，感覺自己並未做得很快樂。後來進入知名的成衣出口上市公司，我向公司提議要改做業務，然後突然發現業務工作比較多變具挑戰，為了在客戶面前自己是專業的，也提議讓自己到工廠去實習了幾個月，之後就在台北總公司擔任國外業務工作。

某天，公司高層突然問我：「印尼廠的業務經理離職了，你有沒有興趣去接管，但是印尼廠最近訂單出口訂單都在空運（常態都是海運出口，因為來不及所以被客戶罰空運）」我在思考了一～二天後，就同意了，當時只有和印尼廠的楊副總（是成大MBA畢業的明日之星）電話面試，就開始著手辦簽證，辦完後才和父母說，媽媽氣到要和我斷絕母女關係，直到出國前才難過地送我出國工作。

到了印尼雅加達的工廠，我的業務團隊除了我之外都是當地印尼人，及少數會說中文的華人，工廠的團隊除了台灣幹部、大陸幹部外，其餘都是當地人，有一間廠甚至連廠長都是印尼人，因此，我除了以英文和他們溝通外，也要努力學習簡單的印尼文來增進溝通。由於很多訂單都是delay出口的情況，我幾乎每天都在和時間賽跑，除了晚上要和客戶溝通，白天也忙著理解工廠趕工生產情形，更由於當地業務無法加班太晚（他們很容易就累了），我幾乎是晚上和假日都無法太多的休息。就這樣過了幾個月，總算把最糟的狀況度過了，開始可以在假日去享受印尼的異國生活。

雅加達給我印象最深刻的是交通，我們常常坐著司機開的車塞在車流中一～二小時，他們的經濟有一大部分是華人創造的，但他們也排華，所以我們也盡量不單獨出門。我印象最深刻的是看到華人家庭開著很豪華的大車，後面跟著一群僕人（非華人）帶孩子，令人嘆為觀止。同事都說，你只要嫁一個華僑富商，這些就是你的了，可惜的是這個願望至今也沒實現。

兩年多後，我轉調到了柬埔寨（Cambodia）的工廠，這是一個與印尼截然不同的貧窮國家，印尼具有一定的繁華程度，但Cambodia在當時連一條平整的柏油路都沒有，工會也很有黑道色彩，所以在此工作最令人擔憂的就是安全問題。我們常常要在拚產量及與工會協商的角力中進行談判，也常常一談判不順利就被關水關電，可幸的是，每次都有化險為夷。這個國家很多假期，因為工廠無法生產，我就常常趁著放假到吳哥窟、洞里薩湖等景點，新年時就到更遠的泰國和越南去玩。在這裡將近六年的時間，除了忙碌，也有很多令人難忘的生活經歷。

我最對不起的是我的父母，我得到了我最想要的生活，卻讓我父母生活在擔憂我的恐懼中，有一天媽媽打越洋電話給我，說爸爸身體不行了，我驚覺父母已經老了，我沒有再自由自在的本錢，我向公司請辭回家，公司讓我先請長假但我拒絕了。回到家爸爸已是醫院常客，幾個月後他結束了七十二年的人生離我們而去，我在他靈前起誓，一定會考上公職回家鄉照顧媽媽，也婉拒公司讓我再回台北工作的邀約，開始在家專心準備考公職。

這應該是我這輩子最認真唸書的日子，我用一年的時間每天早上六點三十分起床晚上十一點就寢，除了吃三餐，每天運動一小時之外，我都在唸書。記得第一次參加年初的初等考時，拿到考卷的那一剎那，想到爸爸（一輩子是公務員）一直希望我當公務員，不禁熱淚盈眶。所幸我只花一年就考上地特分發台東縣府，但是我的承諾並未完成，離家還有一段距離。於是當同期都在玩樂時，我每天下班就到補習班唸書到補習班關門，於是隔年我又考上成大。媽媽說，可以了，不要再拼了，身體要緊，但我忘不了自己對爸爸的承諾，所以還是一有空就到成大圖書館唸書。於是兩年後，我考回屏東縣府了，距離我對爸爸的承諾近五年才完成。

從愛離家的小孩到努力回家的中年，我努力的過好我選擇的人生，我很自豪的說，沒有後悔過！唯一遺憾的是讓父親到過世時都在擔心我，但我只能以照顧好媽媽來挽回這個遺憾了。

35

那年我們追的女孩——成大75級共鳴與回響

蔡志賢主筆

那年我們校園唱的歌，沒有失憶、只有滿滿的美好回憶，當塵封的往事，再次浮上心頭，依舊燦爛而輝煌。

那年我們追求的青春夢，依然健在、深植心中，雋永而歷久彌新。回想新生報到，跨出台南後火車站，到光復校區報到，笑容可掬的學長學姊們，立馬接待與引導，直屬學姊的「認親」，皆讓初生之犢的我，倍感溫馨、對於融入成大大家庭，充滿感動與期待。

每年校內合唱比賽參賽隊伍，會計系合唱團皆由大一（75級）新生為主軸，搭配上屆（74級）總指揮林佩禎等學長姊們的傾囊相助；由於許多同學是第一次接觸合唱，並沒有紮實樂理基礎，只能運用課餘時間，帶著樂譜按時到練唱教室報到，深怕遺漏合唱的重要的細節。練唱地點包括成大合唱團的合唱小屋（成功校區）、台南啟聰學校的禮堂，一開始是參與感，與學長學姊的互動與融入，除了練習學校指定曲外，也尋尋覓覓選了曲風優雅，情意綿綿，多部重唱的自選曲《茶山情歌》。

茶也清耶，水也清喲，清水燒茶，獻給心上的人；情人上山你停一停，喝口清茶，表表我的心……迄今朗朗上口、魂牽夢縈、久久不絕，是那份悸動、心動與感動。

總指揮學姊看到團員們短時間內進步飛速，感到非常驕傲，鼓勵著團員們「參加就是榮耀」。由於這次比賽所選的自選曲目難度非常高，不僅需培養團員們聲音的和諧度，還得跟鋼琴伴奏的許貴芳同學，琴瑟和鳴，在特定拍點要適時加入少女的湧上情愫尾韻，讓這首最終被潘越雲翻唱的貴州名謠，傳唱的款款深情、直入人心。採茶姑娘的愛戀與思念，盡在曲風中、表露無遺，觸動了無數少男少女對愛情的渴望與深情款款，想一想把暗戀女孩子的心情投放，比較能抓到感覺；學長姊們總是耳提面命，唱歌前要先聽別人在唱什麼，聽清楚了才一起入唱與融入。生命歷程中也是，嘗試傾聽最難，總是喜歡聽好話，避開嫌惡、充耳不聞，也許應該找到屬於自己的聲音，但那不代表我們應該因此就對別人的聲音忽視與排斥；投入與放入情感，才是最讓人悅耳動聽的天籟美聲。

「台上一分鐘，台下十年功」，隨著校內各系所輪番上陣，精采的詮釋著指定曲與自選曲，包括去年前三名也陸續上台，也令人期待聆聽與學習，頗感有壓力、偶有烏雲密布的感覺。當輪到我們上台時，手心冒汗、心中忐忑，總指揮佩禎學姊駐立指揮位置，勇者不懼的、站在我們面前，背對著台下評審、校友師長們，她親切笑容、一直用手指著嘴巴，提醒我們要微笑，要我們放輕鬆。我可以感覺大家逐漸地放鬆並融入音樂，尤其自選曲中間男女對唱完，許德仁同學的男聲獨唱一出來，立馬吸引台下，比賽那天應是我們唱得最好的一次，人生與運動舞台也是如此，越競爭激烈，就能激發人的無限潛能，貫徹意志力、創造佳績。

曲終、評審委員講評，對我們隊伍在自選曲《茶山情歌》原創是採茶少女演繹的獨唱，改由男生來傳情意會，多有褒貶，本想說「大事不妙、又有點逆轉勝的思緒飛揚著、上了心」。隨後公告了第三名季軍、第二名亞軍後，評審們又賣了關子，說經過激盪的討論，選出「成大會計系合唱團」為本屆第一名冠軍。講評說的巧，勇於突破原創、大膽改變，啟用「男聲獨唱」，令人耳目一新；因為好、期待更好、才有批評，也值得批評。後來職場上也確實是如此，有些老闆愛念經，就把他想成「愛之深、責之切」吧！那一夜，如大一迎新開舞曲娃娃的《就在今夜》。

「在今夜，我要悄悄離去……你對我不再感覺溫柔……」

「評審委員這些建言」事後想想，還真的終身受用，總指揮學姊上台代表授獎時，大家內心充滿無限的可能及感動與激情，終於喜極而泣。人生的比賽永不停歇，勇於挑戰阿湯哥「不可能的任務」，算算歷年007們躲過多少子彈沒掛掉，就知道人生有無限機遇與可能，只要能全力以赴、不枉此生。

謹以此篇懷念學校、師恩、學長姊、同學們，與在校期間的種種美好時光，好想時光倒流、不願四季更迭，當學生真好、「當掉」例外。75級畢業迄今，在李秉宏班代等熱心同學努力奔走，出錢出力下，維持五年一次回母校或在北中南辦同學會的傳統。去年（二〇二一）是畢業三十五年、第七回合，因應去年疫情蔓延，延至今年（二〇二二）四月二十三日舉辦，邀請系主任、教授、講師與助教，共襄盛舉與感念師恩，與對英年早逝的抗癌鬥士黃德芬同學兼團員，無止盡的懷念。

36

憶

劉茂林

棒針

望著窗櫺旁已落滿塵埃的棒針，陳舊往事在腦海中一幕幕鮮明躍出，仍然清晰地仿如昨日情景。那細膩而優雅的動作，播放再播放；那熟稔卻又陌生的面容，放大再放大，直到淚水承載不住思念的重量，又再次溢出眼眶。

那斑駁的棒針，帶有時間的痕跡，早已經舊了、鈍了，可想知它陪伴阿嬤走過多少季節遞嬗、編織出多少溫暖親情。但在阿嬤滄桑、堅韌的手中它永遠熠熠生輝，迥異於平時的黯淡無光，那瞬間，棒針不再只是棒針，是一份歷久彌新的愛。

在我們的毛衣上，每道綴上的圖案都是阿嬤的巧思，一針一線裡詮釋著阿嬤對我們訴不盡的疼愛，紮紮實實的裹住我們的身軀，即使在寒冬臘月裡，只要穿上阿嬤的愛心，就足以抵禦刺骨寒風。我想，阿嬤編織的除了是再普通不過的毛線外，更重要的是她的殷切叮嚀、她的真誠祝福。當時年幼的我並不明白為何要這麼費工夫、耗精神，總認為買一件現成的不是方便得多？待年紀漸長後，才慢慢懂得毛衣蘊含的意義。

阿嬤住在樸實的鄉下農村，不為都市中的喧囂嘈雜影響，少了紛紛擾擾的氣息，卻多了縱情山林的單純，臉上總是掛著慈藹的笑容，神情祥和、平靜，但是雙手粗糙的觸感卻令人不捨。阿嬤一生勤儉持家，將青春年華全奉獻給一群孩子，她不怨不悔。可我們都知道，那佝僂的背，曾有少女的朝氣蓬勃；那銀白的髮絲，曾包覆著迎風飄逸的美麗；那歷經歲月刻畫的臉龐，彷彿囊括了許多人生的智慧，匆匆歲月雖不過數十寒暑，但她用堅毅的生命，譜出最令人動容的樂章，平凡卻偉大。

我小心翼翼的拾起棒針，輕柔的動作像是捧著易碎的玻璃製品，說是怕碰壞了它，但其實我更畏懼的是，從指尖觸感處不斷蔓延氾濫的心痛，那疼痛攀爬至脆弱的心口，久久流連不去……。撫著上頭鐫刻的雕花紋路，彷彿還可以感受到阿嬤手心的溫度，就像在牙牙學語時期，阿嬤緊緊牽著我的小手，透過掌心傳來的安全感，心頭千言萬語不禁化為淚水汩汩而出，我有太多的話還沒告訴您啊！

在那年夏天，陽光依舊熾熱明亮，烏雲卻密密的壟罩著我們溫馨的家，那是因為──屬於您的美妙樂音戛然停止，琴弦斷了，發出弔詭不全的殘音，天使帶走了我們深愛的您，頭也不回地，在一場措手不及的意外裡，您就如同一顆在我們心中頃刻殞落的星。我甚至還來不及說出口，我有多愛您，還來不及找回您的回憶，還沒能消化這個噩耗。仰望穹蒼，望著您幻化成的裊裊煙霧，我放聲呼喊，一遍又一遍，盼您還能回到我們身邊，我堅信的啊！淚，不知不覺中，無法停歇地滑過嘴邊垂下的弧度，滴滴落在胸前，那塊永遠有您存在的方寸之地，模糊中，依稀還描繪得出您的笑容，煙霧終究易散，散不去的是那過於沉重的思念、堆砌過高的傷悲。寄予風中的，是對您的敬愛與孺慕，奈何卻再也無法傳達至您的心中，只能循著您曾經踏過的路途，緬懷從前的點點滴滴。

再度重回鄉下，已物是人非，就連夏日呼嘯於耳邊的風，也變得如此冷冽。對我而言，少了阿嬤的鄉下，就不再是個完整的家，像是拼圖缺了塊，我們的心也跟著失去了一角，不管再如何努力還原到當初，總掩飾不了那股淡淡的失落。餐桌上的空位也沒人能替代，在每一樣家具旁，都感覺尚殘留著阿嬤的身影，是絮絮叨叨、忙忙碌碌的嬌小身影。回看一旁的阿公，他似乎蒼老得更快了，背影隱隱約約透露出一份孤寂，一個人發愣的時間也更長了，想他口中不斷喃喃念著的，應是對阿嬤的思念吧！

天使啊，可否幫我織件思念給阿嬤，告訴她，我很想她，天冷了，記得加件毛衣好嗎？

機場離別

猶記得你出生啼哭的宏亮聲音和脹得滿臉通紅的小臉，從小你做什麼都特別「賣力」，第一次牽你上學的模樣，稚嫩生澀的樣子也仍歷歷在目。轉眼你已挺拔如此，身高也遠超過我，不再是當年那個需要人在後觀望著的小男孩。

也許你是長子，我們總忍不住對你特別要求，畢竟是望子成龍的想法，也私心盼著你能做弟妹的榜樣。稱不上飛黃騰達、功成名就，但你倒是從不曾讓我們操心過，因為自小即好強的個性，要論讓父母失望責罵，各種大小考試口試，在報告到我們這關前，你可能已經先對自己反省過好幾輪，也是這樣的個性，倒是蠻放心地讓你去闖。

自小接送你離家上學，到現今送你離開台灣，皆是送你入學、帶著滿心祝福，不捨之情卻大相逕庭。畢竟出國深造遠赴奧地利維也納大學博班這一趟路途遙遙，飛機也得輾轉十數個小時。雖現今網路視訊發達，但總不似在身側，或是劃上一紙車票就能輕易返家，兒女再大再年長，都是父母眼裡永遠的孩子，少不了的還是擔心。機場裡多得是悲歡離合，時時刻刻上演著，也許是不擅表達的個性傳承，日常絮絮叨叨著就怕他不懂得照顧自己，此時大多時間卻以沉默替代，壟罩著一路的沉默。僅以全家溫馨寫照留影，彼此卻都心知肚明那份不捨，此次分別成了關係之間的黏著劑，如有一縷隱形絲線，望不見卻因拉扯而維繫，離得越遠反而更緊緊相依。

吾兒，盼你成長，做父親的心很矛盾，既望你去展翅翱翔，又擔心你跌跌撞撞。但做父親的心也很簡單，只願你知道，無論外面的世界如何，這裡永遠有你的避風港，走累了想歇一歇，此處永遠有你的歸巢。

37

回首來時路，也無風雨也無晴

李妍醇

五歲時我爸爸就生病離世。對爸爸的印象都只存在媽媽、姑姑（爸爸的唯一手足）口述中那位從小家境清寒、放牛時還認真苦讀考上商校，和差一點走入政壇當南港鎮鎮長的早逝英才。後來家裡短暫幾年有位「繼父」，最後也因外遇被媽媽趕走。所以，何謂父愛是這輩子從沒有過的體驗。有的只是一路看著母兼父職，女人當男人用扛起阿嬤和四個孩子的家計，以及被倒帳一兩百萬後堅毅還清債務的媽媽。

輪迴的苦在童年就悄悄示現，只是年幼的我渾然不知。

小學算是品學兼優常被老師誇獎的好學生。但我印象深刻的不是學業表現，反而是被音樂老師選入合唱團，帶我們上小亮哥的節目，代表學校參加校外演講比賽和悠遊在《福爾摩斯》、《亞森羅蘋》、《簡愛》、《傲慢與偏見》、《小婦人》、《水滸傳》……重慶南路「東方出版社」那一片令我流連忘返、懷念不已的書牆等等這些課外活動。還有就是學習到終生受用的教導：「常說請、謝謝、對不起」與「禮義廉恥，忠孝仁愛信義和平」。這幾個字是教室布置時，一定會貼在教室後方的公佈欄或兩側柱子上的字。看似再平凡不過的這些字，卻是自己這一生奉行的行事標準。世間法會說這是人生處世準則；換成出世間法，應該可以比喻成一種我們應遵守的「戒律、戒條」吧?!

看似無憂無慮的小學生活，就在代表在校生致答詞時心中產生一個疑問，也是人生過半後努力尋求答案的問題：「為何天下無不散的宴席？」後來終於明白答案再簡單不過了，就是四個字「緣起緣滅」；一切因緣而生，因緣而滅。文字簡短易懂，但執著放不下，談何容易？這一世不懂，來世再來學習，輪迴之路也永無盡頭。

國中有分班、校排比賽和人生第一次聯考壓力。慶幸的是還能在女童軍活動、合唱團和擔任指揮中過完多彩多姿的三年國中生活。

很多年後和國中同學聊起過去，才知當年有位男孩，總愛在我回家的路上守候，因為想看我打招呼時如陽光般燦爛的笑容！OMG，莫非有位師姊每次碰到我總愛戲稱我為「歡喜菩薩」，就是來自我那與生俱來的燦爛微笑嗎？微笑應該算是七種布施中的顏施。在沒有能力做大財施下，若能每天行微笑布施不也是美事一樁?!

沒當上小綠人，只好白衣黑裙過三年。來自四面八方的各校念書高手齊聚一堂，沒有了小學、國中同區同學的親切感，只有同儕競爭的氛圍。高中畢業至今四十餘年，沒有開過一次同學會，同班同學也只有一、兩位剛畢業時短暫聯絡過。從小學到EMBA，高中時「無情」的同學以及放牛吃草的老師都彷彿是隱形人般，未曾在生命中有深刻的烙印。倒是一件影響人生最大的事就發生在高中，那就是看了一位建中畢業叫吳祥輝先生寫的《拒絕聯考的小子》。這本書剛好給正值青春叛逆期，沒有善知識引導而斷章取義的我找到一個振振有辭的藉口：「不要讓分數定義我的人生」。

這也讓進高中第一次數學競試勇奪高一第一名的我從此拋開教科書，開始遊走於西洋音樂、民歌、廣播、電影、洋片影集和投入新詩、散文和瓊瑤小說中……徐志摩、向陽、席慕蓉、三毛、朱天文三姊妹……《未央歌》、《野鴿子的黃昏》……金韻獎、大學城……陶曉清、余光中、倪蓓蓓……文字、音樂、電影的美令我執迷，也成為當時高中生活的重心。可想而知，大學聯考的我將會面對怎樣的慘劇。嚮往的台大外文、中文、歷史、圖書館、哲學，甚至考古系都只能從目標成為痴想。填寫志願時，更因考量家中被倒債的經濟壓力，放棄大台北以外的所有學校。全部志願也只填外語系，以方便畢業後找工作。高中沒好好認真念過書，以為就要落榜的我竟然奇蹟般的進了淡江英文系。也因讀此系，讓畢業後的我一路靠著英文當起澳洲老闆的祕書、進外商、到後來從事國貿。

對這段過去，我常感恩老天爺的善待，讓當年在填寫志願的我做了一個正確的決定。因為這個決定，給了一個沒有強力後援的孩子擁有一支謀生的釣竿，而且是七〇、八〇年代需求度很高的謀生工具。

經常我們在面對境界、結果的當下往往無法接受現狀，但總在回頭再看時才恍然大悟，原來一切都是最好的安排。（兒子女兒終究圓了我的台大夢與美國留學夢！）朋友曾分享畫家席德進的一幅字畫，上面寫著：「失敗本身是生命勇猛活過的證據」。我倒覺得，勇猛活過的生命就不算失敗，留白的人生才可惜了。年少輕狂少不更事的青春歲月或許有些遺憾，但這就是人生。

四年大學生活忙碌（兼家教）又精彩，這短短一篇是寫不完的。只能簡短的說，雖然是私立大學，當年的A、B兩班也培養出了上市公司的大老闆、電子大廠事業群的大主管、私立大學的英文系系主任、大學教授、全國第一位盲生教授、數個創業有成的小老闆、外商主管們、好多位作育英才的英文老師，以及一群分布在不同崗位，把吃苦當吃補的五年級生。不同於高中同學之間的陌生，大學同學彼此之間的情誼深厚多了，也結識了好多位摯友。不可避免的，戀愛學分也是大學的必修課程。雖然大多數人最後攜手步入禮堂的可能都不是當年的對象，但我想不管這些過往是酸甜還是苦辣，一旦往事成為回憶，時間也沖淡了愛恨情仇，保留、剩下的應該就是那份曾經擁有的單純美好和深深的祝福！

蘇軾的《定風波》這麼寫著：

莫聽穿林打葉聲，何妨吟嘯且徐行。
竹杖芒鞋輕勝馬，誰怕？
一蓑煙雨任平生。

料峭春風吹酒醒，微冷，
山頭斜照卻相迎。
回首向來蕭瑟處，歸去，
也無風雨也無晴。

衷心盼望與祈願，自己也能持有如東坡居士相同豁達的人生境界。
回首來時路，也無風雨也無晴。
緣起性空，性空緣起。
一切有為法，如夢幻泡影，如露亦如電，應作如是觀。

38

我的職涯生活

林貴雀

我是家中長女！從小就受爸爸嚴格管教！因為爸爸是受日本教育的人，他說如果要讀書就要讀省立或國立才可以讀！所以從小我在班上功課都是前三名也才能考上省立女中＆國立大學！我爸在屏東經營貨運公司，從小就是跟著爸爸媽媽的事業起伏而學習成長！幸運的是可以跟著父親搭我們的大卡車到處送貨也是旅遊渡過一個很快樂的童年！

在台南女中高中時我讀理組，高中畢業大學沒考上國立大學，私立學校學費很貴，我就沒有希望繼續讀大學了！剛好學校英文老師的先生是「空軍上校」，問我是否願意去台南機場工作，因為「美軍基地」Navy Compound需要一個出納管帳的人，所以我就去做第一個出納為美軍基地管錢的工作！我的老闆就是美軍航空母艦的Commander指揮官喔，他們為了要訓練我還從關島請一位「Auditor」來教我！所有基地的酒吧、餐廳、電影院等等消費的現金都要我管理，每天作好帳後，請司機載我將台幣存放到台灣銀行，美金存放到基地的美國銀行！

一邊工作一邊準備考大學，我想讀成大，因為成大是國立在台南，我可以住在家裡省下住宿費，還可以繼續工作賺錢有收入，也可以減輕爸爸的負擔。如願以償，第二年底我終於考上成大統計系，可是美軍基地卻要撤回美國，我老闆給我「OUTSTANDING」的推薦信，叫我去美國唸書等等建議，可是我剛考上成大也沒有能力去美國念書，只好上成大念書了。讀成大也是很好的，運氣很好，大二時我還領獎學金，系主任和教授老師們都很疼愛我。我還被推選參加全校演講比賽，我得第三名，總算有得獎替統計系爭光。大學時期跟著同學參加登山社、騎馬社、國樂社等等，因為小學時就是學校「鼓笛隊」，大學有學電子琴、小原流插花等技藝，所以課餘有機會也去當小老師賺生活費和學費。

大學畢業上台北工作，在學長的貿易公司上班，晚上住在叔叔家，教小妹妹讀書兼家教。後來系上聯絡我，有一個高職老師的工作要我回台南。我回台南教台南紡織和台南高職的建教班高三數學，很開心完成任務，班上同學全部檢定通過。但是我又被助教告知有個立法委員的女兒要這個教職的缺，除非我去送十萬的活動金，但是送了也不一定給我這個教職，所以我又回台北重新找工作了。

回到台北去一家美商葛羅里公司應徵專員，本來不知是行銷大美百科全書，後來主管一直婉留，只好試一試。哪知我的業績很好就繼續做，我想應該是「knowledge is power」（知識即力量）。後來大美百科全書也被翻譯成中文版，因為我有行銷英文版百科全書的經驗，就被挖角至佳慶百科全書（Random House Encyclopedia）公司當經理。因為太年輕當經理就被派至政大進修讀「企業經理班」，後來又被挖角到光復書局當主管，負責行銷中文版的大美百科全書、科技百科、醫學百科全書、世界美術館、圖說中國歷史、世界建築全集等等世界好書。因為行銷這些好書雖然很辛苦，但是自己也要閱讀，所以擴充了自己的視野。因為我的行銷績效很好，也被招待到歐洲、美國、中國大陸等地考察旅遊，人生經驗也變得豐富。例如去北京國際書展時因為中國剛開放中國人都求知若渴，在展覽會場我就簽了好幾百套的百科全書，創下很高的業績。老闆都很開心，招待我們到慈禧太后的頤和園享用皇帝特別的餐宴。

後來又有一機會被挖角至保險經紀人公司，總經理曾經是好幾家保險公司的總經理，他說服我的重要原因是保險經紀人是站在消費者這邊幫弱勢的個人作對規劃，幫消費者爭取最大的利益，所以我就轉戰到保險經紀人公司，而我之前從沒有在任何一家保險公司服務過。台灣因為要進入WTO，所以民國八十二年開放保險經紀人考試。民國八十三年考試院收歸國家考試，我記得系上老師一直叮嚀我們要參加國家考試以保障自己的工作權，所以我準備了半年。那年國考是最難的考八科，以問答題解答，還好幸運的我竟然通過，考上了第一屆國家考試的保險經紀人特考。我就在民國八十四年成立保險經紀人事務所，開始執業成為台灣稀少的執業保險經紀人。

後來我也陸續參加進修考試擁有「CCFP&RFC」等國際財務規劃師專業證照，加強自己的專業能力。接著又有美國的Financial Service公司邀請我參加美國的國際金融，除了學習更多的國際金融理財知識和金融資訊，經過自己的努力和客戶的支持與信任，我也從一的Agency升至MGA「Master

General Agency」，期中也多次受邀至美國總公司、加拿大、西班牙、希臘、百慕達等多國家參加研討會考察，受贈獎盃，也成為美國「President Club」的會員。

後來因為父母親年邁，我就定居台灣陪父母終老，如今爸爸媽媽都圓寂回天上當菩薩了。就像《大武山下》的作者龍應台學姊一樣，父母養育培育栽培我，我也是要陪他們至終老的。最後感恩祝福所有在我的生命過程中曾幫助與支持過貴雀Elain的貴人、師長、客戶朋友們，感恩您們曾幫助支持過一位小女子成功圓滿完成每一個夢想。有您們真好！

39

感恩人生的貴人

王時成

人生不能沒有貴人，有貴人才能引導我們進入更高層次的人生，幫助我們開拓視野，登上更寬闊的舞台。

一種貴人在我們遇到困頓之時，適時指出方向為我們開闢一條光明大道。

一種貴人隨時跟在身邊教導我們，糾正我們，提供鯉躍龍門的機會。

一種貴人在我們對生命感到迷網時，啟發我們了悟萬物空性，解脫執著。

漫長人生，一路走來，每一個人都應該感恩貴人們的適時相助，感恩之餘，我們更應時刻提醒自己要努力成為他人的貴人。這一方面誰做得最好？答案是：傑出校友王興隆學長，我尊稱興隆兄為「三善堂」堂主，何謂三善堂？

一、自己行善

二、勸人行善

三、帶頭行善

能夠貢獻是福氣，願意貢獻是智慧。

一生中我擁有無數貴人，每一位貴人都幫助我打破「階級複製」法則，成就我奇幻的人生。生命階級不應該是世襲或複製的，我的經驗告訴我，善用Self-fulfilled Prophecy自我期許的強烈暗示，可以擺脫「階級複製」的迷思，超越相命先生為你批示的子平八字。

西元一九九九年我的貴人陳玲邀我上中廣電台訪談一整年節目，她是「窗外有藍天」的主持人，次年中國生產力中心為我們出版一套《快樂的溝通高手》有聲書。西元二〇〇〇年台灣平安文化出版社邀我出版《60/40溝通法則》一書；西年二〇〇八～二〇〇九年大陸北京大學影音出版社為我出版《執行力的十二個陷阱》等五套書；西年二〇一二年城邦集團布克出版社邀我撰寫《談判大師實踐寶典》。近年我已被列入量產出書的作家，「階級複製」若是對的，社會大眾將以為我是書香門第出身的小孩，其實我不是，家父只是一家規模不小的台北雜貨店老闆，因為我是老大，家父遂將雜貨店取名為「時成商店」，所以我從小就很有名氣，因為大街小巷鄰居們通通知道我的名字。

家父很會做生意，不僅人緣好，信用好，服務好，店面越開越大，因此雜貨店的生意一直都很忙碌。民國四十六年家裡請了三位助手，一位負責烹飪家事，兩位顧店送貨，身為老大的我，難免也要幫助父母親顧店、販賣、收錢，我的物質生活很充裕，家庭生活也很幸福，但沒有太多時間讀書。

一年級導師李佩珍老師是我上學之後的首位貴人，她選我為班上模範生，我的自信心與榮譽感從此滋長。第二位貴人是四年級導師楊貞妍老師，她選我擔任班長，幫我鍛鍊領導管理的膽識，楊老師是一位非常認真嚴厲的老師，可惜後來因肺部染病而英年早逝。

初中階段我遇到改變我一生讀書習慣的貴人王壽來同學，我們一年一班有二十多位都姓王，學校把同一姓氏的同學都編在一起，核四廠王伯輝廠長也是我們的同班同學。王壽來同學的年齡比我大兩歲，他的父親是江西軍團司令，當年留守大陸作戰，壽來兄在國民政府安排下與母親一起撤退來台，他們家兄弟與大姊都很愛念書也很會念書，他看我家裡做生意無法專心念書，便常邀我去他家客廳、院子一起讀書。壽來兄的成績一向名列前茅，我跟著他認真讀書，雖沒名列前茅，但最終幫助我成為寫書作家，讓我擺脫「階級複製」宿命。壽來兄曾在新聞局擔任國際新聞處處長、文化資產總管理局局長，出版過許多書籍，被文化界稱為「格言作家」。今年有一篇文章剛被翰林書局編譯部選入國中三年級的國文教材，他自己也突破「階級複製」法則，創造人生的 Mile Stone。高中階段楊文度老師，大學階段唐亦男教授、吳振芝教授的講學風範影響我的一生，他們都是我棄商轉教的貴人。

青年階段我的貴人是一位素昧平生的書法老師，那一年我在青年公園參加園遊會，老師當場揮毫送我一對對聯，上聯「積德前程應遠大」，下聯「更觀後戶自寬宏」，這一幅勵志書法我一直懸掛在客廳牆上做為自己的行事準則，後來創立企管顧問公司時就取名「基德福來企管顧問公司」。

中年階段我在大陸講學長達十三年，足跡踏遍五十六個城市。當年為何能有因緣赴大陸教學，這要拜深圳貴人陳潔總經理的來電邀約，她說她多處打聽台灣講課講得好的企管講師，我是風評廣受肯定的一位，於是聘我在她主持的問鼎企管顧問公司擔任講座，陳總經理開啟我日後在大江南北授課的知名度。

五年後，北京時代光華管理顧問公司畢老師力邀我赴中央黨校錄製五套專題教學錄影帶、書籍，該作品皆由北京大學影音出版社負責發行。畢老師幫助我在大陸百度網站建立廣大知名度，兩年期間北京大學出版社總共為我出版五套作品：《策略性商務談判》、《避免執行力的十二個陷阱》、《顧客滿意與貼心服務》、《銀行行銷競爭策略》、《金融商品銷售技巧》，以上著作至今在大陸網站依然暢銷。

思想起我在海峽兩岸超過十二家大銀行的授課職涯，不能不感念台灣金融研訓院陳泰隆處長這一位貴人，他力邀我擔任銀行行銷與服務專案講座，民國八十六年至九十一年期間我才有機會為台灣銀行、第一銀行、土地銀行、農民銀行、高雄銀行舉辦全行大規模的「走動行銷、走動服務、走動管理」企業文化再造培訓案，台灣銀行的訓練規模高達七千兩百位行員，必須出差馬祖分行、金門分行、澎湖分行落實訓練。後來應邀為中金會、中國銀行、工商銀行、建設銀行、農業銀行、招商銀行、浦發銀行、廣發銀行、中信銀行、民生銀行……進行各地分行培訓，一路都有貴人相助。

能在新竹科學園區廠商聯合公會應聘授課十多年，是貴人張組長的引薦。能在行政院公務人力發展學院、考試院國家文官學院、司法部司法官訓練所、教育部國家教育學院、台北市公訓處授課是貴人李組長的引薦；能進入總統府為國安團隊舉辦專題講座是國安局貴人某主管的安排。我的原生背景並非書香世家，能一再打破社會「階級複製」迷思，印証人生貴人的重要性。

去年連續出現三位貴人，暢銷書寫手蔡明憲推薦我去拜訪城邦傳媒集團布克出版社總編輯賈俊國，二位貴人促成《談判大師實踐寶典》新書的誕生，隨後時報文化出版貴人趙政岷董事長出面邀約簽訂《60/40溝通法則》新書，預計二〇二二年下半年出版。接著今年（二〇二二）六月將與城邦傳媒集團再簽一本《執行力》新書合約。

我的過往，一路有貴人相助方能擺脫「階級複製」的框限，感念一生中給我養分與助力的每一位貴人，飲水思源，謹此深深表達對父親與母親的養育大恩。

40

回憶成大

吳欽智

我出生在台南縣新化鎮，但未滿周歲全家就搬遷到更偏僻的下營鄉，上有三個兄姊，後來又多了三個弟妹，全家九口的生計，全靠爸爸所開的腳踏車店維持，雖然清苦，但全家和樂融融，爸媽也因小孩書唸的不錯，在鄉裡頗受尊敬。我就讀的小學，通常每一兩年才有一個考進台南一中，但我畢業那年，非常特別，總共有五個考上。其中一位因家境清寒，選擇就讀附近的曾文中學，其餘的四位到「繁華」的省城台南市後，就像脫了韁的野馬一樣，玩瘋了頭，除了我以外，全部在初一就留級。

讀完南一中初中部，又考上南一中高中部，低我兩屆的學生，因省辦高中，市辦初中，就沒有機會讀南一中初中部，所以在我上高二時，南一中的初中部只剩下兩班，都是留級生。後來考上成大時，常對人自豪，我是一路都在「勝利路」學習長大；但有人提醒我，還有一些學生是從勝利路的勝利國小開始，一直讀到勝利路另一頭的成功大學。

當年大學聯招，因考試當天身體微恙，自覺並沒有考好，我選的是甲組，沒想到會考進商學院的交通管理系。因商學院並非我當年的志趣，所以有考慮重考，但又怕僅靠兩天的臨場表現，萬一又沒考好，反而浪費一年，倒不如認真把書讀好，學業成績好一點，大二時轉院轉系，選一個自己喜歡的系就讀，比較安穩妥當。和我有同樣想法的有同系的好友張清評，我們一起申請前一年剛成立的工程科學系，因當時的工科系在大一大二時遍讀工學院的基礎課程，像機械系的力學、熱傳及電機系的電磁學、電子學等，大三大四再依自己的興趣選修專業科系課程，非常吸引我們兩人。

我大一的物理及微積分，兩學期都接近滿分，所以申請轉系時也曾拜託教我們物理一年，當年擔任文理學院院長兼任物理系系主任的吳仁民教授幫我留意一下，他也滿口答應。結果我們兩人都落榜，由商學院轉工學院本就不容易，也只能接受，但我還是回去找吳院長表達謝意，雖然沒有轉成。吳院長也覺得遺憾，但在我要離開前，他突然說，在審查時，印象中並沒有在轉系申請名單中看到我的名字。得到這個訊息後，我回到教務處查詢，發現果然是教務處的疏失，未將我們兩人列入申請名單中。在教務處、工學院及工科系之間來回奔走了好幾趟，因我和清評的成績符合轉院轉系的資格，所以我們兩人就如願轉入工科系了。

工科系初成立時，因要修太多工學院基礎課程，所以規定要修滿一百七十二個學分才能畢業，我和清評因在商學院讀了一年，本來已做好打算再讀四年，但讀到大四時，畢業學分突然降為一百五十幾，我和清評每學期只要再多修一兩門課就可畢業，兩個難兄難弟最後還是決定延畢一年，打好基礎，也多一些時間準備考研究所。清評修的是固態力學，後來到美國讀博士學位也專注於軌道力學，畢業後在華盛頓ＤＣ做事，管控全球各國衛星在各軌道的運行。大三大四我則多選擇電機相關課程，畢業後也確實考上成大電機研究所，但服完預官役後就直接出國，和清評一樣，並沒有在台灣讀研究所。

當年工科系館在建築系館旁，再深入則是女生餐廳。我們很多課都排在上午十一點至十二點，聽課之餘，坐在二樓靠窗位置，還可以欣賞來用餐的成大美女，並記錄那位女生今天又是第一個來吃午餐，因班上沒女生，也只能以此苦中做樂。大四時光復校區剛納入成大校園，相當荒涼，但也很美，用軍區古建築改建的教室，也相當有特色，傍晚後三兩好友常一起在校園尋幽探勝。記得有次，一群同班同學帶了手提唱片機，在校園某處偷接電源，欣賞古典音樂，後來校警蒞臨，本來要驅趕我們，看一看，都是毛頭臭男生，搖搖頭，和我們說，音樂放小聲一點，早點休息。

其實我和成大的緣，很早就開始。從就讀南一中初一時，我就開始在成大餐廳包伙，當時每月記得是六十元，但只吃了一年，因成大教官會趕人，後來甚至禁止外人到成大餐廳用餐，那時高初中學生都理光頭，很好認。成大餐廳有一個老芋啊當時對我很好，在餐廳禁止外人用膳後，每天早中晚將飯菜無償送到我住的地方，約有半年之久，無怨無悔，現在想起來，真的覺得不可思議，無親無故的，現在的人絕對做不到。會接受這樣的大忙，除了當年因自己年紀太小，懵懵懂懂之外，其實也沒什麼其他選擇，因為當時外面根本沒有餐廳，如果不是自己煮，或在人家家裡包伙，只能到市場裡的小攤販吃，而我們也沒有這樣的經濟能力。還記得進成大時，剛開始包伙每月好像是一百五十元，年年慢慢調漲，漲到每月二百一十元後，就改為自助餐了，加上房租，我的每月生活費至少要五百元。那時我有擔任家教，和清評的女朋友，低我們兩屆讀外文系的吳玉琴，合教一對姊弟，她教英文，我教數理，每周每人去兩次，每人每月各拿四百元，在當時算是高的，家長應該算頗為富有。生活費所差的一百多元，還得和家人拿，家中食指繁多，其實也還是蠻辛苦的。當年學生賺錢的機會非常少，擔任家教是少數能掙錢的方法之一，不像我老婆時代，機會較多，她小我十三歲，讀成大土木系，除了去附近的西餐廳當歌手駐唱，因成績好（班上第一名），高年級時還去大陸工程實習賺錢。

出國十五年多後，于一九八七年一月，應宏碁施董的邀請，和兩位我在南加大讀博士學位的先後期同學，返台創建了揚智科技，是台灣最早期做ＩＣ設計的公司之一。台積電是一九八七年四月開始商轉，因我們三位創業夥伴在美國時，就已將一個宏碁委託設計的產品設計完成，所以成為台積電的第一個客戶，該產品的光罩號碼是TM0001即為明證，台積電有今日輝煌成就，我們也覺得與有榮焉。經過十七年多的努力後，揚智全球員工已達一千三百多人，產品也廣含電腦、通訊及消費性電子等各領域，前後也訓練了不下三千多位業界專才，有好幾位ＩＣ設計公司的總經理都曾是揚智的大將，包括近期剛上市，股價近千元的力智電子總經理。二〇〇四年年中，當時我是揚智董事長兼總經理，因法人大股東股權轉移，經營層大變動，我離開自己一手創建的公司，並于二〇〇五年初轉職華碩電腦至今，目前擔任技術長兼投資長。

成大校區從我大四時，因逐漸接收附近的各軍區而開始大擴張，然後校區附近的道路及商店也都有很大的變化，雖然在留美期間我返台省親時都一定會回成大看看，搬回台灣定居後也偶爾會回成大，但地物地貌變化太大，老實說，除了成功及勝利兩校區外，我幾乎已不認得了，尤其是附近的商圈。今年過農曆年前，去新化參加我一個舅舅的告別式後，當天下午我回成大，因疫情關係，也沒打算找老同學，所以除了在榕園及成功湖逗留很久外，我就像大學新生急欲認識新環境一樣，把成大八大校區都仔細的逛了一遍，橫從東豐路到東寧路，直從前鋒路至林森路，幾乎沒有漏掉任何一區。甚至也進了台南一中校園（自南一中高中畢業後第一次返校，已過了五十七年），還跑去我們以前叫牛糞街的四維街，但那一段早已改名叫民族路，只剩下一小段叫四維地下道。從中午逛到晚上，總共走了超過兩萬五千步，非常過癮，也對成大校區及附近的商圈，多了一份熟悉感。

41

熱力學第二定律

張文溫

民國九十五年高雄中學黃校長邀請我擔任家長會長，因為爸爸是日據時代的雄中校友，我也是雄中畢，孩子又唸雄中，我覺得義不容辭，就答應了。

我跟校長聊的第一件事就是請校長是否可以經由各班導師提供班上家境清寒、需要幫忙的學生，列出名單給我。黃校長劍及履及，一個星期之內就從約兩千八百名孩子中擬出五十個學生，高三（二十人）、高二（十六人）、高一（十四人），我跟校長報告家長會想徵求孩子的同意去每個清寒孩子的家裡拜訪，看看家長會能夠怎麼幫忙這些孩子，在教官室及班導師的大力協助我們一一拜訪了孩子，做成五十份的訪視報告。

這段心路歷程至今記憶猶新，有個偏鄉孩子是單親媽媽又有初期癌症，但是每天早上媽媽還是要去勞工市集賣早餐，可愛的兒子每天一大早起床幫忙媽媽，並負責把餐車拖到市集，再到學校上課，這位學弟讓我百感交集，有次我在學校操場碰到他，他跑過來擁抱我並說謝謝學長，他的笑容、他的自信，讓我感謝上蒼，給我這個機會可以替學弟做一些事。也訪問了一個住在屏東南州的孩子，那天下著大雨，孩子帶我進入他家的時候，我真的第一次感覺到什麼是家徒四壁，全家只有客廳不漏水，一個小小的家，只有一張桌子的空間可以在不滴到水的狀態讀書，我跟他說學長真的很佩服他的努力及潛力。兩千八百多個雄中學生，大部分後勤資源充分，但在這種逆境中的偏鄉孩子也可以靠自己考上雄中。

一一拜訪了五十個孩子，讓我感到自己必需想辦法看怎能幫忙他們，拿了五十份訪視報告，我很冒昧地拜訪了前高市議會陳田錨議長，他很仔細的看了報告，並問了我一些問題後，直接答應他的仁愛基金會會捐五十萬給雄中家長會來幫忙這些孩子；一年後我同校長帶幾個學生代表及五十個孩子的感謝簽名再去拜訪錨公，他帶我去他家的故居參觀，邊走邊聊天，他跟我說仁愛基金會常常捐錢，他覺得捐這筆錢非常有意義。現在回想起來那些忙碌的日子似乎成了人生一段快樂的回憶。

高三孩子每個人幫忙五萬元讓他們唸完書後有杯熱牛奶可以喝。

高二孩子每個人三萬元。

高一孩子每個人兩萬元。

我及家長會努力募款，同時知道他們在雄中對面的補習班補習費用很貴，一科每學期大約六千～

八千元，是一筆很大的負擔，同心、哈佛等補習班的老闆，我們想盡辦法去拜訪他們，請求家長會送來的學生是否可以免學費？還記得同心補習班的老闆是物理名師，授課遍布北、中、南各地，下完課就趕車子或搭飛機，一直無法面談，終於有一次知道他喜歡打高爾夫球，就邀他打球，並呈上那五十份訪視報告，還沒打完球他說他很感動並欣然同意家長會的請求，並告訴我他會特別注意這些孩子及照顧他們，導師、教官室、同學、校長也都對這些孩子能多幫忙就幫忙，整個雄中感受到一股非常溫馨的氣氛。

孩子畢業的前夕，我也即將卸任家長會長，有一天一個新生跑到家長會辦公室，問說有沒有學長穿過的制服可以給他改一改來當制服，因為制服是一筆費用。從五十個孩子及訪視幫忙的心路歷程真的學習到很多，這些孩子對家庭的體貼，對自己的不卑不亢，我們稍為盡點力，彎下腰，社會正面的力量就可以更亮麗。

民國九十六年，高雄成大校友文教基金會的大學長們敦促我接任董事長，在這些大學長的敦促下我只有欣然同意。高雄成大友文教基金會每個月會在圓山俱樂部辦一個早餐演講會，大約每個月有一百五十～兩百名校友以此平台，團聚問好，傾訴近況，其樂融融。邀請的演講者不論在醫學、人文、社會的論述均是佼佼者，校友們不僅加強了凝聚力也受益良多。但是我也跟大學長們討論：每個成大人都得天獨厚，我們是否可以把高雄成大人的福氣往外擴大？學長們也很贊同這個構想，我們在基金會裡組織了一個愛心團，我們有空就往偏鄉走走，也是緣分。有一天我們造訪了四重溪牡丹鄉，碰到了天主堂的涂傳道，看到她在照顧一些小學生自習甚至供餐，我們跟她聊了一陣子後，我們成大校友開始在牡丹鄉啟動了：

1、護苗計劃：我們發動成大校友在牡丹天主堂的二樓設立圖書館及電腦設備，並在星期三下午安排課輔課程，同時涂傳道也引介了約十四個清寒的排灣族孩子，讓愛心團持續幫忙他們這十四個孩子，現在有九個在唸大學，高雄校友還持續在幫忙這些孩子。

2、醫學講座：成大醫院黃院長、榮總莫院長黎副院長、大同醫院余國和副院長也都進入牡丹鄉，從內科講到外科，在星期主日課之前的精采講座，至今每個人都回味無窮。同時我們也安排了成大校友捐贈的福袋，每次演講由涂傳道分送給鄉民們。

最高興的是在民國九十七年有幸聽聞到成大的傑出校友——王興隆學長。我極力邀請興隆學長來高雄成大文教基金會的早餐會演講，猶記得那天興隆學長帶了約一百八十個紅包，先發給每桌的成大人一人一個紅包，演講結束後興隆學長請每個人把紅包送給第一個碰到的拾荒老人，熱鬧、溫馨的場景至今回味無窮。

高雄成大校友愛心團跟興隆學長在演講前一晚聚餐，聊天、分享了學長的心路歷程及對自己的當仁不讓，我們在座的校友都十分感動，覺得我們似乎應該更努力把南部校友的福田更努力耕耘。

我們回母校請學校系主任協助提供清寒學弟的名單，請馬來校友會提供馬來學弟需要幫忙的名單，這件事從興隆學長演講後持續至今年還繼續，在新任蔣順田董事長手中更發光發熱。民國一〇六年及一〇七年，學長敦促我再接一任基金會董事長，第一場演講我再度邀請興隆學長來演講，一〇七年的最後一場演講，我也請興隆學長來做SPEAKER，對高雄成大校友的愛心啟發產生極大的迴響，成大人的福氣向外慢慢溢出。

民國一〇六年，我們高雄校友聽聞資工系的蘇文鈺教授計劃在偏鄉教孩子寫電腦程式，「做孩子的重要他人」我及正財學長一起去母校拜訪蘇教授並共進午餐，回到高雄後，我們發動募款，三日秒殺一共募得一百二十三萬元，全捐給蘇教授的偏鄉計劃，我想這是成大人對蘇教授的第一筆捐款，也鼓舞了蘇教授。

談談今天的高雄成大校友文教基金會，現任（一一〇～一一一年）董事長蔣順田學長，也是我們愛心團的創始成員，他更積極凝聚高雄的成大人，除了固定的每月早餐演講會，他更大步往前走，散播成大人的福氣。

在民國一一〇年，基金會實踐了：

1、牡丹鄉十四個孩子：十九萬＋七萬單親紅包（興隆學長認捐三萬）。
2、成大十四個孩子：三十五萬。
3、高雄私立小天使家園：十萬。
4、屏東縣私立迦南身心障礙養護院：二十五萬。
5、屏東縣向陽啟能協會：二十五萬。

6、天主教靈醫會醫療財團法人：十萬。

7、民國一一〇年幫忙成大學弟十人，成大馬來學弟四共三十五萬。

8、幫忙燕巢慈德育幼院，並於一月二十七日去給四十個院童發放紅包。

這些年的新聞報導裡，幾乎天天都可以聽到世界各地發生天災人禍，整個世界的情況漸漸充斥著負能量抬頭，其實完全符合熱力學第二定（熵）（EnTropy）的走向，定律（系統的自發過程總是從熱力學機率小的宏觀狀態，向熱力學機率大的宏觀狀態改變）說我們的宇宙會自然地往「亂」的方向發展，如果負能量抬頭。

王學長全力專注社會公益數十年，他的富（心中無缺）、他的貴（被人需要）、他的成功（幫助過多少人）（產生多少社會的正能量？）基金會一直努力學習。基金會持續凝聚學長的正面能量，發揮社會正面的影響力，我們不妄自菲薄，期許更多的「王興隆學長們」。我們慢慢來，但是能否一起來？興隆學長能向百分之一百邁進，我們是否能由百分之一開始？能否一起為社會正能量的增加而揮灑汗水？我們能否扭轉熱力學第二定律，降低負能量的比例，讓社會由混亂走向有序，我們（王興隆學長們）值得也必須繼續努力。

42

我的左腳

張淑卿

從我開始懂得美醜，就知道我的左腳布滿了疤痕。這一生，一路走來無風無浪，想必我的左腳幫我承擔了所有的災難。

上小學以前住在台北外祖父家，外祖父務農，但不只識字，而且具漢學素養，可以用台語吟詩。穿簑衣戴斗笠，赤著腳，天未亮就去巡田水，小腿沾滿了泥巴，搖頭晃腦的吟唱著古音的詩詞，像極了隱居田野的陶淵明。

外祖父和外叔公兩個家庭分住一座三合院的兩側，正廳則供奉神明和祖先。記憶中正廳的屋頂非常高，沒有窗戶，也沒有什麼照明設備，只有兩個小小的天窗鑲嵌在屋頂的角落，廳裡永遠是陰森森的，成了大舅舅最喜歡作弄小輩的地方。外曾祖母住在正廳旁邊靠近叔公家的房間，去她屋裡必須經過正廳，我總是聽著自己緊張的心跳，快步跑過。只有大拜拜的時候，正廳才會燈火通明，天公生時，會把供桌疊兩層高，鋪上華麗的桌裙，上層供素齋，下層供三牲。媽媽說我大約三歲那年，有一次祭拜時大家遍處找不到我，原來我躲在供桌下吃祭拜剩下的湯圓，媽媽說：「還好不是拿供桌上的湯圓。」

三合院圍著一個很大的曬穀場，再延伸出去就是一望無際的稻田，在遠方稻田的邊際是火車經過的鐵軌。從小就愛睡覺的我，吃飯時打瞌睡，媽媽教我識字時，也打瞌睡，媽媽責備我，外曾祖母總是在一旁愛憐的說：「愛睏神跟著火車去了，不睏了喔！」

外曾祖母是號人物，值得專文另述。很小的時候遇到興奮的事情，衝過陰森森的正廳，到外曾祖母的房裡想跟她分享卻撲個空，心裡的惆悵和失落感至今仍很鮮明。我臨去美國前跟她辭行，她拉著我的手說：「我是不久於人世的人了，將死的人說的話有很大的力量，你要記得外曾祖母祝福你一切順利，幸福快樂！」

她用的是台語裡面特殊的四句聯，大意是如此。她去世時我在紐約，她以其一貫的妝扮——梳著一絲不苟的包頭，髮髻插著一根玉簪，一襲深色的旗袍，提著大包小包，風塵僕僕地來到我的夢中。一見面就揮著汗，氣急敗壞地說：

「你們紐約的土地公是在做什麼？也不來帶路！」其睥睨天下的太后本色如假包換！

廚房很大，在側廂房的最遠端，有兩口很大的灶，上面架兩個在我看來像澡盆一樣大的鐵鍋。廚房旁邊是豬圈和廁所浴室，另一邊隔壁是飯廳，飯廳的門和正廳對的是同一個方向，先是一片菜園，再過去就是稻田和鐵路。廚房後門的門檻是我和大我三歲的小舅舅常坐的地方，坐在那裡可以看到後院的幾棵盤根大樹和一片竹林，旁邊有一條小路，兩旁都是稻田，走出去經過一條小溪就到大馬路上。兒時媽媽們在溪邊搗衣，孩子們就在溪裡游泳戲水。

五歲前最常活動的房間就是廚房和飯廳。媽媽總是先幫我打理好，才開始準備晚飯，梳洗完畢，陪著媽媽坐在光線明亮的飯廳門旁挑菜，如果有豆子，她會准許我用針線把一顆顆的豆子串起來當成項鍊，或是把韭菜掐成一段段，但保留一半外皮，不讓它斷掉，變成一條翠玉鍊子。在夕陽餘暉中，時光溫暖靜好，那是我童年鮮明又溫馨的回憶。

媽媽做菜的時候我喜歡坐在大灶的旁邊幫忙添柴火，其實湊熱鬧是真的，看著紅色熱烈跳躍的火焰，享受著撲面而來的溫暖。後來青少年時期一直到出國前，遇到媽媽要拜天公燒紙錢，我一定要求媽媽半夜叫我起來陪她，那是兒時的滋味。日後在美國，喜歡坐在壁爐前看書或看著熊熊的火焰發呆，看著看著，時間似乎停止了流轉，兩樣場景一樣情。

我的左腳背上靠近腳趾的位置，有一條柳葉眉般的漂亮疤痕，不只形狀像葉片，上面的紋路井然有緻極具藝術感，好像刻意的紋身！據說是幫忙添柴的時候，被滾燙的撥柴鐵釬燙到，但因當時年紀太小，完全沒有記憶。

六歲時因為父親工作的關係，舉家遷至台中，但每年暑假都會回外祖父家小住。大概是八歲前後那年的夏天，如往常的回到外祖父家，正值稻子收割，曬穀場上鋪滿了需要曝曬的稻穀，每天傍晚必須把它收攏成堆蓋好，第二天早上再鋪開來繼續曝曬。遇到雷陣雨，大人們全員出動搶救稻穀。我和弟弟妹妹，還有小舅，人小幫不上忙，只要不擋路就好。好不容易等稻穀曬好了收起來，整個曬穀場就是我們小孩遊戲的地方。

據媽媽說經常不在家的爸爸不喜歡我們小孩玩得身上髒髒的，所以記憶中我玩的遊戲都很斯文，小時候從來沒爬過樹，上了大學才開始爬樹，爬的是成大的榕樹，我常揶揄自己的晚熟（late boomer），即便到現在估計也還未熟透，也許因為這樣所以我的年紀和外表老叫人費疑猜。

在那個偌大的曬穀場，我們常各自拿著一根樹枝當馬鞭，假裝騎馬，自編自導的演起歌仔戲來。後來我在成大國劇社，也是拿著綴著流蘇的馬鞭在舞台上演騎馬進京趕考的小生。在紐約則改演歌仔戲的花旦，甩的是水袖。

話說有一天傍晚，夕陽斜掛在天邊，把人在地上映出長長的影子，我和幾個小朋友在曬穀場上玩踩影子的遊戲。為了保護我的影子不被踩到，我倒退著跑，突然慘叫一聲，我的左腳踩進了曬穀場邊上一堆剛剛燒過的稻殼灰燼。接下來的過程，記憶已模糊了，想必是哭天搶地哀嚎，只記得外祖母拿個盆子要小舅舅尿在盆子裡，讓我把左腳泡在裡面，噁！但又能如何？那時也只有任由大人擺布了！就這樣，我的左腳像土窯烤的蕃薯一樣，只差沒熟透！不過也許窯悶的跟燒烤的還是不一樣，整個腳背呈現像大理石一般的紋路，但並沒有像燒傷一樣的留下紅色斑塊，也許是當初的童尿發生效果吧！佩服中國的古老偏方，有心人可以研究一下，也許可以申請專利。

住在台中的時候，爸爸還是經常不在家，但隨著年紀增長跟爸爸的互動比較多，只要早上醒來屋裡響著古典音樂，就知道爸爸昨晚回來了。小學三年級的時候受到同學影響開始不分晝夜的看起瓊瑤的小說，爸爸嚇壞了，從此每次出遠門回來就給我帶本東方出版社的少年讀物。記得第一本是《小公主》，在當時也算是奢侈的花費，但我實在看得太快了，爸爸招架不住，他幫我把書分段用訂書機釘起來，告訴我每次只能拆一個訂書針，那當然是不可能的任務，最後的變通辦法是一本書看十遍以上！

在那時候，爸爸三不五時會在晚飯後，騎腳踏車載著比較年長的三個小孩去看電影，我和妹妹坐後座，大弟坐前面的橫槓。那是小時候最美好的時光之一。爸爸看的都是外語片，剛剛開始學國字的小學生，哪能跟得上字幕的速度？看電影的時候不是急著要上廁所，就是不停的問爸爸：「那個是好人還是壞人？」

說來爸爸真是耐心爆表，非但從未表現責怪之意，還繼續帶我們去看電影。有一天電影散場後，在回家的路上，愛睡的我居然在後座上睡著了，又是一聲慘叫，原來左腳伸進輪子裡去了！只記得流了不少血，後來腳踝上就留下兩個很大的疤，圓圓一圈圈的，就像海螺一樣。這事大概讓爸爸內疚不已，所以後來成長過程中，他一直很關心叮嚀我要保護腿，不要再破相。每當我腿上被蚊子叮，他總追著說：「被蚊子咬要趕快擦藥，以免留下疤痕，變成紅豆冰。」

人說事不過三，從那次以後，我的左腳就平安快樂的陪我走過人生的每個階段，遠渡重洋，遍遊世界，直到現在帶著我又回到父母身邊。三合院、大灶和曬穀場早已渺無蹤跡。太后和陶淵明也已登天列仙，但夕陽餘暉中和母親對坐串珠鍊的互動、四人共乘單車的興奮，卻栩栩如生如在眼前、在心中，大灶溫暖的火光和灶旁笑語聲、柴火霹啪聲也從未消失過。最感恩的是，即將步入老年的自己仍擁有健朗的父母可以承歡膝下，閒來扮演老萊子，是何等的福報！

感謝我的左腳，以歷經千錘百煉後的智慧，領我回到這出生寶地，在夕陽餘暉中重享舊日的恩典。

43

我這一生

楊昇縂

出生戰時年代，依祖父母及父母定居嘉義梅山之山間農村，為安居樂業以種植地瓜、稻米、水果、竹林等為生，父母胼手胝足日以繼夜勤耕農務，母親料理家庭並兼經營榮發商店，供應居民日常生活之需，商店形成村民歡聚的好所在，全家大小同心協力撐起一個生根的家園，村莊務農靠牛耕作養家，童年與鄰居童伴騎牛成群結隊牽牛吃草，大家依季節採食碰柑、龍眼、荔枝、香蕉、烤地瓜等添腹樂趣，家鄉以水果享譽台灣南北大批發來採買，因此帶動經濟民生發展的重要資糧。

父母最重中之重的，以教養八位子女的首要目標，我因走路上小學來回需兩小時，到六年級時父母商量級任朱老師及師母讓我寄居一年以便專心在老師家學習升學功課。在老師家受到家人般照顧輔導，皇天不負苦人終於考上了中學，為了唸中學用心再找一個親友家寄居三年，有幸享受了教育環境的薰陶，課業之餘與同學練騎腳踏車，閱讀讀者文摘、皇冠、中央日報……等房東子女喜愛的書報。在學三年當上班長服務同學老師的幫手，很榮幸被推舉為全校學生模範生，到縣府所在地接受全縣模範生表揚大會，披上彩帶並遊街慶賀，有樂隊前導並迎接，可知當代政府學校對教育之重視。

考上高中與六位來自各地的同校同學一起租通舖，及房東提供三餐之如同家人在一起，我是一個菜鳥，高一生享有向學長請益的良師益友好時光，曾在八七水災中當時水淹及胸，大家一起手牽手肩並肩走到糖廠大禮堂之二樓避險，回憶住在同室的同舟共濟的奮起時光，令人感動感恩。父母之勉勵期許考成大會統系，我是全村莊考上大學的第二人，因此帶來一大鼓舞功效，父母親更有信心鼓勵親友升學教育的目標，以改變山上的勞苦生活，父母是村莊子女教育的推手。就讀成大時與五位來自各地的同學合租一個通舖房間共宿，就在勝利路長榮女中邊的二樓與房東共處，大家情同家人和樂，同學騎自行車作為來回上課，圖書館最佳安靜的好環境，學校餐廳提供經濟實惠的口福餐飲，課餘一起騎鐵馬到處遊台南各處文化名勝古蹟，孔廟、億載金城、赤崁樓、南鯤鯓、烏山頭……隨時與室友到各個美食街吃各種小吃小點心。校系活動最盛行排球賽、田徑賽、游泳……等充滿力與美的樂趣餘興。感謝成大良師益友的相互鼓勵，成大校訓以窮理致知為最佳的求學教育宗旨，隨時代環境變化學習對真理務實的理念認知，成大歷年畢業生到社會各界服務深受肯定讚揚團隊合作的腳踏實地精神，深感教育成功作育英才的身体力行典範。

大學畢業隨即以少尉軍官服義務股一年，幸好暑期在成功嶺通過各種淬鍊軍事教育，在日正當中下折四角棉被，汗珠流滿面的鋼鐵人模樣，洗澡五分鐘完成。晨起五分鐘完成各項工作的磨練，到新部隊分配海軍陸戰隊服役，先參加野外戰鬥訓練，後因部隊外移演習對抗行軍，我有幸派駐原營地當福利官管理軍中福利中心之人事物職責，更加以心悅誠服的態度服務順利完成所負職責。為學以致用參加政府經建特考錄用為審計機關人員，又參加公營金融考試錄取，受成大校內自有銀行實習之課程，金融業對經濟民生生活有直接的關鍵性行業，因此選擇投公營金融業任職，到銀行（[illegible]）之中山北路分行服務，當時為最繁榮的商業地區，在大單位歷練學習銀行各項全盤業務，經理指派熱誠的副主管及資深行員指導考核服務實績，全力以赴學以致用終能勝任愉快。

在總行外匯資金管理擔任主管科長任內，衡量銀行以出口業務發展台灣經濟民生直接的助益，且當時新台幣匯率升貶於走勢研判時，總行籌組全行外匯台幣運用小，為減少外幣借款高利率之成本負擔，減低外幣貸款額，存儲出口押匯累積外幣資金運用，同時運用新台幣之多餘資金，研判當時台幣趨貶走勢。在全行策略研究抉擇正確經營方針，帶動台灣出口商業務興盛階段，同時銀行資金運用達到良好配合，賺取利差及匯差之雙重效益。當時被中央銀行有關部門之要約，親自到央行說明資金營運策略與執行結果相吻合之模式，央行讚同本行資金運用成果。因此，管理營運靠團隊坦誠溝通互相交流，帶動經營效益及對國家經濟外貿發展同蒙其利。

為專注掌理營運，分析同仁經歷特選一位適合陪同經理拓展業務之外務專員，早上上班即開始外訪客戶，針對殷實客戶逐一探訪業務需求，有產業季節性資金運用者，即時配合提供必要的資金支持，為提供建築業建築住宅需要，由購土地、興建、完工、交屋全盤規劃配合交屋辦理住宅貸款手續，建立長期基本客戶根基。另外推展支票存款業務往來，開拓客戶支付貨款之需，同時開展客票融資之放款業務，帶動存放款活絡往來，為建立密切業務往來，利用尾牙宴請各產業客戶聯誼交流，並邀請總行業務推展相關主管參加認識客戶特質，大家相聚歡樂和諧交換經營特性，真情務實善待往來客戶大家可達賓主盡興之美好交際場域。民國八〇年代政府開放民營銀行設立，有一家傳統產業經營踏實公司董事長規劃設立，敦請由公營銀行轉任新銀之總經理籌劃創人選，我被邀參與籌劃一家營業單位之經理人，當時年初新開設一家公營分行，年底又新創立一家新設立之民營銀行之營業單位，在個人之資歷寫下一年誕生兩家營業單位創立紀錄，就如同結婚年初誕生一個嬰兒，年尾又誕生一個寶貝的情境，在團隊充分協調努力經營下留下美好歷練的人生旅程。在新銀行服務承擔經營自主權限大幅放寬額度，營運彈性放大到推展吸納能量容易吸引新客戶之往來。首先創新在一樓營業廳放置自動彈奏鋼琴，充滿溫馨親切的優雅氣氛，營業廳二樓特別設理財服務中心，營業八年八個月帶動存款量兩百五十億元，授信總量達五百億元，銀行朝經營綜合百貨化模式營運，客戶往來專人服務可達盡善盡美的高品質金融服務水準，帶動銀行界參訪分享美好經營環境之新銀行新氣象。

因業績逐年成長，在同一家持續掌理長達八年八個月之久，係因董事長及總經理為維持優質服務客戶良好關係考量，真情待客視同親人之同理心善待之。

就職中再次就讀成大管理研究所之在職碩士班課程，在假日南北往來兩年修畢學業，貫徹做中學、學中做的學理與實務研討及分析，曾參訪國內及中美兩國之成功企業經營者親自分析經營策略及模式實務經驗，我提報論文以「台灣金融業經營策略分析」，針對公民營金融業之優點（s）、弱點（w）、機會（o）、威脅（t）四象限加以比較分析，在時代變化情勢中要持續觀察經營者的適應策略及執行力。在職中有機緣在台北成大校友會三任會長期間被指派為財務之審核工作，並參與台北市校友會卡拉ＯＫ以歌會友之歡唱活動，在同學間自由自在輕鬆歌唱交流。

認識的第一位女友即成為人生伴侶，初中遠離家鄉寄居之中醫師家女兒即是就學一路走來互相鼓勵向上的純情少女，兩人從認識到結婚始終如一的真情相待，在遠距相隔時持續以信函互訴心聲，待就業在台北市成立小康之家，配合父母對教育的回饋，我們的家成就了諸多親友子女就學或就業需要留居之住所，每週必陪伴太太到市場買菜供應親友子女一家享用三餐之需。太太每日當家庭主婦角色用心良善，其間又因結婚五年間未孕育致經常探訪良醫治療下，終於在六年間陸續生一女，再生二男而成就人生美好願望。養育子女秉持鼓勵專心學習良師之教導，女兒牙醫師，兩個兒子服務金融機構，期許發揮窮理致知、學以致用，創造生命的核心價值，激發優點，把握生活正確大方向，在天道酬勤奮起中喜愛人生旅程。

44

你知道我十一歲就當兵了嗎？

萬思謀

一九九九年剛從復興崗政戰學校結束專業訓的菜鳥預官被分發到中部的某裝甲旅某步兵連當見習官跟著連輔導長（學長）見習，然後和一位預官同期的黃排同寢室。下部隊見到學長的第一面氣氛有點詭異，一見面就問我說你有確定要接我的位置嗎？我說沒有，目前只是見習官在等哪邊有缺。學長就跟我說能調走趕快調走這邊的事都不要管，然後也真的就都不太理我。呵呵，我當然會很好奇是怎麼回事，同寢室的黃排當然是第一個詢問的對象。

黃排是法律系畢業的高材生，當時還有個校花級女友，天天晚上的熱線總是免不了的。三句話先介紹完黃排，黃排跟我說，營區的門口是我們管的，連長的車牌大家都要記，看到就是要直接放行，不然會被連長飆死日子會不好過，然後連長利用這特權常夜出又常常帶女生回營區的寢室，連輔導長跟營輔導長舉報也沒用，因為連長跟營輔導長是酒友麻吉，每次都不了了之，連輔導長應該是不知道怎麼處理然後什麼事都不想管了。黃排可能看我正經八百的聽他講又問了好多問題，以為我想改變什麼，就跟我說你不要想改變連長，最好保持距離，不然小心他挖坑給你跳。

其實我當時只是好奇，並沒有想改變什麼。後來每天早睡早起，部隊出操就跟著出去跟士兵聊聊天，沒事就看看準則，喔喔還有，原來戰車連的連長也是有一台戰車，是車長，副連長是駕駛，輔導長是裝填手。咦，砲彈長什麼樣的？我抱得動嗎？哈哈哈，就是這樣開開心心等空缺。但是想也知道日子不可能是這麼平順。大約一個月後，果然好大的一個天坑來了⋯⋯

黃排跟女友的關係出現了巨大的裂痕急著要回去台北修補，但後天又輪到他揹值星，他找了另一位排長跟他換班然後去跟連長報告希望可以請一週的假回台北，沒想到連長跟黃排說只要那位見習官願意幫你揹值星一週他就准假。WTF，我都跟你保持距離了還是被你逮到機會挖坑，揹值星不是只有早晚點名唱唱我愛中華然後呼呼口號就行了好嗎？就算要揹我也是代理連長去揹紅白紅的帶子啊，怎麼叫我去揹個紅帶子？當下真的無法接受，去找學長，他只跟我說早就跟你說什麼事都不要管，你是政戰見習官，他不能對你怎樣，但你如果去揹值星，他就可以找你麻煩了。

想當然爾，我是不接囉，但是黃排不斷的懇求，也漸漸失去了平時的理智，我也嘗試用在政戰學校受訓時教的方法想辦法要安撫他，但問世間情是何物？大家也都知道那會讓人昏頭啊！教的方法都用過都失敗了（理論跟實戰果然是兩回事），最後心想當輔導長其中一個任務不就是要解決弟兄心理的問題嗎？如果我可以而且有能力為什麼不圓滿他呢？連長能對我怎樣？他只是想看我出糗吧？然後搞不好一天出糗後就把我換了？想著挺室友挺同梯，結果心一軟就跟黃排說：把你的值星帶給我吧！

黃排如願得到了假期，離營前，請他找來他最信任的排長還有班長，請他們盡全力協助我。其實這一個多月我也都是跟著部隊走沒有躲在室內，每個人其實都認識了也叫得出名字了，但他們不知道我只是到這個連見習而已，都以為我就是要接這個連的輔導長位置，所以私底下都已經叫我輔仔了。除了黃排找的，我也找了幾位我一個月來觀察認為是有影響力的人，告訴他們明天我要揹值星，希望他們也能更協助。輔仔要揹值星就這樣提前一天在連上傳開了。

起床號後，一天的開始，讓我充滿了信心，因為我發現不是我一個人在揹值星啊，可以說整個連都在跟我揹值星啊！例如剛開始習慣輕聲細語的我喊的聲音太小後面聽不到，就有人從後面開始小聲的打pass傳給我要我大聲一點，而且雖然後面聽不到，但是就跟著前面，大部隊至少沒有亂掉，每堂課前也都有人提醒我要注意什麼。雖然我也有做功課，但我很喜歡這些提醒，因為表示大家都知道自己要做什麼了，我只要當個司儀過個場就好了。就這樣一天後整個營就有不少人在說那個步×連有個政戰預官在揹值星耶！

步×連有個政戰預官在揹值星耶！似乎很多人想看會不會出什麼笑話！但是想看笑話的人真的要失望了，因為大家的配合，不但沒有出糗，有天就在例行性的營集合場上，營長說話了……步×連的值星官（聽到馬上立正站好，但營長真的不認識我，因為我平常都躲在後面呀），我已經觀察他好幾天，我可以看得出他一開始有點生疏，但是還是把部隊帶得有模有樣（要感謝大家自動有模有樣呀），完全不輸其他的軍官，我也知道他是政戰見習官，沒有接受過這樣的訓練，但是他還是扛起了值星官的責任，這種不畏戰不懼戰的精神，就是我們軍人要學習的。當下聽了差點爆淚。

「謝謝營長！」以前制式的軍隊回應好像只能說謝謝長官之類的話，如果是今天我應該會說「謝謝營長，我愛你喔！」依稀記得當時連長還轉頭一副不可置信的表情，他殷切期盼許久長官的肯定居然發生在我身上而不是他，集會結束後，連長跟我說恭喜，你的運氣太好了。我微笑著說謝謝，但是我心裡想著：你的運氣真的不好，你知道我十一歲就當兵了嗎？

你知道我十一歲就當兵了嗎？是的，就在國小升五年級的時候，來了一位剛退伍的級任導師，在那封閉的年代，老師是很有權威的。老師把軍隊的那套都帶到班上，我們像軍隊一樣，老師就像連長，我們每週都上基本教練，到操場集合朝會或升降旗別人都是就地集合，我們班是要在走廊上集合然後像部隊一樣1、2、1、2的整齊步伐加精神答數走到朝會的地點，班長就是值星官，然後舉凡每天集合點名、服裝儀容檢查、椅子坐三分之一……等一個口令一個動作，再加上連坐法等。我剛好就是當時的班長，還當了兩年，原先都不曉得當兵是這樣，後來服役才知道原來我國小五六年級每天都在揹值星，還連續揹了兩年！

其實很討厭那兩年的自己，老師的高壓管理，小學生的不受控，再加上連坐法常常三不五時就會被牽扯到連帶處罰，讓我也越來越高壓，隨時隨地可能在飆罵同學，真的變成教育班長，老師還說做得很不錯，很有領導力。但我心裡卻想：是真的嗎？因為那兩年真的很討厭上學，每次進教室心裡就是很沉重，厭世感很重，就是很討厭那樣的自己。而十年後預官考試，依分數高低決定錄取憲排，政戰或步排，當時心中想著政戰，成績也如願落點在政戰（剛好兩分的範圍內），眼見兩年的兵役似乎也都在自己的掌握之中，但命運中似乎註定要再面對自己最討厭的自己，只是這次帶的不是當年的小學生，我也不是當年那位很討厭自己的自己了。這次人人自動自發，一群人在我背後支持我超越自己，讓我心中充滿自信面帶著微笑渡過精彩的一週，好感謝當時的每個人，心中也突然好想接任該連的輔導長。

但就在一週快結束的時侯，突然就接獲人事令要到另一個營的戰×連接任連輔導長，立即生效。雖然在同一旅，但兩個營一個在山上一個在山下，走路大約要二十～三十分鐘，我只記得當時營部政戰官說營長要派他的吉普車來接我過去，那時心想說有這麼好的事嗎？會不會又有坑？加上有點依依不捨，就用目前還在揹值星要把一些事情交代完再自己過去當理由，婉拒了營長的好意。當天打包了所有的東西然後跟大家道別後最後去找連長說再見，我跟連長說你做的事營長都會知道的，加油！不知道他有沒有聽懂，當然我也沒跟他說我十一歲就當兵囉。至於黃排，還在休假，後來到新連隊忙到爆也沒再聯絡，希望他也得到他想要的囉。

晚上自己一個人揹著滿滿的黃埔大背包走到另一個營區，真的有點距離，到了營區後居然還找不到哪個連，最後還回門口問了憲排才知道我的營區在更裡面的那個，天啊，到底是怎樣呀，當初幹嘛不坐營長的吉普車就好了？現在一個人揹著黃埔大背包這麼狼狽樣在營區晃來晃去好丟臉啊！終於皇天不負苦心人，最後在晚點名的時間終於找到了，這一次真的一次找到了好營長、好營輔導長、好連長，當然還有好輔仔，哈哈哈，從此一切都回到自己的設定中一直到那驚天動地的九二一百年大震。

45

慈幼人慈幼情

蔣志清

這是在二〇〇九年發生的一件因互助而凝聚更多慈幼人之間情感事件的記事，其中也包括了一件阿鑫報恩的故事，感謝與隆學長的邀請，我也想藉著這個機會把成大慈幼人這樣正面善的力量，分享讓更多的朋友認識。

上星期天下午收到慈幼社友冠華學妹尋求協助一位學弟的一封來信（信件原文）隨即我在家族發出晚上skype開會的通知，經過晚上與黃老、劉老師與冠華的討論，很感謝幾位社友包括柱子、瑞民、佳蓁……多位社友的關心，除了拿起電話與發出簡訊給他鼓勵支持之外，同時發起募款的方式希望能夠幫忙學弟度過難關，劉老師還與就近的旭光學長先後前往東港學弟家慰問並帶去慈幼社友的關心之意。

信件原文

親愛的布丁學長您好：

我是慈幼社社友冠華，在這裡有一件事情，想要請布丁學長幫忙，是關於系上一位系友，他是跟我同級畢業的同學，以下是我想要請您幫忙的內容：

五月十六（六）也就是上個禮拜六時，我和我朋友載同學回東港的家，因為他之後打算跟我合租一間房子，所以將舊房子裡些許的東西打包，準備要帶回家，同學也提議順便帶我和我朋友一起在東港來個古蹟之旅。就在下午兩點多回到家時，因為他爸爸還在睡覺，所以我們就和他到附近繞繞，並且到東港買海鮮準備與他爸爸聊聊天時，他突然發現爸爸沒有了呼吸和氣息，在經過急救以及電擊，他爸爸就這樣回去天堂，甚至連我和我朋友都還來不及跟他聊天（我們也是第一次去），他就離開了我們。在將遺體運回家擺放，及守靈的同時，他跟我們聊到，他媽媽在她小時候就過世了，爸爸從他國小六年級獨自撫養三個小孩長大（他還有兩個妹妹），而唯一的爸爸過世了，現在兩個妹妹的生活負擔，就落在他的身上，其中一位妹妹已經嫁人，但另外一位妹妹現在還在就讀大學三年級，而他目前也正在服役中。他爸爸生前，所剩的積蓄也沒有很多（因為一些親戚朋友的因素，所以他爸爸還有另外照顧兩位小孩），他一直跟我說，他會堅強的面對和站起來，但是我就問他，那你父親的喪葬費用，你能夠負擔嗎？（因為畢竟他目前只有當兵賺的錢），他一發不語的跟我搖了搖頭，說他會想辦法。當時候，我忍著淚水，只想拍拍他的肩膀，跟他說，有需要幫忙，就跟我說，不要客氣，所以我在星期六、日兩天，就跟著他在靈堂守靈，台南—東港，也不知道跑了幾次，之後可能也要幫他處理台南舊房子的事情。

在這裡，我有一個不請之求，不知道是不是可以請布丁學長幫我號召慈幼社的力量，請大家能夠捐贈一些費用，千千萬萬個拜託，希望學長能夠幫我這個忙，目前我也會在慈幼社的BBS網站，告知學弟妹這件事情。因為他在當兵時，還是會時常回去跑活動，例如育幼活動、瑞復中心辦的啟智活動，幾乎年年參加，所以每次我都是透由他的口中，才知道社上的一些活動，甚至跟學弟妹打成一片，他是我看過，對社團最熱心的人，可能也是因為他爸爸的影響，所以他才會有這樣的慈悲心。

寫的這麼長，真的很抱歉，但是因為事情真的很緊急，且這禮拜六是他爸爸頭七，禮拜一則是他爸爸的告別式，這兩天我都要到東港幫忙，所以不能夠親自上台北跟大家說明，真的是非常的抱歉，希望布丁學長能夠幫我這個忙，不情之請，煩請見諒，如果許可的話，我會在電話與布丁學長連絡，謝謝您。

95級冠華敬上

我萬萬沒想到的是，在離開校園二十年後這樣一件社友的急難事件引發這麼熱烈的迴響，在短短的五天之內收到各界社友與在校社員的善款超過四十五萬。在今天早上稍早已由劉老師代表轉交給需要協助的學弟，不管金額的大小，每個人所呈現出慈幼人人溺己溺的互助精神真的讓個人十分的感動，甚至其中有一位社友阿鑫更捐出一筆數目不小的金額幫助廷仲學弟，今天看到ㄚ鑫學姊一篇報恩的故事，更讓我感到人性光輝，慈幼情延續了一份年輕炙熱無私服務奉獻的熱情，並不因為離校多年或社會化已久之後而消失，反而讓大家更加凝聚在一起；尤其在小弟今年承蒙大家支持繼黃老後接下家長任務之後，辦了許多活動來凝聚慈幼人的情感，在這次的急難救助短短的幾天中展現出慈幼人的精神，我也趁機教育我的一對兒女還有分享給公司的同仁，謝謝大家。

阿鑫報恩的故事

Push我這麼做的原動力是你們啊，你忘了嗎？親愛的慈幼人！

回想起二十六年前六月，我大四即將畢業，父親被診斷出罹患肺癌末期，緊急住院，媽媽忙著籌醫藥費，我白天忙著補習準備教師甄試，晚上到醫院照顧爸爸。

一個月後，父親過世，留下兩百多萬的債務（因為迷上賽鴿）。我記得的是小馬、阿弟、火來、猜猜、瀚誼（後來聽說還有佳陵）幫我在慈幼社募了好幾萬塊錢的奠儀（抱歉，當時心情複雜，沒有多問，只記得是一大筆錢），甚至出殯那一天，小馬等人還陪著我將爸爸送上山頭，一路相隨，仁至義盡。這份恩情，媽媽至今每憶及往事，都還感念不已，念茲在茲。因為比起當時到家裡來討債或搬運貨物抵債的爸爸的朋友來說，真是點滴在心頭。

不久我考上教甄，分發至豐原任教，這一待就是二十六個年頭。二十六年了，這段陳年往事你們還記得嗎？在我的心裡沒有一天忘記過你們對我的恩，只是苦無機會一一向當初慷慨解囊的好朋友叩首致謝。本來想利用去年社友大會時公開道謝，只是當時情調太美氣氛太佳，我不忍心蹧蹋。古人說：「滴水之恩，當湧泉以報」。今天我所做的，只是將這份情傳下去，如果有一絲一毫的功德，那也是全體慈幼人所造的共業，功德歸大家所有。

最後，我想引用胡適先生的一段話作收：「我借出的錢，從來不盼望收回，因為我知道我借出的錢總是『一本萬利』，永遠有利息在人間。」我想，我們的善行，也會永遠有利息在人間。謝謝你們，學弟加油！

阿鑫敬上

慈幼家族留言

之一

真的感動呢！我的眼淚在眼睛裡打轉了啦！謝謝所有匯款的社友，每一位不論金額大小都是您滿滿愛，這個愛是不分大小的，感恩！還是要特別感謝淑鑫、火來、惠琍、淑儀這幾位慷慨的社友。僅代表學弟社友向大家致謝！劉老師要請學弟記住社友們這份心，將來要能回饋社會！

之二

我也是超級感動的，身為慈幼社的一員，我非常的引以為傲，我也會跟廷仲說明大家的愛心，希望他也可以多多幫助他身邊周遭更多的人，將大家的愛心，發揮到最大，真的真的很感謝大家（已經感動到無法形容)。

之三

太感動了!感動到想哭耶!慈幼社社友畢業那麼多年,愛心不但沒有減少,還有增加的現象。我愛你們;成大慈幼社社友!我真的愛死這一群社友了!

之四

慈幼社在校社員雖然還是依賴父母的經濟支援,但是他們還是竭盡所能地節省他們的零用錢來幫忙有困難的學長,讓我們一起來為他們喝采,我們看的不是金額的大小,縱使是一張小小的卡片或是一通溫馨的問候電話,都是我慈幼社人心至善的具體呈現。夥伴們,感謝有你!

之五

我親愛的慈幼伙伴們,學弟這幾天由灰色的心境,在您們的關愛與鼓勵下,用喜樂感恩的態度面對可能的挑戰與重擔,原本學弟希望在校社員給予鼓勵關懷,希能不增加在校社員的負擔,但我相信也有那堅定的意念,慈幼人不分男女老幼愛心是不落人後的學弟妹們,真的讓學長我非常感動,謹致上對您們祝福之意,各位伙伴的愛心,學弟會以感恩的心謝謝您們。

緣起不滅

成大畢業後,渡過非常漫長的一段成家立業忙碌的生活,有幸能有機會在二〇〇八年回到母校參加成大慈幼全球社友大會，以至於有後來與一群串起前後將近五十屆的慈幼人，繼續服務人群，凝聚社友情感的善緣，這份難能可貴的緣分是一生非常重要的人生體驗。人生有三寶，老伴、老友與老本，原來大學時代的社團朋友就是我生命中早已備好的老友；老伴呢，就一直伴著，至於老本嗎，健康知足就是最大的老本。

曾經在遊覽山西五台山時，導遊特別介紹菩薩頂一面牆上斗大的「福」字，福這個字是由部首「衣」加上一口田組合而成，表示人有衣服穿、有一口飯吃就是福，中國字造字非常有道理，知足常樂，心中充滿喜悅感恩，就處處美景，處處有好友。

46

籌備海關博物館的日子

葉倫會

許小姐是公關公司企劃人員，二〇二二年一月十四日下午從網路查到我的手機，談話內容我沒聽清楚，好像關務署將為海關博物館陳列文物事宜招商協助，她請教我的看法，鑑於不在其位不謀其政，況且，我的知識或許已經過時而予以婉拒。因為有感而寫下籌備海關博物館的甘苦談。

學生時代，我不是認真讀書的好學生，但好讀閒書。一九九六年前，家住牯嶺街旁的汀州路，牯嶺街早年以舊書攤聞名，公務餘暇的例假日常前往蒐集傳記文學、天下雜誌、文星叢書……等出版品，閱讀成為習慣，這些圖書不僅豐富生活領域，也開擴視野，讀傳記文學時，因為見賢思齊，畫下重點，也寫下雜感，其中不乏與中國近代史關係密切的海關瑣事，或許覺得有價值，或許好玩，送報章、雜誌發表，海關的長官知道葉倫會認識中國海關發展史。回想當時的情景，不論文章內容或知識領域都算粗淺。

鄭欽明擔任海關總稅務司末期，黃清潯副總稅務司提案設立海關博物館，公文以政字通函發送至關區股級單位，時任基隆關機要股小關員的我，不知天高厚的自忖這個工作應該由我來承擔，事後知道當時的想法不切實際。海關博物館的成立屬於集體創作，負責籌備海關博物館的詹德和副總稅務司透過管道推荐，指派我到總署研考室，給我一間辦公室、一張辦公桌，專責海關博物館籌備事宜，上級長官是研考室副稅務司王凌九，公文直接呈副稅務司轉呈副總稅務司，不經研考室稅務司。但考績由研考室統籌，和研考室長官的互動顯得微妙。

博物館是很專業的社會科學，屬於文化工作的頂尖項目，就一個海關關員、博物館門外漢來說，走冤枉路在所難免。我國海關由英國人創辦，屬於不成文法體系，總稅務司擁有至高無上的權威，人治重於法治，若要談法治，只能從五口通商以後的條約規定，外國進口貨物值百抽五的稅則著手，海關總稅務司署為關務單位。關政單位是財政部關政司，總稅務司署設有稅則處，稅則處長官不多，但每位都是專家，工作項目是將貨物歸類為哪個稅則、稅率，做為進口貨物徵收關稅的依據，鮮少就稅則制度制定暨對國家經濟發展的影響做研究或提出完整報告。

最初，從尋找和海關有關的著作著手，書本被列為財產，機關的財產預算甚少，數次被糾正後，到檔案單位或請資深關員幫忙，提供他們多餘或不用的文獻，找不必花錢的公家出版品，作者大部分是學有專精的近代史專家或集體創作，成為我認識海關制度，瞭解創造中國海關客卿的學成教育，逐步發現西方教育的重點在觀察、記錄、整理、統計、分類。客卿以「忠誠、榮譽、效率」的任事精神服務中國海關，海關組織暨運作的簡單專業有了，但博物館與通關業務截然不同的專業依然存在。

蒐集到與海關發展有關著作時，閱讀是責任也成為嗜好，幾乎知道每本書內容的大意，也提升了我對海關領域的認知，書籍蒐集到一千多本時，黃清溽總稅務司邀請海關一級主管暨退休稅務司開海關博物館籌備研討會，認識多位曾在海關叱吒風雲的前輩，他們學識豐富，談吐幽默，從談話中發現實務與理論有段差距，知道有些事盡信書不如無書，如海關關旗從十字型演變成仿美國海關旗的製作源起暨設計者與公文書的差異；關員公務之餘的娛樂活動是打網球、橋牌、圍棋……。此外，海關上下知道籌備海關博物館不再是聞樓梯響不見人下來的情景，而是真刀實槍的確有其事。至於總稅務司想從他們手上獲得布展文物的想法，出席長官以內班居多，精通法規是他們的專長，鮮少蒐集與通關有關的文物。

詹德和接任總稅務司不久，找我到其辦公室，指示獨立編撰中華民國海關史，簡單交待工作項目，要我循行政系統簽報工作計劃，有長官看到總稅務司批示後，語帶保留的冷言冷語；稅務司見核稿人不是他，在其辦公室聽他數落長官的不是一個上午。為了編撰海關史，我閱讀各關區的關務季報，冰冷的數字居多，助益不大。詹總局長退休後告訴我，海關一級主管頗多想成為中華民國海關史撰稿者，對他的指派不以為然的人不少。但從他的眼神觀察，找我寫是找對人了。中華民國海關簡史出版後，海峽兩岸三地在香港中文大學舉行中國海關學術研討會，我和趙繼祖研究委員應邀出席。

國立台北藝術大學博物館學系林教授常到海關接他夫人，或許我們是客家人，等待時，常到辦公室走動，對我們以土法煉鋼的方式籌備海關博物館，直接吐糟我們沒有學者、專家的研究、企劃，根本不可能成功，笑到腰都彎下來。但我們仍然是沒有經費的編制外單位。

博物館專業大部分來自無心插柳，誠如胡適之所言：「一步有一步的境界，步步有步步的引導。」貴人接踵而至。蒐集文物需歸為財產，海關沒有預算可以支應，只好尋找免費的文物或沒入的走私貨品，東西到手即入帳，帳目只要有兩人經手，大概不會有問題。在蒐尋文物時，也認識一些蒐藏家，看他們執著於收藏文物的保管、鑽研，發願過簡單又快樂的生活，不做蒐藏家，或類似的人。國立歷史博物館、台中自然科學館的出版品是啟蒙老師，我甚至成為國立歷史博物館館刊歷史文物投稿最多的前八名。台中自然科學館出版的博物季刊，內容看似雜亂，文字也因為是譯文而顯得艱澀，面對世界各地五光十色的博物館，從博物館學概說開始，逐步進階到博物館成立重點，應注意事項，舉凡布展設備暨過程都有敘述。原來博物館設立、陳列、布展……等經驗，博物館前輩早就整理好並且完成報告，發表在專業雜誌，讓認真的人節省時間。參訪台中自然科學博物館時，博物館志工主動要求導覽的誠懇眼神，讓我發現什麼叫做「勇於學習，樂於分享」的博物館人。

參加台灣省文化處在台南走馬獺舉行的博物館研習營，國立台北藝術大學江教授詢問海關博物館要做給誰看，我回答海關有四千多位關員，近千家報關行，他說：格局太小了。這句話具有擴充格局和視野的功能，不顧毀譽的透過各種管道提升海關博物館的能見度，一九九六年十一月十四日，海關博物館在台北市塔城街13號海關大樓開館，隨時拿著海關博物館ＤＭ，邀請有文化素養的人進館參觀，務必讓大家看到我國海關關員認真工作的態度，暨徵收關稅和查緝走私對我國經濟發展的貢獻，尤其是三百六十五天全年無休的燈塔或燈塔守無私的奉獻其青春和生命，確保航行附近船舶平安抵達目的地的無私作為。

國立歷史博物館黃光男館長是重要貴人，指示多參加該館舉辦學術研討會外，同意派兩個人到國立歷史博物館觀摩見習兩星期，我們雖然是博物館生手，因為館長支持，加上觀摩時，認份的做中學，成為館方的歡迎人物，接待單位視我們為單位帶來助力。事實上，收穫最豐富的是觀摩的我們，牢牢記住楊式昭研究員的話，一般人只看陳列文物是否亮麗，不會在乎博物館要表現哪些歷史或文物價值，典藏文物做好帳目相符即可，讓我們在開館期間心無旁騖的專心布展工作。開館前、開館後，國立歷史博物館長官的協助與指導，都讓我銘感在心。

海關博物館分為五個布展區，走私物品查緝區外，最受歡迎的是國際關務區，開館半年前，詹德和總局長拿出他歷次出國蒐集的紙鈔，二十幾國的鈔票中，有張十幾個零者，成為訪客參訪的重點文物，不乏貪心的說這張鈔票給他該有多好，殊不知，這張紙鈔根本不值錢。為了提升海關博物館的國際性，發文請我國駐外單位協助向友好國家海關要求捐贈關員制服，陸續收到各國海關透過郵寄寄來的制服。最令我感動的禮物來自澳洲，澳洲海關有兩名關員駐在日本東京，他們將制服寄到東京，派駐東京的關員送到台北關稅總局給詹德和總局長，這份慎重讓我好生驚訝。也體會澳洲政府布局亞洲的用心，想做老大，要懂得付出。

我國海關派駐歐洲代表侯俊盛肯定海關博物館的功能，和友邦朋友聊及我國海關博物館是亞洲第一座海關博物館，陳列文物極具特色。二〇〇一年他代表我國海關出席世界海關博物館在葡萄牙里斯本舉行的年會，二〇〇二～二〇〇四年前後三年，由我代表前往羅馬、鹿特丹和盧森堡出席年會，雖然公假自費，卻成為退休後的資歷，二〇〇五年七月我自海關退休。據悉，二〇〇六年起，我國海關即未再接到出席邀請。

47

我在南特大學的日子

胡爾泰

序曲

南特（Nantes），一個在台灣不常聽到的名字，在法國可是赫赫有名。就歷史上而言，一五九八年，法國國王亨利四世在此頒佈「南特詔書」（l'Edit de Nantes），賦予法國新教徒（Huguenots）宗教信仰自由；就地理上而言，南特是法國第六大城、第二大港口，也是對美洲大陸（十六世紀以後）和中國大陸（十八世紀以後）海上貿易的主要港口。

南特開發甚早，上古時代有塞爾特（Celts）自中歐移民至此，中古時代，南特是布列塔尼公爵領地的首府。法國大革命時代（一七八九～一七九五），她也是保皇黨人（Les Chouans）反革命的大本營。一個有趣的現象反映了這個史實：巴黎路易十六的雕像被砍了頭，而南特仍保留了他的頭。南特大學是法國Loire-Atlantique省最著名、歷史最悠久的大學，它的歷史最早可以追溯到一四六〇年成立的布列塔尼大學。

一九八八年，因緣際會，我得到國科會的獎助到法國進修，這是延續一九八一年以來的台法科技交流的傳統。同期的學員（法文叫 Stagiers）一共七人（原有九人，其中兩人因故延期赴法），分別來自大學、醫院和各研究機構。此七人當中，除了我是人文科學出身，其他六人都是理工醫農的專家學者。我們共尊來自台灣大學的郭教授為老大，因為他已是教授，又是第二次赴法，於當地人事較為熟稔。

主題曲與變奏

一九八八年十一月二十三日晚上，我們一行人搭華航的班機先到阿姆斯特丹（二十四日），在那兒待了一天，於二十五日飛達巴黎，國科會駐法代表薩支遠先生前來迎接，並設宴款待，同席的還有外交部和教育部駐法的官員。在郭教授的帶領之下，我們也在巴黎的著名景點逛了兩天（這是我第一次見識到花都的美麗與文化）。二十八日一大早（氣溫約零度）就搭地鐵到Montparnasse車站，轉搭火車到Nantes，全程約三個小時（那時巴黎與Nantes之間還沒有高鐵）。南特大學派了Miannay先生前來迎接，他在Le Chalet這家餐館請我們享用精緻可口的法國料理，隨後並送我們下榻於南特當地的國際學舍，這是我們未來兩個月居住的地方。學舍地處Place de la Manu，一人一間，還算寬敞。

從居住的國際學舍到南特大學，需先搭Tramway（街車、電車）再搭巴士才能抵達，時間約四十分鐘。在南特大學的法語學習是密集式的，每週約二十六小時，課程包括法語發音、聽講練習、會話、文法、寫作和法國歷史等等，相當緊湊。授課的老師一共有六位，分別就各領域來傳授。

在所有授課老師當中，屬Brigitte Brun最年輕，她未婚，有一雙湛藍的眼睛，十分迷人，臉上常帶有羞赧的表情。即使在她家作客，她仍是一副羞答答的樣子，彷彿她是賓客，我們是主人。Brigitte Brun教我們法語發音，這對外國人來說並不是易事，因為法語有一些鼻音和小舌顫動的/R/音，都很難發出。讓我記憶猶新的是，她多次糾正了我對於/s/和/ʃ/的發音混淆之處。

Rey先生年紀最大，教一些法國史（近代南特的歷史）。他打扮得很體面，頗以法國優越的文化自豪。為了讓我們這批外邦人瞭解法國的歷史與文化，曾帶我們參觀Fontevrand修道院和Azay-le-Rideau城堡，可算是一個有心人士。

說起Malherbe女士，她也讓我印象十分深刻。她表情嚴肅，不苟言笑，不大像一般法國人。可她授起課來，十分認真，傾囊相授，無所不教，好像要在瞬間把我們變成法語專家似的。有一次考試，她發給每一位學員多達十二頁的考卷，要我們在三小時之內做完。我想，大概只有郭教授和我可以完成吧！這次考試我得了一七．二分（法國滿分是二〇分，所以一七．二分相當於台灣的八十六分），頗感欣慰。Malherbe的嚴肅還可從另一件軼事看出來：Michael因為晚到南特大學，法語不靈光，有一次作答時，Malherbe竟然語帶諷刺地說：Parlez-vous portugais?（您在說葡萄牙話嗎？）引起了哄堂大笑。

Galliégue女士對我們最親切了，臉上經常掛著笑容，十分好客，除了帶我們遊歷St. Nazarre和La Baule之外，也經常邀我們到她家作客。在一九八八年的最後一天，她在家設宴款待，料理豐富而多元，羅列於長桌上，我們從晚上八點一直到子夜鐘聲響起，才打道回府。席間，大家有說有笑，交談甚歡，可是Jeanne（家珍）突然冒出的一句話，卻惹來Galliègue夫婦哄堂大笑。說真的，參加餐會的台灣訪客並不知Jeanne說了什麼俏皮話，可我猜想Jeanne的話一定觸動了法國人最敏感的神經（有關性方面的）。

Audion先生每次授課幾乎都穿同樣深色的衣服，年紀雖輕，卻留了鬍鬚，看起來像深思的哲學家。他講授法文文法，包括了法文動詞的各種時式。法文動詞的時式比英文複雜精細多了，對於外國人來說很難應付，我卻得心應手，因此，Audion先生對我特別刮目相看。（我從未告訴他，我在來法之前，已經學了三年法文）。Audion先生也曾帶我們到法國著名的景點Mont Saint-Michel（聖米歇爾山）一遊。聖米歇爾山是一座花崗岩的小山丘，瀕臨大西洋，夏日水漲，需坐船才可到，冬日水退，車子可達。聖米歇爾山上頭有堡砦（Citadelle）、修道院和汲井的設備，兼具防禦、修道和居住功能。山頂有大天使Michel的雕像，好像在保護此地的安全。

最後要談到Pousset女士了，她曾經到過高雄的文藻外語專校擔任法文教席，因此對於來自台灣的我們特別有好感。在我們過完聖誕假期（郭教授開車帶我們暢遊法國西南部，並越過庇里牛斯山一直到安道爾）之後，邀我們到她的農莊（距南特市中心約三十公里）作客。她請我們吃豬血香腸（Boudin）、臘腸（Saucisse）、鮭魚，喝雞尾酒和白酒（吃魚是要搭配白酒的）。因為剛長途跋涉回來，大家吃得津津有味。Pousset女士已婚，卻獨自一人住在廣大的農莊，當天晚上，她似乎特別高興，穿著中古服裝，跳起布列塔尼傳統的舞蹈，供我們拍照。有些學員也手癢腳癢，跟著跳起舞來。歌舞方歇，她突然哭了起來，說她老公有一天早上突然不見了，從此杳無消息。我們大家面面相覷，不知如何安慰她才好。這時，我腦海中卻想起了那句諺語：Take a French leave（不告而別）。

法國人既浪漫，又擅長社交活動。Miannay先生雖未授課，但因跟郭教授很熟，所以也曾邀我們到他家用午餐（一九八九年一月六日）。這一餐非常豐盛，美酒佳餚，五味俱全，我們從下午一點半吃到四點半，賓主盡歡。Miannay先生也根據法國風俗傳統，在蛋糕裡頭放了一顆abricot（杏仁），說誰吃到，誰就是今年的國王。當天的幸運兒是Louis（政男），我們正要恭賀他時，Miannay先生卻說了：今年是法國大革命兩百週年，小心人頭落地，引發一陣大笑。

從一九八八年十一月二十九日在南特大學學法語開始，到一九八九年一月十二日領到結業證書為止，我們一共在南特大學學了四十五天的法語（扣掉聖誕假期十二天，實際只有三十三天）。結業證書由南特大學的校長Renaudin親自授予。我們都通過了一個多月來的法語密集訓練，只是每張證書等第欄位所註明的文字並不相同。我的結業證書這一欄寫的是TRES BIEN（很好），讓我十分高興。以前和在南特大學的努力，總算沒有白費。

校長頒發結業證書時，我代表所有學員向校方致答謝辭。這份演講稿由我自己擬定，再交由女友Hélène（英文的Helen）修飾過，很合乎法國人的胃口。演講只花了三分多鐘，現場南特大學的與會者聽了非常高興，拼命地鼓掌，真要感謝Hélène了。Hélène是我在南特大學認識的新鮮人，她的身材高挑，清純而美麗。我們在植物園、在布列塔尼公爵城堡渡過一些美好的時光，我也曾多次請她在南特的中國餐館用餐。看她拿筷子用餐的模樣，既好笑又可愛。

尾聲餘韻

光陰飛逝，離開南特大學已經三十三年了，可是我的腦海裡依然浮現那些授課老師的臉孔，也想念溫柔美麗的 Hélène，想念她在我臉頰上的香吻，想念在南特享受過的美酒佳餚，想念法國西北和西南地區秀麗的山川……但願他們平安，一切美好！

在所有授課老師當中，跟我最有緣的是Audion 先生。離開南特到巴黎做研究之後，我又曾兩次到他家拜訪。一次是一九八九年四月三十日，他饗以挪威龍蝦，也見到了他美麗的妻子Martine，翌日又參加南特的嘉年華會，人家還給了我 muguets（鈴蘭）。第二次是在二〇〇六年四月，這一次我見到了他十一歲的兒子。我們還是享用挪威龍蝦，又驅車前往附近的鹽田觀賞。

Galliègue 夫婦與我維持了近二十年的書信往來，我也在一九九八和二〇〇〇年兩度到普羅旺斯（Aix-en-Provence）他們的新家（別墅）住了幾天，受到殷勤的招待，又遊遍普羅旺斯附近的城市，拜訪塞尚的故居，留下了極為美好的回憶。

最後還是要感謝國科會（今之科技部）和法國科技協會的獎助，讓我這個鄉下出身的人能到法國進修。這是我人生的轉捩點，讓我領會了法國的風土人情，見識了法國文化的博大精深，也讓我眼界大開，心胸更加寬廣。後來我在台灣師範大學講授法國史，翻譯法國文學史，應該與我在南特大學的這一段經歷有點因緣吧！

48

台碱安順廠實習的回憶——半世紀前的故事

馬振基（國立清華大學榮譽教授/教育部國家講堂主持人）

猶記得是民國五十六年（一九六七年）四月初，我在成功大學的佈告欄看到一則公告，「徵工廠實習學生：台南市安南區台碱公司安順廠，名額三名，工學院化工系二、三年級生，實習期間：二個月（七月一日至八月三十一日），無津貼，但可搭交通車通勤」。看到這則公告，我非常有興趣，馬上聯絡我同班好友林兄，一起去報名，因為當年成大規定：「工學院學生畢業前至少要有三個月的工廠實習」，前一年（一九六六年），我大一的暑假由家兄帶我到台南市民權路拜訪金龍記鈕扣公司的謝水龍董事長，先託家兄的公司老闆向他求情，讓我去他的公司（在崑山中學對面，六甲頂附近）實習，該公司是利用尿素樹脂（Urea Resin）加上紙漿（Pulp）熱壓成鈕扣，很感謝他願意讓我去實習兩個月（實際上是當工人，與工人一起拌料、加工、成品修毛邊，但要再加整理環境，打掃工廠內外），對我而言，已是難得機會。因為在五〇、六〇年代，工廠並不歡迎這些「什麼都不懂的大學生」去

「實習」，一則增加工廠負擔，再則擔心學生的安全，所以能真正進入工廠實習太不容易，所以有「台碱公司安順廠」這樣的實習機會，真是非常難得。

「安順碱廠」實習的經過

六月初接到成大的通知，兩人都被錄取，六月底報到，七月初即可上工。六月中旬，接到台碱安順廠的正式通知：六月底的某天，攜帶通知單及必要證件到該廠報到，可在當天上午七點到台南市民族路／公園路口，圖書館前的站牌搭台碱公司的交通車前往報到。

懷著既期望又興奮的心情，與林兄在報到當天七點不到即到站牌前侯車，看到一位成大化工大三的學長楊兄也在等車，原來他也被錄取，所以三人有伴一起搭上了交通車到台碱安順廠。車行大約一小時到達公司，找到人事處去報到，一位承辦人員拿出表格要我們填寫，發現旁邊多了一位女生，原來她也是來報到的，大家填完表，驗了學生證，那位先生說了一句話：「好了，手續辦好，你們八月底的某天早上再來拿實習證明書，現在你們可以回去了，到廠外門口的站牌搭興南客運車，可坐回台南市區！」我們三位男生傻眼了！蝦咪？我們是來工廠實習，不是來郊遊或騙一張證書的，倒是那位女生一下子就閃人了，丟下了一句「八月底見！」我們三人告訴這位先生，我們真的是要實習的！不是要一張證書。這下子輪到那位先生瞪大眼睛看著我們說：「每年救國團要求公司給成大三個實習名額，過去來的，攏是安奈！阿沒沒，恁袂安那⁉」我們三人同聲的話：「拜託給我們實習！」這下子他急忙打了幾個電話，聯絡了一陣子，來了幾位什麼股長、課長「……成大畢業，東海畢業來任職的工程師……他們說：「過去攏是安奈！給你們證明書，足好了，我們對救國團也有交待，別人是求之不得，恁有好康的不知珍惜！來工廠真辛苦，阮逐日上班有月給（薪水），恁是做白工，有夠憨，天氣這麼熱，轉去成大卞涼……」幾個人七嘴八舌的想勸退我們三人，最後我們還是很誠懇的拜託他們「請各位長官給我們一個機會，我們是抱著學習的心情來貴廠，希望在各位的指導下，真正的學習，我們會自律，不會給各位添加太多的麻煩……」

真的，我們三人是「抱著打死不退的精神」，只求有「實習」的機會，尤其在這個節骨眼已經七月初，哪裡去找工廠來實習？就這樣「三條硬漢」，賴著不走，硬是要求實習，終於工廠的幾位年輕工程師跟我們說：「我們在工廠裡的每一個人都有工作要忙，無法專心照顧、指導你們，但廠方考慮到你們誠懇的學習態度，你們就以跟班的方式（類似在醫院裡，實習醫生跟著主治醫師或教學醫師巡房看病人），從海水引入鹽場到各不同的廠區，廠方每週安排不同的場域，各單元，製程，跟著值班工程師或現場員工學習，可「動口問，但絕對不能動手觸摸機器、設備、管線……「安全第一」（因為那時候沒有學生保險），「千萬小心」若沒事就到圖書室看書（書籍不少，可惜很多日文相關的書，看不懂很可惜！）。整個安順廠的環境很好，我們很羨慕在這這裡工作的員工。

就這樣兩個月的實習工作，藉由公司廠房安排課程也照表操練。

1、瞭解台碱安順廠設立的目的、歷史

一九三八年六月日本鐘淵曹達工廠設立。

第一期以配合日本海軍生產均需品，溴素及民生用品、燒碱、鹽酸、氯氣、漂白粉……

第二期：預期利用氯氣、鹽酸、燒碱等研發下游產品，成為一貫作業的碱氯工廠（但因二次大戰而停止）。

台灣光復後：台碱公司每年可生產燒碱三公噸，主要銷往上海，直到一九四九年止。

一九六七年我們在實習時，台碱仍以燒碱及氯氣相關產品為主。

後來我們才知道，鹽產業及酸、碱工業，事實上是每個國家非常重要的化學工業，影響國防及民生工業……

2、對廠區製程及燒碱製作原理的瞭解

從廠方工程師及相關書籍去認識

以水銀法電解濃鹽水反應製成片鹼（NaOH）及氯氣

反應式：2 +$2H_2O$ $2NaOH+Cl_2+H_2$

陽極：Nacl（鹽水）電解＞Cl_2

陰極：Nacl（鹽水）電解（Hg電極＞

$NaHgX + H_2O \rightarrow NaOH + XHg + H_2$

生產一噸片鹼大約要消耗一五〇～二六〇克的汞（水銀），而其中五〇%的水銀存在廢鹽水中，通常被當作廢水排放，進入土壤、河川與海岸。汞污泥成為民國六十年代的大問題，民國七十一年六月台碱安順廠關廠，但同年前省政府環保局開始執行安順廠附近水域「汞污泥」的調查，八十三年開始注意廠區土壤受「戴奧辛污染」的情形，這是當年化工製程中，我們沒有注意的地方，直到今年（二〇二二）元月二十七日，台南市政府環保局還在進行第二十次汙染土地處理相關之會議。當時我們三人是由一些書本資料去瞭解製程，並在工程人員帶我們去現場時才去請教，至於那些設備、儀器、管件……也沒多問，儘量不打擾，所以能「學」多少，就盡量「學」，能夠「問」到的就「問」，這些才體會什麼叫做：做「學」、「問」，也體驗到：「三人行，必有我師焉。」三人自問自答。

兩個月的「工廠實習」，就這樣渡過。「工廠實習」，其實是「工廠自習」、「工廠在眼前」、「資料書本在手邊」、「要問的就在嘴邊」；一切都是「學」、「問」，這些經驗對我往後在美國「唸書」，在美國「企業界服務」，以及在國內三十七年「教學、研究、服務產業界」有很大的助益（容後再敘）。

兩個月的實習在炎炎夏日中渡過，在廠區，在圖書室，在上、下班途中搭車，欣賞安順、台南郊區的景色，成為難忘的記憶。

「工廠實習」對我「五十年化工生涯」的影響

當年成大工學院規定：工學院學生畢業前要有三個月的工廠實習，立意很好，可惜在五、六十年前工業界的風氣未開，要找實習的機會很少，我至今仍然非常感激台碱安順廠在我們的懇求下，接受我們三隻「化工菜鳥」在那樣的環境，尤其感謝這些工程師和員工們，在他們每天非常忙碌的工作之餘，還要撥空教導我們，照顧我們，添加他們許多的負擔。兩個月期間，從鹽場、電解槽、燒（片）碱工場、氯氣工場，對製碱工業有初步的概念，謝謝廠方提供我們實習的環境，安排我們自修的圖書室。

最值得珍惜的是：三個人一起實習，互相切磋，有不了解的，互相討論，這是支持我們「實習的動力」，「三人行」有許多的趣事，也互相勉勵，同時對「未來的生涯」時常討論，有這樣的學伴（學習的伙伴）真好！感謝他們兩位的陪伴！楊兄早我們一屆，他畢業後服役完即進入台塑的PVC廠（與碱、氯氣）有直接關係。至於與我同班的林洽昌兄，大學畢業服役後一起回到成功大學化工系當兩年助教，然後又一起出國唸書，他拿到碩士後，轉到我唸碩、博士學位的北卡羅萊納州州立大學（North Carolina State University at Raleigh）唸博士學位，很巧，拿到博士學位後，我先到奧亥俄州（Ohio）的Akron市的Monsanto公司任職（橡膠化學部門），他則到波士頓近郊的Monsanto公司人造纖維部門工作，將近六十年的同窗情誼，非常可貴。我相信那兩個月的安順廠實習，共同的記憶，一輩子難忘，也對我們後來的求學就業有極大的幫助。

在安順廠的那兩個月的實習期間，我一直在思考：「未來何去何從？」

一九六九年成大畢業，服一年預官役後，考慮先回化工系當兩年助教緩衝：思考要進去工業界或繼續唸書？在那個時候化工系畢業要找工廠工作並不難，但要找到好工作也不是那麼容易，主要的公營事業（如中油、台糖、台肥等公司）以考試為主，私人企業則各憑本事，其實據說當時的台碱安順廠算是很好的公司（像今天的台積電……），因為它的待遇好，工作環境清幽（場區、地理位置、宿舍、圖書室、娛樂……），福利好，只可惜，實習後沒再與公司廠方聯絡，否則當年應該一試，或許改變我的後半生（成為真正的台碱安順廠的一份子）。

49

未教之教——我的一些學習經驗

劉久清

關於教育，愛因斯坦有一句常被引用的名言：「教育是將由學校所學的完全忘光後，剩下來的。」(Education is what remains, if one has forgotten everything he learned in school，出自愛因斯坦於一九三六年十月十五日發表的〈On Education〉一文，收錄於愛因斯坦的《Ideas and Opinions》一書中)。

相信許多人看／讀到這句話，剎時就成了摸不著頭腦的丈二金剛。本文卻要以這句話為引，說一說老師在課堂中未曾明確教授，我卻在課堂中學到的一些學習經驗。

首先，是關於權威。

身為國民中學第一屆的成員，在讀小學時，經歷過兩個階段，第一個階段是大家還必須為準備初中聯考而拼命。也因此，盛行到老師家補習，而我卻沒有參加。有一次算數小考，考完，例行由到老師家補習的同學上台解題，我們依之批改自己的答案。有一題，臺上同學解完後，我怎麼算，都覺得自己沒錯，是解題同學算錯。最後決定：堅持己見，不予修訂。第二天上課，老師宣布那一題同學解錯了，正確答案與我計算的結果一致。

代表老師上台解題的同學，自然獲致了老師授與的權威。可是，這個權威卻是會犯錯的。

這個經驗，在我以後的求學階段一再重現。

國中時，有一次寫作文。由於當時剛看完李宗吾的《厚黑學》，遂加以引用，發表了一些自以為是的見解。沒想到，卻受到老師的肯定，說我頗有自己獨特的見解。我學到了：原來老師也有沒看過的書。

碩一時，修「倫理學」，期末我以「後設倫理學」（meta-ethics）為基礎寫的報告，老師給了頗高分數。可是，等看到老師對我那篇報告寫的評語，我肯定：老師其實不懂「後設倫理學」。

博一時，有位老師剛由美國交換回來，在課堂上極為自豪地不斷強調他由美國引進了西方馬克斯主義學者的最新成果。可是，他所介紹的，卻是我在碩士班時早已熟稔的幾本法蘭克福學派的著作。

以上這些經驗，讓我學到的是：不要太相信權威。

反應快的人，應該馬上會問：本文一開始就引用愛因斯坦的話，豈非訴諸權威！其實，我要引用的是那句話，會提到愛因斯坦，只是要表明那句話的出處。重點是那句話，而不是愛因斯坦。至於那句話正確／合理與否，我們每個人都可以進行檢驗，千萬不要因為那句話是愛因斯坦說的，就毫不懷疑地接受。

其次，是學習不應該只是吸收一些懷海德所謂的惰性的無活力觀念（inert ideas，語出A. N. Whitehead所著《the aims of education and other essays》）。

高中時，學數學，學到三角函數sin、cos就學不下去。因為老師就只一味地要我們記公式，做解答，卻從不教我們其意義何在、何以如此。既不解其意義、緣由，只是一味記憶，我實在不知如何學。

大一時，學微積分亦然，老師只教其然，不教所以然。我雖勉強及格，卻始終不懂。

學經濟學也遇到同樣情形，授課老師自詡其教材綜合了當時最重要的幾本經濟學教科書，可是，上課卻只一章章地照本宣科，完全不曾解說其思想脈絡與如何運用於現實生活。以致於，我修了一年，學分拿到，卻不曾懂經濟學。

一直到退伍後，要報考研究所，其中一個考試科目是經濟學。我請一位後來當過經濟學研究所所長，當時剛拿到經濟學碩士的高中同學教我經濟學。他的教法是：先將教科書放一邊，直接告訴我一些觀念之原委與推論過程。在一段落後，再拿教科書來對照，指出教科書會這麼寫就是因為經過了他前面講解的歷程。

我至今對經濟學還有的一些理解，就完全依憑那位同學對我上的五次課。

就我而言，學習最重要的不是記憶，而是要能掌握全盤脈絡與對生活的意義。因此，在我開始教學後，我的教學重心從來不是劃重點，要學生背學說，而是設法讓學生理解為什麼會有這樣的理論、概念，以及如何在生活中運用。

再次，是關於薰習。

先引一段如今看來極不政治正確的話：

林語堂在〈談牛津大學〉一文中引用李格（Stephen Leacock）〈我所見的牛津〉（Oxford as I see it）的話：「我了悟牛津導師的工作，就是召集少數學生，向他們冒煙。凡人這樣有系統的被人冒煙，四年之後，自然成為學者。誰不相信這句話，儘管可以到牛津去親眼領略。抽菸抽得好的人，談吐作文的風雅，絕非他種方法所可學得來的。」

已經說是政治不正確，引用上述文句的重點，當然不在抽菸，而是意在言外的不言之教，一種透過相處、經由耳濡目染進行的學習。

在高一時，因為看了赫胥黎的《美麗新世界》（Brave New World），對現代科技極為反感，於是，拒絕念理工科。幸得我有兩個好朋友，他們在高一即立志念物理，並極其熱情地向我們介紹物理學。記得有一次，在其中一位朋友家過夜，他整晚向我解說一些物理概念。沒想到的是，在我們都累極而眠後，我忽然被那位朋友搖醒，原來他一直沒睡，就在想要如何才能將一個概念解說得更好，當他想出來後，就興奮地將我搖醒，繼續進行解說。

那兩位好友向我示範的，不只是如何學物理，而更是學習的熱情與真誠。當然，我現在對物理學還保留一定興趣與理解，也多虧了他們。

我在大學時，修蔡老師的課，老師開了一批書單，要我們挑一本做讀書報告。其中一本蔡老師自己的著作，因為最薄，我就挑來做報告。同樣因為懷疑權威，讀完那本書，不太服氣，就大放厥詞地寫了一篇批判報告。孰知，蔡老師收到報告後沒多久，在校園與我相遇，老師竟當場詳細地對我解釋他為何那樣寫那本書。

畢業後，服兵役時，在部隊見識了各種各樣的人，剎時覺得蔡老師真是好看無比。老師的好看，不在外型，而在他身為一個真正中國傳統的讀書人、一個醇儒，所展現的氣質、風範。

出於敬意，就在那年教師節與春節，向老師寄賀卡賀節。再次意外的是：老師回覆了我，而他回我的是他那年寫的一篇論文。此後，年年如是，不成材的學生寄賀卡，孜孜不倦於學問的老師寄一篇他新寫的論文。

碩士班時，修梁老師的課，我們每位同學都必須在課堂上做報告。有位同學做報告時，信心十足，氣勢非凡。他報告完，輪到同學針對他的報告進行討論，我就與他開始大鬥唇舌。梁老師非但沒有指正我們，還笑瞇瞇地看著兩個不成熟的學生在那裡發表實在不怎麼高明的見解。

碩士論文口試，梁老師是我的口試委員。我畢業未幾，梁老師也屆齡退休。其後沒多久，突然收到老師寄來的兩本一套學術著作，是老師退休後寫的生平學術集大成之作。所以會寄一套給我，是因為書中引用了我碩士論文中的一個論點。

再過了許多年，在一場學術研討會上遇到梁老師。恭敬前去向老師問好，老師問我最近有什麼研究成果？我簡單報告後，回到家，就趕緊挑了一篇還算得意的論文寄給老師，請老師指點。沒想到，那年新年，老師回我所寄賀卡的是，長長一篇對我所寫論文的意見。

之所以說這些，不是在自我炫耀，而是在設法描繪一位真正讀書人的涵養與展現出來的風範。在自己也當了老師後，只要有機會，就一定提醒學生：在學校時，要多多看看老師。不是看長相、打扮，而是能夠常常看到一個真正的讀書人、一個醇儒所展現的行為舉止，就有可能直接、間接受感染，進而也成為一個讀書人。

何其有幸，我的碩士論文與博士論文都能在沈老師的指導下完成。

那年，沈老師剛由比利時魯汶大學學成歸國，在政治大學任教。我聞風跑去旁聽，一聽之下，才發現原來學問是可以這麼做的。

老師學問之賅博，可以一例說明：有一學期的一門課，老師僅針對一篇十幾頁的論文，就旁徵博引兼詳盡分析地整整解讀了一個學期，從而將那門課的理論作了全面、完整介紹。

此後，我在教學時，也必努力將任何一個概念、學說的相關知識盡可能做周延的解說。

老師對我啟發之大，實無法簡單敘述。在此僅以一例說明：念博士班時，老師主持一項大規模的西方經典學術中譯計畫，邀我也翻譯一本。我在翻完那本書的第一章後，送請老師指點。數日後，老師將我的譯文寫滿了密密麻麻的修改意見還我。回到家，我仔仔細細看完老師的修改意見，並努力理解何以那樣修改。在整個讀完、理通之後，自覺英文程度因此晉了一大階。

同樣地，我作了老師後，也常常不忘提醒學生，交作業不要只看成績，而要看老師是如何批閱的。

只要老師是認真批改的，則與老師的批語對話，必有助於自己的成長。

常聽有人要教或學所謂的學習方法，對此，我實無由置喙。依我有限的學習經驗，我覺得：學習除了要以適合自己的方式研讀概念、理論、學說，並與一己生活經驗進行印證，更要能從學於師，在與老師直接、間接的互動中，學習種種老師教而未教的內容。

50

月是故鄉圓

林伯祿

拜讀群組裡諸位前輩行雲流水的文筆與精彩故事，筆拙的我一度停下鍵盤，在幾經掙扎過後，還是決定拿出山上野小孩的勇氣續筆，因為我不是專業作家，只是想單純跟大家分享我對家鄉人事景物的思念，所以請大家包涵。

冬天及春天早晨在村裡可看見山腳下時而奔流、時而凝結不動的雲海，盛夏雨後遠山崖壁上處處的白鍊飛瀑與相伴的彩虹。而在清水溪大河那一邊的山頂上，九降天霧霾下的一輪夕陽，映襯著溪谷遍地金黃的芒草花，是秋天。村莊三面溪水環繞、僅東面寬度約十公尺不到的山脊與母親山（阿里山山脈）緊緊相連，海拔約四百公尺是一處台地，這就是我朝夕思念的故鄉（竹山．山坪頂）地景。

故鄉距離竹山市區約十二公里規模百多戶千餘人（九二一地震後，人口外移，目前常住人口僅約六百人不到），早期村民全數過著「日頭未出便上山、日頭落山才回家」

的農家生活。

小時候村裡物資缺乏、交通不便，因此大家都非常團結、互助，每當有人家辦喜事，在喜慶日期前三天起，幾乎每戶都有人停下手邊農作，主動前往義務幫忙，女性長輩忙著張羅與烹煮三餐、製作糕點及搓煮湯圓……等舉凡總鋪師的日常，男性長輩則忙著砍竹子搭設棚架、逐戶調度桌椅供使用（因此家裡桌椅下沿都有署名，以免還錯）拉設簡易照明、水管，有時還殺豬……等等舉凡粗重的工作。小孩子們更沒閒著，忙著幫忙整理環境、成群在村裡發送喜帖、到處跑腿當助手，完成長輩交辦的事情後，大伙兒便在一旁玩起遊戲或圍著長輩瞧著精湛的手藝，而更多的是圍在冒著大量蒸氣的爐灶旁，吞著口水期待熱呼呼的美食出爐，整個村莊和樂融融，主事人家完全不用擔心儀式的進行或人力不足的問題，因為村民會全力相挺（喪事更是如此）。

記得五歲的農曆春節，原本照顧我的「伯婆」（父親的伯母）以八十七歲高壽過世出殯後，我指著家裡神明廳側邊伯婆靈位上的照片問媽媽：「媽媽『伯婆』去哪裡了？怎麼都沒回家？媽媽告訴我伯婆去當神仙享福了。媽媽再告訴我，這陣子要我在中午時拿放在櫥子裡的菜飯，跪著請伯婆回家吃飯！還要燒紙錢給伯婆……」於是我開始上小學前白天一個人在家的日子（父母到山上工作，兄姊們則到隔壁村庄學校念書），但我一點都不寂寞也不害怕，因為八點不到我家至少就聚滿了十數個童伴。一到中午，我爬上椅子墊著腳小心翼翼的把媽媽為伯婆準備好的午餐端到伯婆靈位前，跪下後口中唸唸有詞的拜了起來……。一旁的童伴們好奇的問我在做什麼？我回答：「我媽媽說我伯婆已經當神仙了喔，很厲害吧！我要跪下來請他回家吃飯！」沒想到大家聽到我伯婆當「神仙」、「很厲害」，便一起跪下來喊著「伯婆回家吃飯，要保佑我喔」，再幫忙將紙錢一張一張的往火盆裡丟……。事過多年，童伴及一些長輩，偶爾還會拿這件事當茶餘飯後的話題聊，害我都覺得不好意思。（PS：雖然媽媽每天會幫我準備好午餐放在菜櫥裡，但中午一到村裡長輩們大都會邀我跟著童伴一起到其家裡吃午餐……。）

大伙們除了日常的扮家家酒、捉迷藏、老鷹抓小雞……外，隨著季節更迭雜貨店賣什麼童玩（如彈珠、橡皮筋、尪仔標）我們就跟著流行玩什麼！村裡的稻田裡或山泉溝渠中更是我們的天然遊樂場，抓魚、抓蝦、抓泥鰍、釣蜻蜓、釣水雞（田雞）、抓鱔魚、釣水蛇、採野果吃……等，常常渾身沾滿泥巴或偶爾出現傷痕。到了傍晚，大家分頭跑回家生火燒熱水、煮飯、餵雞鴨、澆菜……。乖巧的等候父母親們從山上歸來，但因為衣服弄得髒兮兮，當媽媽回到家不久，就會聽到童伴們此起彼落的「媽媽，後擺我不敢啊啦」的求饒聲不絕於耳，這是媽媽們拿出「竹筍炒肉絲」這道拿手傳統功夫菜伺候調皮搗蛋的我們……雖然大家嘴巴都說以後不敢了，但有效期限卻總是隔不了幾天……。

家裡菜園裡種了多種果樹，每當果子成熟時，父親就會要我去向村裡童伴們通風報信，拿籃子到我家集合。採果前父親總會提醒大家「不要待在樹下，因為果子或樹枝會掉下來危險！」雖然大家每次都回答「哉啊」，但等到父親一爬上高大的果樹，大家便開始往樹下靠攏，抬頭專注的看著父親採果，童伴們不時敏捷躲閃掉落的樹枝，更眼明手快的搶食掉落的果子嘗鮮。不一會兒，父親便用繩索將裝滿果子的特大竹簍從樹梢慢慢垂降到地面，這時大家便蜂擁而上前，協力取下換上空的大竹簍，空的竹簍慢慢升空後，大伙兒將盛滿果子的大竹簍搬到一旁整理枝葉，嘴裡則不停的吃著香甜美味的果子。採收告一段落後，父親會將果子裝滿童伴們帶來的竹籃子裡，童伴們使出吃奶的力氣提起竹籃一路搖搖晃晃走回家。而我的工作仍沒結束，因為父母親還會要我跟兄姊們將水果分袋送給鄰居品嚐，通常我們也會帶著回贈的餅乾、糖果或青菜……回家一起享用。

稍長，我跟童伴的遊樂範圍，也慢慢的擴大版圖到村莊外圍，夏天跟著村裡大哥哥們一起到村外（懸崖下）小溪邊谷地裡放牛，一到河谷攔沙壩，大哥哥們扮演起長輩的角色，規定我們哪一窟水比較深危險不能去。此時，我們已迫不急待的脫光衣服，僅穿著內（短）褲撲通、撲通的跳到指定的攔沙壩裡玩水。玩膩了，大伙兒興起戲弄一旁個性溫馴，正慢條斯理大口啖著青草的黃牛身上，或爬上牛背上騎牛，或拉牛尾巴要牛噓噓（小便）、最常用泥巴在黃牛身上創作的鬼點子。黃牛個性溫馴，但卻時常被我們搞到大發牛脾氣（台語：起攏獅），狂追我們這群愛搗蛋的小孩子，當然我們也不是省油的燈，邊跑邊笑跑給黃牛追，或跟在黃牛的後面追跑，一些則站在不遠處看戲，當被黃牛追著走投無路時，便撲通跳進攔沙壩水中避難，在水裡等待牛脾氣稍歇後，再來一次……。中午時大哥哥們生火將在野地裡挖到的地瓜、樹薯或抓到的魚蝦……等烤熟，這便是我們熱騰騰美味的午餐，時間過的飛快，當太陽快要下山，這時童伴的阿公或阿嬤們，會三五成群站在村莊懸崖邊居高臨下的探頭往河谷攔沙壩搜尋，一發現目標就大喊某某某，麥晚啊，你還不回來齁。某某某，你媽媽在找你……你皮繃緊一點……。這時大家立馬清醒趕緊從水裡爬上壩堤，隨手拿起衣褲打著赤腳便往回村裡的山間小徑衝，一邊衝一邊穿衣褲，時常回到家才發現衣服穿反了或不小心穿到別人的衣褲。

元宵節是當時村裡小孩子們最喜歡的節日，大家可盡情、瘋狂的玩，且不會受到長輩們責罵。元宵節還沒到，大家便開始收集各式鐵罐，在罐子畫出滿意的圖形或方陣後，再用釘子照設計的圖形釘洞，或利用盛產的竹子削成竹片或竹筒製作燈籠。一到元宵節傍晚，扒了幾口飯，便迫不急待的跟著同伴們提著燈籠、拿著家裡拜拜用剩的蠟燭跑到村尾的土地公廟集合，互相較勁誰的燈籠漂亮有創意。太陽一下山大地漸昏暗，大家暫時將燈籠擺放在一旁，再依自家是住在村莊的「庄頭或庄尾」自動分為南、北兩派（這無關平時交情），確認兩派人數落差不大後，不敬禮解散後，兩派人馬便快速點燃沖天炮、互丟水鴛鴦或排炮……展開大戰（真神奇！從來沒有人因此受傷或事後不爽打架），不絕於耳的炮聲此起彼落好不熱鬧。大戰結束後，大伙兒開始集結，再各自將蠟燭點燃放進燈籠後，便開始了巡繞村莊各角落的探險夜遊活動。有一年不知道是誰吆喝說要改到山裡探險，於是隊伍便浩浩蕩蕩的往完全沒有路燈的深山方向出發……。就這樣經過許久，因為村子裡少了元宵節小孩成群嬉鬧聲的影！長輩們覺得奇怪便外出尋找，最後在距村莊約需一個小時路程的山上遇見我們，那時長輩並無責罵！反倒趁機和我們一起回味童年的玩了起來，還教導我們在山上過夜及生火的技巧，然後再開開心心的一起回到村莊解散各自回家（可惜！這項傳統已消失）。

離開故鄉到台北工作已將近三十年，村裡長輩們還沒忘記他們的「阿祿仔」，當村裡（老人會）

舉辦活動到台北旅遊時，總會事前告訴我什麼時候要來台北？要來看看我！而我也必找時間與他們相聚寒暄，當看著長輩們搭上遊覽車離去的背影時，眼睛裡總是不自覺的一片濕潤。

每次返鄉與長輩們話家常後，長輩們會問我何時要回台北？等到我要返回台北當天一早，便提著自己栽種的蔬菜、水果或依季節醃製的醬菜，要我帶回台北……。面對滿滿的關愛，我總是拒絕不了，以致車子的行李廂幾乎塞爆。剛與老婆結婚不久，在城市裡長大的她不瞭解，總以為東西那麼多吃不完，我卻還是收下，是一種貪心的表現，因此頗有微詞。在隨著一同返鄉次數及其與長輩們相聚經驗累積，老婆才終於體會我不得不收的為難。婚後小孩出生，一家子返鄉次數與時間均慢慢減少，現在，當我要返鄉時，老婆總會叮嚀我記得帶伴手禮，記得去看看那些長輩，跟他們聊聊天話家常。

隨著時光流逝，村裡長輩已逐漸凋零，村裡一些後生晚輩對我已不認識。這讓我深刻體會——唐朝詩人賀知章〈回鄉偶書〉「少小離家老大回、鄉音無改鬢毛催、兒童相見不相識，笑問客從何處來」，當時筆下的意境與感觸。時到今日，雖早已在台北成家，但腦海裡總會不時浮現故鄉長輩對我的鼓勵與叮嚀，這份叮嚀賜給我源源不絕的勇氣，繼續為生活拼鬥。

51

樂莫樂兮新相知

黃麗珠

很高興成為繁榮志工的一員，認識很多有愛心又有成就的好朋友，個個都是企業界、學術界的精英，是我的榜樣。

第一典範　繁榮企業董事長王興隆

幾年前，聽王興隆董事長在無名氏分享園區演講，結束後他發給每人新台幣兩千元紅包，要我們把這筆錢分給需要的人、幫忙無名氏分享園區做善事。

三年前，林貴雀學妹邀我參加繁榮企業歲末聯歡，我再次看到仰慕的王董一家人和簡文秀老師幽默風趣的對話與演唱會。好多贊助的禮物必須全部帶走，那次讓我們禮物拿到手軟印象超級深刻。

第二年王董要大家報名參加聯歡晚會，我因為沒有做過志工不敢報名，李明憲學長幫我報名。王董私訊我「妳不是志工沒有位子」，種下我們不解之緣。為了要參加繁榮企業聯歡晚會，努力做無名氏分享園區的志工，王董貼出包裝福袋日期，我馬上接龍，因為大家都搶著做幾乎都秒殺！

早年，我經營小塑膠射出廠，每樣東西都要包裝，在繁榮企業打包對我來講是輕而易舉的事，邊工作邊和學長們幽默風趣的對話，來包裝福袋每個人都盡心盡力，在兩個小時內完成，中場休息時間，王董會對我們講話，學到很多做人處世和做愛心的事。

王董從五歲懂事開始就有很多點子，現在做公益點子更多。他分享操作股票賺錢、做善事的經驗。他用愛心做善事成為我們的典範，許多學長、姊成為追隨者，他曾報名牌，很多人買「聯電」賺到錢，拿出賺的一半做公益。

後來陸續參加王董舉辦有意義的活動，在繁榮企業，認識很多學長姊，都是臥虎藏龍，都是典範，讓我望塵莫及，成為我崇拜的偶像。

認識偶像

李奕進學長是統一企業總經理特助，雖然小我很多歲，因為在繁榮一起包裝而認識，他在大公司上班見多識廣，會指點我一些該注意的事情，指正該說與不該說的話，與怎麼做好自己。成為我的良師益友。

陳英昌學長是統一生鮮董事長，從來沒有在外面上班過一天的我，對在大公司上班的人特別尊敬。台北捷運局趙雄飛副總經理和我同一組包裝，我負責最後一道封箱子的工作，他負責調派和搬箱、點箱子的工作，我打包好就一直催他快搬。

趙副總人生閱歷豐富，國家派去指導利比亞的工程隊，最近他寫了好幾篇文章，讓我們了解他在利比亞工作的辛苦和成就，有磨練才能在回國後被政府委以重任，成為台北捷運局副總經理。

偷偷告訴您們，余國英大哥告訴我雄飛大哥上班時認真負責，做事一板一眼，絕不苟且，屬下對他既尊敬又害怕，退休後，性格大變，做事積極外，待人幽默風趣，大家都喜歡和他閒話家常，以後我們可以常常約他，琴棋書畫樣樣精通。

余國英大哥是一月二十日才認識，快八十歲一點都看不出來，是趙雄飛副總介紹我認識的新相知，他很會游泳，長青組第一名，余氏2.0戴傘可以游泳的不會曬黑的游泳健將。趙雄飛假裝要和他學游泳，相約來寒舍游泳。

我剛裝修好的三民福居缺水、我已經跑了二次仍然沒法解決，過年期間約水電行老闆前往查看，二老正好到我家，畢竟是有閱歷的人，一聽到我說話聲音快又急，知道我有急事，遂一起搭計程車去三民福居，和水電行老闆討論完後，走一公里路回我國家世紀館的家。因為替我壯膽、出意見的革命情感，延伸出後半段的煮菜插曲，每個人做二道菜，國英大哥挑蝦腸泥、煎蝦子、煎豬排；雄飛大哥煮水餃、涼拌小黃瓜；我則煮了麻油豬心和煎蘿蔔糕。

二〇一〇年八月二十八日——認識葉倫會老師

王興隆董事長一直重述要頒發龍門人物典範人物獎給葉倫會老師，一公佈我馬上報名，想看看這位能讓王興隆董事長如此推崇的人是何方神聖。他是龍門典範人物第一人，他把王董頒發的新台幣十萬元獎金交給張美蘭執行長買公益福袋做公益。

第一次參加台北植物園導覽，我偶爾無厘頭似的為講話而講話，後來才知道老師導覽不喜歡人家插入和導覽無關的話題。葉老師的導覽幽默風趣且深入淺出、不只艱澀的文化故事、花草、動物、小鳥都有涉及，爾後參加葉老師大安森林公園、國立台灣大學校園、台北城、大龍洞、萬華艋舺、大稻埕、坪林，見識他娓娓敘說的功力，若非經過一番寒徹骨的努力，哪來梅花樸鼻香的分享。

葉老師為傳承台灣文化而擔任導覽，並視為其畢生志業，常說要走到走不動為止，為台灣脈動寫歷史寫到不能寫為止。我願馨香祈禱，葉老師長命百歲吃百二，讓我們一直追隨他在台北街頭散步（他有個台北散步者群組）。

吃美食是一吃成主顧，葉老師的導覽是一參加成莫逆。老師常指點我該說與不該說的話，他還常說指導我們做人處世的話或道理，他自己也做不到，專門是講給朋友聽的。奇怪嘿！葉老師每次導覽完馬上就完成一篇隨筆，並貼在葉倫會的部落格，導覽要說話要走路、要背他的「勸世文」贈送給有緣人，這種精神是我們應該學習的。

國家世紀館——麗珠的家

年紀大了，也沒想要與子女在美國過生活，獨居難免落寞孤獨，女兒勸我找個室友，有人照應。早晚有人叫阿姨，年輕人也讓家裡增添青春氣息，她們不炊煮，早出晚歸，白天仍舊是我的天地。

這兩年過年，房客都給我紅包並說吉祥話、當然我回饋她的的也更多。現在流行老青共居，我做到了，有時我煮東西也分享她們。她們晚歸我有東西也分享她們，這樣我有收入又有人互相照顧，我需要的打掃空間也少了，又能分享故事，真是一舉數得。

三民福居

這裡環境好、交通方便，房子又在都更期間，承老房東託付，以及被一個無賴的水電工佔據二樓百坪空間（去年過年前心軟沒有報警侵佔），又因疫情關係兩年不能出國。閒著也是閒著，挑戰自己的耐性，裝潢後隔間，終於二〇二二年元月份，將佔地一百坪的空間改造完成。

因緣際會，租客住三個區域，全部是越南外勞，相處起來有苦有樂，認識了越南人的生活習性，三組人馬各有特色。還好我經常旅遊、四海為家，歷盡滄桑、大而化之、EQ也夠高，幾組房客相處算是河水不犯井水、井水不犯河水。

他們付房租比台灣人乾脆，領了薪水就先付房租。三樓「阿福」、「阿尊」剛搬來，我本來未設廚房，看他們有如自家孩子，為慰藉他們的思鄉情懷，特別准許他們煮飯，讓他們自己清理四樓空間，我請水電工接水、接電，讓他們當廚房與休閒之用。

我對他們好、他們也對我好、很窩心。他們吃飯時會要我一起吃，還說每天來吃，吃飽了再回家。二十四歲的「阿福」十七歲來台灣，每天打電話給越南寡居的母親，很有大哥典範、做事公平，過年期間流水席招待，對人處事態度總是笑臉，聽他同僚說他做事不怒而威，每個年紀大的也都尊重他的指派，常說「公平就好」，因此我也在他那裡學到待人處事的一些原則（與人有爭執不用大小聲、板著臉）。

民宿還有一部分房間留給臨時需要的人，非常安靜舒服，這也是我整理這裡的初衷，只要初心不變船到橋頭自然直。

有一次在FB板橋人群組看到一位受家暴的婦女「阿捐」，她在網路上求援、我留言請她來看，她是來自山西的陸配，住進來後，對我很好，她泡咖啡請我喝，去好市多幫我代買東西。最近又介紹一位身體不適的五十歲單親媽媽「小佳」，她帶著十八歲女兒，因寒假宿舍整修，媽媽租的房子太吵，需要短住一個月，我只收取少許租金，這種另類幫助人的方法，我都將心比心，盡能力所及。我本身也是離婚，獨力撫養兩個孩子，這些人會說他們來台灣和在家鄉的故事，我也樂於傾聽。希望在有限的能力範圍，安撫出外游子的心靈。至於其他，兵來將擋、水來土掩，有些事確實磨練我的意志力，有人會說這把年紀還這麼辛苦，哈哈，苦中作樂，有眼淚、有歡笑，大家開心，總比閒著好，這陣子我忙的腰都瘦了。

今年過年，外面下雨，除夕後年初二這裡卻又因過度用水而缺水，過年期間就在搶救水中過日子，確實有點累了。

古人說，樂莫樂兮新相知，朋友未必需要幾十年交情，新朋友也會鼓勵我、安慰我、陪伴我的，甚至於比我的兄弟姊妹更好。

我對上帝有著堅定的信仰，我爸爸寫的聖經耶書亞記一章九節「你當剛強壯膽、不要懼怕，因為你無論往哪裡去耶和華妳的神必與妳同在」，就在我的玄關鏡上，佳音教會牧者長老來祝福正巧也送同樣的經文，成了國家世紀與三民福居的「鎮寶」經文、帶著我不畏懼艱辛，努力向前。

四十多年前我在這裡與先生起家、三十多年前結束營業，先生帶孩子離家去美國、去中國後，我們離婚，我因為需要養大在美國的女兒們，我在這裡重新創業，靠著神的恩典與我的毅力，養大兩個女兒，並培育他們完成美國碩士學位，並結婚生子，也在美國矽谷都幫她們付了頭期款買了房產，讓我們都沒有後顧之憂。

我也因著上帝給我的力量，二〇〇七年，以分期付款方式買了國家世紀館自己享受，雖然仍有房貸壓力，但我過得很快樂。人在做天在看，自助、天助、人助，沒有難不倒的事。

參加成大校友會與繁榮企業，讓我老年生活更加多采多姿更豐富，更多的模範讓我更多學習做人處事，在繁榮企業我認識更多人。王董的聖誕節繁榮志工聯歡、喜燕邀請我參加成大卡拉ＯＫ聯歡聚餐、郭榮洲學長過年託朋友送來一百個「元寶」讓我今年發大財，過年期間只說開心話，希望每個人都能活在當下，遵循王董的濟弱扶傾與葉老師的陪伴，開開心心過餘生，我要一直參加這些活動。

52

圍爐夜憶當年

黃培玟

父親原本聽力就不好，這兩年視力日益模糊，味覺也退化。每每回去探望，看他默默地坐著，除了握著他的手，抱抱他，也想不出什麼方法表達對他的關心。

年前回家，發現父親看不太到了，聽他摻和自己編想的情節敘說過往，心中正難過爸爸腦部的退化，卻見家人們被引發得哈哈大笑。姊姊用心地傾聽與提問，母親和兄姊們發現爸爸還真的清楚記得部分往昔，雖然穿插著印尼公主……等等有趣的「故事」，想起父親少於和我們互動的過往，或許這也是種另類的交流。

除夕回家圍爐，大姊為每個人倒了可樂，父親進步了，竟然可以正常的上桌和我們用餐。爸爸一如往年的舉杯，我也放下不喝冰的執著，和大家杯杯相碰互道恭喜，外籍照服員莎莉，也和我們一起同樂。此起彼落的乾杯聲、火鍋的滾滾聲、歡樂的拍照聲，暖了氣氛，也溫暖了在這裡團聚的每個人。

母親感謝今晚辛苦準備晚餐的大姊和莎莉，我和哥哥也同聲舉杯致謝，父親拿起雞腿代表「起家」（與台語的「雞」同音，象徵「啟基」的好意頭），為今晚的圍爐開啟序幕，看他出現難得的好胃口，大家心情都好了起來。母親夾起長年菜，吃下安心與滿足；想起孩童時期不喜苦味，每每被分配，總是吃得不情不願；隨著年歲漸長，就著豐盛的菜餚，這長年菜倒也吃得不亦樂乎。

裊裊的白煙與熱騰騰的火鍋，好似回憶的鼓風爐，不約而同想起小時候……

宿舍

父親在台北市立高工任教數十年，我們因而有幸入住學校宿舍。宿舍區獨立成巷，帶瓦的平房，不完全相連的十八戶人家，住著學校老師、教官、主任、工友、技工……，多元的成員，家家和樂互動，戶戶植花蒔草，不時還會相互分享。巷內進出同道，局部住戶庭前種以七里香的植株分隔通道，安全而靜謐，好似都會中的世外桃源。父母親從剛結婚五坪的小窩，慢慢擁有自用廁所，隨著四個小蘿蔔頭的成長，一間間蓋起我們安住的房舍。

幼年時期，宿舍後方農田片片，竹籬為牆，芳草為鄰。一到夏天，涼風陣陣，門前樹下就是最好的聚會所，鄰居們搬出家裡的藤椅，搖著蒲扇，開始談天說地。而後各家人丁漸漸興旺、房舍增建，剩餘的建材，便是自築前院花圃最好的材料。每戶種植各具特色，小小巷內，竟也欣欣向榮了起來。

花圃後比人高的圍牆之外，是學校的操場；校園中的草地、池塘、花園，是孩童們的歡樂天堂。

男孩們，喜歡在池塘和水溝釣魚；女孩們，則喜歡在花園和草地嬉戲。校園很大，種了很多特別的樹，印象最深刻的，像是麵包樹、蓮霧樹。沒有學生上課的時間，翻了牆，就可以盡情暢遊。纍纍的蓮霧，往往掉了一地，曾經撿了一堆，卻生澀得很，之後再也不敢輕易嘗試。

當時曾有收集昆蟲的比賽，宿舍區的小孩幾乎全部出動，美麗的蝴蝶、可愛的金龜蟲、蚱蜢、獨角仙……都是收穫，我總是跟在哥哥身後擔任助手。可惜主辦單位的標準高，最後入選的很少。剩下的昆蟲，經過一天的折騰，也變得奄奄一息。看到可憐的牠們，知道以後再也不要做這樣的事情了。

長巷

長巷內，是我們戲耍的主要場域。巷子裡的孩子群，一到放學，總要呼朋喚友地在巷內跑來跑去。跳房子、跳橡皮筋、玩呼拉圈、跳繩、過五關、三輪車、腳踏車……不管新花樣還是舊把戲、大孩子小朋友，總要玩到天黑才肯回家。

元宵節前，不知是誰帶頭，傍晚提著亮晃晃的燈籠，神氣地在巷裡走來走去。耀眼的燭光，看得其他孩子們都瞪大了眼睛。有人發現：原來是奶粉罐變身。這下子大家都向母親們吵著要奶粉空罐，我從爸爸的工具箱找出鐵鎚和鐵釘，在底部敲出許多小孔，第一個洞最難，拇指被自己槌到瘀紫出血也不敢吭聲。最後找了鄰家大哥哥才順利完成燈座和提把。到了元宵夜，吃完晚餐，人手一個自製燈籠，浩浩蕩蕩地自成隊伍，拜託大人關掉客廳的燈光，走在長巷內，玩起燭光秀。盡興了，就回家看電視猜燈謎。

過了節，媽媽嫌罐子佔地方。我捨不得扔，找了鄰家朋友在巷內採野草，這回奶粉罐燈籠卸下華麗，再次變身炒鍋，滋滋作響的精彩畫面仍歷歷在目。可惜一下子就涼了，曾經香噴噴的野菜，只剩一堆被蠟燭油黏住，不知如何善後的「菜」。不過當年的我們還是假裝得很開心，玩著有聲有色的扮家家酒。

清明節是巷內最冷清的日子，鄰居都返鄉祭祖去了。回來後大人們彼此分享著家鄉帶回來的名產菜餚；孩子們很有吃福，由於巷內成員各省籍和南北東西部都有，從清明到端午，各種口味的美食點心都有機會享用。

褉熱的夏天，總是渴望降雨去暑。由於房子是一間間湊著蓋起來的，相連之處，每到雨季或颱風天，總是外面下大雨裡面下小雨；外面雨傾盆而裡面有瀑布，臉盆、水桶、抹布、破床單、舊衣服全都上場，還得穿著雨衣捧著滿水的盆子往外倒。有時屋瓦下的黑紙破了，水就漏得更厲害了。看著母親一臉愁苦與疲憊，我們孩子心，反而在家裡拿著廢紙折起小船，不時望著窗外，期待雨停賽船。

天晴有風的下午，是最好的風箏日；有天哥哥心血來潮說：「我們來做風箏」。神案的香，刮去香粉就成了最好的骨架。看著哥哥裁報紙、做支架、為風箏黏上長長的尾巴，取了一卷白色的縫衣線，綁上骨架，還畫上眼睛。我們拿著剛做好的風箏，興奮的攀越圍牆去操場試飛。我握著風箏，哥哥開始放線，感覺夠長時，就讓我放手。看著哥哥邊跑邊扯著風箏，直到飛上天去。有時飛不起來，就要重新調整骨架的彎曲度。總覺得哥哥是我心中的英雄。

孩提時代特別期盼農曆的初二、十六，因為做生意的都會在這二天酬謝土地公的庇佑，小孩子們也期待著豐盛的餐點。我從小就喜歡看黃黃圓圓的發光體，對於月亮又大又圓的中秋節，心中更是充滿著企盼。記得當時，每一年都要辦月光晚會，我們總會邀請大家帶著月餅、柚子和點心飲料，每個人準備一個節目，一起在學校操場或庭前的廣場歡度這個美麗的節日。直到國一，那應該是最後一次的晚會，我也開始步入為賦新詞強說愁的青少年。

神奇的母親

五十年代的台灣，老師們的收入不高，眷屬們大多需要兼差，才能勉強維持家中開銷。母親懷第一胎時，因父親受央請，辭去小學老師教職，專心照顧孩子，這對母親來說，是很大的人生轉變。小時候家裡經濟只靠父親微薄的薪水，因此母親得有移山倒海及十八般武藝，才能應付生活的種種難題。

聽姊姊說，在我出生四個月大時，父親決定請母親協助經營照相館，店面交由母親招呼，他自己除了在夜間部任教，白天上課前可以幫客人拍照。由於未經事先商量，母親既要照料孩子，又要顧店，實在難以兼顧。父親是個性格殷實的老師，生意眼光比不上從小跟隨父母經商的母親，一直到第三次開業，母親才終得做主，而有了一段客戶絡繹不絕的好光景。我們也因此渡過一段流浪在宿舍與店面之間的童年生活。

還好我們兄弟姊妹愛看書，若真得自己待在宿舍時，母親會請騎著腳踏車的租書伯伯，定期來為我們換書，看書時間，也算是很大的享受。賣包子饅頭的腳踏車小販，是我們很重要的食物來源，那叫賣聲以及布面掀開的熱騰騰，想起來都覺得溫暖。

生意頂峰時期，家裡聘了兩位清寒學生駐店幫忙，兄姊們上學去，我則有鄰居照顧——隔壁美髮店的老闆娘免費幫我梳理頭髮、樓上的奶奶會送我文具；據說，人氣鼎旺的我，鄰居的孩子們自願把嶄新玩具借我玩，每天都有新花招。

只是我每天東跑西跑，不是被車撞、就是跌倒，嘴巴腫得像豬頭；連隔壁的大哥哥好心載我出去玩，都可以從三輪車摔個倒頭栽，鄰居們說，我們住的房子下方，以前埋著早夭的孩子，難怪我一天到晚意外不斷；也曾經被林肯的黑頭車撞飛昏倒，母親一路背著我去看醫生，還去收驚，才不致每日夢遊。憶及於此，母親眼眶含淚，自責那段日子沒把我照顧好，我們趕緊說些其他趣聞，讓她知道驚險中其實是充滿歡樂的回憶。

記得當時，母親身體像鐵打的，一大早開店顧到晚上，還學會了照相，有些客人特別喜歡老闆娘拍的照片。當時的明星宋岡陵也是店裡的常客，她也喜歡請媽媽為她拍照。母親除了顧店，還要照顧我們和招呼工讀生。父親則是白天拍照晚上教書，恰逢更換身分證的時期，全民都需要照片，生意好到吃不消。

某天夜裡父親驚醒，原來棉被邊角被蚊香燒了半條被子，醒來嚇出一身冷汗。母親為照顧生意，常常飲食無定，時時胃痛。當時的我才小學二年級，因為學校遠，得配合店裡的生意時間上學，常因為遲到被罰站在門口，那年的模範生資格，也因此被取消…父親痛定思痛，終於結束了我們多地遊走的童年。

全家回宿舍安居，那個家庭即工廠的六十年代，巷子裡許多媽媽們都接手工來做，有裝仙楂片的、黏毛球的、鉤鞋底的，母親手藝特別好，她只接繡花、打毛線的工作，收入比純做手工的好。每每看到母親的成品，都忍不住讚嘆。

母親當年在東園國小任教，曾受惠於她的學生，常常來家裡求教「藍老師」；鄉下的堂哥們，需要北上就學的，都會來家中寄住。很欽佩母親有這麼大的能耐，照顧這麼多人。甚至是父親的學生和父親共同任教後，母親鼓勵他進修電腦教師，還免費為他們照顧孩子，把巷內頑皮有名的孩子，陪得願意乖乖靜下心來念書。讓我們對於母親真是又敬又佩。

國小五年級，母親生病住院開刀，一住就是好久。二個姊姊輪流去醫院照顧，鄰居也會來照看我們。哥哥和我打算自立自強，嘗試著煮菜，還記得第一道「料理」是薑絲木耳，我們兩個湊合著也還勉強過了一段日子。

母親出院後，每天需要用消毒紗布換藥，還好有位擔任護理長的堂姊，教我們如何用電鍋消毒。大概過了半年，母親才慢慢恢復健康。這也奠定了母親日後堅持每周前往仁愛醫院義工服務二十年的心念。

……聊著聊著，火鍋湯慢慢地少了，大家都說吃得好撐，還好每道菜都沒吃完，除夕夜，年年有餘，菜要剩，不可以吃光。想起該給父母親包紅包，我們各自起身準備；知道父母不收，便偷偷藏在母親的枕頭下。果然只有我成功。

這些年來多虧大姊陪伴在父母親身旁，然而她和母親的個性差異最大，每每總得不到讚賞；他們都覺得對彼此付出最多，卻老是衝突收場。今晚的菜色，雖和媽媽喜歡的不盡相同，但有別於往年，母親似乎理解了大姊的用心，真誠感謝姊姊的付出。這樣的互動難得見到，看著大姊笑逐顏開，好像一場大和解。

每個孩子和父母都有自己專屬的心情故事，我也體會放手與祝福的珍貴。

家不是講理的地方。欣賞並接納對方的付出，而不在乎所欲是否得遂。母親的智慧與包容，是我終身學習的榜樣。今年的圍爐，似乎特別有味道呀！

53

記憶的碎片

秦方

放風箏

從小我就很會放風箏，自己做的風箏，用報紙剪成菱形，把從附近人家偷砍來的細竹子片劈成長條（新鮮的竹片比較有彈性），用米飯把它糊起來、兩邊黏上鬚鬚，中間有長長的尾巴，尾巴要長才穩，兩邊的鬚鬚要平衡才不會打轉，中間再綁上線。

綁線很有學問的呢，要拉成差不多四十五度角，這樣受風才比較強。若沒綁好，飛上去很快就會栽下來。我的手很巧，哥哥都還要我幫他綁呢！那時村子後面還是一片田野，夏天時我最喜歡到那兒放風箏。越放越遠，越放越高；我放著放著，什麼都忘了，就覺得全世界只剩下我和藍天上的一只風箏。

每次被喊回去吃飯，開始收線時，就覺得自己放得太遠了，收線要好久！隨著風箏逐漸下降，心情也開始下沉，開始記起該寫的功課還沒有寫，回家又要挨媽媽一頓罵了！開始放風箏時線團白白的，收回來卻是浸滿了汗水，綿線變黃了。

新的風箏平平的，放過後也會有點兒彎彎的；但這樣更好，下次就更好放。小學畢業的暑假，初中放榜的那一天，我去放風箏。放到好高好高的時候，突然有一團黑影忽地堵到我面前，原來是拉長著臉的姊姊，雙手叉著腰，氣呼呼的說：「你知不知道今天是什麼日子？放榜了！你知道不知道你考上哪裡？還好意思在這兒放風箏！」我考上了呀！我考了一百七十分。數學一百分，國文七十分，作文大概得了零分。考上了離家很近，大家最愛的大同中學夜間部——我的第四志願。我很開心，不懂為什麼需要不好意思放風箏。

我的大發現

我的國文一直不好，小學二年級時，教相反詞，老師舉了幾個例子，譬如黑和白、老師和學生、提起和放下……。

我一點兒都不明白。黑就是黑、白就是白、老師就是老師、學生就是學生，他們為什麼相反呢？有什麼相反的？真不明白！

隔幾天考試了，老師出了十個題目：寫出相反詞。

我想了半天，突然茅塞頓開，恍然大悟！

相反詞：要／不要、好／不好、黑／不黑、白／不白、快樂／不快樂……原來就這麼簡單，通通加上個「不」字就好了！

我很快的交了卷，覺得自己發現了一個閃耀著光芒的真理。

老師改完卷子後，含笑的把我叫起來：「秦方，你的相反詞為什麼和別人的不一樣？這樣是不對的……」到現在我還是覺得我的發現是對的。

不可以亂用等等

那時候我也不喜歡作文。但每星期都要交一篇，所以我就買了一本模範作文，有時抄一抄。但全抄也不好意思，也得改一改。

其中有一篇文章講到水果，台灣的水果種類很多，有甘蔗、香蕉、木瓜、西瓜、鳳梨……等等。我覺得「……等等」很好用，馬上派上用場，還特別公平的把每種水果前面都平均加個「等」字。於是，我的萬古流芳，至今兄姊仍傳誦不已的句子就出現了：「今天經過水果攤，水果攤上有很多水果，有等香蕉、等鳳梨、等西瓜、等甘蔗、等木瓜等等等等……」

作文發回來，老師給我的評語是：「請不要亂用等等」。

我舉了手

大概是小學三年級，上課時怎麼的教到家電產品。

老師即興來個家庭調查：「家裡有電話的舉手？」一兩隻手高高的舉起來。

「有電冰箱的舉手？」還是同樣的一兩隻手。

「電扇？」手多了一些。

「電鍋？」又多了……

我一直都沒能舉手，渾身越來越熱，好像大家都在看我。

最後：「有收音機的舉手？」我前後左右能看到的手都舉起來了，我也緩緩地舉起了我的手。心裡有點悲傷的想，為什麼老師不問「家裡有電燈的舉手！」呢？那樣，我就可以快快的舉手了！我們家的第一個收音機是六叔送的，那是兩年後。

天下第一美味

小學四年級開始學校提供營養早餐。每人有一個饅頭、一杯麥片。

我長得瘦小，坐在第一排；前面就是長的短小精壯的級任老師——蕭五平老師的桌子。他有四個饅頭，一杯用藍色大塑膠杯裝著的麥片。

每次他都會從抽屜裡拿出一罐黃色的麻油豆腐乳，把饅頭掰開，慢慢的把豆腐乳塗在饅頭上，一口一口的吃。聞著麻油腐乳的香味，我的饅頭也更加好吃了，很快的就下了肚。但老師的饅頭總也吃不完。

我不好意思直盯著他，只是低著頭，盡量用眼角瞄著，努力的嚥著口水，想不通為什麼四個饅頭可以吃那麼久！

至今，那肥胖粗短的手指慢慢掰著饅頭的動作，成了我腦海中一幅永恆的畫面。而饅頭醮豆腐乳，迄今仍是我認定的天下第一美味。

學會了什麼是「無地自容」

小學六年級時常有模擬考，班級間競爭得很厲害。我們班上成績不太好，平均分數老是倒數幾名；惟有少數同學的個別成績不錯，有時還能列上排行榜，給大家扳回一點面子。

考得太爛，老師不高興的時候，還會要我們雙手拿著成績單，頂在頭上，排排站在走廊上，惹來過往同學的訕笑。

我的國文不好，數學可是呱呱叫。

上課時，往往老師題目還沒寫完，我的答案就出來了；模擬考時，也常靠我的算數成績替全班爭光。我自已很得意，老師、同學也對我頗有信心。

有一次模擬考，我居然連錯兩個應用問題，得了九十二分，沒有上排行榜。我檢查了考卷，答案明明就是對呀！怎麼會錯呢？便拿去問老師。老師一看，沒錯，便興沖沖的拿著我的考卷到隔壁班理論。

我們的考卷是班級間交換改的，這次是老是拔頭籌的明星班級任陳老師改的。

我得意的坐在位置上，像個英雄，等著自己再度名列英雄榜。

不一會兒，老師回來了，像隻鬥敗的公雞，氣呼呼的把考卷扔給我說：「你自己搞錯了，怎麼這麼不小心！」

原來我兩題雖然都算對了，卻在答案紙上寫錯了位置！我怎麼那麼笨！怎麼這樣不小心！懊惱得要命，把頭低得都碰到了桌子。

前幾分鐘的英雄感消失殆盡，恨不得地上有個洞可以鑽進去。好笨！好笨！有好幾天我都不想講話，我終於了解了什麼叫「無地自容」！

英雄的滋味

我們家有一件爸爸遺留下來的舊雨衣，黑色的，裡面是布，外面是薄薄的橡膠皮。有一天，天空灰灰的，媽媽要我帶雨衣上學。抱著笨重的雨衣，走上一段路去等校車，忍不住埋怨媽媽真多事。

下課後，上了校車，居然下起了傾盆大雨。我們的校車是軍用大卡車，上面蓋著綠色的帆布篷，靠近司機的後方有個通氣口，雨水就從那兒猛灌進來，同學們呼叫著，爭先恐後的往兩邊躲閃。

我得意的穿上雨衣，很高興抱了一天的雨衣終能派上用場，走到最前面，努力的拱起肩來，堵住窗口，不讓雨水灌進來。

同學們都為我歡呼起來。我得意極了！大大的雨衣，罩著我小小的身子，想起來大概有點兒滑稽；我卻覺得自己像個偉大的大巨人！

車子開得飛快，我吃力的抓住帆布支架，免得被顛摔，大大的雨柱猛打在身上，很痛。不一會兒，雨水開始滲入我的衣服，渾身濕漉漉的，開始發冷，很不舒服。這一段路，怎麼那麼遠啊？

同學們各自聊著天，大家都不再注意我，沒人給我歡呼了！

我孤零零的堵著雨水。

好不容易到了家，媽媽看著我蒼白著臉，哆哆嗦嗦的，又急又氣的說：「怎麼搞的，穿著雨衣還淋了個濕透！」我病了幾天。當英雄是不容易的！

蚊香

我們家沒有紗窗紗門，一到夏天，蚊子就會飛進來。白天還好，晚上就常被叮得睡不好覺。

媽媽有個發明……把破布撕成條，點著火後捂著，讓它慢慢的燻。有了這個蚊香，我晚上就睡得好了。

有一天夜裡醒來，看見屋子黑黑的，門口有半明半滅的火光閃著，飄著淡淡的煙；映著一個孤單的影子，坐在門口的小凳子上。原來是媽媽，守著她自製的蚊香！我問她為什麼不睡覺？她說她在打蚊子，要我好好睡，明天上課才有精神。

我一直以為，點燃破布，蚊香就可以把蚊子都趕走呢！

我莫名其妙的掉到水溝裡

大約是小學四年級的時候，有一天，哥哥告訴我，台北市立體育館有橄欖球賽。那是一個星期六，吃過中飯後，我便決定去看。

從遼寧街走到南京東路、再到敦化南路，台北體育館就在交口上。

那天很熱，柏油路上冒著熱氣，四周都沒什麼人。我一直走到體育館，但體育館空空的，根本沒有人。

我疑惑的等了好一會兒，便回頭走回家。

走呀走，步子越走越慢，一回神，突然發現自己不是走在馬路上，而是走在路旁的大排水溝裡。排水溝很深，比我個子還深，很大，乾的。

我覺得很奇怪，但也沒有害怕，便爬出來，繼續走回家。

天很亮，像曝光過度的老照片一樣，我可以聞到熱哄哄的氣息，但我自己並不熱。

走了一會兒，便碰上了出來找我的哥哥。他問我到那兒去了？我說去體育館看橄欖球賽。他說我搞錯了，不是今天。我告訴他我掉到排水溝裡，他不相信。後來，他大概就相信了，他覺得我沒有必要用這種不光榮的事騙他。到今天，他還會告訴我兒子：你爸爸小時候身體不好，在路上走呀走的，就會掉到水溝裡。到底我怎麼會在水溝裡，到今天我都還不明白。

沒送出去的存錢筒

那時我五年級，暑假的晚上，八點多，天上下著毛毛雨。才吃過晚飯，正在聽收音機。收音機播報著正義東村房子失火了。我馬上想到會不會是崔璟家失火？她沒屋子住了，會在外面淋雨。便趕忙趴到床底下，把我存了好久的大竹筒存錢筒搬出來，打算拿去幫助崔璟。存錢筒蠻重的，裡面多是大五毛。

出門時雨還是很小，過了南京東路，經過中興中學與中崙車站，到了安東街，轉來轉去，走了好久，才走到正義東村的巷子口。那時雨下得更大，我渾身都濕透了，就站在巷子口，看著崔璟的家。一排黑瓦屋頂，雨水嘩嘩的打在上面，反射著路燈的亮光，顯得好平靜。沒有人，沒有救火車，沒有火災。

我站了好久，有點兒惋惜沒機會把錢筒送給崔璟，又慶幸她家沒被火燒掉，她可能正在家裡靜靜的看書呢！回家的路上，雨越下越大，錢筒越變越重。我覺得很安心，也忽然覺得自己很有錢。

可惡的郭紫

就在這個市立體育館，我看到了崔璟。那是高一的時候，也是一個星期六。好像是台北市運開幕典禮的預演。我穿著建國中學紅白相間的運動服，覺得自己很屌，神氣勃勃的走到了體育館。到了體育館，我不知道要從哪一個門進去，便繞了一圈。

就在一個入口處，看見了穿著綠制服白長褲的崔璟。我好高興，正要跑過去和她打招呼，卻看到她旁邊站著郭紫，偏著頭、哇啦哇啦的和她講話。我不喜歡看到郭紫，便躲了起來，沒去打招呼。以後的好幾個禮拜，我一直好後悔，每天都在腦袋中，把當時的情景重播好幾遍。那時為什麼不去打招呼呢？

郭紫在那兒又怎麼樣呢！懊惱極了。自己真笨！但從此更討厭郭紫，為什麼她總是要跟崔璟膩在一起呢！自此只要一想起郭紫，腦子裡就出現了一張嘴巴不停一開一闔，話說個不停的卡通漫畫的大醜臉。

54

我的國標舞之旅

陳碧秀

我於退休前一年發表了四篇國際期刊論文後，二〇一一年七月三十一日正式揮別教學生涯，本想把生活點滴彙整成冊，但幾經思考，我在喜怒哀樂的人生旅程中，也許是怒哀大於喜樂而作罷！退休後的生活則以唱歌、學國標舞及走路運動為主，另每天閱讀數篇短文及鍵入電腦一千字以上的記事，藉以活化頭腦及訓練記憶力。當成大校友何梓群及施喜燕兩位好姊妹傳來要我研撰有關國標舞乙文的訊息，囿於截稿時間為二〇二二年二月十日，可能無法完稿而予以婉拒，然在我拜讀精湛文筆的百餘篇文章後，我沒有意願研撰的想法卻被動搖了。尤其，今天（二月九日）當我看著水耕酪梨樹時，激起了我何不把在持續或放棄學習國標舞兩者的掙扎拉鋸戰後，選擇繼續學習國標舞的過程成文呢！

我對園藝是門外漢，只請園藝專家的友人在家中的小庭院裡規劃些好照顧的花樹。之後，在好姊妹何梓群邀我進入成大園藝愛好群組，我只是當潛水員而已。某天她要我將家中的花樹傳至群組分享，我接受其好意而傳上，也與學長姊談花樹及喇D賽。去年十月二日我在群組看到學長姊的水耕植物時，於是請教酪梨水耕培植法，陳忠雄學長在群組以文字詳細地說明水耕酪梨培植法，我於拜讀後，隨即前往園藝店購買水苔及置放塑膠盒等。回到家，按陳學長的書面說明，將水苔放入塑膠盒並澆水，再將洗淨酪梨種子的三分之二埋入水苔裡，迄今已有七株培植成功，讓我覺得很有成就感。我依酪梨樹的成長狀況，分別稱為大哥、二哥及小弟，我常會聽著古典音樂，坐在五株小弟酪梨樹前，期盼小弟們趕快長大。今天當我看著小弟酪梨樹時，彷彿聽到它們告訴我，將踏入國標舞之旅研撰成文的呼喚聲，經過縝密思考，始決定將該旅程成文，希冀本文在我的人生旅程中，留下踏入國標舞之旅的美好印記。

我在國立嘉義大學任教時，除教學工作外，亦兼行政主管，因教學與行政工作繁忙，於二〇一六年上旬，我的胃禁不起過度操勞而罷工，我只好住院接受治療。出院後，我辭去行政工作，申請教授休假，赴日靜養。在同年年底，同班同學張秀玲邀我進入高雄成大校友會群組，她在群組傳來希望聽到連文濱學長與我合唱日文歌的訊息，我們幾個人就在群組哈拉了起來，縮短未謀面校友間的距離，讓我體會到喇D賽的愉悅及興奮，我們也相約於我回台後一起歡唱。我於二〇一七年一月回台後，七月十五日在海克拉斯（台南市中華西路）舉辦第一次歡唱會，當時成大北中南校友及親友約四十人與會。我考慮有幾位女校友可能會翩翩起舞，於是邀請會舞蹈的男性友人賢伉儷參加，並請友人帶跳。

成大校友歡唱會從二〇一七年至二〇二〇年間，共舉辦六次。之間，聽取連文濱學長的建議取名

「黑貓歌舞團」，為了壯大規模及聲勢，我們設有名譽團長、團長、總幹事、副幹事及執行長等職稱，由團員擔任之。在每次的歡唱會上，大家都沒有矯情地盡情歡唱，好像無酒也醉了似的，盡情地享受快樂時光，最後以唱「期待再相會」來做為結束。

因有多位校友特地從其他縣市前來參加，成大醫院前院長、現長庚醫院名譽院長黃國恩院長、連文濱學長賢伉儷、林武文教授賢伉儷、胡仲鯤及陳志文學長從高雄北上，王興隆學長、朱信忠學長賢伉儷、文祖湘學長、楊希文教授、黃麗珠學姊、新竹三姝張潤瓊、汪永芬及施喜燕等學姊從北部南下，蕭長安學長、陳俊源學長一家四口人及張秀玲同學則從中部南下，居住台南校友現台南成大卡拉OK社謝美玲顧問及許榮峰社長，社員有宋欽宗、王明進、陳逢明、歐鴻欽、陳芳翠、傅明秀、李春梅、李燕麗、錢妙華及黃玉晴等學長姊，黃崇輝學長、陳文村學長及親友團等的參與，所以歡唱會才能圓滿成功。

二〇二〇年七月二十六日在海克拉斯（台南市成功路）舉辦第六次歡唱會，王興隆學長特地搭高鐵南下，並攜帶數十包喉糖贈送給每位參與者，也為我們高歌兩首歌曲，讓我們享受他的精湛歌藝，動人的歌聲十分扣人心弦，讓人念念不忘。對我而言，值得一提的是該次的歡唱會開啟了我學習國標舞的契機。

因我忙於教學工作而只能在歡唱會才有機會跳舞，在第六次演唱會結束的次日，那位會舞蹈的男性友人來電告知要介紹友人與我認識，希望我隔天早上八點能到華平里活動中心（台南市育平九街），我告訴他有困難，無法在八點前往，他就說九點三十分過去即可，我旋即答應赴約。七月二十八日早上我依約定時間到華平，他低聲地告訴我，已告訴在華平跳舞的人士我是他的學生，我才知道他在華平教舞，我雖很納悶，但還是配合他的說法。既來之，則安之，我跳了一會兒，毫無理由地感到跳舞是很好的休閒運動。

之後，我去了幾次，ＤＪ老師說我進步很多，因此增加了我舞動人生的信心。我在教學之餘，若早上有時間的話，都會捧著非常愉悅的心情到那兒跳晨舞，藉以紓解工作壓力。然而某天男性友人的舞伴好意地找她的舞蹈班男士同學帶我跳舞，當在跳恰恰時，那位男士講我少跳一步，至於少哪一步也未告訴我，只是大聲地吼著妳要學一學再來，這男士的作為實令我瞠目結舌！同時，我終於知道在歡唱會跳舞只是亂舞一場，舞步確實有錯誤。

我希望退休後的華麗轉身，能夠舞動亮麗健康人生，遂於九月四日撥電給約十八年前在嘉大ＥＭＢＡ班修課學生楊振先生的夫人李老師，請她或她的先生教我倫巴及圓舞曲，此因我認為學會這兩種舞蹈，就可到活動中心運動了，她回答要學舞跟她的先生學就對了，她將電話轉給她的先生，我說想學習倫巴及圓舞曲，並說不付費是學不會的。因我們有著亦師亦友的情誼，他給我很多折扣，我們談妥了學費，並約定當天下午三點會面。我依約定時間到舞蹈教室與十五載餘未聯繫的學生會面後，談妥自九月十八日起開始上課。我有幸與楊振先生因舞蹈而再續師生緣，一切都是好事，一切都是最好的安排。

我在學舞後，才知道舞蹈的難度，跳舞時，必須手、腳、頭及身體兼顧，又要聽音樂的節拍，與舞伴要有默契，男士是引導者，女士要依引導者發出信號才能跳而不能自己跳等。在老師既嚴格又認真的教導下，過了耳順之年的我，腦袋瓜卻不聽使喚，動手卻忘了動腳，動腳卻忘了動手，手腳都動了卻忘了動身體，頭該擺到右（左）邊卻擺到左（右）邊，該動時不動，不該動時卻動了等種種狀況都發生了，讓我感到真的是老骨頭難為也。

正式學舞初期沒有亂跳時的快樂感，讓我產生莫大的挫折，數度咬緊牙根到教室上課，也數度萌生放棄的念頭，然從事教育工作的我總是教導學生，無論做什麼一定要盡最大努力去做，要有始有終，不可半途而廢。據此，我是沒有退路可言，只能選擇繼續向前邁進。另我曾告訴老師在華平所遭遇之事，他說有天會帶我去華平讓大家驚豔一下，很有自信地說絕對會跳得比任何人好，當時我無法瞭解老師為何對我那麼地有信心？

當我學舞到二〇二一年二月初，老師要帶我去華平跳晨舞前，他自己跳其他舞步讓我看，我看了後，就說這種舞步非常有爆發力，我很喜歡，他才說這是國標舞。之後，他教了我四次（六小時）國標舞，於二月十四日我們就到華平。到那兒時，有數人過來與老師打招呼，其中，有位男士告訴我他是台南的名師，跟他學就沒錯。那位男士又說老師的風度談吐、形象與舞藝都是他所景仰的。那時我才瞭解老師會那麼有信心地告訴我會讓大家驚豔一下，乃是他有信心教會我。另我認為因我們是亦師亦友的關係，不然名師怎可能帶學生到活動中心跳晨舞，這可真委屈他了。某天我以開玩笑口氣告訴老師，原來您教我國標舞是為了自己的面子，不然到華平跳社交舞實在太沒面子了吧！他直接說是啊！我到那兒只跳社交舞實在太沒面子了。

我小時候喜歡看歌仔戲，常在廟會時，到廟前看歌仔戲，在中學時代，也常在下課後，與同學相偕而去建國路（現在的開山路）建國戲院看歌仔戲，當時我確實有強力意願學歌仔戲，但在那個保守的年代，一般家庭不會允許兒女去學歌仔戲而作罷！某天當我經過元和宮（台南市北華街），聽到廟裡傳來大鑼、小鑼、二胡及月琴等的伴奏聲及唱聲，我走了進去，才知道是在唱平劇，於是學起平劇了。

本來母親反對我唱戲，但由擔任社長的公務人員高南田先生說服了母親，她就讓我學了，我唱的是武旦及花旦，十五歲左右上台公演。到成大就讀後，參加最冷門的國劇社，唱的是花旦，曾在成功堂演出幾次。雖我參加國劇社，但有舞會時，也前去跳舞，想必兩者都不排斥的人應該不多。因此，我的自評是對藝術相關領域沒有喜歡或不喜歡之別，所以我才能本來只想學社交舞，卻無意中學起了高難度的國標舞，仍可悉心接受，且能在學舞一年多就喜愛上它了。

我自二〇二一年二月五日起改學國標舞，花費十個月多學會國標舞的摩登五項舞蹈，同年十二月二十四日老師賢伉儷帶我們一行到華平里活動中心舉辦的聖誕歌舞會上表演，我想著這可是我從那兒跌倒就要從那兒爬起來的機會，但事實沒有想像的完美，當我進入會場後，擔心跳錯或跌倒而嚇得從發抖到發冷，飯也吃不下，僅喝了李老師準備的一瓶人參汁。那時老師很嚴肅地說有我在，你在怕什麼？事實上，我會那樣緊張係因希望自己有在跳舞的感覺而不是被拖著走的感覺，這樣才會有成就感及前進的動力。所幸我在表演時，零失誤，完成任務，老師與我都贏得面子與裡子，可說是創造雙贏。

老師對我的首場表演讚賞有加，那時讓我領悟到「我們不需要很厲害才開始，只要開始就會變得很厲害」及「Nothing impossible」。經過首場表演，得到大家的肯定後，更增加了我前進的動力。雖國標舞有高難度的進階舞步及聽音樂節拍等的訓練，但我願意接受挑戰。在費用開銷方面，我想已打拼數十年了，在經濟能力範圍許可下，就享受打拼後的成果吧！總之，我將會秉持活到老學到老的信念，讓國標舞陪伴我走完人生的旅程。

去年十二月三十一日，我完成〈我的舞蹈老師楊振先生〉乙文，謹以此文感念老師賢伉儷為我們的付出，在此致上最高的謝意！謹將該文內容列述如下：

楊振老師與我在他修習碩士學位時相識，當時我是他的老師，而在因緣際會下，我於二〇二〇年九月十八日開始學舞而成為他的學生。我認識老師賢伉儷有十五載餘，但我因公私事繁忙，也就斷絕了聯繫。在我不知國標舞及社交舞的區別下，原本只想學習社交舞，卻無意中隨著老師學起有爆發力的國標舞，它的難度讓我數度想放棄，但因堅持與毅力而讓我持續迄今，感謝老師的耐心指導及其夫人李老師的時刻勉勵，讓我有前進的動力。

國際標準交誼舞（International Standard Ballroom Dance，俗稱國標舞）分為摩登（Modern）及拉丁（Latin）等兩種舞蹈，每種各有五項，分述如下：

摩登舞有華爾滋（Waltz, W）、探戈（Tango, T）、慢狐步（Slow Foxtrot, F）、快四步（Quick Step, Q）、

維也納華爾滋（Viennese Waltz, V）等五項舞蹈。拉丁舞有倫巴（Rumba, R）、恰恰恰（Cha Cha Cha, C）、捷舞（JIve, J）、森巴（Sumba, S）、鬥牛舞（Paso Doble, P）等五項舞蹈。一般先學W, T, R, C。國標舞在歐美已有兩百多年歷史，已被國際奧林匹克委員會承認為一種運動項目而稱為體育運動舞蹈。國際比賽前一年由主辦單位指定舞步及自選舞步進行一年的訓練，舞步則每一年都有變動，國際選手舞者均從小時候就開始細心栽培。從有體育運動舞蹈比賽以來，前六名幾乎是歐美人士。

楊老師是十項全能，曾是國內選手，他具有管理碩士學位，他曾與任教國中的夫人李老師搭檔，獲得全國公開賽職業組第二名；二〇一五年與現就讀博士班的千金搭檔，在圓山飯店舉行國際公開賽組，榮獲職業新星組第一名的最高殊榮，也曾獲得過全國公開賽組摩登五項前三名及獲得其他諸多的獎項。另老師是最早通過國家級教練，並取得國際裁判證照，他是台灣第一屆十項國標舞A級教練。因老師是公司的經營者，所以才能安排時間練舞及教舞，並與夫人或千金搭檔參加比賽。目前他已從公司總經理職位退休，舞蹈是他的最愛，已成為他的休閒運動了，而李老師則退居當主持人，夫唱婦隨，鶼鰈情深，幸福無窮，令人欣羨。

55

另一種童年

趙德玉

棄嬰

【新聞快訊】南投〇〇公園裡，今晚發現一名女嬰。颱風天夜裡，一名路人經過公園公廁旁，原以為是貓叫聲，循聲發現後驚覺是一名嬰兒，裹著簡單的襁褓包巾被丟棄在公廁裡，險些失溫，幸好民眾立即報警處理，目前警方和社工介入調查中……。

「這次這個孩子應該是分到小寶家吧？」「嗯嗯，小貝家滿床了，應該是輪到小寶家沒錯，我猜大概過一個月就會送來了。」「哎呀！剛出生的新生兒最難帶了，看來你們晚上又不能睡了。」颱風天看著電視新聞的幾個老師們討論著，其中兩個帶家的老師們苦笑著互望一眼，想著新生兒的陣痛期又來了。

我看向面前的九張嬰兒床，想著要如何再挪移一下，騰出空間放第十張床，好迎接即將到來的棄嬰。雖然每個生命天生氣質不同，但來到機構這裡的，沒有一對一的環境與照顧，百分之九十的新生兒都十分難帶。「沒關係，凡經我手必定更加美好！」假裝豪氣地跟其他老師們說說笑笑著，心裡想著也該開始準備。

日常

起居室的木質地板上有五、六個二到四歲的孩子們在玩玩具，車子、積木、拼圖、各式各樣的公仔全都有，嬰兒床上還有兩個咿咿呀呀或躺或站的嬰幼兒。過不久，兩個玩玩具的小孩開始吵架，搶到湯瑪士小火車的胖胖開始跑，搶輸的阿智一面追一面哭著告狀，結果又撞倒穿著矯正鞋一跛一跛走路的妞妞，然後又嚇到嬰兒床上的大眼妹，頓時嬰幼兒哭聲震天響到快掀翻屋頂，兩個老師開始努力嘶吼著管教和安撫，每天重複這樣的情節N遍，這，就是寶貝家的日常。

小寶貝家

市區的一隅，坐落著兩棟L型相連的四層建物，居住著大大小小的孩子，以家庭為單位二十四小時的集體生活，但這裡所謂的家庭，更像是班級，沒有父母或同血親的兄弟姊妹，只有帶班的老師和其他孩子們。最小的嬰幼兒位在一樓，兩家打通一起，稱做小寶貝家（本是父母的心肝寶貝之意），隔壁是讀幼稚園的豆芽家，二樓以上是小學到高中的男生女生家。

不同於正常家庭的孩子能享受一對一甚至一對多的照顧呵護，只要安置在機構裡，就必須共有、共享，很早就得學習社會化，嬰幼兒亦然。小寶小貝家，每個家最多收容五名零到四歲的嬰幼兒，由一個老師二十四小時日夜照顧，兩個家的空間打通成一起，有共同的起居室和盥洗間，所以十名嬰幼兒一起吃喝拉撒睡，一起玩耍一起吵架也一起生病。

孩子

小淳，四歲男孩，說話反應遲緩，有遲緩兒的徵狀，年齡小，只能定期追蹤評估。因為待過寄養家庭，偶爾寄養爸媽會來看他或是三節時帶回去享受一下家庭的氛圍，但是回來時望向窗外的眼神更顯呆滯。

阿智，三歲男孩，皮膚白皙眼神晶亮，一副聰明伶俐的模樣，外賓來時都喜歡抱他；胖胖，兩歲半男孩，全身黑黝黝的皮膚，加上幾乎看不見的瞇瞇眼，愛吃和愛搶玩具是強項，工友阿嬤卻最疼他。

妞妞，三歲的肢體身障兒，襁褓中的棄嬰就來到這生活，從學會走路開始就得穿上特殊矯正鞋，費力辛苦又不舒服，隨時隨地都在流口水，每周的功課是復健；大眼妹，一歲的大眼睛女娃，很會爬嬰兒床，是原住民和外配假結婚生下來的孩子，結果外配爸爸被驅逐出境，原住民媽媽在社工進行家訪時，還在家裡喝酒喝到茫；小公主兩歲半皮膚白皙的女孩，個性最嬌嫩也最像一般家庭的孩子，半夜裡卻最容易夢魘啼哭不休。

吃飯餵藥

每天，工友阿嬤定時會來煮一大鍋的稀飯，有青菜有絞肉也會有吻仔魚不同口味，兩個老師兩雙手，十個孩子吃飯當然得排隊，叫到名字的坐在小板凳上讓老師餵飯。胃口好的很好餵，生病的、耍脾氣的、零食吃多的就難了，不過在這裡沒有特殊待遇更不會有追著餵的情況，餓了也得學會等待，不合口味的或不想吃的也沒有其他選擇，就是餓到下一餐。乖乖吃完飯的可以有個糖果餅乾獎勵，胖胖常是獲得最多糖果餅乾的那一個。

集體生活，生病也成了家常便飯。一個幼兒感冒，很容易傳染給其他人，然後一個又一個的孩子輪流去醫院看病，帶家的老師也常常被傳染，就像家人一樣。夏季的腸病毒、冬季的流感，總要週期性的一輪過後才會安全幾日，然後再次循環。餵藥也和餵飯一樣，一家五個孩子常常三個都感冒，除了喝牛奶的嬰兒，得輪流排隊照三餐來餵藥，神奇的是排隊吃藥的幼兒，完全不用滴管更不用哄騙強灌，那苦苦的粉末混在咳嗽糖漿裡，幼兒們都當成喝可樂飲料，每個都開心的服用，眉頭不皺一下更不會吐出來，胖胖和阿智還會在吃完後不停地說「還要吃」，常讓老師們好氣又好笑。

收驚

晚上九點，嬰幼兒們喝了牛奶後熄燈上床，同時每個嬰兒床旁都會有浴巾遮蓋住，避免嬰幼兒相互干擾或受到光照。不過，半夜裡輪流啼哭的情形是常態，尤其是接到剛出生的嬰兒或是發燒不舒服的幼童，更為頻繁。常常一個哭了，後續效應就是連帶著十個一起哭，帶家的老師們大約二～三小時就得起來哄孩子，兩天四十八小時帶班結束後，每個老師都是黑眼圈的熊貓。

某天夜裡，照常起來巡一下，只見黑漆漆安靜的起居室，阿智站在他自己的嬰兒床上，張著那雙黑白分明大大的眼睛，一動不動的盯著前方看。我輕輕走過去，叫著好幾聲：「阿智，乖，躺下睡覺了。」他眼睛仍然眨也不眨，看向前方，接著伸出手指向前方，定格似的不動也不說話，我再度喊他也置若罔聞。這時，隔壁床的胖胖翻身哭了起來，我心裡忐忑不安的發毛，怕其他孩子就要跟著哭了起來，直接把阿智抱著躺平到嬰兒床上，蓋上棉被，手遮住他的眼睛，輕輕哄著「沒事沒事，阿智睡覺了，乖。」不知過了多久，終於睡著了，回到隔間的我，手心冰涼一片，心裡仍然不停默念著南無大慈大悲觀世音菩薩，想著阿智張大眼睛的神情，一夜無眠。

隔日換班，另一個台北來的帶家老師也是連著兩天覺得孩子們夜裡哭得特別凶，結果，下班後帶著孩子的衣服回台北行天宮收驚，隔壁小貝家的老師也到豐原的某間香火鼎盛廟宇去拜拜和收驚，工友阿嬤帶來芙蓉和抹草，連著幾天教我們調成陰陽水幫孩子們洗澡淨身，如此一周後，才平息下來。

住院

夏天的腸病毒可怕，冬天時節的感冒更擾人。集體生活，群聚效應造成傳播速度超快，嬰幼兒咳嗽流鼻涕發燒一個接一個，一不小心就是肺炎。也因為這裡的孩子不同，原生家庭父母有吸毒、酗酒、身障、精障、遊民或是根本找不到來源的，先天體質泰半不佳。

冬天流感季節來時，當班的老師常常得一人帶著二～三個幼兒走路到附近的市立醫院小兒科看診。從進到醫院大門的那一刻，每個孩子都不一樣，一瞬間化身為明星般。旁邊看診的阿公阿嬤看見幼兒們都歡喜的不得了，不停地逗弄著，而掛號區和小兒科診間外的護理師，一個個如數家珍般地叫著「胖胖，你又來啦？給你糖糖。」「小淳，你長高了哦？來，姊姊抱抱看看有沒有重一點。」……連醫生阿伯也是輕易就叫出每個孩子的名字，然後拿出聽診器細心聽診，偶爾判斷喘的嚴重是肺炎需要住院時，就得請看護一對一的陪病。當老師忙著領藥結帳，小兒科的護理師自然而然的轉身幫忙顧著孩子們，而每個拿到貼紙和糖果的孩子，都抱得緊緊的當成戰利品一般，光榮地返回寶貝家。肺炎住院的孩子，每天老師去探望時，小兒科的護理師還會立刻咬耳朵說這次的看護表現如何如何，到底是放卡通給孩子看，還是只顧著自己看韓劇，有沒有好好抱著、陪著、玩著……。

出養（一）

南投的棄嬰，真的來了，出生兩個月巴掌般大小的小女嬰，我們叫她小桃（跟小櫻桃一樣小小的）。清醒時的小眼睛總也骨溜骨溜的張望看著這世界，雖然瘦弱卻是一副聰明相，說也奇怪，我帶班時，小桃總是睡得安穩，半夜不太哭鬧，隔壁家老師笑著說這算是來報恩的好嬰兒。白天抱著小桃餵牛奶時，妞妞會一跛一跛地走過來，胖胖、阿智也圍過來，一人一句看著她說「妹妹」、「妹妹」，一副兄弟姊妹相親相愛的和樂景象。

因為是棄嬰，在找不到親生父母的一段時間，依照程序小桃可以出養，讓有意願且符合規定的父母進行收養。但在正式收養前，養父母需要定時到機構來陪伴，社工和老師也可以從中觀察彼此互動及相處狀況。不久，想收養小桃的父母來了，爸爸是南部國立大學教授，媽媽是國中老師，夫婦兩人正值盛年，結婚多年卻遲遲不孕。夫婦來訪好幾次，外貌、學識、涵養等條件都很好，跟小寶貝家裡的所有孩子也能開心玩在一起，後來爸爸更是親自幫忙小桃洗澡，感覺相當稱職。小桃不到六個月，順利的出養了，十分幸運，臨走的那天，我滿心的祝福。

過了一段時日，聽說教授夫婦居然懷孕了，傳來訊息說應該是小桃帶給他們的好運，從此後，會更加愛護小桃，讓他們的家庭圓滿融洽。

出養（二）

出養最重要的要件，就是找不到孩子的親生父母，或是雖然有父母、親人，但是原生家庭無法擔負養育的責任，而簽下願意出養孩子的切結書。

三歲，是孩子的黃金出養時間，過了之後，要出養是十分不容易的事。大部分想收養孩子的台灣父母，都希望收養身體健康、外型討喜且投緣的嬰幼兒，最好還是完全沒記憶的不認得人的一～兩歲時期，過了三歲讀幼稚園後，不但會說話還有許多的童年記憶，大部分的父母都不再有意願，而身心障礙的孩子，即使是零歲的棄嬰，幾乎都沒有出養的機會。

鹿港來的夫婦，要收養的是隔壁小貝家的小公主。媽媽身材圓滾滾，娘家是鹿港當地的地主，每次都帶著大包小包的鹿港玉珍齋名產來訪，爸爸在上市上櫃公司當經理，夫婦兩人經濟小康富裕，身體檢查多遍沒有問題，但就是無法懷孕，到了天命之年想來收養孩子。

看到要收養的小公主，兩人當然歡喜，但是看到和媽媽長相相似又活潑可愛的胖胖後，鹿港媽媽十分喜愛，一問之下發現胖胖和媽媽一樣都姓陳，看的出來媽媽很心動，想同時收養兩個孩子。不過，依照規定，收養夫婦對孩子僅能選擇性別和年齡，不能到場進行選擇的動作。因此，鹿港媽媽也只能在來訪陪伴時，多抱抱胖胖，給他更多的糖果和玩具，胖胖也人前人後不停地叫著「媽媽、媽媽」，最終仍然是照程序的小公主出養了。

出養（三）

機構裡的孩子，逢年過節都可以回家團圓，如果原生家庭功能恢復，孩子就能順利回歸到原生家庭中，享受天倫親情。非不得已，最後一步才是機構安置。

小寶貝家的嬰幼兒，逢年過節大概有一半的嬰幼兒會留著，沒有原生家庭或親戚會接回去過節，儘管年齡小不懂世事，老師們卻都明白，如果原生家庭功能無法回復，出養是對嬰幼兒最好的選擇。

胖胖和妞妞，是逢年過節一定會留在機構裡的鐵樁腳。妞妞，因為是身障棄嬰，儘管三歲了也無親無故，出養的機率微乎其微；胖胖，這麼討喜可愛會撒嬌的孩子，生母音訊全無也找不到，但生父因為吸毒在監服刑，社工訪視後多次詢問是否同意出養，毒癮頗深的父親卻怎麼也不肯放手。眼看著胖胖即將邁入三歲，就要換到隔壁讀幼稚園的豆芽家生活了，帶班的老師們仍然掛礙著。社工們說到，如果過了三歲黃金出養時期，假使生父願意簽切結書，國內收養大概也難配對，何況胖胖原生父母都有毒癮菸癮，孩子身體是否有影響仍是未知，如果有機會，或許試試看能否出養到國外？或許可行。

再過兩個月即將轉換職場的我，聽了社工的討論，跟台北的老師動腦發想，我們試著想為胖胖做些什麼。於是我回溯個案工作的處遇和方法，開始著手整理帶家日誌，利用這一年的觀察和記錄，寫了份簡單正式的胖胖這孩子的個案報告，轉交社工運用處理。

後記

一年後，台北的老師傳來好消息，說胖胖順利出養到美國，收養他的媽媽是亞裔（同樣黃種人面孔），爸爸是美國公民，家裡已經收養了兩個小孩，還有隻大黑狗，庭園好大，以後孩子可以任意跑跳、打球、BBQ都沒問題，小寶貝家的老師和阿嬤們都開心的不得了，送別的那天台北老師哭得唏哩嘩啦的卻也不忘撒米撒鹽，希望孩子順利出養後再也不要被送回來機構了。

社工轉達說我的那篇個案報告幫了很大的忙，他們轉給國際組織去做整體評估，讓胖胖順利出養，同時還說，國外家庭對身心障礙的嬰幼兒收養的意願也很高，或許可以試試看，訊息傳來的時候，妞妞家的帶班老師滿懷希望地也立刻著手寫報告，期待身障兒也有出養機會，也能在家庭中快樂自然的成長。

多年以後，胖胖的亞裔媽媽有機會到台北，帶來了胖胖的相片，正值青少年的他，哪裡還有當年小胖子的身形？除了皮膚黝黑還有天生就有的瞇瞇眼外，如今已完全是身材高瘦、熱愛NBA的美國青少年，完全不記得台灣的事情，當然也不會說中文。台北的老師衝動地跟我說「你英文比較好，帶我一起，我們兩個去美國偷偷看他一下，好不好？」

這是童年的另一種樣貌，很多年以前，那個屬於小寶貝家的故事。

56

我的童年記趣

洪羿達

我出生於台南縣七股鄉內最東邊的竹港村的麻豆寮是個十多住戶的純樸鄉下農村小聚落，古老的三合院坐東朝西，住著大伯、三伯及我們一家共三戶。北邊住著是三伯公、四伯父一家，再往北是十叔家。三合院前面是大曬穀場，喜慶婚宴就在這空地上，搭起帳棚找總鋪師辦桌，宴請五、六十桌以上毫無問題！包含台灣第一香三年一科的西港慶安宮刈香繞境遊行隊伍，各村庄宮廟陣頭要進來表演都顯得寬裕。後面則是祖父（憾無緣見）栽種的整排刺竹及綠竹林，長大才知道這竹林有風水作用，後來不知哪位長輩聽誰讒言而將之盡數砍光，這也造成家族運勢大受影響！還有一株與三伯父同年的高大土芒果樹（後來人丁興旺三合院住不下而拆掉三伯父新造房子而將之砍除）！

後院竹林中，印象最深刻的是夏季午後雷陣雨，我興奮的去找尋雷公菇搭配枯木上冒出的黑木耳與現挖的綠竹筍，淋上勾芡，一道鮮甜美味的農家菜是我的最愛之一！這雷公菇似乎與白蟻有共生的關連，不是隨便有樹的地方就能長出！竹林中，我還曾幫父親養過蜜蜂，記得小學時期某一個春天，父親賣了一頭牛二～三萬元，買了二十箱左右的蜜蜂箱放在竹林下，當連續雨天，蜜蜂無花粉可採時，我還曾協助以黃砂糖餵養蜜蜂，可後來不知為何蜂王竟棄蜂箱帶著蜂群飛離，父親的投資也全泡湯！

我原名洪利津，這名字一唸就知道從小綽號就很多，這名字是我爸服務的港明中學學校同事，一位出生於大陸山東省且多才多藝的老師幫我取的，上地理課時我特別去查看地圖，跟山東省還真有緣，發現黃河的出海口就在山東省利津縣附近，於是我就自已解讀我的名字與黃河特別有關連：因為黃河之水天上來，自古以來以洪水著名，而我就姓洪，當洪水流至利津縣時，代表洪峰已過，接著就天下太平了！後來因太多諧音的困擾才在離開 TSMC，創業後改了名字！

母親的名字與二阿姨及舅舅的名字，又是一段外祖父重男輕女的故事！母親從小幫忙家務，也未能上學，與父親媒妁之言而結婚，當時大哥都要念小學了，父親都二十好幾了，才與四伯父一起去金門當兵，常要挖坑道，但地質堅硬進度緩慢，後來被推選為伙食採買，隊員吃得很滿意，也在軍中結交一位結拜兄弟，這位叔叔在軍中受過父親幫助，家住台南安南區，曾來老家拜訪父親，看到母親挑扁擔辛苦，還訂製一台二輪鐵板車，方便運送農作物回家，這鐵板車也是我在小學高年級下課後，去田裡幫忙母親把農作物載運回家的工具！話說父親在金門快退伍時，部隊有些老舊彈葯要報廢而對海施放；但沒想到過不久就發生八二三炮戰而繼續當兵，那時母親心裡非常擔心，還好老天保佑父親與四伯父等皆平安歸來！當然，這後來才有我的出現！父親後來也被通知取得榮民證，但完全沒有使用過這權利！

再聽母親說我從嬰兒時期就長的討人喜愛，村中的小姑娘還曾將我偷抱回家，讓我母親著急的到處找我。幼稚園畢業表演時，被老師打扮成女生，台下父母親都認不出來。兒童時期更是當了很多次花童，直到國中時，四堂哥結婚後，才結束我的「花童生涯」！由於與大哥相差十四歲，我是老么，很小就會幫忙家務，記得小學三年級，我就會燒柴火煮飯，母親教我洗好米平置於鍋中，將水加到滿至手關節輪凸出處，我幫母親先煮好飯，就能節省她準備晚餐的時間。其他如在灶台，用大鐵鍋將番薯藤連葉切細段與番薯絲或乾的番薯籤一起放入煮熟來餵豬。燒柴火都是用乾的甘蔗頭（田裡撿回）、甘蔗葉、竹子、或木材（蒸年糕時才用）等！在燒柴等飼料煮熟時，常會準備好先前抓來的台灣大蟋蟀（肚八仔）去掉肚子內臟再塞入蒜頭或地瓜，用長竹籤插著放入火烤，這是鄉下才有的香噴噴高蛋白質點心，來先填補一下飢餓的肚子！這灌肚八仔以在蘆筍田中最多，我的最高紀錄是兩小時捕捉約一百隻，那天就可以為家裡加菜了！母親說我很好養，晚餐常為我煎大塊豆腐，淋上醬油、撒上蔥花就是一道下飯菜，我就可以吃上兩碗飯。

小時冬天採收甘蔗，要用人力將田中整捆甘蔗搬至牛車上，再運到附近台糖鐵道上的運蔗台車，這水牛很吃力的運甘蔗，還好有新鮮剛砍下的尾段甘蔗葉可吃。這是相當吃力的工作，後來才有機械化採收甘蔗與卡車運送取代人工，但機械化採收，要先點火燒除乾的甘蔗枯葉，卻也因此不小心常引發火災！小學放學回家路過這甘蔗台車場時，常會去拔一根甘蔗啃或等這糖廠小火車來拉走台車，看著整串好多台車，初期都是燒煤火車頭冒著黑煙來帶動，後來才有柴油火車頭，最後是這些火車與小鐵道皆不見了！

冬天在收成過的田中，取大小土塊堆積搭建而成窯台，從窯口放入稻草梗，甘蔗葉一直燒至土塊夠熱，從上方推落一些土塊再敲碎平鋪於窯內，然後將番薯，含葉完整玉米或泥漿包著雞蛋等食材一起放入窯中，再將其餘土塊全部敲碎再覆蓋沙土，悶著一～兩個多小時後，就能享受大餐，這就叫「焢土窯」，也是冬天農忙後的娛樂遊戲之一。

老家鄉下這小村落，雖然戶數少，但家家戶戶、前庭後院常種植果樹，一年四季幾乎都有水果可分享，如香蕉、釋迦、楊桃、龍眼、荔枝、蓮霧、紅心土芭拉（番石榴）、土芒果、如香蕉型狀的長芒果、愛文芒果、棗子、木瓜、人心果、桑葚、柚子……等等都有！

小時尤其是暑假期間，我最懷念也最神奇的遊戲玩樂之處，是一塊比農地高出約二～三公尺的平台地，位於村落東北角，是在我父親小學同學的祖厝後院（也是我小學同班同學的家，只是小五時就搬去高雄了），這片後院長滿高大的木麻黃樹及幾簇串聯的竹林，夏天午後酷熱天氣，我會採一些木麻黃枝葉鋪在樹蔭下的沙地上，放鬆悠哉躺著休息，聽著風聲、看著藍天白雲，或者，與一群小朋友一起玩捉迷藏，常常因為場地太大又有很多樹，小朋友找不到人而放聲大哭！

樹林間，地上常可見鹿角狀及小傘狀靈芝及從枯木上冒出半圓形板狀靈芝，小時候以為那些都是毒菇，長大才知道其價值與難得，也驚訝於這台地環境竟然能蘊育生長出這些靈芝。神奇的是在這二公尺多高的台地與旁邊農地接觸的垂直土壁上，可見許多深入壁中的小洞，原來這是某一種常在水面上覓食小魚的鳥，羽毛顏色金綠鮮豔，竟然築巢於這土壁中。更奇特的是有另外一種鳥，牠的鳥巢雖是架在樹上，其入口卻是從下而上，且呈長筒形與一般開口朝天的鳥巢結構完全不同，這兩種鳥巢至今我在其他地方都沒再看過！只有這種鳥巢入口在下方進入的結構，後來在網路上國外影片中有看過。在這滿布樹林的平台上遊戲玩耍，有次竟然地面陷下一個大洞，把土撥開竟然發現這是臭青母的蛇窩，裡面有幾條小蛇及幾顆白色蛇蛋尚未孵化，嚇得大家急忙跑開，還好蛇母不在！其實這區域還曾發現過雨傘節、青竹絲！有時還曾聽說附近親戚家的浴室跑進一條臭青母，或在其後院菜園的尼龍網上網住臭青母蛇！

而這老古厝坐北朝南，屋前右前方種植許多高大香蕉樹，左邊種有一株有著成熟芒果綠皮的大芒果樹，果實比土芒果大，型如同愛文，成熟也是綠皮，大家俗稱為牛鬮樣仔，現在查查這大小顏色還真像是黑香這品種的芒果。旁邊還有幾棵土芒果樹，這些已有數十年的果樹都將近十公尺高，可以攀爬上去。東邊屋旁有一顆黃楊桃，主幹已中空倒塌，旁邊長出許多分支樹葉茂盛，結的果實又大又黃，表皮完美無缺，看起來令人垂涎欲滴，結果一咬下去卻是痠到牙齒都軟了，也吞不下去，很難想像竟是如此之酸與那外皮給人完全相反的感覺！

神奇的是屋後正後方矗立著另一株大楊桃樹，樹高過屋頂，常常開滿美麗粉紅色的楊桃花，大小楊桃結滿樹上，個頭明顯比那黃楊桃小多了！淡綠色果皮上常見蟲叮咬痕，果肉卻是無比甘甜，也許這老楊桃樹有軟枝楊桃的鼻祖基因，我就在樹上斜靠，採下楊桃在衣服上擦幾下就慢慢品嚐起來，地上落果也吸引多昆蟲來覓食，再往北附近一處廢墟無人居住，還有白蓮霧、紅蓮霧、高大龍眼樹及番石榴樹，都是陪伴我童年暑假時期的一些果樹。另外還有釋迦樹一年結二次果，採下成熟夠大的釋迦埋入甘藷籤堆中來催熟，過幾天再挖開享用，而目前台東種植的鳳梨釋迦品種，則是一年只在冬天結果收成一次，雖大顆，卻無小時傳統釋迦那種回味無窮的滿足感，只是，可惜這片平台目前早已坍塌，而樹林皆已砍伐殆盡，只剩一片雜草叢生！

我在小學暑假期間，也常幫鄰居爬上果樹採水果，然後，屋主會送我一些水果帶回家，颱風過後，也是我來撿拾落果打打牙祭的好時機！自家後面空地種枸杞，冬天採收，枸杞枝條細長帶有長刺，我一個早上採摘一公斤多，雙手卻被刺的傷痕累累，但成熟的大枸杞直接生吃，味道是甘甜的，曬乾後的枸杞就可收起備用了。旁邊也種些紫蘇與九層塔，是料理食物的好搭檔。還有一株約三十年山葡萄樹枝葉茂密爬滿倉庫屋頂上，每年結好多小串小顆山葡萄，可惜前幾年被偷砍，樹幹與樹根都被挖走！

父親也種植許多藥草，他的副業是接骨師，常幫人治療，遇到貧窮人家常不收費，有次我在廚房協助他炒藥粉要製作藥膏之用，火太大，造成滿屋白煙粉塵趕緊停下，跑出屋外整身都是白藥粉！父親也有練拳功夫並教授許多徒弟，是許多村莊陣頭如金獅陣、宋江陣聘請的教練！曾跟我說，他也可以像北港六尺四那樣，承受用大客車車輪輾過腹部上方之木板，但我就無法查證了，可惜從小到大我都沒跟父親學習到拳頭功夫！

夏天村莊附近的水塘是消暑的好地方，水上的布袋蓮及木板都是幫助漂浮的好幫手，但那半圓形有些蛀損的木頭，後來稍微長大才知道那是棺材板，嚇一大跳，再也不敢拿來漂浮了！

水圳涵洞抓魚、稻田抓泥鰍、鱔魚歷歷在目！夏天白天翻土挖蚯蚓，砍竹子削成小竹棒、買尼龍繩與吊鉤綁好，沿著稻田埂或小溪邊，每間隔五～十公尺插一隻小釣竿鉤上活蚯蚓，其扭動身軀引來青蛙，一個小時巡視一次至半夜，然後隔天天亮之前收回所有小釣桿，這些青蛙隔天會有人來收購，這也是賺取零用金的方式之一，另外撿蝸牛賣也是！但有時釣上青蛙也釣上蛇！

家裡養幾頭母豬，是母親貼補家用的重要來源，當豬發情期時，我就要去村北處，請呂伯伯把豬哥趕來交配。小豬出生後，要小心看著不讓母豬壓死小豬（包含晚上與假日），冬天則要鋪稻草堆加一盞鎢絲燈，怕小豬仔受寒，也要幫忙分配小豬吸母乳，否則仔豬大小不均會更嚴重，影響後面的賣價！當然豬胎盤也要我拿去處理掉，但我就不喜歡去做這件事！有時豬生產不順，我就必須將手塗上麻油，伸入胎盤中將小豬抓出，應該很多人沒這種經驗吧！夏天豬舍屋頂上的絲瓜結實累累，下課後，就是我爬上去採摘給母親煮晚餐用。三合院拆除後，有段時間，我是睡在以前的一間豬舍，重新砌牆，但地上就墊磚塊鋪上木板當做是床，我也睡的安穩。

家裡曾養十多頭梅花鹿，公鹿大約在夏天可以採收鹿茸，搭配鹿血一起以兩計價泡酒出售，母鹿則生小鹿！鹿很怕陌生人，但有一頭公鹿卻不怕我，我伸手出來，牠會靠近，讓我用手撫摸其額頭！但採收鹿茸需要幾位大人一同協助將鹿四腳綁好固定再鋸下鹿茸，場面有些血腥，但卻是一段特別的日子，每天割牧草，餵食泡好的或新鮮的胡蘿蔔絲，放上一些粗鹽讓其舔食！

小學成績很好，隔壁曾嬸很喜歡我去她家與她的小孩一起玩，希望我能感染她家小孩也喜歡念書，由於曾叔家有段時間從事爆米花工作（每年中秋節前一個月，都還會去台南市糕餅店做月餅），小時候常覺得爆米花很神奇，米粒、沙拉油放入鐵罐中密封加熱旋轉，壓力到了瞬間洩壓，爆米花沖出鐵網中，倒入木板模上，淋上香甜的麥芽糖，壓實壓平切成方塊狀，是小孩子的最愛，而我卻是可以直接先享用竹筷子捲上一大塊的麥芽糖，慢慢品嚐等待完成爆米花！

其他如採破布子當糍糊（又名漿糊），抓黃斑蟋蟀（黑龍仔）鬥蟋蟀、吊沙蟲、採花吸蜜，撿新鮮蘑菇頭去根回家煮，砍樹枝鋸木頭自做木陀螺，玩黏土補破洞，拖檳榔葉坐著滑行，用甘蔗花梗做橡皮筋槍，養蠶吐絲、結蛹生蛋，抓螢火蟲、蜻蜓蝴蝶等各種昆蟲、挖雞母蟲、用竹竿沾柏油黏蟬，甚至在老的稻草堆上，澆水發酵後，長出可食用的草菇……等等這都是親身玩過！

印象很深的是去七股九塊厝我姑丈家的大魚塭幫忙抓魚，將魚塭水抽乾底部，將水流匯集只剩一條小水道裡面滿滿小蝦，用稻草捆綁成長條棒狀放在水道上，三人合推將小蝦集中撈起洗過，放在水泥地上曬乾。魚塭周圍底部有很多凹陷處，那都是紅蟳棲息處，要很小心捕捉，萬一被紅蟳的大螯夾住，那可是折斷螯也不會鬆開的痛！魚塭另一邊靠水岸邊，整排滿滿的招潮蟹揮舞著一隻隻大紅螯，當我一靠近，全部一致的往洞裡鑽，一離開或不動就又跑出，很好玩！以前河川沒汙染時，我還記得大約農曆十月初一前後，常有螃蟹橫過馬路，很容易抓到一種帶點綠殼的小螃蟹，母親常將之洗淨放入玻璃罐中，直接加入很多鹽巴醃製起來保存，過一段時間直接配飯生吃！但我就不太敢吃。其實也可以煮熟吃，只是後來這種小螃蟹也不見了，剩下人工養殖的紅蟳比較常見了！

小時候當玩累了，肚子餓時，也會自行做些點心食物，如將地瓜粉溶於水，也可加一些糖倒入鍋中，加熱攪拌熟成黏稠狀當點心；麵粉加些鹽巴蔬菜煎一煎，香噴可口的煎餅具有飽足感！或直接把剩飯淋上醬油抓著邊走邊吃！煎鹹水吳郭魚是我的最愛之一，比淡水生長的較少魚腥泥土味，煎到香味四溢稍微乾乾的，先咬掉上下排魚鰭刺，再咬下魚肚，然後就是二面整排魚香肉，真是好吃，一隻接著一隻。我母親就是在台南老家煎魚，等我回家時，發生中風嘴歪斜而不自知，當我回家發現不對時，家人堅持要吃飽飯後才去看醫生，先至佳里鎮心臟科診所，醫生不說病症只交代趕快去台南大醫院看，下午立即轉至奇美醫院，當時醫生檢查手腳動作都正常，住院後雖經一連串治療但身體慢慢就半邊逐漸不靈活，這也就開始外勞看護開始的日子，直到母親往生！

長大後，一直從事科技業，在許多國家長短期出差過，在成大念書時，還住過東寧路15巷內基督教教會宿舍三年，卻因緣際會接觸到道教的一炁體系，並有機緣遇到通譯師給予指導，也因自己的堅持，通過許多阻礙與考驗，得到神明的認可，透過不斷的完成神明交辦公事，進而提升自身靈階，讓自己更有能力來付出與助神助人；諸如過去曾協助福建湄州媽祖、普陀山南海觀世音菩薩、五台山文疏菩薩、宜蘭三清宮三清道祖、山東聖經山太上老君、地藏王菩薩、濟公師父等神明及最近鹿港天后宮、新港奉天宮、北港朝天宮、大甲鎮瀾宮、台北天后宮等媽祖處理公事，還有各種佈炁收兵等！

每年農曆十二月二十四日是一般民間送神的日子，而一炁則是農曆十二月二十三日亥時開始舉行接神儀式，各地神明分批紛紛歡喜來作客，直至大年初四午時前送神！感謝一炁主公、感謝一炁南海觀世音菩薩的疼惜、督促與協助，並幫助我母親從地獄中逐步往上然後完全脫離苦難至可以投胎轉世，母親也透過通譯師向我感謝因我的功德幫助了她！父親因在世多有行善助人功德加上用心協助修建宮廟，往生後很快就直接到某一處宮廟裡服務，跟我說農曆七月普渡超拔可以不用再幫他做了！相信各種宗教的出發點都是善的，也尊重各種宗教，經歷太多神奇事情及許多不同空間的故事在此無法一一分享，要感謝的人很多尤其是王興隆學長，讓我有機會在此分享我一些成長的經歷！

57

一篇文章豈能道盡感恩之情

黃夢華

本來，我也是覺得不好意思在眾多孔夫子面前賣弄文章的，因為自知文筆並不流暢，能強記背得出來的詩詞歌賦也很有限，更何況我的人生上半場其實也就像多數志工們一樣的，畢業後，直接就業，主戰場都在產業、商業、科技，一向就直來直往慣了。換言之，就是和藝文界根本搭不上邊許久了。

那些繞梁三日的事，我根本早就沒這些本事的了，但因在舊曆年假期間探望親友時湧上心頭一些憶往事的啟發，再加上王興隆學長年前在志工組合愛心食物箱之時，特別鼓勵志工們參與共同撰寫編彙成冊，所以也就大膽的特以此拙作記敘一些塵封往事，雖然仍難以道盡感恩之情，卻也可聊表思念之意啊！

我也已年近七十歲，生於台灣長於台灣熱愛台灣根本拒絕移民當老外。

我的父親

我是外省族群的第二代，父親是師範大學畢業，隨政府來台，一生奉公守法。當年台灣初期物資匱乏，畢生戮力公務，廉潔守誠，曾獲頒國軍克難英雄勳章。公忙之餘，對子女的教育採雙標制，又開放又嚴謹，他從來就不是打罵式的教育，但卻很有說教的威嚴。

舉個小例子來說，我們小時候除了學校課業外，父親回家來定是要嚴格檢查他所訂給我們的家課。如：寫毛筆字、閱讀名人傳記，家中的整潔要井然不紊，他從來不會因成績好壞來訓斥子女，但是對品性行為卻是規矩甚為嚴明的。

但，當我們子女滿十八歲時，父親也會主動幫我們開個家庭小舞會邀請同學們一起來玩，就是由平常要我們嚴守規矩的父親來開舞！

這在當年也算是很開明的作風。

後來，我的父母親移居美國，我的母親還在我父親的鼓勵和支持之下，很開心的去上社區的Adult school，遇到不會的就常以日文，中文來旁加注音學習，也被老師和我的父親大大獎勵。

既然常年已居住在美，也上了年紀，我的父親沒有什麼傳統的忌諱，他以一向很開明的作風，親自隨著我的姊姊事先超前部署一起仔細挑選他們中意的墓園，必要選項就是可眺望遠方，他的故鄉！

如今，兩老已安息主懷，漂亮修整花木扶疏的墓園。我的外甥在公司午休時間就常常可以很方便的開車至外公外婆的墓園，其實，就如同大草坪、大花園般的環境，可以和外公外婆聊天呢！

感恩！一切圓滿極了！

……現在回想來，我遺傳了父親的奉公守法、毅力和努力的好基因，更遺傳了他又開明又守紀的個性，對我的一生有著根本上的影響，感恩！

我的母親

是位難得的女性，出身於辛苦的家庭，半工半讀之下，在那個貧乏的時代，也讀了書，也當了公務人員，在那個保守的年代裡，女性出門去上班更是少數。

母親和我父親是自由戀愛，經過我的外曾祖母同意而結婚的，母親身兼長女、太太、媽媽，職業婦女，同時扮演多重很吃重的角色。

我尚記得家中常有親友走動……。我的母親不但身兼數職，還要能有度量，常要分享有限的資源做菜餚包子饅頭炒米粉來招待到我們家中小住尋求幫助的鄉親及老部屬，她不但需要能裡能外的持家之餘，也要能在父親公忙時段不能天天回家的日子裡，由她一個人把自己的家庭顧好，更也要適時對娘家的弟妹照顧好。我的印象中，母親就是很受鄰居親友們稱讚的，能幹卻又常有笑聲，爽朗樂觀的女人。

……現在回想來，我自己這一生和親人，和阿姨舅舅、公公婆婆、婆家親友、同學、好友們的相處和共享，我那特有的樂觀開朗又直爽的個性，也應該算是傳承了乃母之風吧！感恩！

我的婆家

我畢業後，先打拼於大貿易商，再轉至國際級半導體大外商，後被聘任於台商科技集團企業任職於總公司……，忙碌的工作，記憶中總是奔波於機場、工廠，投資、購併，整頓公司、台灣上市、美國上市……，常會被派任處理一些棘手的任務。拼博且認真的專業經理人職涯。

多年以來，我自己早也已成了女兒、太太、媽媽、媳婦、嫂嫂、職業婦女、專業經理人……的多重角色扮演。

結婚成家，忙碌，誰在幫我？尤其是在外商當年也常需加班，孩子也還小，back up的支援何在？那就是，當年在我剛結婚兩個星期後就經我邀請搬來同住的小姑，和在婚後兩年也經我邀請搬來同住的公公婆婆啊！

一下子，婚後，成了大家庭，許多同事都認為我很奇特，居然會願意甚至還主動邀請婆家人一起來同住，還為了避免老人家窮擔心我們薪水不夠開銷房貸及生活所需，乾脆我就把外商直接撥款薪水帳戶的銀行存摺和私章全交給我婆婆管理，我也樂得只管外，不管內了！

後來，我有了孩子，白天請奶媽幫忙，但我當時工作常需搞到晚上七~十點的加班結帳週，或赴國外出差數日，卻也慶幸因著家中有小姑和公婆同住，我就更能安心加班面對工作上的需要。

真的，有了這些婆家的back up，我就不至於擔心，或累到心力交瘁。

猶記得，婆婆她知道我在第一胎錯誤選擇的月婆，身子骨未能補好，做滿月子就立即受風寒躺下了幾天，也造成日後身體的辛苦。所以就在我生第二胎時，因疼惜我，婆婆乾脆就親自幫我做月子，我不但胃口超好，身子骨也全一次補強了。

婆婆就常說，女人什麼都可以節儉過日子，就是生孩子和做月子的人生大事，絕對要辦好，不然身子骨就沒機會再補回來的了。

另外，必需一提的是，我的公婆是虔誠基督徒，公公年輕時個子高大英挺，是空軍世家，認真負責性子急，在隊上也常得到殊榮，人稱金班長。

我的婆婆脾氣一向超優的，輕聲細語事事就順著先生，到了兩老時，就反過來了，我的公公仍然是大老爺，不會做家事，但卻事事都可以沒有脾氣、也事事都順著我婆婆，兩老不論走到哪裡，做什麼事，甚至到美國女兒家小住，到教會、探望親友，也都必是一起同進同出，過著鶼鰈情深、老伴牽手一生的日子。

當年，他們來台也以為很快可以回家鄉的，甚至以為手拿著她的三哥的手諭，可以到台北火車站前的海運分公司直接支領生活所需的，結果誰知，大陸淪陷後也回不去，一陣混亂，台北分公司總經理不但不認帳，也把公司佔為己有了。

從此，我的公婆就吃了很多的苦日子，尤其我的婆婆明明本是大戶人家，卻來台必需過辛苦日子，需面對一切困難，還曾需以做手工貼補家用，來補足在空軍修護飛機的公公的收入之不足，以軍人微薄的薪水，要養活四個孩子，而且還要供讀書上大學，其經濟上的拮据是可想而知。所以，勤儉持家就也成了婆婆的必要能力，但她仍長年一襲旗袍，看望教會的弟兄姊妹也是不遺餘力，日日閱讀整本聖經更是一年一遍，堅定，靠主剛強。

很幸運的，我們就如大家庭，一起共同生活有幾十年的時間，姑嫂、婆媳之間相處愉快，並且我也因著有婆家的 back up，而能在職場上經貴人提攜獲得許多表現及學習的機會。

回想起來，有婆家的 back up，正是我邀請他們來同住在先，卻在之後我自己也得到了最佳援手的禮物，這不就正是應驗了我母親常掛在嘴邊的話，多人多福氣啦！感恩！

我的先生和我的職涯

我們也是自由戀愛結婚的，在交朋友的時候，我的母親就特別中意他，看中他的老實可靠、工程師實實在在的個性，又任職於美國德州儀器公司，有份穩定的好工作。而我的父親卻更加注重他家的樸質家庭背景，公公是空軍世家，很嚴肅自律。尤其看重我婆婆的氣質，大氣中也兼具優良中國婦女相夫教子勤儉持家的風範，深信這樣的家庭，養出來的孩子，定會是對家庭有責任感的正人君子。

所以，我父母親也許可了這門婚事，更是提醒我要收收性急的脾氣多多孝順公婆傳承良好家風。

反正，我們兩家的兩老都互相尊重也互相欣賞對方的庭訓家風，所以，我們從交朋友到結婚，都很順理成章的順利通過，並且兩方親家關係也是多年融洽相處，或在美或在台的兩方親友常互有往來！

我在婚後，仍能專心工作，做好專業經理人，也是先生支持的。他從未限制我在職場的發展，婚前我一直是在外人投資的在台採購公司服務，也在中日合資的電子公司服務過。在婚後，曾服務於一家台灣少數獲准獎勵投資條例的「大貿易商」，其實我勝任愉快，直接負責一個product Line的一切開發、下單，驗貨、外銷出口，盈虧要負責的，也直接向董事長報告。但我先生看我太忙，常加班，他雖不說話，但就偷偷的幫我報考美商德州儀器公司，我居然也就順從，卻以漫不經心應付應付的心情赴考；結果，主考官考了一大堆相關必要專業項目，我當然是pass，但是，讓我最後能脫穎而出打敗了一堆台大高材生的，卻仍是因為我以擁有實務國際貿易經驗加了許多分數而得到那次唯一的TI增員的位子，進入了TI在台的Marketing。

我們就成了TI couple，他在南勢角manufacturing，我在敦化南路的marketing。各自在職場努力，也盡心經營小康家庭，多年後，我支持他應邀轉戰台商，我仍在TI穩定全家的生活步調。

當年他們有十一君子是台灣首次上了報紙，外商半導體人才集體轉戰算是科技業的大消息。可惜努力了幾年，IC半導體封裝工廠也蓋好了，營運也正常了，最後因老闆的格局，價值觀不合，資方也未能落實最初的承諾，整個經營團隊就陸續離去。之後，他就應邀轉戰台商集團企業任職於總部，直接向董事長報告，負責建立集體管理體系，許多海內外的建廠，總部大樓，大陸各地投資選址、官方往來，重要人物的接待及大型活動，各子公司間核心團隊的聯繫，媒體關係，集團發言人，年度計劃、預算、董事會聯繫……，工作繁重但都需謹言慎行有條不紊的專業及協調能力才能勝任愉快，謹守分際、人緣極佳，直至屆齡退休。

我的先生在退休後，耐心的花了許多心力、時間和花費，先一一的將過往的親人家書做了彙整，找出頭緒，也至香港、美國、大陸各地一一的拜訪探望，代表我公婆宴請親友，終於，一份最新的金家親人族譜重新update了，真的是太不容易了，一個人完成了一件非常重要的大事！

之後，我的姊姊難得自美回台來看望我們，一提及此事，居然，也引發了我老姊要完成我父親生前的託付，我和老姊就在我先生的經驗指導和耐心陪伴之下，我們也完成了尋根之旅，和我父親老家的親人也相會了。

現在想來，我的父母當年就真有眼光，挑上這個很有責任感的女婿可還真的不簡單！話一向不多，但辦起大事來還真行！

我自己在ＴＩ滿十一年，一切都穩定中，我先生卻支持我可以應我的前主管之邀，一起轉戰台商，一切都是緣分，我們居然又成了同事，都任職於台商集團企業的總部。

在總部，台商正值倍數成長的積極爆發期，事務及責任很繁重，他RPT給創辦人董事長，我RPT給剛上任的總裁，為了不互相干擾，也為了我們能維持家中的和諧步調，很快的就渡過尷尬期，我們互相講好，在家中不要再談論公事，以免傷和氣又浪費了在家中寶貴有限的時間。回想起來，這確實是個很不錯的正確共識和方法。

在任職期間，因職務所需，我們都常需面對媒體、國際級大客戶，新事業，拓展新廠，成立海外子公司，甚至包含海外企業購併事宜……，雖然忙碌中有許多學習和成就感，但責任與壓力是相踵而至。

我的先生雖不干涉我的職務，一直默默支持，但是我們也都清楚自知，一切的舞台也只是專業經理人的被委以重任和權責而已，目標清楚努力達成任務是職責所在，至於其他的名與利的複雜社交或商業關係甚或酒酣耳熱的夜生活，均一律設下明確的隔離網，我們夫妻一向都婉拒參加外界不必要的交際應酬，也避免了許多不必要的麻煩，明哲保身、謹守分際，也認真落實以下的名言做為處世傳家的大原則：

處世無奇但率真，傳家有道惟存厚

在服務台商集團公司快滿二十年時，我和老闆終於談妥，因老公也已屆齡退休，我自認為也應以家庭為重，牽手老伴，理由正當也合情合理，所以就以完成最後的任務就核准我提前退休為默契。於是，別人不想也不敢去，我卻欣然接受一個被派發的最後任務，是去整頓剛購併而來的已十八年不賺錢的美國一個老公司，主業是LED照明的公司，在美雖有名氣，但一直不賺錢。我在同意接受任務後，經兩年的咬牙整理整頓後，先停止虧損，再力精圖治兩年的拓展新產品上市，公司得以順利獲利。公司員工不但保住了工作，也因我以總經理的職份向公司提出修改公司章程，獲得全體董事會決議通過，員工們自此開始可以分享公司股票及紅利，落實了真正的與公司共榮共享。我也覺得任務已達成，應該留下美麗背影，我自己決定不拿走一張股票，悉數全犒賞分派給有功人員，我也提拔了一位接班人，團隊向心力大振士氣高昂；我也圓滿交代了一切，就順勢向老闆申請提前退休，告老還鄉，婉拒邀請，裸退。

至今，總覺得自己是專業經理人，因職責所在，達成公司交付的任務，人人皆當如是也，安全下莊，更是蒙福，也幸運的與台商公司及老闆留下了二十年的美好情誼，自此，我們可以悠遊於山水之間，甚喜，甚感恩！

如今，寵辱不驚笑看庭前花開花落，去留無意滲透天上雲卷雲舒。

如今我們已從職場榮退，捐出退休金，和教會為清寒學童共創Happy Learning公益活動，已近十年。

美好的仗已打過，人生上半場認真為企業打拼過，下半場也應認真的為自己打拼一個健康養生、快樂做志工回饋社會的幸福人生！

感恩又快意的人生！

退休後，承蒙ＴＩ的老友，光寶集團已退休後再創第二春的老同事，他們更是努力創業有成，也已是績優上市公司的創辦人，我們因舊情誼，榮幸受邀任職董監事之餘，也常和老友們共遊各地的世界文化遺產。在聚餐或喝咖啡之際，當然也會聊聊過往的快樂革命感情，回憶裡確實也有不少驚天動地的大事，但，如今，回頭一望，也都已是歷史，似乎，走過，努力過，心安理得，除外也覺得沒什麼特別值得大書特書的了。

人生目前最重要的就是——養生，傳承！

突發急病和有如神助的機緣，在未服用任何藥物之下的完全復元

我們原只想默默的享受志工們那麼熱情寫出來，並且都是筆墨橫飛文彩出眾的人生紀錄和憶當年的喜怒哀樂大記。但在今年（二〇二二）過舊曆年時，為衷心感謝梅門的協助，我初次參加了李鳳山師父的茶敘。令我又憶起在前年（二〇二〇）的五月那場驚濤駭浪般的急病。

我一向身體狀況原是不錯的，生性樂觀，一生算來也屬蒙福之人恩典滿滿的，如今也已榮退，平日除了當董監事、當志工之外，也和教會為清寒學童共同創設Happy Learning公益活動，也常開心悠遊於山水間，人生下半場，也似乎正在興頭上。

卻竟然不可思議的突發急病，住院先檢查，卻又不幸突遭不知名的感染，高燒不退，多項器官急速變化，也只能接受緊急開刀。連續住院四十天，完全不能喝水，不能進食，還一度只靠鼻胃管，體重迅速下降十公斤，病中當然心情不安極了，也累壞了我老公和親友。

之後，又經鼓起勇氣再度接受檢查，卻經醫生診斷為需再次進行手術，為日後生活品質做積極性治療的食道重建，聞訊，差點沒把我嚇昏。

經數日在院內反覆掙扎和禱告，最終，我拒絕再次開刀，也簽字辦理先出院，回家先冷靜下來，

再說吧！

那天，七月九日，正是我的生日。

居然，在出院的第一時間，經錢瑩瑩姊熱心主動安排親自指導，及安排梅門的曙光師兄師姊們的陪練梅門平甩功、和功，就讓我迅速的恢復，竟然，可以順利的，沒吐的……，喝得下水了！又開心，又驚異其效果！

每日認真練功，一個月後，在參加親師宴之際，因為坦言每日仍只能以喝七罐安素全流質來維持營養，尚不能吞食，所以現場的素食餐飲我只能婉拒。

再次，立即由曙光師兄當場指導我如何咀嚼米飯，如何配合練功，我乖乖聽話照做，當晚，不太順利，我仍嘔吐了。但第二天，我在家再次照做，居然，我就此開始可以吞下半流質食物了。

Yes！就如荒漠甘泉！有此機緣，感恩！梅門師兄姊，他們一直鼓勵我，要把復元的過程分享出來，激勵其他的患者。

另外，當然，過年，我們也照例的到榮總向老朋友鄧昭芳主任拜年，他是我們眼中所見的仁心仁術又虛懷若谷的名醫、仁醫，因當年我的母親自美回台突然因不明原因昏睡而緊急送醫……，自此在急診室的群醫會診中，有幸認識了鄧主任，事後也才得知他當年也正是我大姑在榮總的好同事……。時至今日，多年以來，我們也已成至友，也相識快超過二十年老友了，他們也是虔誠的基督徒家庭，我們全家一有大小事，都蒙他多年的照顧。有時，我們出國，或旅遊，或突有身體不適，或有意外，甚至也竟然勞煩他以長途電話緊急支應及協助……，凡事只要是有他的專業opinion及照應，就全家得以安心安慰。

此次術後，我敢於面對，先簽字出院，回家學習放鬆，為我禱告，激勵我，並且令我做對了許多讓我正副交感神經平衡的努力，不斷幫助我在心理、生理上的專業指點！有此至友，感恩！

再加上王興隆學長的安排，我在出院幾個月後，也到人電協會上課，練功，巧遇吳秀春師姊臨時出手相助做調穴和保健，也神奇的一次性的穩定了我自出院後那起起伏伏的嘔吐狀態，師兄師姊們平常在上課時總拿我的復元例子做分享。感恩，有此機緣！

如今，我已恢復了正常體重，我已恢復了一切正常作息！

以上所述的各種機緣和恩情，又豈是一篇文章能寫盡，但是，筆再拙，也要努力的寫來表達感恩之外，更想利用此篇幅激勵分享給類似的病友們。

我出院後未曾服用一顆藥物，有如神助般的完全復元。俗話說藥補不如食補，食補不如氣補。能吃就是福！要活就要動！吃對了食物，好吃、好睡、好活動，放下、放心、放鬆，自身免疫力立可強化，持續有毅力耐心修復。千萬不可以專心生病，而要專心養生修護，更要不住的禱告，靠主堅強，凡事感恩，凡事就必大大加力。平安喜樂恩典滿溢。

我認真以練功增加自體免疫力及平衡正副交感神經的體悟，盼望或許能提供一些養生的參考，還望大家互勉、加油！

58

愛的故事

吳佳欣

小時候，一人辛苦經營的小本生意，養著好幾張嗷嗷待哺的嘴。客人無理的刁難、經濟上的困窘，常是一家人的壓力來源。某日，一群不知天高地厚，還未深刻體會人情冷暖的小鬼們，在內廳一時興起，忘情反覆地唱著：你不要羨慕那有錢的人……有錢的煩惱你一定聽聞……。

廳外工作場所的客人對老闆說，你養的這群孩子聽話懂事又乖巧，真是值得！老闆如何回應客人不得而知，但從他向孩子們轉述時，那開心滿足的表情（老闆最喜歡別人向他稱讚孩子的好教養），小小心靈真心覺得，老闆真的認為值了，於是也笑開了嘴，越唱越大聲呢……

老闆八十好幾又失智，孩子照例一星期一次幫他泡腳、剉厚厚的腳皮，再抹乳液。輕撫他的雙腳，望著他滿足的表情，聽著他一直客氣的道謝，孩子心想：我現在所做的，那比得上當年您對我的萬分之一呢？

每每想到當年往事，總是不覺辛苦，卻又無聲無息地熱淚盈眶……

59

無意

吳佳欣

在求學階段，重重的側背書包總是用右肩揹著，一直不改的習慣。

十六、七歲的高中女生，雖有繁重的課業壓力，一般來說應該也會有浪漫的少女情懷，偶爾作作瓊瑤夢也是一種調劑，如果再有機會談場戀愛，即便青澀單純，相信成年後，也會是段難忘的回憶。

然而，這一切似乎都與我無關。因為必須分擔家計，一上高中便選擇夜校半工半讀，總是為了準時上課，追著趕搭同班火車而疲於奔命，遑論還得顧全至少及格的課業，每天都過著和時間賽跑的日子……

有一天，因為火車誤點延遲，下了火車在月台上正準備拔腿狂奔，身後傳來一聲：「同學……」回頭一看，是位男校生，手上拿著一封折得整整齊齊，帶朵小花的紙條，看得出來他的用心和鼓起勇氣。

當下一愣，內心五味雜陳，雖有小小驚喜，下意識卻想拒收，重點是快遲到啦！不忍拒絕也不等他把話說完，拿過紙條轉身就走，一路急急忙忙頭也不敢回地奔赴學校。

慶幸自己沒遲到，待喘口氣緩緩心情才將紙條打開，看到上頭工整的字跡寫著：「同學妳好！素昧平生，萍水相逢，但我注意妳很久了……」其實紙條內容已不覆記憶，只記得當時似懂非懂地讀到最後：「如果妳願意和我交往的話，請把書包揹在左邊，這樣我便明白妳的心意……」

讀到這裡，更慶幸自己沒一邊吃晚餐，否則一定會噴滿地！從那天起，我不再搭固定班次的火車上學了。

這麼多年以來，偶爾想起這件事，總想向男孩說：對不起！我真的不是故意傷害你！

60

情書

朱建芳

謹以本文紀念我的父親與母親。

在我父母親那個年代，很多人都是因父母之命或媒妁之言而成婚，但我的父母除了媒婆從中牽線之外，期間因外公的阻擋，讓兩人開始書信往返，因此留下多封情書。父親二十八歲當時在金門當兵，住在台南學甲的乾媽，覺得他老大不小還未娶妻，非常著急，就拜託媒婆幫忙尋找合適對象。媒婆告訴乾媽，她有個遠房親戚住在台南飯店裡，女兒貌美如花，也到了該嫁人的年紀。

於是趁著過年父親來台南，就請媒婆幫忙帶他去見我外公，沒想到外公故意刁難，獅子大張口，要求必須給一筆不小的聘金，才肯同意這門親事。這筆金額對隻身從大陸來台，當時只是中士的父親，著實感到頭疼，但這並沒有讓他打退堂鼓，因為他太愛母親了，自從見過母親之後，總是日日夜夜，茶不思飯不想。

父親回金門後，為籌措巨額聘金，在徵求長官同意後，開始養雞賺錢，另一方面，為了讓母親知道他的相思之情，每隔幾天，就把一封又一封的情書寄往台南，寫信給母親似乎成為他努力的動力，且為了不讓外公知道，還特別把信寄給母親的表兄，請他代為轉知母親。父親的信裡，時而浪漫多情，時而憂心忡忡，把思念與感受透過文字表達，其中文句之優美，即使數十年後，我們讀來仍是萬分佩服，大聲拍案叫好。

母親這方面，更是令人驚奇，因為之前我總是好奇完全不識字的她，到底是怎麼看懂父親的情書，而且還能回信。很多很多年之後，直到一次與母親的聊天，不經意聊到此事，這才知道當年原來都是靠著表兄的幫忙，一字一句把父親的來信唸給她聽，也逐字逐句告訴她代擬的回信內容。後來，父親當然是籌足了錢，順利娶到母親，不過據母親回憶，父親真的是把所有積蓄都拿來付聘金，且付完之後，還不敢告訴她沒錢了。當時從台南把她帶到台北登記結婚後，還天天帶她上館子吃飯，讓她誤以為父親很有錢，之後才知道，原來父親與老闆是熟識，談好了賒帳條件，領薪水再還錢……，這是另一段回憶了！

這些情書原來被父母親收藏在衣櫥小櫃中，在被我們發現前，像是被封存起來的「記憶迷宮」，從來沒聽他們提及過。直到父親往生後，我們整理他留下的遺物才發現。這些情書見證了曾經的愛情，成為生命中最為浪漫的事，婚後的他們互相瞭解、互相包容，相知相守了一輩子。可惜的是，目前這些情書不太確定去向，也許在我家一堆未拆封的箱子中，也許在弟弟家，應該還是要找機會把它們找出來，當作傳家寶珍藏才是。

61

老師的話是聖旨

朱建芳

從小，我就是大家公認的乖乖牌，就是上課時會頻頻點頭、老師問問題時會舉手回答，老師說一我就不敢說二，總是把老師的話當成聖旨。因此，每年成績簿上老師的評語，總是恬靜乖巧、乖巧伶俐、循規蹈矩、聽明乖巧……。

為什麼會把老師的話當成聖旨呢？究其原因可能有以下幾點：

一是因為爸媽的叮嚀。爸媽總是告訴我們上學了要聽老師話，有問題要問老師，要尊敬老師，而且發覺爸媽對於「老師說……」總是沒有二話，永遠會使命必達，所以自然而然也會聽老師的話。

印象中，只有一次例外，當我回家告訴爸爸要繳班費，爸爸並沒有把錢交給我，而是說他明天自己會去找老師，讓我擔心害怕又傷心，晚上還躲在棉被裡偷哭，隔天不想去上學。本來，我以為家中經濟出問題，爸爸要自己去找老師說明，後來，好久好久之後，才知原來老爸那天，是帶一位同事去認識老師，想幫忙介紹男友。

二是因為崇拜心理。小時候，在我的心目中，老師好像比爸媽還厲害，無所不知，無所不能，所以內心就會對老師產生崇拜、佩服。

記得那時候，大部分的我們，對於老師說的事，教導的東西，總是講光抄，因為背多分，不會或不懂也沒關係，背起來考試可以高分就好，所以，上課多半是老師問問題，學生很少會主動問問題。直到有一天，班上出現了一位好奇寶寶，常常發問為什麼，為什麼台灣會叫做台灣？為什麼飛機要有機翼？為什麼……她的問題點醒了我，有時也會把老師問倒，這才發覺老師也有不懂的地方。與她成為好友之後，學習變成更快樂的事，我們會去圖書館查閱百科全書，她家整套的《十萬個為什麼》更成為我們課後娛樂，一起互相討論與比賽。

三是因為得到認可與表揚。乖乖聽老師的話，常常會得到老師的獎勵，看到別人得到獎勵或接受表揚，就會仿效，得到進步的動力。記得唸幼稚園時，老師常運用一種集點遊戲，藉此鼓勵正向行為、建立好習慣，例如：刷牙乾淨一點、幫忙做家事一點，乖乖睡午覺一點、保持整齊清潔二點……集到規定點數，可以換禮物，透過這種方式潛移默化引導，讓我們這群小朋友乖乖聽話。

還有，記得小學一年級時，有次寫作業，我的橡皮擦不見了，忘記是怎麼寫的，總之就是寫的髒兮兮，結果得了一個大丙，讓我哭得唏哩嘩啦的。老師為了安慰我，就送了我一塊橡皮擦，要我好好練習寫字。當晚，我就跟爸爸要求買了一本作業本，發憤圖強練習了一個晚上，之後我的作業就全部都是甲上，老師還特別表揚我的努力，把我的作業貼在壁報牆上，要大家觀摩學習。

這些都是童年往事，懷念起那個傻傻又純真的年代，我們都是這樣長大的，尊師重道、把老師的話當作聖旨，沒有什麼不好。甚至到今日，只要到學校進老師辦公室，我依然會敲門並說報告，雖然常弄得老師們哈哈大笑，但這些從小養成的好習慣，似乎已經成為自然而然的動作，很難再調整或改變。

62

草山上的小孩

黃美玲

父親在戰亂時代前，隻身從大陸來台實習就再回不去了！就因此留在草山的蔣公行館工作，而與家母相識。母親是土生土長的竹子湖人，小時候常常跟著母親到高麗菜園幫忙外公外婆削高麗菜心去賣，以前四〇～五〇年代大家都生活很辛苦，家裡小孩又多，所以我與妹妹很小就跟著母親到陽明書屋前身森林公園去擺攤賣東西，那個年代，武俠片都在這個地方拍攝，我常常會去看拍武俠片，在旁邊跟著演員一起舞動棍子。

森林公園的對面是童軍露營區，童軍活動常常是整桶飯丟掉，我跟妹妹都會去提回家，最喜歡童軍煮的飯有鍋巴，我們加點糖就是很美味的零食。我也常去看童軍野炊，後來有戶外活動烤肉，我就特別會生火，從森林公園回竹子湖，我們都會走小路，從胡宗南（註）將軍墓園穿過小徑，守墓的伯伯都會種葡萄，我們常常去偷摘，伯伯都會在後面追罵我們，長大後，才知道胡宗南將軍的豐功偉業，他的墓園有我的童年時光。後來，母親轉述守墓伯伯意思是等熟再摘，葡萄太綠不能吃啊！小徑上面還有野生小愛玉及樹梅，成熟時候會變成我們的零食，但是洗小愛玉比較辛苦，還有很多野生肉桂樹，每次母親看到我又流鼻血，就知道我又吃太多肉桂皮啦！另外，父親的朋友很多是軍官，也常常會帶我們去隱身於大屯山系巴拉卡公路上的于右任先生墓園，這又是另外故事。

記得小二那年夏天，我們賣的玻璃汽水爆裂，割傷我的右手靜脈血管，有位童軍老師趕來背我到大馬路上攔車，那個年代，車子很少，最後攔到一輛機車，母親跟我到草山衛生所醫治。我印象中，機車伯伯的白襯衫都被我的鮮血染紅，騎機車伯伯真的是我的救命恩人，我差點因失血過多而掛了！

後來森林公園被徵收為蔣公行館，我們要繞很遠山路，改去陽明山公園賣東西，那又是另外一段生活體驗，小時候，只要看到蔣公座車就要立正站好，蔣公座車窗戶都不會開，但是，蔣夫人一個人搭乘時，會開窗跟我們招手，他都會帶一隻白色狗狗同行，突然覺得小時候記憶又回來了！現在家鄉已經改變很多，大家生活也都因為花卉觀光產業好轉！我喜歡自己的家鄉，也喜歡它原來名字「草山」，蔣公因為紀念王陽明先生而將草山改名陽明山，陽明山公園還有王陽明先生的銅像，另外陽明山管理局發給我們的身分證字母Y，現在也已經絕版了！所以只要看到身分證字號Y開頭，就知道是草山人，這格外親切，我想念兒時每天與山為伍的日子！

有時也會想像自己飛越家鄉、飛越大屯山巔，我也常常帶朋友來認識我美麗的故鄉，有一年，我參加七星生態活動——夜宿陽明書屋老舊軍營大通舖，想起了前塵往事，想起母親為家一生辛勞，現在年紀大了，我們做兒女的應泉湧以報反哺之恩，因為，能陪伴的日子也就這幾年了！

註：胡宗南將軍（一八九六～一九六二）。陸軍一級上將，曾任浙江省政府主席、澎湖防衛司令部司令官及總統府戰略顧問等職位蔣公的心腹之一，民國初期被時人稱為蔣公的「十三太保」，號稱「西北王」，是民國初年時期一代名將。

63

在肩頭上的清風

黃美玲

在肩頭上的清風

這是二〇一八年六月兒子們相繼於研究所及大學畢業時，心裡有感而發，也感謝這一路陪伴、協助我們的人，跟兒子們會以助人為出發點，再次努力前行。

突然有種清風從肩頭上拂過的輕盈，感覺自己回到年少，在草地上奔跑，或在家鄉的高山上仰望天際，想要往下俯衝飛揚，瞬間充滿著滿滿幸福及希望，感謝上天在關閉一扇門二十年後，再次敞開大門讓清風進來，請容許我的眼淚再次如江河般汩汩流下，除了辛酸還有感慨及欣慰的淚水，伴隨內心澎湃洶湧無法止息的感動。

兒子們在六月鳳凰花開的季節相繼從研究所及大學畢業了！回首這二十年的辛苦光陰不勝唏噓，那年背負著債務，咬牙苦撐起家計養育小孩，還要擔負著唯一媳婦的責任，有苦說不出口，也無人可以傾聽，那時把自己刻苦耐勞的個性發揮到極點，唯有兒子們的乖巧懂事、用功讀書不讓人操煩，以及母親、兄弟姊妹給予精神上的支持，讓我有努力活下去。腦海浮現兒子幼稚園畢業稚嫩可愛的模樣，還有他上小一時，我牽著他的小手去學校報到的情景，手心上的溫度始終無法忘記；也常騎腳踏車載著他們去買菜、幫忙拿東西；以前到那裡都帶著他們兄弟兩人，媽媽那時候是他們的天與地，後來年紀漸長，課業繁重我們相處時間漸少，媽媽負責賺錢，他們負責讀書，兩個人上大學後，都是在外地求學。

那段時間，除了弟弟有一年實習住家裡，其他時間都是我自己一個人過，我們各自在不同空間努力，龐大的學費、生活費也壓的喘不過氣來，還好他們很爭氣，常常領獎學金，還會去打工，也有很多社福單位協助，轉眼之間要畢業了！

哥哥畢業典禮這天，看著指導教授幫他撥穗，我感動到眼眶泛紅，後來聽同學說他因為忙著打工，錯過很多跟同學相處及班上活動，他的教授也是系上嚴格出名，兒子有一度還差點想放棄、休學，我當時一直鼓勵他不要放棄，還好他有撐到最後；而弟弟大學畢業典禮這天，我在典禮過程，因一張班級團體畢業照而落淚，因照片中的他跟爸爸長的一模一樣，他把自己的學士服借我穿來照相，他說媽這樣妳也畢業了！對啊！也象徵我肩上壓力釋放了！整整二十年等待著此刻到來，我這小兒子真的很貼心，感覺他對同學對學校的依依不捨，從小就是個很重感情、體貼的孩子很讓人疼愛。

這麼多年了！我其實不太願意再想起曾經走過的辛酸路，還有包括抗癌過程中，一邊化療回診，還要一邊上班維持家計，那時孤單又無助的心，最是難以承受，即使有再多家人朋友陪伴關懷，最終還是要獨自面對身體的病痛，但深深感謝一路上協助我們的人，內心感激萬分無法一一言謝，唯有將來能貢獻回饋社會報答。

感謝老天爺讓我們撐過最困難的時光，這二十年來的不離不棄，在我們邁向人生下一個階段時，也請給予我們更深沉的祝福！如清風在肩上吹過般無時無刻，無遠弗屆……相信那在肩頭上的清風一直一直都會在，永遠給予我們最大的支持及鼓勵。

64

鄉下學校

李文正

福連村是台灣東北角的小漁村，福連國小就在三貂角燈塔下小海灣邊，風景極為優美。現在因為鄉村人口外移，全校只剩六個學生；但是當年，村裡人氣很旺，幾乎家家戶戶都有小孩上學，我們班上有三十二位同學，男女各半，放學時要排隊降旗唱國歌，聽完師長訓話，才由路隊長帶隊慢慢走路回家。

有一年，同學們忽然流行推輪圈上學，就是把圈木桶的粗鐵線當成車輪，然後用一隻大約半公尺長的推桿推著前進，同學們每天上下學就推著車輪圈上學，最流行的時候幾乎人手一車。

有些人的車輪很誇張，直比人高，吳榮欽的車輪鐵很粗，會發出匡匡匡的聲響。降旗典禮的時候，每個人都站在自己的鐵圈中間，形成一幅很特殊的畫面。後來好像有同學只顧著推車輪，不小心跌倒受傷，校長覺得危險就公布禁止，這種很溫馨的畫面也就消失了。

三年級的時候，颱風把我們木造的教室吹垮了，重建的那段時間，全校師生分散到村裡各個大的空間去上課。有時候在利洋宮廟裡，有時在吳家樓仔厝的客廳（電影《望海的母親》取景處）那時，我們班上是廖富男老師的課，他很會講故事《白雪公主》、《斷手的女孩子》，聽的我們是如醉如痴，那段時間好快樂，好像每天都是郊遊的感覺。

那時候，國語有一課「天這麼黑，風這麼大，爸爸捕魚去，為什麼還不回家？」剛好反應我們漁村冬天寒冷的狀況，小小的年紀讀起來好傷感。

當時開始在學造句，記得有一句「遊藝會老不開幕」，老師要我們用「老不」造句，對初學國語的我們，這個超難的，全班只有一位同學有答案，不過他造的句是「我的鄰居老不死」……哇！真是天才，不過當然也被老師罵了。

那年夏天，算數課在教除法，老師出了一個題目51÷3，全班沒有人會，因為除不盡啊！趙老師一個一個問，最後他說班長你來，我嚇死了，因為我也不會，夏天很熱，汗水一滴一滴滴下來，忽然張世銘說了一句「把2放下來」……奇蹟出現了，3×7＝21，答案是17，大家都鬆了一口氣，趙老師也笑了。

有一天，校長忽然要我明天跟他到瑞芳去參加作文比賽，用毛筆寫的，那一次好像是我第一次拿毛筆，記得繳卷的時候，別人紙上是一行一行的，可是我的稿紙上怎麼是一幅水墨畫。鄉下的孩子，根本沒拿過毛筆呀！好慚愧……這些年收藏了硯台，也正在認真寫一本硯台的書，我想是對錯愛我的那位吳天生校長一種慚愧抱憾的補償吧！

四年級時，學校為推行國語運動，吳英奇教導發明了一種「請講國語」的木牌，一班六個，由班長保管，碰到講台語的就給他一張牌，最後拿到牌的那幾個人就要處罰掃地。那段時間好緊張，現在回想起來真的很好玩也很有意義，碰到一位強力督導的老師逼著把國語學好了，成為往後工作上的助力，鄉下孩子講話沒有「台灣國語」的狀況，都是這位吳教導的功勞。

升上貢寮國中，記得開學典禮那天，校長讓我們聽蔣總統的收音機訓勉詞，他祝賀我們升上國中，說到政府努力延長九年國民教育，那時候確實是這樣，政府財政並不充裕，但是為了普及教育，國中生只需繳很少的學費，確實是施政者的好意，現在選舉那些人把他們都說成壞人，我真不知道他們是壞在哪裡？由於我們是第一屆，鄉下的國中正在建設，學生在進入學校前，經過貢寮溪，都要下到溪邊，撿一塊石頭帶入學校幫忙舖操場，很多建設就是老師、學生胼手胝足幫忙建立的。那時候的台灣普遍就是這個狀況，雖然貧窮；但充滿了朝氣，充滿了希望，日子過得很快樂，很充實。

65

庄腳囝仔上大學

李文正

火車到達台南站好像是早上的五點多，來接的造船二鍾禎儀已經等半天。明天註冊後，就要成為交管系一年級的新生了，今天先繞成大校園。

中午在清香園吃了大滷麵，裡面應有盡有，令人驚豔，六塊錢的大滷麵在那個年代算是划算的價格。

那時候，從台北來到台南就算是離鄉背井了，估計半年才會回台北一次吧！好像是到第二年交管系辦了學生專車，回台北變得方便了，一年才能多回家一兩次。

南下註冊前，二姑來家裡送紅包。二姑貼心，一直說娘家庄腳囝仔上成大很光榮，塞了一大把錢給我，媽媽要我躲、不能拿，嘴巴唸「戇囝仔怎麼站的直直的，跟木頭一樣……還呆在那邊」……。哎呀我的媽！您到底知不知道這紅包多重要啊？我還怕牛仔褲太緊，姑姑的錢塞不進去呢！

在那個年代，一個紅包就是小孩子的希望，好不容易讓姑姑把錢塞進去，我心中石頭也放了下來。

後來，等我賺錢了，也給二姑包紅包，還有大姑、一些親戚，我想當年二姑的紅包影響我很大，在那個年代那個大紅包是真的很溫暖！

第二天還沒註完冊，鍾禎儀就來了，騎著他的藍色大野狼，那時，新生大都騎腳踏車，我們那輛野狼一定讓人側目，因為滅音器拆掉了，聲音很大、很吵，跟大家說抱歉，只是一群幼稚的小孩愛出風頭。

有一次，經過女生宿舍剛好停電，我們騎入圍牆內的中庭轉圈，想說沒有人會知道是誰，沒想到一下電忽然來了，兩邊宿舍的燈啪啪啪亮起來，轉到一半，就像被兩排機槍掃到一樣，我們狼奔鼠竄，一直騎很遠、很遠才敢笑出來，怎麼會發生這種事，丟臉死了！

那天註完冊，他帶我去借書，他說一年級共同科目書都用借的，不讓我買。不過，很多書都借了很久，微積分一直沒借到，更慘的是有一天上課坐前面，老師要我們翻到第幾頁，我沒書可翻。老師很和藹，他看著我，那時，真恨不得有個地洞可以鑽進去。直到很多年後，鍾禎儀一直跟我道歉借書的事。

商學院新生當時住在光復球場邊的老宿舍，教官室就在隔壁，有學長天天來邀打球，因為住在球場邊，兩位學長很帥，也深深吸引我們。練球時，隊長說「一日成橄、終身成橄」，就這樣打了四年橄欖球。

在成橄大家庭，統計66級學長洪進儀（小點）很熱心，他點子多，也會利誘我們，他說「……想認識誰我幫你們介紹。」67級學長吳家憲（小子）確實經他介紹了幾位，但個性尷尬，一個也沒成功。

有一天，小點說他們班上有位女生，好漂亮、又很會讀書，所以沒人敢追，我想到教練說的「橄欖球精神，再困難的球更要去處理……」我就說小點哥那你幫我介紹那位學姊吧？

他可能想不到什麼詞回我，只瞪著我回一句「你、你一年級癩蛤蟆也想吃天鵝肉……」那句話可能是無心的，不過他那鹿草鄉山仔腳村的蹩腳國語，讓我難過了好多年。

有一年，小點自己也失戀了，他約一位夜間部的女生，但快要滑鐵盧。那天晚上九點多，我們陪他在成功湖邊做準備，他鼓起勇氣最後一次去找她，一群人坐在湖邊等他的好消息，夜黑風高「風蕭蕭兮易水寒」……看著他信心十足踩著腳踏車往系館去的身影，我們從心底祝福……。

夜間部下課是十點零五分，鐘響不久，只見一個人影快速往湖邊衝過來，經過我們，連人帶車就往湖裡衝，一時大家也沒反應過來，一下會意，也一個一個往湖裡跳，比較皮的還跨上成功橋再跳一次，也不知道跳了多久。要向那天在成功島內的兩對情侶說抱歉，很粗魯的驚嚇了你們，不過第二天，小點哥的失戀也就好了。

跳成功湖開始是這麼誤打誤撞的，沒想到交管系後來還把它變成一個傳統。系橄欖球砂鍋賽，輸的年級去跳成功湖，所以好多年，交管系一直是橄欖球系際杯的冠軍。

想來慚愧，成大四年都是這些歡笑的回憶，書本裡學的好像沒記得多少。快退休了！才想到沒有什麼回饋，只能期待哪天有交管系學弟回去把系橄欖球隊再組織起來，我們再來大力支持吧！

66

一位傘兵排長的服役憶往

潘治平（George Pan）

民國五十五年夏，經過大專聯考後分發進入成大。到學校報到後，即前往參加八週的新兵訓練。因為大專兵人數眾多，成功嶺容納不下，所以，我們是在車籠埔的第三新兵訓練中心受訓。只有在大閱兵和開訓結訓典禮時，才集合在成功嶺。

因為抽到的是陸軍步兵，大三暑假到鳳山陸軍步兵學校參加八週的分科訓練。五十九年六月底畢業，就要服一年的兵役。七月四日奉令搭火車到屏東火車站集合，還不知自己是要被派到什麼部隊。等到軍車卡車來接我們，才知道是陸軍空降部隊，就是一般人說的傘兵。

屏東大武營是空降部隊司令部所在地。我們隨即接受二週的基本傘訓。印象最深刻的就是跳塔，它的高度大約四層樓高，是最能考驗一個人恐懼心理的高度。猶記得在我前面一位的同志，身體一級棒，但就是有懼高症，我親眼看到他在跳出的門口前，腿軟混身發抖不敢跳，當然就會被教官推出去。此種狀況當然就不能上飛機了，後來就被移送到其他部隊去了。

傘訓重點還要訓練著陸時，必須側身翻滾一圈再站起來（所謂五點著陸），才不會讓膝蓋和雙腿受傷。還有強風收傘，當人員著陸後，傘還在慢慢落下，此時，若有強風吹襲，人是拉不住傘的，就會被傘拖著跑。必須解開身上的傘，才能算完成一次跳傘。傘兵穿的跳傘、皮鞋鞋底及鞋頭都夾有薄鋼板以保護雙腳，降低落地時的衝擊力道。

完成地面傘訓後，就有五次的基本跳傘。出發前，先到保傘連領兩具傘包，大的主傘是背在背上的。上面有一條棉繩連著掛鉤掛在飛機上的鋼索上，因棉繩的承載力不大，所以當我們跳出機門，心理默唸：一秒鐘、兩秒鐘、三秒鐘、四秒鐘，下墜的人體重量會拉斷棉繩把傘拖出來，就可以體會一下從高處俯望地面的心情。這時還要小心操蹤降落傘，以免掉進水塘裡或掛在樹上。補助降落傘（副傘）是掛在胸前的，萬一四秒鐘後，主傘沒開或主傘纏繞無法開時，就要自已用手拉開副傘的拉把，讓副傘打開。

領完傘具後，搭軍車到屏東南機場搭C-119運輸機，飛到潮州跳傘場上空跳出，落地後，各人把傘具收好，再回大武營交還給保傘連。

五次基本跳傘完後，還有十二次的鐵漢跳傘，包括夜間跳傘，特種地形跳傘是到老埤農場山坡地——台鳳公司鳳梨田上方跳下，需要加穿防護外套及保護面罩及手套，不然會被多刺的鳳梨植物傷害。完成十七次跳傘後，就算是一個合格的傘兵。老埤農場後來賣給台灣農林公司改種茶葉了。

有一次，一架美軍的C-130運輸机到台灣出任務後，特地給我們機會和幾位美軍傘兵一起跳此型大飛機。我帶了一排弟兄去參加了這次演習，所以我在空降部隊一年總共跳了十八次傘，每位傘兵都有一份跳傘記錄卡。

空降部隊除軍餉有加給外，還有伙食加給，所以，我們每天早餐有加一瓶牛奶及一顆蛋。這是比其他陸軍部隊要好的地方。

有一段時間，當役男退伍後，等下一梯新兵進來前，我們這些幹部就要進行幹部訓練。空降部隊有優先權到新兵訓練中心挑選新兵，當然，如果不能通過傘訓的新兵會被移送到其他陸軍部隊的。

後來，在燕巢山上新建了一個營的營舍，我們這營奉派進駐。除了訓練外，還外加一些構工，把營區設施加強或改善。因為在山上，我們營舍旁就有多株高大的芒果樹，每逢颱風過後，總可以用臉盆撿拾一些落果。營舍附近又有種棗子的農家，我們有時會去棗園，採摘一些棗子，再跟園主結算購買。

當時是先搭車到岡山轉搭客運汽車到燕巢，再走半小時路途上山到營區。退伍多年後，有一次特地開車想去看看昔日服役的營區，那時，整個燕巢山區已全面開發，蓋滿房屋，就是找不到那營舍，也不知道他們是否移防了？

我們空降部隊有一個非常有名的「神龍小組」，他們從事高空跳傘及花式跳傘，常表演給外賓看。有一年國慶閱兵中，還安排他們在總統府前定點著陸，他們用的是特別的傘，跟我們一般傘兵用的傘是不一樣的。當年，我的連長就是神龍小組的一員，他有三百多次的跳傘記錄。

民國六十年七月退伍，一轉眼退伍有五十年了。服役期間，當然是比較辛苦，但這是男生應盡的義務，也是在個人生命中，留下的不可磨滅的一頁。在服役當時，倒是抱著保家衛國、捨我其誰的雄心壯志。

67

一位土木工程師在沙地阿拉伯的工作經驗回顧

潘治平（George Pan）

在中華民國七〇年代的時候，我國政府和沙地阿拉伯是有外交關係，而且來往密切。沙國也因石油發大財而開始致力於國內基礎建設。當時世界各國的企業紛紛進軍沙國賺取油元。當時我服務的營造公司與一沙國公司組成一家聯合公司，在沙國承攬了幾項工程。公司有部分同仁在沙國首都利雅德承做幾個橋梁的施工；我則與幾位同仁負責沙國東部的達哈蘭省及東北部的朱拜（Jubail）工業區的橋梁工程。

猶記得第一天搭華航班機，飛抵沙國達哈蘭國際机場時已是夜間，一出機場即感到熱浪逼人。當時，我們公司負責的是利雅德－達曼（沙國東部第一大港）高速公路某一標段內的幾座橋梁。最長的一座橋是有十六跨的簡支梁大橋。一般橋梁是跨越河流、山谷或道路。而建在沙漠中的高速公路長大橋則是跨越了好幾條油管、二條輸水管，維修巡查用道路及預留其他設施的空間。完成兩百餘支簡支預力梁後，我們用國內製造輸出的架梁機來架設預力梁於橋墩之上。我們的設備和操作都很順利，還吸引了其他工地的外國廠商前來觀摩。我們架梁時都非常小心，深怕預力梁不小心掉下去，若是打到下面的油管，我們大概就不用回國了。

一般高速公路下面常見的涵洞是提供當地的人車通行之用。沙國高速公路每隔一段距離也設置此種涵洞，我們稱之為「駱駝隧道」。原來他們的遊牧民族貝杜因人帶著駱駝群在一望無際的沙漠中是四處自由遊走的。如今在沙漠中建起了高速公路，必須給駱駝留一通道通過高速公路下方，總不能讓駱駝上高速公路。沙國高速公路沿線除少數地方外是沒有欄杆的，因為沒有需要，反正沿線兩邊都是沙漠。高速公路兩旁也沒有邊溝，因為降雨量非常稀少，連市區道路兩邊也沒有水溝或只是很小的水溝。雨量稀少，如果下點雨，地面可能會積點水，但很快就乾了。高速公路兩邊都是筆直的沙漠，曾在上面開了幾十公里的車，幾乎兩邊看不到房屋，都是一望無垠的沙漠。

日常平均溫度在四〇度以上，木工使用的鐵鎚和鐵釘在日曬下都是很燙的，必須戴手套工作，不然馬上被燙得起水泡。鋼筋工更是要保護雙手。在最熱的季節時，我們是早上六點起床，七點上工，十一點收工。下午三點上工，七點收工。中間時間全部待在空調營舍內，因為外面溫度高，人員體力無法支撐太久，工作効率也很低的。

因為常年高溫，所以人體新陳代謝較快。一般阿拉伯人才十幾歲，看起來就像是大人了，平均壽命也不高。還好我只在沙國工作兩年多，身體受影響可能比較小。

在朱拜工業區，我們公司負責建設一座橋梁，一個大箱涵還有數量甚多的道路兩旁的人行步道，榮工處在工業區建好幾十戶的住宅。有一天我開車載好幾位泰工，看到路旁有一部榮工處的皮卡工程車，不知為何陷入道路旁的泥沙中？如非四輪傳動的車輛是無法脫困的，當即動員車上的泰工把榮工處的皮卡車抬到道路上。

還有一次看到路旁一家沙烏地人的車子陷入沙中，男主人坐在車上，四個老婆則每人在一個車輪邊用手挖沙，最後才讓車子開回道路上。阿拉伯人一般都開四輪驅動（4WD）的車，連有錢人開的賓士（BENZ）車也多是4WD的，BENZ 400、500的大車隨處可見。阿拉伯女人都留在家中，所有銀行、商店等都是男人在工作，大部分是外國人，真正沙烏地人口少，則是老闆或主管。我們的上面大包商是沙國很大的營造公司之一，除了老闆一家人外，公司員工都是來自世界各國的人。很多公司的老闆都是王子身分，負責接生意，其他都是來自世界各國的幹部在實際做事，警察多是葉門人。

我們公司除了幾位台灣工程師和領班外，主要運用泰工，也用過菲律賓工，都還不錯。後來還有一班孟加拉工班，他們是回教徒，每天固定時間要做禮拜。經常澆置混凝土中途就停下來做禮拜，任何人都不可以禁止他們的，只能拜託他們儘快行完儀式，恢復工作。有一陣子缺工，向大包商借了一些印度工，那效率真是差太多、太多了，不過，也遇到過表現不錯的印度工程師。

沙國的東部地區是產油區，到處可見到油井跟鑽井工程。有一次有一隊鑽井隊剛好在我們營區旁打油井，有機會觀察整個過程。所有的鑽油設備器材、發電機及營舍（都是活動房屋）都是用平板車運來，工作一段時間完成後，再整隊前往下一個地點。鑽好的油井用各種閥門封住，四周用鐵絲網圍籬圍住，等到哪天要出油時，再來接管線幫浦等。在沙漠中鑽油，有必要時就修建臨時道路，並做為日後巡查維修道路使用。在產油區到處可以看到很多這種鑽好隨時可生產石油的油井，聽說如果有人企圖破壞這些石油設施的話，是會被格殺勿論的。

在從我們的高速公路工區往北至朱拜工區途中，老遠就看見好幾支又高又大的煙囪，那是位於海邊的海水淡化廠，淡水再用輸水管送至首都及其他城市。榮工處施做了一大段的輸水管線及加壓站等工程，因為沙國產油，所以是燒油煮海水再回收水蒸氣成水。有一天特地開車繞經海淡廠工區，在龐大煙囪底下，覺得自已真是渺小。那海淡廠是好幾家日本大公司，如三菱、日立、IHI等聯合承攬的，在工區也還遇見有台灣人在日本公司工作的。

沙國產油，而瓶裝礦泉水都是進口的，可能比石油貴，所有食衣住行的東西大部分都是進口的，不過除了少數項目外，沙國是沒有進口稅的。回教國家不吃豬肉，平常最常吃的就是進口雞肉，節慶時，有機會吃到烤全羊。每天吃雞肉（chicken），有一段時間看到chicken就害怕。

以上拉雜寫來都已是四十年前的往事了，現在的沙國應該是很進步繁榮了。

68

在那遙遠的地方

倪美芳

在那遙遠的地方，緬甸北部山區，滇緬公路的起站也是尾站——臘戍（Lashio city）是我出生成長的地方。

雖說是城市（city），印象中，卻好似一個小村子。哪家住哪條街、哪個區、好像左右鄰舍一樣的清清楚楚。哪家有婚事、有滿月、做壽、喪事、囍事，無論認不認識，我們小孩子們放學都一窩蜂揹著書包前去幫忙，擺椅子、擺碗、擺筷子……擺完也就鳥獸散的各自回家！

如果是去廟裡，除了排桌椅碗筷，還要幫忙洗菜、撿菜，快樂的很！

我們家座落在臘戍唯一市場必經的主要三叉幹道上，而且還居高臨下。

我的公公（祖父）每天都坐在屋簷下，舉起柺杖看著來來往往的人們打招呼，小孩子都不希望被我公公看到，以免被點名在外邊玩耍被趕回家。尤其是下雨天，小孩子都喜歡在雨中玩耍，尤其是大雨的時候，可以在積水中蹦蹦跳跳！公公看到一定叫大家趕快回家。

也害得小時膽小的我擔心被排擠，每天上學，都會向上市場的媽媽要一個西瓜或菠蘿蜜扛到學校分享……前些年回臘戍時，才發現那時沒有一二〇公分高的我，怎麼有力氣能夠扛個大西瓜或菠蘿蜜走二十分鐘的路程到學校？有點驚訝那時哪裡來的力氣？

家裡如果來了客人，一定得趕快先端上一杯茶，我們當地使用叫保險杯的盛茶，因為摔不破，說是國外進口厚厚實實的德國製。茶只能倒七分滿，雙手奉上。如果是老師、出家師父，奉茶完後，還要乖乖立正站在他們的身後，以便觀察茶或其他飲料是否快喝到底了！

尤其是吃飯時，還要注意碗裡還有沒有飯，得趕緊押上。雲南人喜歡「押」飯，就是要客人吃飽飽，不能讓客人的碗見底，要一直一直的添加飯，弄得客人也很為難。

老爸好客，雖然我們沒有開餐廳，因為臘戍是交通要道，南北跑車的人有時夜晚來敲門，所以家裡面的灶，隨時都有火燒著熱水，好似等待著家人回家喝茶吃飯一樣。

來到台灣，有時候我回家把電鍋的電插頭拔了，就被老爸罵。我說台灣沒有半夜來敲門要吃飯的啦！老爸二話不說，又把插頭插上。所以我們家的電鍋壽命都不長。

拿碗拿杯，不准我們的手碰觸碗裡杯裡，筷子要拿筷頭，如果不小心忘了，劈頭又挨罵一頓，再換上新的沒碰的。也不准坐在飯桌上剔牙，記得有次去君悅酒店喝喜酒，有位雖然有捂著口挑，但是不知怎的？一塊小小白色的飛出，整桌人就都沒有再拿起筷子……

到別人家吃飯喝茶都要幫忙收拾善後，不能坐著像尊佛不動。晚飯時間沒有回家吃，過了吃飯時間，只能自己下廚，不能再叫擺夷姑娘們做飯給我吃，她們已經到河邊對唱山歌去了。吹灶起火也是門學問，每次吹得我煙薰淚流滿臉，所以我都跑到不同的同學家去吃飯。

母親一直強調：女子無才便是德。要求我要會煮飯，以免將來幫工們煮豬食給我吃。但是，我除了一早上學外，要補英文、要學縫紉、要學機器繡、還要學習針繡，為了趕別人的嫁妝（習俗上，親戚姑娘們要互相支援刺繡的用品，門簾、床簾、枕頭、被套……）整天在路上趕來跑去的上課，也要打籃球、踢足球，怎麼可能有時間在廚房裡？母親在世時，我也常開她玩笑，一生擔心嫁不出去的，東學西學拉拉雜雜為了出嫁，學了一大堆，結果我還是乖乖在家裡供著。

初中來了位彭老師，每天要求我們寫的毛筆字，要貼在班上的牆上，大家一起來評審，那筆不直、那筆成了彎勾……還要每天早上到級任老師那裡背一課，上學每天都像在打仗。尤其是中文學校被沒收後，緬甸政府常派人來巡視，我們就得把中文書籍、毛筆、硯台、墨條往樹叢、廁所裡藏。

有次班上有位山裡新來的同學不知道要藏好，桌上大刺刺地擺著硯台、墨條，官員問他這做什麼？剛進城裡還不會講緬甸話的他，聽不懂也答不出，我們這群嘰嘰呱呱的在旁代為回答才掩飾過去。後來官員走了，緬甸老師又來提醒大家要注意哪些地方不能犯錯。緬甸老師雖然知道我們沒有用功學習緬文，但是對我們真的很照顧！

可能太近雲南，所以整個城市含附近的鄉村都會講雲南話，家裡又不准我們講緬文，所以我的緬甸話是來台灣學會的。現在回緬甸，還是一句：我是臘戍來的，緬甸話不流利，也會被放過了。

臘戊去中國不過半天車程，每次唱「我的家在山的那一邊」，同學們都會忍不住的哭起來……，我們有右派、左派學校，右派是中華民國，左派是中華人民共和國，學生們常常為了左派右派私下較量，尤其是緬甸政府有活動時，我們學校會一路高唱著反共歌曲前往活動地點，尤其是在左派學校在半路被我們阻擋，只能目視我們隨著童子軍的鼓聲高亢地大聲歌唱而不能前進。現在回想起來還是覺得很有趣。

童年有趣、荒謬、新奇的事太多，只能一輩子快樂的享受回憶。

69.

成大永遠是我第二個家

倪美芳

提到成大化工系，別人總會詫異地問：你們那時候女孩子唸化工的很少吧？說真的，進成大讀化工簡直就是天天在屠宰場。三天一小考、五天一大考，大一遇到認為工科看不起文科的通史老師，寒假還要我們去台大圖書館查資料寫報告，全班當了一大半（石延平系主任還為此與史老師深談）。

記得從台北回台南的光華號車上，承中說他堂堂建中畢業，怎麼通史會補考？而說上課聽不懂老師說什麼的我，竟然會及格？國文課遇到成大四大刀王之一的宋老師，溫和的英文老師也要我們看完故事寫心得報告。

物理是幾個班級小禮堂混合考，考試時，空氣混濁不清，小禮堂耐強酸強鹼的蚊子，就算穿再厚的褲子也會給你像鑽子一樣鑽過去，一邊答卷，一邊揮手上下趕斗大的蚊子，揮舞得滿身大汗，還是叮得滿腿滿手紅豆冰！

每當烤得發暈，就想轉去喜歡的建築系；但是班上同學叫我不要轉系，也就乖乖地沒去轉。當初填寫聯考志願，是照抄一心想要到成功大學讀化學工程系的同班同學報考單：

1、國立成功大學化學工程系
2、國立成功大學機械工程系
3、國立成功大學電機工程系
4、國立台灣大學化學工程系
5、國立台灣大學機械工程系
6、國立台灣大學電機工程系

會照抄是因為緬甸無法外匯，地下匯款常常會收不到；既然自已沒錢讀大學，也就不積極思考要唸那一系，只是被校長、主任、老師、教官們天天唸：還沒有看到我的報名表。

當時只是應付要求隨便填，沒想到考試時沒壓力，反而意外考出了好成績。到成大註冊報到就嚇了一跳，計算尺一千多台幣一支（我們常開玩笑，考試時拉《何日君再來》現在的同學大概都沒有見過）這錢那裡來？只有保留學籍，賺好賺滿學費再來。我運氣很好，被一位阿姨推薦去陳福民醫師家陪小朋友練鋼琴、上下學接送，偶爾陪她的岳母去買菜，將吃喝用過的餐具泡在大桶裡，第二天清潔的阿姨來清理。

因為陳太太是護士出身，所以到家裡來私下治療的大都是演藝人員。那時候我沒有看國片．所以偶爾會在走廊或客廳遇到，卻一位也不認識。陳夫人對我很照顧，叫我專心複習準備，再回成大唸書。有門鈴不用出來幫忙，我也傻呼呼地只管接送小朋友們上下學、練鋼琴，或是聽從岳母張媽媽的話，偷偷帶他們出去玩玩。在陳大夫家輕鬆愉快工作了一年，存足了學費，便感恩地辭別了一家人。前二年，疫情還沒開始前，去探望中山醫院還在看診的陳大夫，再到他家裡探望已經失智的夫人，心裡好痛好痛的看著對我一直微笑，卻不知道在想什麼的她。

大三開學註冊前兩個星期，突然被訓導長王載教授叫去，他說學校裡很亂，叫我負責成大女生聯誼社，那時還不知道這個社的成員是學校日夜間女生，而且註冊時，每位同學得交十元會費，如果沒有交，就是沒有完成註冊。突然有了一大筆會費，一下子頭痛欲裂跑到訓導長辦公室哀哀叫。訓導長答應我：只要是我為同學們辦的活動，他都會大力支持。於是有插花班、剪紙班、中國結、書法班、縫紉班、講座等，只有烹飪班因為廚房地點沒有敲定，也就胎死腹中。因為女聯社經費充足，以致很多社團便來要求一起辦活動。反正對我來言，身心健康活動多多益善！

而我舉辦最盛大的活動卻沒有花女聯社一毛錢，就邀請到美國十三艦隊的樂隊到成功堂表演，為此，總教官還把我叫去問：是怎麼邀請到的？其實我也不很清楚，只記得同學聊天時，提到十三艦隊停靠高雄，便去換了大把銅板打電話邀請他們，他們沒有猶疑地爽快答應來表演。現在回想起來，應該是成功大學的名氣使然，美國十三艦隊才隔一星期，就自己開了三輛巴士帶了樂器、燈光、音響來現場布置表演了！

而我只買了一疊海報紙拼接起來，畫好貼在圖書館前面大學路前的海報架上。雖沒大力宣傳，但是看到成功堂人擠人，擠不進去的還有大把人「嗨」成一團熱鬧的人潮，熱歌熱舞的十三艦隊樂團，台上台下載歌載舞打成一片。心裡暗自竊喜，慶幸這沒花一毛錢的表演大大成功！

說起成功堂，得提提我們班功課好、口才佳又常常主持晚會的幼海。有一次，宿舍同學看完表演回來說：幼海在台上拿著麥克風問台下同學，如果宿舍過了十一點，要怎麼辦？台下竟然很多同學大聲地回應「倪美芳」，真是好氣又好笑！

大三開學第一個星期，石延平系主任便把我叫去他的辦公室裡，說他在小東路有棟房子，又說住在宿舍的我管太多閒事，都沒有辦法專心上課，叫我搬去那裡住，專心讀書畢業拿文憑。我馬上應了一句：同學比較重要！

石老師苦口婆心地勸我說：畢業文憑很重要，有了文憑才可以找到好工作。固執如牛的我，還是一直牛著回答：朋友比文憑重要！除了成大，有哪個學校老師如此關心學生？

另外一位李師長老師也是讓我在系裡躲貓貓，因為他提倡榮譽考試，結果很多同學大抄小抄的，我再背也背不過，只有墊底的份。於是乎，我在考卷上大喇喇地寫了「榮譽」兩字便交卷出門。這樣一來，後面的日子我可就慘了！

李老師常常去教務處查我考試分數，李老師一出現系館大門，班上的同學就趕緊來通知我：美芳老乾爹來了！天哪！又被叫到他的辦公室裡，被他關切：「孩子，妳有什麼困難？怎麼這科考得那麼差？」點點點！的唸了差不多半個小時。雖然感激老師們的關心，相對的壓力也蠻大的。

化工系的老師們對學生的要求，不是一般般，烤烤烤！星期假日也要烤！記得七、八年前，吳鎮三老師突然打電話說：他要特別來台北請我吃飯，說是要向我道歉，嚇得我拜託老師不要如此說。見面時，吳老師才說：他認為進成大，畢業應該有一定的程度。他沒有考慮到我們僑生原本學習就有落差，再加上經濟的壓力、多方面問題的影響，才會被當得一塌糊塗。重修不過的話，得多讀一或兩年甚至有的還畢不了業。不過大部分畢業或沒有畢業的僑生，都會帶著感恩的心回學校探望老師們，久久維持聯繫不斷。

閒不住的僑生過農曆春節都住在宿舍裡，於是乎，春節前後每天早上，我們就會到對面的男生宿舍樓下喊叫：「要到火車站去幫忙囉！」男同學們就互相吆喝一起騎腳踏車去。

火車站都是樓梯上上下下，對南部回娘家或要北上的孕婦很不方便，更何況是左手提雞、提菜、提水果、還要抱上小孩，有老、有少，反正我們僑生過年沒有事做，乾脆到火車站幫忙，抱的抱、抬的抬，那個年代相互信任，所以任由我們抱了就跑，前站、後站，東西抬到站門外一擺，也不用擔心不見，或是孩子被抱走了！火車站的站員大多是成大人，雖然我們都沒有穿成大制服，可能臉上寫著成大吧！火車站員好像也是成大自家人，於是，我們一到火車站閘門，就把站門打開給我們進去。

成大！我讀對了！雖然被當、重修、補考跌跌撞撞的畢了業，但是成大永遠是我第二個家！

70

成大憶往

侯毅群

求學生涯令我最難忘的就是小學和大學了！

小學生活因同學即鄰居，原本大多認識，男女同班六年，感情深厚，男生調皮愛捉弄女生，女生多較男生懂事，也都是扮家家酒的好玩伴；上了國中和高中就不太好玩了，不僅男女分班，要互相消毒，也開始有小圈圈，不自覺地就拉黨結派了；尤其高中是唸台南女中，黑褶裙規定要完全蓋住膝蓋，頭髮卻只能齊耳，自己也突然文靜許多，和同學較少深交，雖然考試多，升學壓力重，卻是我看書報最多的時期。不論台南、台北甚至香港的報紙，及世界文學名作、瓊瑤小說……都是我每天犧牲午休，在圖書館狼吞虎嚥的精神糧食。

因為爸爸是軍人，家中食指浩繁，填寫考試志願時，就以公費的師大英語系為第一志願，第二是成大外文，第三政大西語，台大都填在後面，放榜時，我距師大差二～三分，很開心錄取可住在家中的成大；雖有小小遺憾、分數夠唸有余光中的政大，但省錢才最要緊呀！

外文系一、二年級都在玻璃教室，是陽盛陰衰（七比一）的成大難得的女生優勢科系（男女生約一比二）。印象中，大一教室黑板上，幾乎天天都有工學院各系的邀約，電機、機械、土木、建築……邀約郊遊、騎鐵馬、烤肉、露營、水餃會、舞會，還有聖誕節報佳音、元旦守夜，及迎新、送舊……每週都有各式節目（大學真的是由你玩四年！）。我不能免俗去參加了幾次，都蠻好玩的，也稍微認識各系的生態，如機械系的女生是「雞母」，水利系女生是「水母」，電機系女生是「電花」，成功堂是大禮堂，格致堂是小禮堂，建築系的教室晚上常燈火通明，因有許多學長姊在製圖，但隔壁教室也可能在跳舞……。

大一校慶時，本班要參加園遊會，不知哪位同學提議賣臭豆腐，當日海報、攤位、小瓦斯爐、生的臭豆腐、各式醬料和餐具都準備好，油也入鍋了，結果……竟沒人會炸臭豆腐！慌忙間，因我在家常做家事，也在高中家事課學過炸沙其馬，就打著鴨子上架了，油熱後，用木筷夾起一片片臭豆腐入鍋，蠻順利的，我還有空轉身回應同學詢問，突然一聲尖叫，我立刻回身，正好瓦斯爐氣爆起火了！我的臉上一陣高熱，心想一定被毀容了！同學七嘴八舌，有人叫我抹醬油，有人叫我塗牙膏，我不敢抬頭，立刻用水桶內的水潑在臉上，再請同學陪我到對面的第四總院急診室，才知額頭、臉頰和鼻子都燙傷了，眉毛燒光，左邊頭髮也燒掉一大塊，經醫師處理敷藥後，再回家休息。感謝大姊是護士，常教我們些簡單醫學知識，也感謝那天陪我去醫院的同學，雖然至今頭髮還是缺一塊，我還是慶幸沒有在臉上抹醬油！

社團方面，我有參加合唱團和慈幼社，記得大二時合唱團有去台北參加比賽，還在某學長家的陽明山別墅住了一晚，那時才見識到什麼是「別墅」！室內每個房間都有不同色調的壁紙、窗簾和家具，寬敞的客廳有架大鋼琴，客廳外的庭院可遠望山下的街景，庭院裡一望無際的草地上有噴水池、路燈和籃球場……，記憶裡滿是讚嘆，反而不記得比賽是否有得名次？

大二後，因班上男同學擔任系總幹事，我也成了學藝幹事，要經常配合活動畫海報，布置場地等，也要常常開會（常在民族路夜市攤位，邊喝生啤酒邊討論），就很少再參加外系活動。

印象較深的師長有導師黃英甫教授，他教的日文是標準的東京腔，發音很好聽，對同學們很照顧，畢業後常熱心協助同學就業、考試、出國深造等，也一直和本班同學交流迄今，非常難得！還有教莎士比亞的趙默教授，他對莎翁的研究很深入，每齣劇本的文化背景、台詞押韻、劇情轉折、伏筆安排……都講得非常細膩生動，一掃我先前對莎士比亞的偏見，確認莎翁真是英國文學的瑰寶！另一位是大二時新開設的西洋戲劇課史明德老師（Robert Schmidt），他教導我們認識戲劇的台前和幕後工作，並帶我們在成功堂舞台玩遊戲，排演小劇本，讓我們不怯場；並在期末公演《Our Town》、《Picnic》、《Rainmaker》、《Glass Menagerie》等名劇本，公演場地在格致堂，因為內部情境完全符合老師對劇場的要求。第一場公演頗為轟動，使得第二年又加入許多學弟妹和學長姊，那段經常在小禮堂排練再三，再一起至老師宿舍聊天吃喝的日子，令人永難忘懷！史老闆（我們當時對他的稱呼）現在長住夏威夷，和部分同學仍有聯絡。

大三後，體育課的安排幾乎都在清晨，只好大清早穿運動衣，帶著書包和便服，騎車停在操場或韻律教室旁，下課後再騎車回系館更衣上課。有一次上完體育課，我的腳踏車竟遺失了，因我大一就丟過一台腳踏車，同學間丟車的事也常有，我就迅速整理心情，面對事實，趕快向同學借課本及講義影印後回系館上課。數天後，女教官找我去辦公室，告訴我有人在防空壕撿到我的書包和衣服，我很高興，連忙告知腳踏車遺失事件，教官竟滿臉不信，質疑我為何不報警？為何連衣服都在防空壕？到底做了什麼好事？被冤枉的我只好道歉後，拿回書包回教室，再也不想和教官打交道。

大學生涯也是最浪漫的時光，文學院在光復校區，有榕園、成功湖、椰林道、大片草地和溫暖的陽光，每到休息時間，女生愛坐在草地閒聊，男生就當場耍寶，表演七~八人共乘一台機車甚至一台腳踏車！或用單車籃去成功湖撈魚，有時還真撈到幾條，就帶去宿舍煮魚湯共享……後來集體活動就慢慢成為私下一對對各自行動了；有同班的班對，也有外系的校對，甚至外校的另一半。畢業後，修成正果的班對有兩對，校對至少八對，外校的應也不少；可惜未成對的，少數竟成了不相往來的冤家，同學會時，有你就無我；還好多數同學交往不成仍是好同學，日後同學會上回想當年，仍能一笑泯恩仇，戀愛學分過關！

我在班上和一堆男生交情不錯，自認他們都把我當哥們，很多心事都會告訴我，平日也都是團體行動，沒想到畢業考前一天，在家抱佛腳的我，竟然收到其中一位的告白信，因事出突然，完全不知該如何處理，又要應付第二天的考試，只好冷處理迄今。多年後在南部同學會上見面，大家心照不宣，輕鬆聊起各自的配偶子女，感覺仍是當年的好哥們，我的戀愛學分也過關了！

71

竹籬笆的回憶

侯毅群

父親出生於民國七年，籍貫河北省文安縣，幼年即因家貧，祖父至外地謀生，數年後竟病死他鄉。祖母撫養父親兄弟二人很是辛苦，父親還在中藥店擔任學徒，未幾因戰亂藥店停業，父親兄弟倆只好去當娃娃兵，並參加多場北伐和抗日戰役（某戰役全連四百多人均陣亡，僅父親和一同袍倖存），不久叔叔也戰死。後來家父因好友介紹，在江蘇認識母親而結婚，抗戰勝利後，仍需南北奔波剿匪，迄大勢已去撤退台灣；撤退前，家母特地冒死回鄉，接出祖母和外祖母（她們都還纏著小腳）、小姨，加上已出生的大哥大姊，一家老小跟著軍隊搭船逃難，很難想像原是千金小姐的媽媽是怎麼熬過來的？但媽媽也從此重度暈車暈船，只能搭三輪車了。

來台後，父親的駐地不定，家母帶著老小四處遷徙，並連續生下雙胞胎的二、三姊，及四姊和我，屆時，父親才奉派至台南兵工配件廠擔任管理職，我們全家也分配到眷舍，在永康鄉的影劇三村，正式開始竹籬笆內的生活。

父母很重視教育，雖食指浩繁仍勉力支持我們的學業，除了父親微薄的薪餉，母親也經常接下洋裁或繡花的工作，或至小東路的鳳梨公司和大灣的蕎頭工廠做女工，加上已擔任公務員的二姨贊助下，大哥繼承衣缽就讀陸軍官校，大姊考上國防醫學院的高護班（護理科），二姊讀世新，三姊輔大，四姊也考上國防的大護班（護理系），我是老么，是家中唯一有上幼稚園的幸運兒，也是國中第一屆學生，接著順利就讀台南女中和成功大學。

眷村內的住房格局都一樣，一客廳兼飯廳兩臥室，廚房是自己簡單加蓋的，廁所是公用的（約在戶外兩百多公尺），後門有一四家共用的水龍頭，鄰居來自各省，有對面的湖北，左鄰的大陳島，右鄰的四川，後對門的東北……村內南腔北調的鄉音習以為常；各家也時相往來，你家的豆腐乳、我家的泡菜、他家的臘肉都會共享，更別提鹽糖醬醋……缺什麼就去隔鄰借用；大家也沒祕密，你家夫妻吵架、他家教訓兒女……雖聲量驚人，但鄰居都不會多話，只要不全武行就好。

爸爸愛唱京劇，鄰居也有多位有興趣，家裡三不五時，會有眾票友敲鑼打鼓聚集票戲，也偶有愛打麻將的牌友們光臨。爸爸也愛蒔花弄草，我家門前有一小庭院，四周圍上半牆高的竹籬笆，內層是兩倍高紅花綠葉的扶桑，院裡有兩棵高大的芒果和芭樂樹，芒果樹幹挺直不好爬，我就常爬上分叉較多的芭樂樹，摘些幼小酸澀的小芭樂享用，順便觀察哪家的爸爸下班了？哪家的姊姊花枝招展的出門了？樹下鋪滿了韓國草，草坪正中是鮮豔的軟枝黃蟬，周圍還有些矮小的茉莉花和變葉樹，從籬笆門到客廳，爸爸用石蒜花隔出一條小走道，我們每天都在這條小道上走出走進，上學放學。

我小學就讀復興國小，學生九成以上都是眷村子弟（影劇三村＋精忠二村＋湯山新村＋警南新村），其他是網寮的店面和住家的子女，還有少數郊外作農養豬等農戶的子女。眷村子女除了老一倍的鄉音，年輕人都是標準國語人，大家的語文成績都不錯；但數理方面，就是很多本省籍同學的強項了。記得同學中僅四～五位會說台語，有時女生要講悄悄話就講台語，外省同學就會很羨慕，但大家感情都很好，也沒什麼省籍情結的事。從四年級我們就開始補習，就是放學後繼續再上兩堂課，那時不知照明的重要，印象中，全教室只有二～三盞日光燈，所以近視比例很高，那時也流行頭蝨和砂眼，記得有在學校噴過兩次ＤＤＴ粉，再戴上學生帽除頭蝨，噴過粉後頭會很痛，也不懂那是否有害？以為除頭蝨就該這樣；治療砂眼就是大家互相點眼藥膏，後來衛生改善，這種場景就很少見了。

五年級時，聽說將實施九年義務教育，導師立刻大放水，不僅不用補習，連上課也只上半天，午餐吃完便當，老師就開始午睡至三點多，同學們簡短午睡起來就各自玩樂，要看漫畫、要打球、要扮家家酒……悉聽尊便，導師睡醒後，也只做些自己的事，沒多久就準備放學了。逍遙一陣子後，壞消息傳來，因學校算是台南縣，所以畢業後將直升永康國中，當時聽說永康國中校風不佳，大家爭相走告、多方打聽，部分家長開始為子女遷戶籍至台南市，手腳快的同學五下就轉學了，我是六上才轉的，戶籍遷至公園北路，所以我轉學至公園國小，正好那時我們家也遷移至新完工設備稍好的精忠九村，和「影三」的一切就漸行漸遠了。（後來才知在當地民代的努力下，復興國小的當屆畢業生男生就讀新設立的後甲國中，女生借讀中山國中，都沒有去永康國中。）

公園國小規模更大，每年級學生都有十多班，上課時，老師都是講國語；但下課後同學很高比例說台語，不但男女分班，且男女生之間若不小心接觸，都要吹氣消毒（尤其是女生），讓我很不適應，因為在復興國小時，男女生都是好同學、好鄰居啊！我讀小學後成績就不錯，在復興也擔任過班長、風紀股長等，來到公園國小人生地不熟，就只和座位四周的同學有交集，正好都是本省籍同學，我和她們都相處得很好。有些印象較深的事，就是有一次智力測驗，我的ＩＱ是一四三，據說是全校第一高，還有校內的數學名師特地到班上來看我；還有一次期考數學科某植樹問題，老師說全年級只有我一人答對；可惜的是，國中後迄高中，我的數學卻是最弱的一科，只能選文組，無法和大姊一樣，畢業後去考國防醫學院成為白衣天使。

搬到九村後，我也成了孩子王，因九村的鄰居父母年齡較輕，兒女都還小，我成了較年長的階層，爸爸也已退伍，開了一家小型雜貨店，不久更當了為民服務的村長。鄰居小孩常來找我玩，我有空時，也帶著他們玩家家酒、看漫畫等，後來每天都有小孩聚集在家門口等我；升上高中後，可能因長大了，功課也越來越繁重，就不再和他們玩了。九村的家院子範圍更大，爸爸在院內加蓋了簡單的餐廳、廚房、浴廁和兩間臥房；院內種了更多果樹和葡萄藤，也裝設壓水井以備澆花用，院子後面就是砲兵學校園牆，每天都會聽到士兵們精神抖擻的歌聲和喊口令聲，我每天就在這樣的環境中，直到大學畢業赴台北就職，媽媽因兒女都在台北而北上長住，爸爸不堪長期南北往返，也終於遷來台北，將眷舍轉讓給其他需要的人，我們全家終於和竹籬笆生涯揮手道別。

72

書頁翻飛中的童年

林淑惠

翻閱自己的手機相簿，發現最常拍照的對象，除了女兒和老公之外，還有一個優雅靜謐的地方，那就是書局——一個街角正在消逝的人文風景。

出門在外，無論是旅行還是閒逛，我總想拍攝當地的書局，想品味領略各地書局那份寧靜中閒適知性的氣息。疫情前的幾年，手機拍攝了不少書局即景，有些書局已關門熄燈，有些還在堅持理想。

這些書局都飄散著濃濃的書香，播放著典雅悠揚的古典音樂，只可惜書店實際展覽書籍的坪數越來越小；麵包店、生機飲食或咖啡簡餐店及其他複合式賣場，正鯨吞蠶食著書店的生存及營業空間；但莫可奈何，因為業主必須要靠其他複合經營的六成收入來打平書局的四成收入。

連續幾年會想拍攝書局的照片，主要是擔心街角的人文風景正迅速的消失，倘若此時不隨手拍下照片，恐怕以後等實體書局像牯嶺街和光華市場舊書攤般完全消

疫情前兩年，一家三口趁著孩子寒假到澳洲旅行，也去當地書局買書，一路上拎著沉甸甸的書袋，在雪梨歌劇院前拍照及散步，覺得路好長，書好重，但是就像手上的書，有一點重量，但卻捨不得不買；去新加坡時，有個行程有段空檔到當地的百貨公司逛，於是找到百貨公司裡的書局買書，真是行萬里路也讀萬卷書。

然而，杯水車薪卻難以力挽狂瀾，儘管我和家人已盡己所能的去光顧前前後後在居家及職場附近路上所開設的幾家書局，但可嘆的是仍舊無法挽救書局熄燈的命運，當看到原本街角的書局變成夾娃娃機店及餐廳時，心中難掩落寞與傷感。

後來，覺得只是惋惜感傷無濟於事，剛好所服務的長庚醫院，有新生兒科徐任甫醫師發起親子共讀從零歲開始的宣導衛教推廣計劃，於是參與其中。利用下班或請假時間，無論是協助找尋合作夥伴或是臉書維護還是讀書會、活動推廣、參與水梨媽媽劉麗華同事的桃園市一〇六年青年在地深耕計劃、協助接待媒體報導、會議及演講紀錄、《兒科最前線》封面故事邀稿、寫稿、利誘女兒來參與親子共讀手繪圖封面及插圖等，像是在網路資訊攻陷紙本書的文化沙漠化裡，灌溉一些水源，持續了幾年。因新冠疫情蔓延，曾中斷過一陣子，後來有點力不從心，因為缺乏足夠的資源和應援，也許需要上帝來做我的後盾吧！讓我能重新得力，讓我能回復孩童般不求回報的單純，持守童年翻閱書本、沉浸其間的那份初衷。

當金石堂從城中撤守時

二〇一八年六月二十四日是金石堂書局城中店的最後一夜，守護台北市城中區的書香堡壘即將熄燈，除了去買書、聽演講行動支持外，我還能做什麼呢？只能以拍照、書寫我對金石堂書局的印象聊表致意。

兒時對金石堂最初的印象是小學五六年級，那時家住北市武功國小附近，爸爸有次帶我們全家去台大公館汀洲路金石堂書局看書，寬大的空間，坐擁書城的感覺，讓我一新耳目，因為先前印象中的書店書局多半位於菜市場及學校附近，從來不曾如此燈光美、氣氛佳，後來，就很期待再去，就算是蹲在書架旁看書都很享受。

後來，小六畢業，舉家搬到龜山，那時，家附近縱貫省道旁有個高紗紡織廠，有著和金石堂同樣的兩K商標，才知道原來金石堂書局是高紗紡織的關係企業，是台灣第一個連鎖書店。在我求學無論是士林銘傳（記得先後在一條街上不同地點，規模從大到小，最終消失），還是在台南成大都各有一家，先前上班場所附近目前有兩家，金石堂彷彿是個人文流動盛宴，在街角馬路上，在我人生旅程中，不時化身為心靈綠洲。

還記得有一年過年前，曾去重慶南路的金石堂書店買書，因為任職於公家機關的先生要用國民旅遊卡消費，他很喜歡清大退休教授彭明輝的文章，他提到彭明輝大力推薦俄國文豪托爾斯泰的經典作品，於是在金石堂書店買了托爾斯泰的《安娜卡列妮娜》、《戰爭與和平（上下集）》、《復活》及褚威格的《一位陌生女子的來信》和海明威《流動的饗宴》，及《托爾斯泰短篇小說選》及力奧巴斯卡利的《愛、生活與學習》（這兩本書於台北車站地下街誠品書店購得，誠品共買了三本，三本75折）和狄更斯晚年的作品《遠大前程》，總共花了幾千元。我們提著重重的兩落書走在重慶南路上，心中覺得很踏實，雖然很重，但卻是心頭上的甜蜜負荷。

然而，杯水車薪，只能盡自己微薄的力量，如此而已。先前曾拍攝過金石堂書店照片，就是擔心她熄燈，沒想到二〇一八年她真的在城中區撤守，永遠的走進我的回憶。

73

天梯

林淑惠

窗外淅瀝淅瀝的雨聲，伴隨著在書房裡，收拾床底下多年雜物的我，在那塵埃遍布的舊講義資料堆裡，不經意的翻撿出一本舊日記本，已有少許霉濕味散發出來，水漬蘊染的扉頁上，寫著多年前的歡喜憂傷……。

字跡在水漬的暈染下，浮現出暈藍的回憶……。那個穿著白衣窄裙的女孩，課堂上總有著一對深情款款的大眼睛，注視著講台上那個挺拔俊逸的身影……窗外細雨紛飛，而室內空氣卻澎湃著那有關他的回憶，字跡在回憶的潮水裡浸淫，而我已在這片汪洋中蕩漾、流轉……。

某月某日　似曾相識

已經是最後一年了，幸好已經不需要強制規定穿那白衣窄裙，想想我已忍受了多少「不良於行」的日子，踩著腳下的高跟鞋，從福山山腳走到學校F樓最高點，那樣「地無三里平」的天梯，我竟然苦撐到最後一年，實在很佩服自己的腳力。

在老師還沒有走進教室的空檔裡，同學們寒喧閒聊的聲音此起彼落，突然間，一個高大魁梧的身影閃進教室，鬧哄哄的教室剎那間歸於平靜，當他一轉頭面向講台時，我驀的一驚，怎麼會有這麼清秀斯文的老師出現在這管理森嚴的女校，哇！是不是校長一時不查？向來學校裡的男老師不是爸爸級的老先生就是已婚的男老師，看著他輪廓分明的臉，竟讓我有著似曾相識的感覺：咦！這老師彷彿在哪兒見過……。

某月某日　解決神遊萬里的方法

這個似曾相識的老師，聲音頗有磁性，然而上的課卻總讓人提不起勁，也許政治學對我們女生而言，是較難集中精神學習的吧！也或許是因為他初次任教的生澀與緊張，這使得上課的氣氛凝重異常，整班的女孩子，像毛毛蟲一般，坐．立．不．安。講台下的竊竊私語，講台上他直視前方牆壁的面無表情，又加上生硬難解的理論，常使得我有蹺課的衝動，按捺著按捺著……，那種渴望下課鈴聲的感覺……。

偶然將眼光飄向其他同學，卻看到有人竟然在桌底下看起小說來了，呵！還不止呢，還有漫畫《灌籃高手》……咦！好主意，下回我就擺本英文單字在桌底下，這樣不就是人在教室而心有所繫了嗎？哈哈！本姑娘向來是分秒必爭從不浪費半點時間的，這一招既能造成在場證明又不會漫羨無所歸心，高明！高明！

某年某日　漣漪陣陣

快要畢業了！近來我好像比以前用功許多，也許想在這即將成回憶的校園裡，留下一個比較像樣的句點吧！「If I were a freshman again」那篇文章常出現在我的腦海，上課時，我也開始逼自己跟馬克思、韋伯打交道了，那些原本引不起興趣的選情、政局分析，在臨畢業的此時，卻彷彿像出獄前的牢飯，有著最後一餐的珍重。

「在科層組織中，最大的特色在用人為才，能者在位，層級節制……」他像往常般上著課，從講台東方漫步到西方。咦！儘管我已盡力讓那神遊飄忽的心神集中在聽課上，然而卻不自主的端詳他，看著看著竟出了神，他有著中國書生氣息的長相，然而卻有著豪邁開闊的俠情，像誰呢？喔！就像蘇東坡那種感覺吧！糟糕，心神已不聽使喚了。

從韋伯的理論游離到古道西風下，那騎著瘦馬的書生，把青春詩情壯志兜了滿懷，遠赴落日餘暉下的京城。

那兒有無可預知的未來，也許是驚濤裂岸，捲起千堆雪；也許是江海度餘生，也或許是……，在落英繽紛的小徑上，儘管一路上繁花似錦。嗯！是的，他講台下一片花海，坐著四五十個正值花樣年華的女學生，然而他卻頭也不回的揚長而去……。

我們從來的地方來，打這兒經過
相遇，我們畢竟相遇
在這兒，四周是注滿水的田隴

——〈阡陌〉林泠

這首詩彷彿是某人心情的寫照，在阡陌縱橫的人生旅程裡，偶然遇到一個人，而那個人有些模糊卻有些熟悉，像是前世的記憶，路在前方經緯縱橫的延伸，相遇之後，他是橫的，我是縱的，交會只在短短的一個點，之後，我們將各循自己的座標前進，要再找出相遇的點，有那可能嗎？然而，我只看到課堂窗外，遠方那山嵐雲霧繚繞的唭哩岸山，彷彿是時空交錯下的迷離路障，縷縷輕煙徘徊不去……。

某年某日　東山飄雨西山晴

已經是畢業前夕了！怎麼在別堂課上還會浮現他的臉？爬樓梯時耳畔還有他清晰如空谷回音般的聲音，想著他三板——天花板、地板、黑板的表情：兩眼凝視遠方，有時講到心領神會處，還會自我陶醉的泛起一絲微笑……。

有一次，同學不知打哪兒弄來一顆氣球，就在死寂的課堂上，這頑皮的氣球飄上天花板了，同學們飄忽的心彷彿找到了落點，大夥兒聚精會神的盯著那氣球，看它飄向何處，而我卻開始緊張的看著老師臉上的表情，沒想到他仍然是面不改色，仍舊神閒氣定的講著課，那氣球從教室東邊飄向西邊，悠悠盪盪好不快活，正樂得逍遙時，卻冷不妨被一個同學猛的抽下來，所有的期待、驚喜都在此時化為虛空；原本充滿氣泡、瑰麗色彩的天空，彷彿蓋上了白色濾光鏡，兀地成了真空。神遊飄忽、可以探險、想像的心情被巨手抓回，實在有點兒惋惜，就像那蓄勢待發的箭射到牆壁上一般。

可是……可是對我而言，觀賞老師臉上的表情，比那飄忽、有無限可能的氣球有趣多了，他的一號表情仍舊沒變，嘴角泛起一絲莞爾的淺笑，若有似無彷彿什麼事都沒發生過，這使我更加仰慕起他，他似乎擁有我所沒有的一切；心無旁騖的定力、穩健的風度、一笑置之的豁達……等等，這種種仰慕似乎可以寫上N平方。

此外，他的的一切讓我感到神祕，因為課堂上聽不到正課以外的私事，所以對他的認識十分有限，也因此就有著層出不窮的幻想，他彷彿是一匹純白的畫布，正等著我天馬行空的揮灑瑰麗的色彩，以這仰慕之情暈染出明暗，更以創造、期待的心等待這幅畫的完成，課堂上總有個痴情的女孩含情默默的望著他，他可知道嗎？

某月年某日　縱橫書海的魚

今天下午剛好有兩堂空堂，去圖書館看看吧！那棟筆筒形狀的建築物是最令我流連忘返的，我最愛在這裡的窗口遠眺綠樹夾道的中山北路，由上往下俯瞰這水泥大廈環伺的台北盆地，在遠近交疊而模糊的水泥公寓群中，只有這片帶狀公路讓我有愉快的聯想，她彷彿是水泥叢林中的一小塊綠洲，也很像是個長滿綠油油水草的長形魚缸，只見小魚般的火柴盒小汽車，在綠油油的水草間穿梭。

風，搖曳著行道樹，彷彿水輕拂著律動的水草。如小魚般的車滑行於疏枝密葉間，襯著午後的陽光，一條波光瀲灩的大道，奔流著無以數計的魚。

由上往下俯瞰的角度，使得這原本平凡喧鬧的台北市，顯得空靈一些，想像的心在此展翅飛翔，從這角度，聽不見車的喧囂，看不到「捷運」工程的路障迷宮，沒有巨頸恐龍般的怪手，不再有身陷侏儸紀公園，那種群龍呼嘯而過，有的冒煙、有的狂奔，有的怒吼的「車龍出柙圖」，也不會有龐然大物拔山倒樹而來，蓋一「砂石車」也的膽顫心驚。

我在這裡，安靜的這裡，沒有遠方車馬交錯的殺伐之氣，沒有兵荒馬亂的逃難心情。只有一顆像小魚兒般流動自在的心，悠遊的游向歌德、游向芥川，再游向彼岸的魯迅……，在鉛字海中忘情的漫游，吞食著動人的辭藻，牛飲天光雲影下的藝海文瀾，現在，嗯！就是現在，我要溯流而上，游向最高的那層書架，探尋那潛藏於深海，卻奧妙無垠的知識寶礦。

書架在森然羅列的書海中，顯得高不可攀，我踮起腳尖跳了又跳。四周都是水，碧綠寶石般的水，我使勁的想衝出水面，於是我一次又一次的往上跳，慢慢的，書架的號碼看清楚了。再一跳，迎面一排政治學的書。再跳，一個熟悉的名字。再一跳，可以看得更清楚。哇！原來是老師的大作，我呆立在書桌下，彷彿是閃到腰的小魚。

「梯子？哪裡有梯子？」我四處搜尋著，從這一排繞到那一排。可是怎麼找不到呢？書架上成排的書，彷彿像高掛在黑天幕上，大大小小模糊的眼，似笑非笑的嘲弄著書架下找不到梯子的我，是這麼樣的倉．皇．失．措……。

某月某日　天梯

夜像潮水般無聲無息的湧上來，月光如水，水如天……。庭中有奇樹，在黑天幕的映襯下彷彿黑色的剪影。

我極目望去，望向樹梢深處，在枝葉掩映間，赫然發現他，他斜倚枝幹，正翻閱著一本《菊花與劍》，嘴角泛起課堂上那熟悉的微笑，我目不轉睛的盯著他，伸手扯了把梯子，開始一級一級的攀爬，每攀上一級，耳中似乎能聽到自己如火山爆發般的心跳……。

火山熔岩在心中翻攪、沸騰，隱約中，卻有一股力量向下壓抑，反反覆覆，升騰／壓抑……

……這梯子在眼前永無止盡的延伸，怎麼爬也爬不完，梯子有多長，樹就有多高，彷彿像《傑克與豌豆》裡的那棵樹。

……天外有天，天無涯，梯子永無止盡的延伸，我一格一格的爬……，然而他卻是那麼遙不可及……

某月某日　悸動

「哇！妳們瞧，他們倆的神情好像呀！」玫玫拿著我與老師的合照，像發現新大陸似的嚷了起來。

「嗯！真的有點兒像耶！尤其是眉眼間、鼻梁到下巴這裡，妳是不是老師失散多年的妹妹呀！」

「才不？應該說是有夫妻臉吧！」大夥兒瞎起鬨，鬧的不可開交。只有臉紅心跳的我，把臉低得什麼似的，在浪語喧嘩中，回想那電光石火的一刻……。

「老師，我可不可以和您照張相？」被好友推上前去的我，感到手裡的相機搖搖欲墜。「好呀！」一臉陽光燦爛微笑的老師。「來！靠近一點吧！」好友調著光圈、快門，半瞇著眼睛說。他驀的靠了過來，一陣溫暖的電流熨貼著我的臂膀，像磁場般牽動著我的心……。我驀的移開，只因承受不了那心折的悸動……看著照片上，那兩張靦腆相似的臉，心中不禁有些後悔，為什麼那時要這麼害羞，為什麼那時要移開呢？

某月某日　電話

畢業考快開始了，當我抱著書猛啃時，突然接到同學的電話，啊！原來是後現代主義政治學那個理論呀！嗯，我好心虛，也不是很懂呢！把書翻了又翻，最後翻起通訊錄，乾脆打電話問老師好了！我發覺自己好像變成一隻害羞靦腆的小白兔，一下子跳到電話機旁，一下子又跳離開，一下把電話拿起來，一下又放下去，電話彷彿像一顆燙手山芋，躊躇了好一陣子，最後才屏住氣息撥下號碼，嘟嘟嘟……，我的心彷彿上了紘的發條。

「喂！請問妳要找誰？」一個女人的聲音，難道他已……。「我……我要找×××老師。」開始耳鳴起來，聲音彷彿不是從我嘴裡發出來。他接過電話，我結結巴巴的說明要問的題目，他就著電話開始講解起來，透過話機，我能感受到他的親切與廣博，然而在我心中卻一直排盤旋著一個問題，剛剛接電話的那一個女人是誰？到底他……，多麼希望那是他的姊姊或妹妹！

某月某日　最後一課

和往常一樣，我又提起疲乏的腳步，踏在這已爬了N次的樓梯上，教室在遠處的山頂，與遠天浮雲相連成一線，而我的心蕩漾著若有似無的愁緒，不光是以後可能沒有機會，在山頂教室上看美景，也恐怕已無緣與這裡的一切共處了。F樓欄杆前的夜景，遠山明滅的燈火，彷彿中元節水燈般的車海，士林夜市的燈火輝煌，峰迴路轉的陡坡，一進門就疊在那兒等你爬的天梯……唉！

他像往日般站在講台上，然而，不同的是他不再講那理性的政治學與時事分析，相反的，他感性的講些勉勵我們的話，末了他還說：「哪天當妳們偶然路過山腳下，可別忘了多爬幾層樓梯上山來看老師呀！」說完他又將他呼叫器的號碼抄在黑板上。

下課後，三兩同學與我趴在教室前的欄杆上，我依稀聽到同學們的談話：「聽說小琪將謝師宴的邀請卡拿給老師，還問了一個特別的問題耶！」「什麼問題呀？」幾個同學大感興趣的湊了上前，只見那同學故弄玄虛的賣了關子說：「妳們猜呀！」

「噯呀！別這樣子，快說啦！」大夥兒已經迫不及待的想知道答案了。

「她問老師結婚了沒？」結果老師說：「已經結婚了，而且也有小孩呢！」

「哇！小琪可真是直接呀！」大夥兒又笑又叫的，好不熱鬧。

聽到這番話，我心驀的往下一沉，原來那天電話裡的那個女人是他太太，此時，只聽見教室後山那一大片蟬鳴，正撲天蓋地的滿山迴響，而我的心隨著那悠揚的蟬嘶在空中飄飄蕩蕩，有訝異、傷感、幻滅等複雜情緒交織在其間，蟬聲像海潮般，一波波的湧向我，最後腦中一片空白，只剩下盈耳而來的蟬浪之聲驀地整個湧上來。

後記

回首年少往事，驚覺莫不是因著老師的鼓勵去考插班大學考試，把當年仰慕之情，化為不到半年內考上插大的動力，今天可能無緣和成大學長姊、學弟妹共譜校友情誼。多年來，老師無論在我學業、就業生涯道路、感情及職場倫理上，都扮演著心靈導師的角色，連我先生都說我這個學生畢業這麼久，老師人實在太好，給的保固進場維修期還真長。每次，只要聽從老師的勉勵，都能更有動力和勇氣度過當時過不去的坎。

隨著年歲增長，去請教老師指點迷津的次數也越來越少。一一〇年年初，於臉書上知道老師生病的消息，才知道原來是在我所服務的醫院治療，於是，我馬上請我同事查詢院內系統，查詢到他的病房。我曾試著建議師母去找高雄長庚陳肇隆院長看看是否有換肝的機會，也積極引薦安排，怎料老師病情已很嚴重，只能接受安寧病房的治療。那一陣子，我常下班就去買些口罩和防疫用品、或是水果點心給老師及陪病的兒女及師母，常常是去病房只停留不到幾分鐘，一來是有點害羞，二來是不想打擾老師，想讓老師多點時間休息。我後來回想，好像和老師互動時，都幾乎是這樣的場景，真實面對面時，通常緊張害羞的想開溜。

有一次，老師的女兒陪老師在病房時，他女兒在講電話，我去看老師，有和他講了三分鐘的話，而且我還鼓起勇氣，按了一下他的手兩秒鐘祝福他，這是我很大的突破。本來以為老師會一直在醫學大樓六樓病房等我去看他，可是三月底時，傳訊息給老師的女兒約她是否要參加路跑社的跑步時，她女兒說老師過世了！這讓我難過了好幾天，於是，去天主教聖家堂參加他的告別式——追思彌撒。

那天是正是四月初，早春的行道樹樹蔭盎然，老師和煦又如陽光般的燦笑遺留在相片上，幽默風趣卻又洞察人情世故，既感性又理性。老師在學界及職場的舊雨新知和桃李滿天下的學生們擠滿了聖家堂，感懷老師留下一個文人、媒體人、教育家典範的瀟灑背影。看到老師的家人相知相惜，分工合作的製作感人的簡報及致辭，老師的遺作在告別式前出版，也得到曾虛白學術著作獎。感謝老師在我人生旅途上的指引，衷心希望老師在天國得以安息。

74

憶故鄉，思雙親

廖德祿

「冬與春交替，明朝換新曆。萬物含新意，和風待梅立。」

家庭成員（德祿、月梅及翊傑）簡單，除夕團圓迎接二〇二二壬寅虎年，各抒其懷，共立願望，正是「闔家一堂，溫馨滿膛，饌玉共嚐，同飲舒暢，互道安康，其樂洋洋」。小酌微醺，書房靜坐，悠然升起「每逢佳節倍思親，今夜燈黃憶故鄉」，是以此文為記。

我的故鄉

延平老新街媽祖　三百年孕育　教化宏揚　莫不尊親
西螺濁水溪大橋　臨滄波浩瀚　貨暢其流　惠我黎民

西螺古稱螺陽，位於濁水溪下游，土壤肥沃、水源豐沛、農業發達，有「嘉南穀倉」之美名；鄰近溪水旁，「西螺米」遠近馳名、「西螺醬油」百年名產。一九五三年橫跨雲林西螺及彰化溪州的西螺大橋通車，是美援資助的華倫氏橋梁，鋼鐵作架，水泥橋墩，當時為遠東第一大橋。大橋通車後，西螺成縱貫交通要道，南來北往的貨物及商旅通暢熱鬧。

早期的西螺延平老街商家林立，南北貨市場、醬油廠、製冰行、貨運行、銀樓，旅社、茶店、酒家等，南北旅客絡繹不絕，一片繁榮商景。延平老街建築風格，結合台灣傳統的裝飾技巧，簡潔明亮的幾何圖案輪廓，也有不少的巴洛克式建築物，樸實兼具特色的建築風格。鼎盛時期，重視教育、人文薈萃，造就許多優秀人士。其中，廖文毅先生留美，取得博士學位；李應鏜先生留學日本京都，畢業後返鄉，集眾人之力，促政府續建西螺大橋，是關鍵推手。

西螺廣福宮建廟於一七五九年，崇祀天上聖母，亦稱「新街老大媽」。清治時期匾額有「恩流澤國」匾，有「寰海飲德」匾、「英靈保赤」匾、「慈雲廣佈」匾、「受天百祿」，其中「蔚藍天」匾只有三個字，非常罕見。

西螺振文書院建於一七九七年祭祀五文昌、孔子及倉頡先師等，是民間設立文教書院，建築共分五部，分別為山門、拜殿、正殿、左右廂房，造型傳統，格局典雅，環境幽靜。書院可供子弟參拜讀書，立志功名。振文書院可謂是地方興學、具振揚文教綱常的教化功能，更兼具民間宗教信仰。

福興宮建於一七七〇年，主祀天上聖母，居民稱「媽祖宮」，亦稱「西螺媽祖廟」。福興宮媽祖屢屢顯現神威，一七八六年林爽文事件，西螺街駐紮平亂的清軍，蒙福興宮媽祖恩澤護佑，官民合作平定事件，得以天下太平，後尊稱福興宮天上聖母為「太平媽」。一八九五年太平媽以「莫不尊親」匾墜地示警，西螺街民避難化險為夷；一九二九年西螺街長及地方仕紳在福興宮祈雨，解決乾旱缺水問題；一九三五年為避免夏季腦膜炎流行，於福興宮辦理西螺街民腦膜炎預防注射，西螺居民咸信太平媽靈感庇佑。正所謂是「福履同綏溯湄洲彰聖德，興舟共濟功垂螺鎮顯神威」。

近年來「媽祖遶境大會香」，西螺街上擠滿數萬信眾，鞭炮與煙火照亮夜空，是廟宇朝聖年度盛事。西螺鎮附近村里以張廖氏族人為主。張廖族人務農為業，因族繁人眾，分居的二十五個客庄，畫分七大角落，俗稱「七崁」形成犄角之勢；七崁實施守望相助聯防自保，並每年農作收成後，輪流舉辦祈安謝神盛會，促進族人感情與團結。

「阿善師」本名劉明善，福建漳州詔安縣人，阿善師年輕時，習武於少林寺，而後渡海來台，定居於西螺廣興（七崁之首「頭崁」）。阿善師擅長少林拳，開設振興社武館，廣收七崁門徒，教導鄉民習武，強身衛民。

一九七二年電視台拍攝七點檔閩南語連續劇《西螺七劍》，描述阿善師調解七崁彼此仇視與集體械鬥情事，闡明行俠仗義及鏟奸除惡精神。劇中「七劍陣」陣法，頭崁是雙龍取水，二崁是五虎下山，三崁是犀牛望月，四崁是仙女紡紗，五崁是貂蟬照鏡，六崁是劉全進瓜，七崁是關公拖刀，故事情節動人，當時紅遍台灣大街小巷。

我的雙親

一生處事待人誠信忠義留典範，一世愛家護園勤儉樸實傳家風。

父親廖四寶（一九二〇～二〇一八）雲林縣西螺鎮廣興里（頭崁，張廖族），世居於此。祖父母務農維生，德高望重，可謂是地方仕紳。父親排行第四，三個兄長二個弟弟及三個妹妹。父親個性溫和，清瘦俊秀，從小學及初中受日本教育，功課優秀、日語朗朗上口。

母親媽陳連昭（一九二五～二〇一三）雲林縣西螺人。外祖父母在西螺新街經營一香燭店。母親為大女兒，上有一兄，下有兩個弟弟及四個妹妹。母親在小康家庭成長，幼時聰穎敏慧，精於算術及語文，亦受日本教育，精通日語。在日據時代裡台灣人的生活辛苦，父親母親為體恤家庭經濟負擔的壓力，且因戰爭紛亂，初中畢業後而停止學習，未能繼續更高學業，相當可惜。

父親農務耕作繁重，克盡其責，事奉祖父母至孝，友愛兄長弟妹，更能敦親睦族，熱心公益。其對家族的無限付出，任勞任怨，深獲親友們之讚賞。母親初中畢業後，鎮公所上班，二十歲時與父親結為連理，家族為傳統三合院大家庭。母親農務耕作克盡其責，事奉公婆至孝，友愛姑叔妯娌，更能敦親睦族。祖母纏小腳，體弱多病，母親每晚為祖母洗腳更換長布，事親至孝，對家族的無限付出，任勞任怨，深獲鄉里親朋肯定。

父親母親常感念分家後農務繁重，鄉下生活辛苦，為改善家庭經濟，及能讓兒女們有更好環境及受教育機會；年輕從事農務耕作之餘，並兼做糧商，從事稻米收購買賣，隔幾年後，再從事於蒜頭曬乾、割剪、剝皮及分類的下游買賣商。每逢下雨及颱風天，稻作及蒜頭搶收及照護極為辛苦。父親創業之初，篳路藍縷，備嘗艱苦，幸有母親賢慧勤儉持家，協助父親開展事業，家庭經濟得以逐漸改善。

一九七一年左右，父親為家庭經濟能更好，遠離家鄉帶領大哥與朋友至花蓮開設大理石工廠。家庭分散雲林與花蓮兩地，當時交通不便，中橫公路顛簸崎嶇，往返極為麻煩辛苦。大理石工廠挖石、搬石、操作切割機、磨光機，業務談判及推展，父親處事誠信，表現極佳商業能力與堅強毅力。父母親的雙手厚實有力，拉拔兒女成長也創業養家。

一九七五年左右結束花蓮工廠，父親又與朋友集資，在彰化溪州鄉購地整地，創設食品加工工廠，擔任董事兼財務長。工廠購地成本，資金運用，商業談判及推動，對公司可謂盡忠心、守道義。而後家庭經濟獲得大幅改善，父親事業蒸蒸日上，一九七七年帶領大哥進入食品加工廠擔任業務經理，而後將食品加工廠更交棒大哥，父母親漸漸退居幕後。

一九七八年左右，小舅舅及二姨媽家住埔里山區，建議父母親可至山明水秀的埔里從事休閒農事，搭設簡易寮舍，種植香菇。父母親帶領大姊、大姊夫、二哥及二嫂進入山明水秀埔里山區。雖說是休閒農事，但父母親責任感重，早晚仍辛勤工作，香菇事業雖不大，但細心經營仍有獲利。一九八〇年，二哥結束埔里工作，北上至台北市政府任職，父母親亦結束埔里農事返鄉，漸漸退休從事小規模農作，父母親也才有機會稍減辛苦，讓生活壓力稍微舒緩。

父母親育有一女四男，共同組成甜蜜家庭，參與人世間酸甜苦辣。農村生活春天播種，夏忙耕作，秋是豐收季，冬謝天祭祖，農忙後晚微風徐徐，全家聚在庭院，依偎父母親身旁，喝茶乘涼聊天，多麼快樂幸福啊！至今仍是甜蜜的記憶。

父親母親天性溫和慈愛，量大能容，樂於助人，更以身作則，諄諄教誨兒女，鼓勵學習，勤勞踏實，並以「誠實、勤儉、負責」為做人處世基本原則，兒女子孫亦能信守父親教誨「誠信處世，勤儉治家」堂堂正正做人，為國家社會貢獻己力。父親敦厚篤實德行更為鄉里肯定，榮獲西螺鎮頒發「模範父親」殊榮；母親溫和慈愛，相夫教子，亦曾兩度榮獲西螺鎮頒發「模範母親」。父親母親的德行實為子女們的光榮，亦為兒女們的典範。

二〇一〇年母親不幸得癌症，因年歲已高，體力無法負荷，無法開刀，因而展開化療及放射電療，療程相當艱苦，母親進出醫院好幾回，母親的體力、記憶力及精神退步很多、很快，跟子女談話時間越來越少。母親雖身體不適，仍沒忘記對兒女媳婦的關愛與叮嚀：「清池，你去大陸，你要多帶衣服，帶些感冒藥，注意身體！」「清謀，台北上班騎機車，要注意身體！」「德福，銀行上班，金錢交易要小心，做不對帳，是要賠錢的喔！」「德祿，做主任會辛苦嗎？要注意身體！」「錦蘭，妳是大媳婦，辛苦妳、感謝妳，若沒有您的照顧，我的生命可能無法延長持續！」「璧蘭，台北生活艱辛，感謝妳幫忙清謀，上班持家！」「秋香，農會上班艱辛，這些青菜水果香菇帶回去煮吃。」「月梅，帶小惠辛苦妳，德祿也需要妳多幫忙照顧，青菜水果香菇蒜頭帶回去煮吃。」這些叮嚀至今仍然不斷盈繞耳際。兒女媳婦在您心目中，永遠是小孩子，永遠是母親所關懷、擔心的。兒女不捨，母親於二〇一三年辭世。

父親身體一直硬朗，大毛病沒有。退休後，也常騎機車拜訪朋友，閒話家常，過得似閒居田園生活。母親往生後，父親的體力、記憶力及精神逐漸退步，但飲食起居仍屬正常，身體算是不錯，兒女媳婦們總希望父親長命百歲。二〇一八年初寒流來襲，氣溫下降，二月六日父親身體氣喘不舒服，緊急送入雲林基督教醫院病房住院。父親年歲已高，體力器官漸衰弱，終無法回家過年。

父母親鶼鰈情深，感情濃厚，兩人雖無法同年同月生，但父母親相隔五年同月同日（農曆十二月二十三日）往生極樂世界，共證菩提。生老病死，謙卑面對，思親若江水，無日不悠悠。

思念雙親

今夜，「匆匆馬上又逢春，年去年來白髮新。歲月無情不貸人，兩行清淚為思親」。

《思念　阿爸阿母》

真不敢相信　也真不願意　阿爸阿母恁　已經離開阮
看到阿爸阿母的相片　看到阿爸阿母的雙手
厚實有力　捏囝兒成長　創業養家　的雙手
阮想又擱叫恁　一聲阿爸阿母　阮尚親愛的阿爸阿母
想起囝仔彼當時　阿爸阿母牽阮的手

行過菜園　白菜青青　心內真歡喜　講　遮是阮的園
阿爸阿母牽阮的手　行過田岸　秧仔青青　稻穗黃黃　滿田園
喙文文笑　講　遮是阮的田　阿爸阿母牽阮的手
行過倉庫　稻米一包包扛　汗水一粒粒湎湎滴
肩胛頭疼痛　講　今年是好年冬
阿爸阿母牽阮的手　行過蒜頭堆
蒜頭白白　一粒一粒剝　目屎　湎湎滴
指頭仔疼痛　講　今年好收冬
阿爸阿母牽阮的手　行過大理石邊　石頭粗粗
一粒一粒搬　一片一片鋸
內心實在　講　今年大趁錢
阿爸阿母牽阮的手　行入食品工場　王梨甜甜
一顆一顆削　一片一片切　阮的喙灡湎湎滴　王梨刺刺入肉內
甘願做歡喜受　講　這是阮的工場
阿爸阿母牽阮的手　行入香菇寮仔　香菇芳芳
一寮一寮巡　一包一包芳　心有向望　香菇大豐收

阮最親愛的阿爸阿母　恁給阮一個溫暖的家
阮的成長有恁來晟　阮的幸福有恁來陪
想起彼時八月十五夜　阮　手牽手　心連心
阮共同守著家　守著溫暖的家
燭光下　溫柔的對看　貼心的講話
誠實做人　勤儉起家
阮最心愛的阿爸阿母　恁給阮一個溫暖家
今日後　思念擱思念　一次一次無窮無盡
阮會拚勢收集　收集美麗的記憶
阿爸阿母恁的　和藹慈祥面容　關心輕柔聲音
阿爸阿母恁的　仁慈　智慧　勤儉　樸實
阮永遠永遠　記牢牢
阮思念恁　阿爸阿母

75

鳳凰山溪頭論劍行

廖德祿

綠樹陰濃夏日長，滿園花草御風香。
半夜開軒鳥蟬響，相親相近知音賞。

在崇信谷裡深居簡出的「神劍俠侶」崇信居士與梅姑，一夜未眠，聽鳥鳴聞蟬響，興奮地等待黎明曙光。

論劍行——首日二〇二〇年七月十一日

炎炎夏日起，藍天萬里晴，又是一日的開始。黃大帥駕著藍色的「速霸陸森林FOREST」來到崇信谷，黃大帥見到崇信居士與梅姑，拔出「屠龍刀」劈頭猛砍。

黃大帥：你們再不現身，就把你們給炒魷魚，被江湖遺忘。梅姑回道：「蠶非自縛，實乃化繭成蝶」，我們有重要任務，閉門練功，身不由己。現已練就降龍十八掌。今日出谷，帶兩把寶劍「干將劍（蛋糕）、莫邪劍（餅乾）」重現江湖，會一會各路英雄好漢、美女。

速霸陸藍森林馬力十足，快意奔馳於1號國道，很快來到佳里新樓醫院，接上陳美女薇蓉，開啟我們的「鳳凰山溪頭論劍行」。早上十一點來到第一站，竹山「紫南宮」。「紫南宮」香火鼎盛，信眾人潮絡驛不絕。竹山地處濁水溪南岸、清水溪東岸，紫南宮建於清乾隆十年，主要供奉福德正神，民眾到紫南宮求發財金及求好運。

人潮多，花不少時間找到餐廳。早上十一點半，社長煌源、玫玲、雅民、淑鈴、加恩、昭吟、昭元、麗莉、榮貴、翠娥、進忠、翌惠、育文及耿校長千金會合於「35甕仔雞餐廳」。餐廳兩層樓高、佔地廣大；門口不斷噴細霧水氣，以降低炎熱夏日高溫。中餐有：加入甕缸雞的雞油再拌入油蔥酥澆淋的白飯麵線；腴脂軟滑又焦酥脆口子排；水蓮菜裡有破布子、蒜頭爆香、木耳、黃紅甜椒一起拌炒，色美味香；加了蝦米、蒜頭爆香，炸過的豆干炒三層肉；泡發的魷魚，很有嚼勁；以陶甕窯燒龍眼木，外皮金黃油潤的甕缸雞，令人垂涎三尺。清淡嫩竹筍湯，竹筍湯可以續碗。席間翌惠：「餐廳為何取名『35』？」阿娥：是不是希望吆喝『3、5好友』一起來用餐……玫玲：應是期盼大家『3不5時』來此聚會用餐……。」

大家劍光刀影、七嘴八舌討論起來……聽說是資深藝人小戽斗與朋友合開的……。命名無定論。吳社長：「好，停住討論。我們再來一碗竹筍湯止渴。」崇信居士：「社長啊！竹本無心，奈何節外生枝。」吳社長：「好，結帳。有意參拜紫南宮、逛逛周圍商店或要先行離開都可，各車自由活動、自行選擇。我們下一站鳳凰谷鳥園會合。」大夥們，步出餐廳。阿娥、梅姑、薇蓉三人「揪團」買了很便宜紅龍果，臉帶滿足笑容，可謂是「採買樂」。大夥們又吆喝說要見識見識「五星級的公廁」，建築物的意象外觀是三座筍子形狀為屋頂，內部有噴水池設施，柔和的光線與陶瓷壁畫、音樂、休閒區、空調、獨立的抽風設備，氣窗也可以感應臭氣自動開合，真具五星級規格。

黃大帥：「星期一威力彩開獎，頭彩是十六億元。我們來沾紫南宮發財爺光彩，買張彩券，碰碰運氣。若得頭彩，我留一億，其他大家均分或捐出做公益。」崇信居士：「好！我們各買一張威力彩。若得頭彩，我們來辦一所大學——台灣MIT。」

註：淑鈴（七月二十八日）：上次七月十一日的聚會如果是上週二十五日，大家都可能有機會得到本期在紫南宮開出的威力彩！下次聚會要先拜拜選擇吉日！

下午兩點來到第二站，南投鹿谷鳳凰谷鳥園生態園區。「森林FOREST」號車子是停在C區。一下車就聽吱吱鳥叫聲，其中「青鸞」叫聲像救護車的聲音很特別。

集合後，我們選擇A區域，並有解說員導覽：「此鳥園位於鳳凰山，其山脈如一隻在溪邊飲水的鳳凰，故取其形而命名鳳凰山」。A區域有鸚鵡園、貓頭鷹園、涉禽園、珍禽園、雨林園、犀鳥園、本土教材園、梅鶯園、水禽園、鴕鳥園、猛禽園。解說員在各園區詳細解說，讓我們對各種鳥類多一層知識與認識。雅民是攝影高手，眼明手快，補捉許多美麗珍貴紀錄。

下午三點半，瑞源、太太及兩個孩子與大家會合，現已全員到齊。山中天氣多變化，烏雲一來馬上變天，就來個午後雷陣雨。雨中行進在古樹參天、綠意盎然的森林中，令人頗能體會出蘇東坡的心境「莫聽穿林打雨聲，何妨吟嘯且徐行。竹杖芒鞋輕勝馬，誰怕？一蓑煙雨任平生。」我們是沒有蓑衣可穿，倒是有打狗棒、雨球鞋；我不怕！一袋書劍任平生。穿過雨林來到只有數家商店的商店小區。黃大帥：「大家來一起喝台灣咖啡，熱飲冷飲皆有。」阿貴、阿娥、煌源、玫玲、瑞源、薇蓉、梅姑、崇信居士，齊聚一小店，品嘗起咖啡，香氣四溢，實惠爽口。任督二脈瞬間打通，身輕如燕，踏雨無痕，功力迅速恢復。下午四點離開鳳凰鳥園，古時是「鳳凰山上鳳凰遊，鳳去臺空江自流」，而我們英雄美女們是「英雌鳳凰山論劍不留身影，來去自如」。

下午六點在雨陣中來到溪頭中華電信會館，晚上我們就住宿於此。謝謝阿貴、阿娥細心協調、預定連絡及規劃。分配房間後，各自打點晚餐。黃大帥、薇蓉、梅姑、崇信居士，來到妖怪村。妖怪村是位於溪頭森林遊樂區出入口處旁，有美食和文創紀念商品，整體建築風格都帶著濃濃的日式和風；妖怪是童話故事裡神祕又引人入勝的話題，在日本就有一個很有名的妖怪村喔！我們在妖怪村吃竹炭拉麵，拍照留念。

下午七點回到會館，阿忠、翌惠、瑞源及太太很貼心，酒器、茶器、冰箱等設備齊全，並已鋪好桌子，準備好濃烈兩相宜的威士忌，黃大帥色澤引人的紅酒、耿育文的道地煙燻魯味、薇蓉的香脆花生、加恩昭吟的在地雞翅鴨腳等，佳餚美酒。好漢美女共食而笑，洗盞更酌，餚核既盡，杯盤狼籍。

梅姑：「我帶來雙劍『雙層巧克力蛋糕及爽口餅乾』，與各位討教。」社長：「瑞源七月生，我們一齊慶賀阿源生日快樂。」席間生日快樂歌此起彼落，好不熱鬧。瑞源切蛋糕分盤，讚聲不斷。耿校長：「我與女兒去妖怪村欣賞夜遊表演，去去便回！」大家靜心，黃大帥要開財經論壇。

黃大師：「數年前，我有一朋友手握數百張金洋科股票……開股東會……我有一從美國回來的邱教授手上有垃圾變黃金的技術……」梅姑：「是土洋科還是金洋科？黃大師您是獲利一族。」黃大師：「我是善良散戶……唉！散戶總是被坑……」崇信居士：「散戶如浮萍，萍固有根，偏愛隨波逐流……」昭元：「疫情嚴重，喝酒殺病毒。大家乾杯！我是臉不會紅的……」阿貴：「這是Monkey Shoulder，好喝啊！怎麼喝不完，一杯再一杯……鄧麗君唱的《美酒加咖啡》，可惜這裡沒有咖啡，不然……」阿忠：「我們安排九月十二～十三再來一次原班人馬兩日論劍行，好嗎？再麻煩阿貴聯絡安排，大家鼓掌通過。」瞬時歡欣雷動。此時瑞源滿臉通紅，眼睛微閉。阿源：各位前輩，晚輩要入定一會兒，各位請繼續加油，努力加餐飲！房外細雨紛飛，時下時歇，房內熱度不減。醉翁之意不在酒，在乎山水之間也。山水之樂，得之心而寓之酒也。此時加恩昭吟的女兒女婿加入論壇，年輕才子佳人，生龍活虎，掌風呼呼！更添活力。

歡樂總在電石火光之間而過，社長輕身一躍，將手腕的青龍劍鋒轉了過來，改變成君子劍身，啪的拍打了自己的手腕一下。社長：「今晚至此收攤，明早攀登頂峰，繼續比武論劍，現各自回房練氣養神。」雅民：「我要外出巡山，搜尋螢火蟲，探訪小燈下的不同山景夜色……」雨停住紛飛了！雨餘觀山色，景象便覺新妍；夜靜聽山風，音響尤為清越。

論劍行——次日二〇二〇年七月十二日

桃紅復含宿雨，柳綠更帶朝煙。
花落家童未掃，鶯啼山客猶眠。

崇信居士與平常一樣，卯時起床，漱洗完畢著輕便衣服，做晨曦運動。黃大師與大部分俠客道友們仍在香甜酣夢中。山中晨曦來的特別早，空氣水霧清新無塵舒適。雨後的柳樹縈繞在早晨的煙霧之中，紅紅的花瓣上還含著昨夜的雨珠；被雨水打落下來的滿地花瓣，還沒有打掃，黃鶯擢輕足、振遊形，躍躍啼鳴，山客還在酣眠。群山環繞，雲霧飄渺，第二驛站，吳社長體態輕盈、吐氣吸納，兩儀四象，遠遠可感受其身形氣場慢流意暢，深得武當山太極精髓。

沿路下行至妖怪村主題客棧前，身著和服一對年輕俠侶，攜手併肩、漫步妙舞、心情歡悅步入林間幽徑。想必此時，兩人心中一無牽掛，無擾無憂，遠離江湖，只羨鴛鴦不羨仙、逍遙自在的神鵰俠侶。

來到第一驛站，無車馬人潮，店家尚未開張。數十位壯士婦女隨音樂舞起，抒發筋骨，輕快活潑，健康活力十足。崇信居士意趣大發，亦隨之舞動，一刻後，汗流夾背，青衫濕透。

尚未七時，此時已見車馬人潮，路旁排隊入園登山。回到會館，賢淑的翌惠和瑞源太太兩人，已將客廳收拾整齊乾淨，物歸原處。吳社長亦已回會館，「清晨起坐小茅堂，萬事無關一炷香。」靜坐吐納。各自用早膳後，俠客道友們束裝就道。翌惠：「梅姑的精緻的甜點，讓我早餐吃的很開心。」

淑鈴：「我與雅民至杉林溪拍攝鳥影，我們不登頂論劍，就此道別，下次陽明山再會一會，大家的武功內力是否增進……」社長：「我們兵分兩路一路入園登頂，另一路在會館鄰近竹林賞幽論禪。」黃大師：「我、崇信居士、梅姑及薇蓉入園悠閒覽勝。」阿忠：「我也入園，有意願到天文台。」耿校長：「我與女兒也入園。」兵分兩路，就此分道揚鑣，會合於溪谷用餐。

八時從第二售票處入園，沿大學池步道，首站目的地：大學池。大學池步道屬於輕鬆等級，通過翠虹橋後，進入柳杉區。柳杉高聳，蟲噪鳥鳴，負離子多，精神為之一振。經一宿的練氣養神，功力十足，健步如飛，如履平地。

黃大師：「耿校長與女兒情深，步態輕鬆飛快。阿忠年輕力壯，腳力十足，一會兒已不見足蹤。」崇信居士：「耿校長與女兒，阿忠等已練就凌波微步，羅襪生塵，步履輕盈，乘御碧風而行。」

大學池海拔一一五〇公尺，早期為砍伐森林貯木場所，後因不再砍材伐木，台灣大學重新將廢水池加以整治而命名「大學池」。池中央以孟宗竹搭建拱橋，橫跨碧水之上，清碧翠綠，漣漪蕩漾，倒映四周山光更顯詩情畫意。

黃大師：「耿校長、阿忠、我們來個合照。」梅姑：「大學池是許多人回憶的地方，也共同許下天長地久的承諾。「回想當年相識處，風采贏得雙人顧，有幸終身成伴侶，朝朝暮暮，牽手同船渡。」耿校長、阿忠：「我們要進入探索區，諸位可繼續行程，就此暫別。」

黃大師等四位取大學池林道繼續登頂行程。林道鋪著柏油路，可供公務車與遊園車在園區內運行，不時可見可愛的小松鼠穿梭在山林間。步行沒多久，轉進幽靜步道，是一條幽靜怡人的步道，步道平緩，長度約四五〇公尺，沿途是美麗的柳杉林相，常見山紅頭、青背山雀、紅頭山雀等鳥類於樹林中跳躍，蟲鳴鳥囀，悅耳動人，漫步其中，自然恬靜。

黃大師：「可惜李老、張太醫在美國，不然邀他們同來，必定更精采。論劍時刀劍無眼，若有人受傷，張太醫可及時救治。」崇信居士：「昨天李老傳照片，小飲藍標威士忌，還有味覺，印證沒有武漢肺炎，很健康。我回他一張「海上生明月，天崖相對飲」第一杯敬身體健康。乾！第二杯敬青春永駐。乾！第三杯敬股市發大財。乾！連三乾，讚讚讚！」

走累了！涼風亭小憩片刻，享受清風徐徐，讓人忘卻煩憂。景色宜人，山明水秀，「犬吠水聲中，桃花帶露濃。野竹分青靄，飛雲掛碧峰。」涼風亭，遙望對面山峰翠綠，相看兩不厭。涼風亭裡巧遇府都和緯區十幾位常青樹，他鄉遇故知，格外親切，他們是常客，來回車資三五〇兩，相當便宜。

走下幽靜步道後，進入草坪區露天音樂廣場。這裡以前「流籠腳」，也就是以前山上伐木後的木頭用流籠運下來的木材集散地。四面環山，風景不錯，在這裡看表演聽音樂，以大自然為背景，很享受。記得多年前亦曾於此聽潘越雲演唱會《天天天藍》。

接下來是天空走廊（Sky Walk），高度有七層樓高，若我有張無忌的蓋世輕功，能空中翩躚起舞，一躍飛過數十米之高，飄逸無倫，縱躍自如，儀態萬方。可惜我「無飛仙術，禦氣周八極」。只能乖乖地慢步登高，行走其上能輕鬆觀察到樹齡超過半個世紀的台灣杉和柳杉林的樹冠層生態、高聳入天，猶如頂立於天地間，居高臨下俯瞰園區的景色和林道上的遊客，真是特別的體驗杜甫望岳：「會當凌絕頂，一覽眾山小。」

溪頭神木，樹高三八公尺、樹圍一三六〇公分、屹立一八一〇年。明朱元璋挺「嵯峨倚空碧，環山皆拱伏。遙岑如劍戟，邇洞非茅屋。青松秀紫崖，白石生玄穀。岩畔毓靈芝，峰頂森神木。時時風雨生，日日山林沐」。然而風雨無情，大自然之力無法抗拒，終因蟲害樹倒。

回程沿神木步道，潺潺流水道上有一座如波浪型的銀杏橋。該座木構橋長三十六公尺、寬一．六公尺，是全台最長戶外木橋，與大學池竹拱橋相互輝映。這座橋連結溪頭內的最著名的銀杏林區步道。銀杏的葉子呈現扇形，春夏時葉子是綠色，到了秋天會轉為金黃色，四季皆不同。秋天時黃澄澄的最為迷人，美不勝收。

最後來到孟宗竹道，綠色隧道，竹林清香翠綠盎然，景色幽靜美麗，常被武俠電影取景，電影臥虎藏龍中，李慕白和玉嬌龍輕盈飄逸在柔軟和韌性的竹尖上的劍拔弩張，意境之美讓人歎為觀止。孟宗竹的竹節長，結構堅韌，常被人拿來形容，高風亮節，屹立不拔。

竹廬坐落於神木步道旁孟宗竹林中，以竹子搭建而成，整體外觀也以竹子為造型非常美麗幽靜。午時一刻，各路好漢美女會師於溪谷餐廳。五菜一鍋的鱒魚竹餐，另加點一盤炒龍鬚菜、鹽酥溪蝦十分夠味，下飯的筍仔滷肉，可惜桂竹筍不夠嫩，去骨的蔥油淋雞又油、又香、又嫩，很可以喔！

阿忠：「經過討論，下次兩天一夜改成十一月到陽明山，日期為十一月十四～十五或十一月二十八～二十九，日期以阿貴學長能訂到會館的房間為主，請各位先將時間空下來，謝謝！」翌惠：「感謝社長讓我們渡過一個快樂的週末假期。這會館真的還不錯，一樓有溪流聲跟大量芬多精。感謝阿貴跟貴嫂泡茶給我們喝。謝謝您們。」薇：「謝謝大家的聚會、期待下次陽明山旅程。」社長：「我們是竹林賞幽論禪組，『春有百花秋有月，夏有涼風冬有雪。若無閒事掛心頭，便是人間好時節。』我們酒友社，和會喝酒的人相處，變得不想去計較，更樂意去分享。和會喝酒的人生活，能體會生活中微小而確實的幸福。和會喝酒的人相處，能將一個普通的夜晚變成珍貴的記憶。鳳凰山溪頭論劍兩日行，終將告一段落。酒友歡樂團，過夜初體驗，大家都留下好回憶，期待陽明山再聚！」

笑看論劍行

吳社長青龍劍、君子劍，雙劍運用自如，出神入化；靜坐參禪，深得武當精髓；領袖英倫，號令武林酒友，武功神威乃屬第一。

阿忠、瑞源，年輕俊傑，酒力服眾，凌波微步，輕功威鎮武林；阿貴，熱心服務，永遠笑臉迎人，酒怎都喝不完，一杯再一杯，內力深厚。三位排名同屬第二。

黃大帥屠龍寶刀「武林至尊，寶刀屠龍，號令天下，莫敢不從，倚天不出，誰與爭鋒」。雅民攝影高手，一瞬間即永恆；耿校長溫文儒雅，不疾不徐；加恩、昭元，淡定自如、逆風無畏；諸英雄各各深具內功，排名同屬第三。

崇信居士，不勝酒力，武功淺薄，有待再練《九陽真經》，排名敬陪末座。各各美女，練就各家本領，各有專精，風韻伯仲，不分秋色，排名同屬第一。

後序

福爾摩莎寶島皆山也。鳳凰山樹林陰翳，鳴聲上下，遊人去而禽鳥樂也。然而禽鳥知山林之樂，而不知人之樂；人知從社長遊而樂，而不知社長之樂其樂也。

福爾摩莎寶島皆山也。其西南諸，林壑尤美，望之蔚然而深秀者，溪頭也。山行六七里，漸聞水聲潺潺而瀉出於兩之間者，大學池也。迴路轉，有亭翼然臨於峰上者，涼風亭也。朝而往，暮而歸，四時之景不同，而樂亦無窮也。至於負者歌於途，行者休於樹，前者呼，後者應，傴僂提攜，往來而不絕者，時人遊也。山餚野蔌，溪深而魚肥。宴酣之樂，觥籌交錯，起坐而喧譁者，賓歡也。

紅顏好漢，煙蓑雨笠，何事重來。看盡人情物態，冷眼只堪貽。細雨低迴，通宵酣寐，夜久波光山色，間淡妝濃抹，風清雲淡，洗我塵擾。誰同賞，賴有酒友在。

醉能同其樂，醒能述以文者，崇信居士也。崇信居士謂誰？一袋書劍任平生也。

76

人窮志不窮，無欲則剛

董敏玲

孩提時起父母就常告誡我們：人窮志不窮！靠著父親那份微薄的薪水和母親巧手辛苦做的針線活來貼補家用，讓我家七個孩子都得以受高等教育；不願讓我們像多數家裡環境不好的同學般早早地到加工出口區做女工或去做學徒。不禁想起那首兒歌：

我的家庭真可愛，整潔美滿又安康，姊妹兄弟很和氣，父母都慈祥。雖然沒有好花園，春蘭秋桂長飄香，雖然沒有大廳堂，冬天溫暖夏天涼。可愛的家庭啊！我不能離開你，你的恩惠比天長！

兒時我最愛跟在父親或母親身邊當個小幫手，聽他們的話。父親告訴我：我們家無恆產，只能盡量供你們幾個讀書，你們能讀多少書那才是你們能得到的真正財富。男孩要念工學院，女孩要唸商學院，這樣畢業後不怕找不到工作。不要去羨慕人，更不要有貪念佔人的便宜，神給我們的恩典夠用，施比受更有福！我從小就愛看書，小學六年級時看完班導陳老師家藏書中所有的兒童讀物。高一時每週到圖書館借一本有名的文學作品或小說，如：《簡愛》、《小婦人》……，高一、高二寒暑假時看完厚厚的中國四大名著、鹿橋的《未央歌》、《徐霞客遊記》……遙想有朝一日能讀萬卷書行萬里路。若能到書上所說的地方一遊，將不枉此生。

大學四年很用功，課後的時間大多在圖書館K書。大四時，想到畢業後可能再也不會去碰那些許生澀的教科書，每次期中或期末考前即便是不睡覺也要把每一門的教科書讀完。那年的考試成績如以往，前五名被貼在系上公布欄。同學阿默說：×助教說妳好厲害！每科都九〇幾分，是不是想打破紀錄？有同學瞧不起人，認為以我家的情況我根本無能力出國進修。為爭一口氣，也為了學習更多的Computer Science和Operation Research（運籌學）理論基礎及其新應用，很短的時間來準備出國留學事宜。因著大四優異的成績讓我有好的畢業成績，也助我順利進了美國加州大學系統科學工程研究所（UCLA，System Science Engineering School）主修運籌學，副修電腦科學，研究所所長Dr. Jocob見我，主動說要當我的指導教授。我的人生徹底翻轉改變，感謝讚美神的恩典和保守！我真是有福啊！

在美多年，我由一介害羞文靜的女孩蛻變成自信滿滿，開朗的office lady。傳統觀念顧家的原因，放棄美國飛機製造公司年薪三萬美元的工作，初返台是月薪四萬新台幣（約一二六五〇美元）的工作。集團會長常在公司貴賓或日本大公司高層朋友面前介紹我時，總是很驕傲地說：××是我們從美國高薪挖腳回來的！我在旁總是微笑不語，心裡卻吐槽：還高薪挖角咧！會長與其商業夥伴開會討論電子電腦相關合作議題時，常要我也出席。我在旁觀察會長的言行舉止和寫下會談重點，會長從不說傷人或直接責備對方的話，藉著吸菸吐菸來穩定情緒和冷靜思考後才說出妥當的話語。等禮貌地送客人到電梯口，重回會議室後，他會跟我說對方的情況和分析雙方合作的利與弊，我總是認真聽著點頭，不插嘴。

會長告訴我一般日本人的個性——多是有禮無情，除非彼此相知夠久有深厚的情誼。他曾安排我去日本參訪：到日產汽車總部看汽車外觀設計軟體系統，日立社長千金邀我共進午餐，到Sony總部拜訪電子部門洽談雙方合作機會。會長博學多聞，夫婦倆待我如子姪。會長有很深的藝術涵養，收藏有多幅清末民初張大千、齊白石、吳昌碩……等大師的作品，他教我如何掛畫，如何賞畫和如何分辨真偽。他也教我欣賞他收藏的田黃和壽山石，告訴我田黃比黃金還貴重。會長常跟我說些人生道理和經商的誠信之道，他告訴我要像大樹一樣，風來了就彎下腰來，這樣才經得起狂風吹襲；風止了，依舊是挺立不搖。我最記得他說的一句話：無欲則剛！會長是一位嚴肅的成功企業家，也像是我人生在世的第二個父親！會長夫人是位慈愛溫暖親切的長輩，教我理財。很感恩和緬懷兩位重回天家的老人家！

順服必蒙福，我確信不疑！

77

小調皮、大轉機

董敏玲

事件一

返台工作不久，公司出現一新危機。行銷X協理在我到任前已向Sharp訂了五千片筆電用黑白LCD（液晶顯示）模組，單價兩百美元、總價一百萬美元的訂單。公司收到Sharp通知說：因我公司之前訂的五千片黑白LCD模組迄今一片也沒拿，除非先付錢取貨，否則將不會供應彩色LCD模組給我們。全公司嘩然，X協理也不知所蹤。Sharp是全球第一家量產供貨筆電用黑白和彩色液晶顯示模組（LCD）的公司，董事長趕緊指派新任總經理和我去Sharp總公司賠罪協商。Sharp大會議室裡LCD部門業務課長和業務代表與我們分坐大會議桌兩邊，兩位日本先生怒氣沖沖、劈里啪啦地大吐苦水……，總經理和我態度恭謹默默地坐著乖乖聽訓。將近一個多小時了，見他們氣好像消了一大半，我開口問：Can I have some tissue paper（面紙）？一邊假裝滿頭大汗要擦汗。又問：有沒有農夫戴的帽子？手比戴大帽子遮他們噴過來的口水，兩位日本先生終忍俊不住笑出來！總經理比手畫腳地說：我們都像Kentucky炸雞，都嚴重受傷，但我們要像浴火重生的鳳凰。大概覺得有趣吧！他們的態度有了一百八十度轉變，終於心平氣和的商談。課長說：這五千片訂單害他們公司損失慘重！我說：我們為之前的事誠摯地道歉，今後我公司一定會誠信地對待每一筆訂單。但那五千片LCD不會還在倉庫吧？是不是早已轉賣了？課長說：X桑，妳好聰明！但有個客製化約一千五百萬日幣的零件不能轉用。我說：這筆算我們公司的，等你們產品降價時、我們不要求降價，可用來折抵。後來這筆費用不了了之，Sharp接受我們的訂單、持續供貨。

事件二

突然接到EPSON台灣分公司業務經理（成大學弟）通知說：訂的五千個新型三吋半的軟式磁碟機不能如期交貨，我立即請他安排約總部負責軟式磁碟機業務的部長見面。獨自一人飛到日本，搭了近三小時的火車到EPSON總部見部長。還沒進到辦公樓，先見庭園內一盆盆或大或小修剪雅緻的松樹等盆栽，猜想部長應是位很有涵養的雅士。初見部長先跟他聊那些的漂亮盆栽，才知那些都是他細心修剪培育的。他說：他也很喜歡中國書法和筆墨畫，閒暇喜歡mountain biking，他真是位文人雅士。中午他請我到EPSON貴賓招待所吃牛排（法國料理），招待所位在寧靜的山上可俯瞰諏訪湖。主菜牛排上桌，我手拿刀叉卻遲遲不碰食物。他問我：怎麼了？我說：唉！可惜這美景佳餚了，我吃不下。Because I don't know where is our floppy disk drive（因我還不知我們的軟式磁碟機在哪兒？）他說：先吃東西！說：我若拿不到貨，我是否得像日本武士（作勢）切腹？部長忍住沒笑出來，說：我們吃完飯，再討論。回到公司部長問了我好幾遍，要坐幾點的火車回東京？我也回了好幾遍：我還不知道答案！最終他說：這裡回東京的火車只有少數幾班，再晚就沒車了。妳先回東京，磁碟機的事我來想辦法。我九十度彎腰鞠躬再三向部長道謝，搭上下午五點最後一班火車回東京，我穿著合身套裝下身是膝上七、八公分貼身短裙，腳穿一寸半高跟鞋一路腳酸站了三小時回到東京。

後來如期收到磁碟機。學弟告訴我：那日我走後，部長花了好幾個鐘頭開會協調，決定把正生產中供不應求的產品先停掉，專門為我們公司換線趕工生產。學弟說：學姊好厲害！EPSON生產線是頭一回換線，且是換掉最熱銷的產品，這一換線也讓公司損失不小的額外費用。部長真是位言而有信，溫厚的前輩！非常感謝懷念他！（認真盡責的學弟後來升任為EPSON台灣區總經理）

事件三

第一次隨會長在日本的一位親戚到Sony總部拜訪，我與Sony電子事業部一位資深業務專員負責雙方的聯繫。這位先生年輕博學多聞在Sony多年，他跟我說：Sony用人原則與一般日本大公司不同，Sony不看學歷，而是看創意。後來我們兩家公司往來越來越密切，Sony電子事業部Ando部長決定要親自來台與我公司洽談筆電OEM合作事宜。董事長交代我安排在西華飯店中餐廳宴請Ando部長和隨行人員，我事先拿菜單請董事長挑選菜餚，並與餐廳確定場地。那晚我提前到餐廳，請經理幫忙安排一位資深服務人員來服務。我請服務人員先幫我泡一大公杯的茶，茶湯顏色需與紹興酒的顏色一樣、放在我面前，另外兩個大公杯裝真正的紹興酒。幾人坐定打招呼相互問好……等涼菜上桌，我自己倒滿面前小杯的茶，請服務人員幫貴賓們斟好了酒。我舉杯向Ando部長說：Ando桑，Welcome to Taiwan，乾杯！我一連敬了三小杯仍面不改色，部長很驚訝、說我好酒量。我這才像個做錯事的孩子用英文加我蹩腳的日文說：對不起，我不能喝酒，我喝的是茶！Ando桑大笑不已，整個晚宴氣氛變得不那麼嚴肅，而是輕鬆熱鬧、賓主盡歡。（Ando部長後來當上Sony集團總經理）

後來與日本這三家大公司都合作愉快，一段有趣又難忘的經歷！

78

長白山上

董敏玲

小時候看的《長白山上》和後來的《闖關東》電視劇是對東北人文的初步想像。久臥病榻的母親過世半年多，仍是悲傷鬱結難解，只想一人躲到天涯海角無人認識我的地方自我療癒。

那年譚董難得到訪台灣（後來他跟我說：自己有密閉空間恐懼症，很怕搭飛機），大學同窗邀我與他見面。見面後譚董很懇切地邀我一定要去他公司幫忙，給予供應鏈管理系統總監、電腦中心總監和企業戰略高級顧問的職位，請我教導公司總經理和其他部門主管。原先他們只是要找一位有國際採購經驗的採購總監來協助處理多晶矽材料十年長約問題。

跟原任職公司劉總提出辭呈後，集團劉董事長和劉總一再慰留。我跟他們說：我想多學習太陽能光電產業知識和趨勢，若返台時會去拜訪他們，與他們分享。兩位長官都對我說：我到東北若不適應，隨時歡迎我歸隊。

隔年三月下旬離開台北舒適圈再次單槍匹馬拎著兩

支皮箱上任，又像海綿般地努力吸收新知。很短的時間懂了太陽能單晶或多晶電池片的生產原理和優勢；以及單晶長晶、晶棒、晶片、封裝、模組一系列生產過程和重要設備零組件及耗材。錦州陽光是遼寧省錦州市最大的民營企業，是中國太陽能光電產業單晶四小龍之一，當時有員工三千多人。譚董跟我說他創業的過程，他們廠最早是國企石英廠，毛主席的石英棺木就是他們廠生產的。後工廠要國企改民營，他帶領十幾位數十年的工作夥伴一起把廠盤下來經營。公司申請德國 TUV ISO9002 品保認證，品管部總監是位曾在台灣半導體廠工作過認真負責老實的台灣同胞，請我幫忙陪同德國工程師驗廠。走到公司最老的一座工廠——陽光廠，老外問我這工廠多久了？忙問旁邊一位較資深的同事，他說：董博，你看下工廠大門門梁上漆的幾個大紅字，抬頭赫見「打倒四人幫」幾個大字！這廠居然比這轟動世界的歷史事件還久遠，面對大門裡面有一紅磚砌起來的圓形建物矗立著才知那是個舊煙囪，一座頗有故事、有歷史的石英長晶廠。

公司一些重要商務餐會，董事長或總經理都會邀我出席，分享在長白山下較難忘的一些經歷與往事，有次譚董帶我和譚部長（譚董的小弟）到吉林省某一科技新局參訪。中午先到山上一農家菜餐廳吃飯，上來了一大盤有頭有腳的林蛙，嚇了我一大跳、不敢動筷子夾。譚董發現了，夾了兩只放我盤子勸我一定要吃、還說尤其是肚子裡的部位也要吃。吞完這兩只肥美林蛙，什麼味道已不記得，譚董又要夾一只給我，忙遮住碟子說：謝謝譚董，我吃不下了！

招商局局長晚宴招待，有好幾大桌（其他賓客我多不認識），我與譚部長坐一桌，同坐一桌只有五個人。開始上菜又有一道整只林蛙，譚部長說：董博，這妳一定要吃！這是野生的很少，一斤（五百克）要價人民幣一千多。我說：哇！吃金子啊！這野生林蛙體形小多了，嚐了一只比中午吃的美味許多。譚部長又夾了一只給我，我說：好後悔，中午應少吃一只林蛙，晚上我就可以多吃兩只野生的。菜餚一盤接一盤上，不知幾時大圓桌上已擺了三層堆疊盤盤不同的菜餡。跟譚部長說：哇！這三十幾道菜，是滿漢全席嗎？我們怎麼吃得完？可惜離公司太遠了，不然可打電話找年輕的兄弟們來幫忙解決。吃完兩只美味林蛙後，看著眼前層層堆疊的食物我也飽了！

隔天隨譚董到吉林一家生產石墨烯材料的工廠，是公司長晶製程坩鍋裡重要保溫材料。最近含石墨稀材料做的長褲、保暖被……，撲天蓋地廣告好似含有石墨稀就是高科技產物。這趟吉林參訪的初體驗除了吃林蛙、認識石墨稀、第一次嚐試穿雪地靴學滑雪外，譚董還帶我們到山上的一間溫泉會館泡溫泉。招商局有位年輕細心有禮貌的女員工陪我到女性專用的區域，室內池子裡她放了兩串小小的香蕉，第一次見到這麼小的香蕉很新奇。一問才知叫帝王蕉，說是以前專門進貢給皇帝吃的。兩人一邊泡溫泉、一邊吃小香蕉，不知不覺中我一串香蕉都快吃完了。晚餐吃的很少，大概肚子餓了吧！兩人移到室外溫泉池，四周靜寂飄著綿綿雪花，不一會頭髮和睫毛上都有積雪，眼睛張不開得不時用手輕輕抹掉睫毛上的雪花，這冰天雪地雪花飄飄泡溫泉的滋味此生難忘！回程中特地地到吉林松花江霧松島看霧松，路上滿是積雪，可惜水氣不足樹枝上只見冰晶。

德國漢堡太陽能光電展，公司高層一行人去看展。行前拜託 Wacker 瓦克中國區張總安排會展期問邀約其總公司總經理一起餐敘。Wacker總經理瘦高帥氣、襯衫西裝筆挺、黑皮鞋光亮，彬彬有禮一看就是位受過高等教育有品味的人。他安排在一家氛圍不俗的西餐廳靠窗位置用餐，公司的許董事、行銷部女部長和我一起赴宴。正是白蘆筍上市季節，主人建議我們嚐嚐看。幾人輕鬆地邊享用桌上美食邊聊天……，公司女部長早已坐立不安，用不太流利的英語突然打斷對話，直接問這長約的問題怎麼解決？我和許董事面面相噓很尷尬，忙圓話和轉移話題，餐會也草草結束。女部長除銷售外，原先也負責帶國際採購業務，可能是擔心我來初來乍到不堪重任吧？

參展結束回錦州後忙著連繫張總向他一再陪罪，不時打電話向他和德國老總問安。出差有到上海總會約他到一起到浦東國際大廈裡的日式火鍋店用餐，他是一位認真負責謹言慎行的優秀經理人，餐費多是他公司買單。拜託他再一次幫忙約總經理，我和許董事到Wacker總部去拜訪他。經公司上下多方努力、誠信以待，幾個月後雙方終商量出一個雙贏的解決方案，Wacker也成為我公司最重要的合作夥伴。

公司有些同事坐著老愛抖腿，晃得我眼花想吐。曾正式警告過採購部同事們，若有誰被我看到抖腿的話，小心考績會被扣分、年終獎金若少拿自負其責。女部長坐著也會抖腿，有次搭火車她坐我對面不斷抖腿、我只能側身望著窗外。她在這麼重要的餐會竟這般沒禮貌地打斷大家的談話，何況這餐會原本沒她說話的份！焉不知歐、美、日本……商務餐敘多是先藉由閒聊來彼此多了解、拉近距離，用餐時就享用當前美食（just enjoy the meals）。等吃完正餐後，喝咖啡、喝茶和吃甜點時才會步入嚴肅的話題。有前輩和長輩在說話時更是要多聽少說話，顯明尊重對方與專心，更莫要輕易論斷！原諒她沒見過世面，自視過高又欠缺歷練！到 Wacker 德國總部拜訪時，總經理跟我說：他們這裡有一百多位博士，都是學校一畢業後就到公司工作。我想他是博士中的博士，德國人做事的嚴謹態度和公司實事求是的經營管理，令人佩服！

79

二〇二一年的一次重演

劉憲洲

今天八月十四日下午（美西時間）由台北抵達舊金山國際機場的華航班機裡，有位年輕的留學生，剛退伍還留著阿兵哥頭髮，帶著兩個皮箱，開始了一段未知的旅程……不過，那是一九八一年，整整四十年前的今天！原本的計劃是：我先回台灣渡假，然後，真的今年（二〇二一）今天再從台北乘華航飛舊金山；但COVID-19疫情打亂了計劃，不甚方便回台灣，所以今天的重演（re-enactment）只從舊金山機場到達開始……，老婆今天自願當司機，開車帶我重演一次四十年前的今天我的抵達，讓我重溫昔日年輕的時光，我也趁機沿途口述我那段歷史。

一九八一年的華航北美辦事處仍位於舊金山市中心的聯合廣場，時任黃處長是新認識的長輩，他特別走到機門口接我，其他乘客以為是什麼大人物來了……。雖然一九七三年，我在雄中高一暑假時，隨高雄市少年管弦樂團和一九七九年在成大大四寒假時，隨台南青少年交響樂團，二度赴韓國和日本旅行演奏，也算早期就有出國經驗，但一人初到美國還是有點緊張，感謝黃處長一直陪著我過移民關和海關，順利入境美國。

那年，在飛機抵達舊金山的二週前，剛退伍，我趕著回高雄跟父母辭行，隨即帶著當兵時兼差演奏存的旅費啟程，赴美留學。靠著獎學金和助教薪水，二年的MBA，加上二年的數學計算機科學碩士，轉眼渡過了整整四年札實的研究所生涯，決定不走學術路線，帶著當時二個熱門學位，打算回台一展所學，第一志願：華航。不過，朋友說國內最需要的是有美國工作經驗的人，不是只有學位的留學生。好吧，畢業後還有六個月到一年的實習訓練（practical training）學生簽證，看看是否弄些在美國企業的工作經驗；當時（一九八五年）的加州矽谷已漸漸成為全球科技重鎮，我又是學這行的，不去矽谷取經，不是白來美國一趟？買了單程機票去矽谷吧！反正也在回台灣的路上……。誰知矽谷求才若渴、海納百川，這麼一停，就停了三十六年了……。

四十年來，數不清多少回由舊金山國際機場往返世界各地，我都會想起已故的黃伯伯。

今天，我們從機場走同樣的路線，一路到舊金山日落區當時的黃伯伯家，照了張照片，房子依舊，（黃伯伯生前早已搬到洛杉磯了），當年在他家住了十天，他安排司機每天有空就帶我出去走走，參訪了舊金山附近一些旅遊景點，他有機會也會跟我聊聊美國，這十天對我很重要，像是速成的美國生活養成教育，隨後，我就飛往Ohio去讀書了。

今天，我們從日落區繼續前往四十年前去過的海邊小鎮Sausalito吃晚飯，坐在海邊旁，欣賞灣區海景，這家餐廳風靡舊金山灣區四十多年了！我們很喜歡意大利西南方的蘇連多（Sorrento，那首世界名歌《歸來吧！蘇連多》就是指此地）小鎮，這裡有些類似，總讓人流連忘返！

「重演」路過的景象，跟四十年前差不多，除了人之外，可見我們都只是過路客，路、房子、樹木才是長長久久⋯，有句廣告詞意思說：你從未真正擁有這棟房子，你只是為了下一代好好的照顧它。

舊地重遊，深深感受到：人面不知何處去，桃花依舊笑春風！

美國西部時間

二〇二一年八月十四日：筆記原文

二〇二二年二月六日：補充完稿

于美國加州・矽谷

80

音樂緣、台南緣

劉憲洲

同學緣

讀了李文正兄的〈鄉下學校〉（第五十四篇）和〈庄腳囝仔上大學〉（第八十六篇）才知道文正兄為什麼常常帶同學和朋友去北部海邊享受美景，因為，每次的行程，在他心中，也就是一次一次地在「重演」他幼年時的光景……

一北一南，與文正兄有幸為同班同學，在學四年，他課餘主「武」（成大橄欖球校隊等），我課餘主「藝」（管弦樂社社長、管理學院《成大商報》總編輯、校外的音樂活動等等），雖然不至於「由你玩四年」，但相信當時我們有很大部分時間是花在學業以外的活動。

〈庄腳囝仔上大學〉一文敘述了他在「成橄」的生活和橄欖球精神，在不同領域，無形之中，我們各自塑造了所需的領導能力、責任感，甚或啟發了我們對自己的願望和抱負，我想這些是課堂上，無法學到的寶貴經驗與能力，我也相信這些能力和經驗也，是我之所以能夠獲得全額獎學金來美國的大學研究所攻讀MBA的原因之一。畢竟美國的大學在選未來的學生時，不是只看成績單，他們一定會看申請者的其它能力、成就（accomplishments）和未來成功的潛力。

房東緣

因來自高雄，無法住進宿舍，就在台南後車站旁，育樂街最靠近車站的巷子租到了房子，旁邊一塊空地，然後就是成大運動場，那塊空地就是現在的台南香格里拉大飯店和遠東百貨！大一住了一年後，房東要搬到台北，把我介紹給隔條巷子的妹妹家，住了兩年，妹妹房東也要搬到台北，又得搬了，這回沒有妹妹介紹了，我只有自己找，延著鐵路找，因為回高雄時，走路到火車站比較方便，終於在青年路口找到了，一位學長正好畢業，我就接上了。

青年路口的房東也是早期成大人，土木工程系，自己蓋的二層樓透天厝，建材一流，大理石地板，旋轉樓梯上二樓，我住的那間在一樓，有獨立的門進出，正門前有一個小花園院子，可以放腳踏車，還有鐵欄杆圍牆大門，環境很好、又安全。可是呢，房子後面十幾公尺就是鐵道，每次列車經過，先聽平交道的鈴聲，接著房子就開始振動，剛開始有點不習慣，後來也照樣鼾睡到天亮……，不過，可以證明房東這房子蓋的紮實。

房東有五個小孩，印象中我只接觸過三個，二個高三的女兒和一個在小學的小弟弟，二個女兒正準備考大學音樂系，打算主修鋼琴，副修小提琴，我住進去之後才知道她們的計劃，她們也才發現我的房間怎麼會有琴聲！

音樂緣

話說國小五年級時，風雲際會，我有一個機會去學小提琴，在那年代，家裡小孩能去學這個玩意的，非富即貴，而我家都不是，所以我們鄰居湊了五、六個小孩一起學，分攤學費嘛！

那一陣子，台灣剛派出「中華兒童弦樂團」去菲律賓演出，由旅菲和留美的郭美貞女士指揮，極受歡迎，是當時音樂界一盛事。此一臨時組成的兒童樂園是由台南的「3B兒童弦樂團」為主，鄭昭明先生為3B的指揮，另外加上台北李淑德女士的高徒門生，一起組成的高水準兒童弦樂團。

高雄市政府就在這氣氛下，成立了「高雄市少年管弦樂團」（KJO），當時我已經國中一年級（一九六九年），老師要我們都去參加考試，因為國中生長的高一點，手比較長，所以樂團希望我再學中提琴（Viola中提琴比小提琴大一點），我也不懂，老師說好就好。市府聘請3B的鄭昭明先生為指揮，李淑德女士也在KJO收了幾位學生，我從那時開始跟李淑德老師學琴。一九七三年暑假，KJO應邀赴韓國、日本旅行演奏，我已是雄中高一生，被樂團老師選為隊長和首席中提琴隨行。

鄭昭明老師十幾年來，一直默默地為六龜孤兒院付出，他每個禮拜都會去免費教導孤兒院的小朋友音樂，也常常為他們募款增購樂器，他真是個好老師。或許老天的安排，大學到台南讀書，繼續追隨鄭昭明老師，自然地就加入了由「3B兒童弦樂團」改制而成立的「台南青少年交響樂團」

（TYSO）。當時的團長已由機械系的張文燦教授擔任，他是台南人，也是成大機械系學長，曾經在早期台南的樂團拉大提琴。張教授後來也是我們成大管弦樂社的指導老師。一九七九年大四的寒假，TYSO應邀去韓國和日本旅行演奏，我又以TYSO首席中提琴隨團出發。

房東緣（續）

結果，房東太太硬是要把二個女兒從原來的老師那轉到我這邊，我只好遵命，不然說不定又要搬家，就這樣開始教她們小提琴，準備考大學的術科。每月月初，忘記金額多少，舉個例子，我交四百塊錢房租，到了月中，房東太太交兩個女兒的學費每人三百塊錢，我還倒賺兩百元！這時，院子外面就會有人叫我的名字，一位電機系的，現在住在德州達拉斯，一位航空工程系的，現在住在德州休斯頓，知道我那天收學費，他們來揩油了，青年路上的黑輪攤子，也就成我們的宵夜和高談闊論之處。

一年後，我也畢業了。當年「國防部示範樂隊交響樂團」七月初要演出歌劇《白蛇傳》，雖然我還沒正式入伍當兵，但已經接到出任務的「非正式命令」，要立即北上當「槍手」參加演出。於是匆忙地結束了四年在台南的日子。

正式考入國防部示範樂隊一分隊（交響樂團）之後，那年年底，我們一分隊有一個小型編組，隨陳澄雄老師（指揮）和姜成濤（反共聲樂家）去全台勞軍和公演，包括各軍校和金門，在復興岡演出半場休息時，有一張紙條（其實是寫在衛生紙上）傳給我，上面寫著：老師拉的好棒，我是政戰學生不能去找你——陳。

原來，房東兩個女兒中的姊姊考進了政工幹校音樂系，妹妹考進了實踐家專音樂科。

再續前緣

時間快轉三十八年到二〇一七年秋，我因事回台，有機會在台南待三個晚上，有一天沒安排行程，我早上從成大旁的香格里拉大飯店一路延著育樂街走，去看看曾經住過的房子，當年感覺還蠻寬的育樂街怎麼變的如此狹窄、擁擠，去青年路口看看吧，走著走著就到了，往大四住處的巷子走近時，一位老太太從身邊走過，沒特別注意，到了住處門口，左看右看在確認的過程中，終於引起隔壁在卸貨的一位先生的注意，問我找誰，我說找陳先生家，他指著第一家，說是那家。這時，那位剛剛側身而過的老太太不知為何已經轉身走回來了，她問有什麼事，我才說我大四在這住過一年，也教過二位女兒小提琴，她馬上說我記得你，原來是房東太太，你去了美國，她是真的記得，馬上拿出鑰匙開鐵門進院子，介紹我看看院子裡的蘭花，然後領我進屋內坐，並告訴我房東先生已經患有Alzheimer（阿茲海默）病，不久，房東先生在外勞的陪同下散步完返家，他人超nice的，但失去了記憶，當然不記得我。

房東太太也立刻聯絡上兩個女兒，我們也恢復了聯繫。姊姊政戰畢業後，短期下過部隊，後來也進了國防部示範樂隊，走我曾經走過的一小段路子，退役後進了台北市明星國中音樂班當老師。妹妹後來嫁給了成大化學系學長，成了高雄人，她的女婿的父親也是成大化學系學長，女兒女婿在雄女雄中時代就認識，一路進了台大，留學美國，四年多前來到矽谷工作。上個月，我斜對面的鄰居退休要賣房子，我馬上通知她女兒，那棟房子上市一天，就有多個超過加價二〇%的買家搶房，結果她女兒以非最高價搶到了，聽說房主有考慮是我的特別介紹。

從四十多年前在台南成大因租屋結緣，這緣分又在歷經三十八年中斷之後再續，而且，延續到下一代，延續到美國成為面對面的鄰居，這緣值得珍惜呢！

81

漂泊、落地、浮萍，此心安處是吾鄉

劉憲洲

從來不曾有，沒有「根」的感受，直到工作幾年後，有一天接到父親從台灣寄來的信，告訴我老家要拆了……

漂泊、落地

父親是黃埔軍校一九期，抗日勝利後，解甲歸鄉種田，當大陸再次動亂時，隻身離鄉輾轉香港來到台灣，在教育界任職。外公外婆早年已移居現今的新加坡。母親於新加坡出生，小學時回廣東老家讀書，高中畢業正逢大陸動亂，母親的大哥必須留守廣東老家的田庄，他連騙帶哄的把老家的兩個妹妹送到台灣「玩」，不久，當然母親和阿姨就回不了家了。父母在台灣相識結婚，母親在左營國小覓得教職，就住進了左營國小宿舍。

曾經，左營代表著海軍，說標準國語來自左營，意味著你是眷村來的，這是我們這一代高雄的刻板印象；雖然我家不是，但我也不多說明，畢竟，我家就在左營軍區旁的左營國小內。一九五〇年代，左營國小校園最後面有一排日本人蓋的老師宿舍，大概有十五到二十棟，全是日式建築，一棟平房兩戶，兩戶中間僅隔著一道牆而已，各有各的院子，極為類似美國現在的複式連排別墅（duplex townhouse），沒想到百年前，日本人已經想到這種居住模式。

日式房子以木頭結構為主，餐廳廚房是地板，主廳是榻榻米，父母加上後來的六個小孩，晚上全家都睡在這榻榻米上，橫的豎的，高的矮的，隨時調整位置，當時，那蚊帳，在我們小鬼頭來說，可是世界上最大的蚊帳！蚊帳一掛上，我們依然可以在裡面繼續玩，直到被下令躺下為止。院子四周圍著籬笆牆和籬笆花灌木叢，後來進化成為紅磚牆，房子也因為孩子們漸漸長大，榻榻米擠不下了，父母就延著日式主屋邊，加蓋了水泥屋。煤球在那個年代是家庭能源的主要來源，所以我們也都渡過了在院子裡燒煤球做飯、燒熱水洗澡的日子！

院子裡可熱鬧了，不同時間點，養著雞、狗、還有兔子、蠶寶寶，後院還有火雞！狗狗幫我們看院子，晚上保護雞，兔子和蠶寶寶是我們小孩子的寵物，雞會生蛋，大火雞則是一家人逢年過節的主食。果樹種有土芒果、南洋芒果、桂圓、木瓜、芭樂，還種過絲瓜、地瓜、玉米，更重要的，它們全都是有機的呢！

出了自己家的院子大門，就是校舍，整個校園都是我們的「後花園」，升旗台後面的大榕樹是集合地點，宿舍的孩子們很有默契的差不多時間就自動到集合地點開始玩耍，不到吃晚飯時間不回家。跳高、跳繩、跳格子、踢毽子、扒紙牌子、打陀螺、橡皮筋、彈珠、沙包……，那時代該玩的我們都玩過，可以爬的樹都爬過，真的是一群嬰兒潮世代（baby boomers）的野孩子們。

校園玩夠了，我們一群孩子也長了幾歲，開始進攻海軍軍區！左營國小隔一條軍校路和鐵絲網就是海軍軍區，當時是大軍區，眷村在軍區內，有憲兵站崗軍區大門，我們「翻牆」（鑽鐵絲網）進軍區，花一塊五毛錢去游泳池游泳，或去中山堂看電影，有時進去樹林裡比「槍法」（用彈弓打麻雀）……，所以雖然我們不住在海軍眷村內，眷村卻也是我們成長過程的半日圈！

文的方面，宿舍裡有一位老師從校外請小提琴老師來學校教小提琴，母親喜歡音樂、藝術，學校運動會的大會舞通常由母親負責，所以我和哥哥也被母親送去湊數學小提琴，人越多學費越便宜嘛；確沒想到，這機會造就了哥哥大學的弦樂主修和音樂專業生涯，也豐富了我事業之外一輩子的音樂生活，尤其我在台灣的日子，和當時讓我存足了留學的旅費！

一九六〇年代初、中期左右，有時寒假、有時暑假期間，突然學校變成軍營，一大堆阿兵哥住進教室裡，操場都是軍事裝備，學校大門門禁森嚴，全副武裝的軍人守著大門，大人告訴我們他們是來參加演習的。記得我們宿舍的小孩子喜歡跟一些四、五十歲的士官長叔叔們玩，他們也很喜歡我們，常常會拿一些軍糧餅乾和牛肉罐頭給我們吃。哇！那牛肉罐頭的牛肉是我一輩子吃過最好吃的牛肉！據後來解密的檔案得知，其實，這些軍人都是已經集結的部隊，一聲令下，隨時上船反攻大陸，可是美國政府都擋下了那幾次的反攻計劃，那些餅乾和牛肉罐頭就是美軍的標準戰備糧。

浮萍

就這樣在有「文」、有「武」的日子裡，宿舍的孩子們逐漸長大成人，走出了左營國小宿舍，但那個家永遠是我們的根。隨著快速流逝的光陰，宿舍維修成為學校的財務負擔，加上年輕教師無法分配到宿舍的公平性問題，政府決定乾脆拆除宿舍！雖然收到父親有關拆除宿舍的信，但我在美忙碌的工作，無暇親自回家收拾留在家的一些學生時期的生活記事和資料，以致於失去了年輕生命一部分的紀錄，甚為心疼。

不久，宿舍全拆了，改建成幾個籃球場和網球場，我家前院種的三棵芒果樹幸運的被保留下來，現在已經是根深葉茂、古樹參天，好似一直在等著我們回來，引導我們找得到家。父親二十六、七歲，母親快二十歲時，他們拎著簡單的行李，來到台灣，胼手胝足，落地生根，成立了家庭，清寒的日子裡，還有六個小孩要拉拔長大，父母著實無力另外購屋，到了退休年齡，宿舍拆了，他們要漂泊到何處呢？於是家人像浮萍，沒了根，有的北漂到台中，有的北漂到台北。兩個妹妹先後也已經來美國了。最後，父母決定：移民！

此心安處是吾鄉

身為客家人的父母好像膽子很大，不怕搬家，六十五歲左右了連來美國都不怕！老爸開始勤學英文，我和大妹也逐一申請家人移民，一切順利，陸陸續續，父母兄姊也順利的全家移民來加州，我們一大家子全都漂洋過海到了美國。

一晃眼，父母移民美國到現在也三十年了。幾年前，雙親都在九十多高齡下前後離開了我們。母親在生命的最後幾天，一直說：「我想回家」，我們安慰她，說這裡就是妳的家呀；但，同時也問她：妳想回新加坡的家？妳想回廣東大埔的老家？還是，妳想回左營國小的家？媽媽也答不出來。

母親離世幾個月後的秋天，哥哥、二姊和我一起帶著母親一點點貼身的衣物，回到左營國小，在家大門前旁的那棵芒果樹根旁，埋下了母親生前衣服上的一個扣子，燒了其它的小片衣物，把燒的灰也埋在樹根旁的地下裡：媽媽，我們回家了。媽媽是在這個家生養我們六個小孩，她心中要回、卻又無法形容的那個家，一定是這個家！

蘇軾曾為好友王鞏的回歸，寫道：「常羨人間琢玉郎，天應乞與點酥娘。盡道清歌傳皓齒，風起，雪飛炎海變清涼。萬里歸來顏愈少，微笑，笑時猶帶嶺梅香。試問嶺南應不好，卻道：此心安處是吾鄉。寓娘回答蘇軾的話「此心安處是吾鄉」，安慰了我浮萍漂泊的心！

82

班代，你現在好嗎？

楊穆郁

他是我們班上三位役畢生中最年輕的一位，一百八十幾公分的身高、斯文的長相，加上年輕的活力，讓他很快就成為班上甚至是系上的風雲人物，不但被推選為大一上學期的班代，還是系上籃球隊的主力中鋒。適逢那年全國大專「男籃女排」會計盃在成大舉行，他既參加球賽，又在「會計之夜」晚會上有精彩的節目表演，攀上這個盛會的浪頭，讓他在甫開學不久，就成了同學、學長姊、師長們心目中「允文允武」的優秀青年。

看著同學們簇擁著他，成天把他當明星般的追捧，尤其是民法老師林法官幾乎每次上課時，都會毫無保留的誇讚、稱許他，令同為役畢生的我，屢屢只能落寞在一旁吃味，心裡暗自數落著：「都當過兵了，還這麼不穩重，每天跟那些年紀小一大截的同學們嘻鬧著，這樣，到底那裡優秀啦？」

在迎新、郊遊、烤肉、聯誼、球賽、大考小考交錯之下，大一新鮮人的日子，像一陣風似的飄逝而過。過完農曆年，進入大一下學期，班代由另一位役畢的同學擔任，第一學期剛入學時那位明星級班代，此時已從絢爛歸於平淡，畢竟在偌大的校園裡人才濟濟，經過一學期的試煉後，若非成績名列前茅，或有什麼特殊才能獲得同學、師長的共同肯定，甚至參加校際的比賽獲獎，否則就和大家一樣，都是平凡的大學生，必須在上課、小考、期中考、期末考的層層關卡中求生存。

下學期剛開學不久，我跟著學校球隊，到台北參加「大專杯棒球賽」，經過一個多星期的緊湊賽程，在台北市立棒球場、新生公園棒球場二個場地和其他學校選手同場較勁之後，成大拿到大專乙組季軍的成績。在濕冷的台北打完球賽，回到溫暖的學校後，卻迎來一個比台北天氣更冷冽的壞消息，第一任班代因重病到台北就醫了。事情來得太突然、太意外了，我北上參加球賽前，還在光一舍和他碰過好幾次面，那時的他和以往一樣的強壯、一樣的活潑，而且才二十幾歲的少壯之年，怎麼會突然在學校暈倒呢？

腦瘤，原來是腦部的疾病，導致腦部神經受到壓迫，害他突然暈倒、高燒不退。學校緊急將他送醫，隨後轉診台北三總；班上同學多人連夜趕到台北的醫院探望、陪伴、打氣。

經過開刀、住院、治療之後，加上他原本就具有運動選手底子的強健體魄，班代很快就康復出院了，但畢竟前後也耗費了幾個月的時間，功課已經有所延宕，大手術過後的體能狀況，也不適合馬上承受課業的壓力，只好先選擇休學，在家靜養。

我們升大二之後，更精實的課程——中級會計學，還有聞名的大刀張老師，讓校園生活變得更緊湊、更充實，尤其是每個星期日上午，幾乎都是一週張老師要補課上中會，隔週助教就要進行中會小考，這樣交替之下熬過，大學生活也一下子由彩色變黑白，張老師的「存貨八大」更成了大伙的夢魘；在被功課壓得快喘不過氣的同時，班代也已經第二次更換了，從大一上、下學期分別由二位役畢的大哥哥擔任班代，轉而出現激烈競爭，最後還要經過無記名投票才產生大二上的新班代，凸顯經過一年的相處之後，願意站出來為班上服務的精神，已經在班上同學間發散。

大二下學期，首任班代復學成為低我們一屆的學弟。容或腦部動過大手術，創傷還沒完全復原，記憶力、理解力都大不如以前健康時候，聽說他復學後，功課表現變得跌跌撞撞，有些科目都被當，經過補考、老師酌情評分才能過關。一位曾經是系上眾所矚目的閃耀之星，彼時瞬間變得黯然失色，再無明星的光環！

不再同班之後，由於他還是住在學生宿舍，大家仍然常常可以在光復一舍碰面，然而他被安排和大一新生同寢室，和原來的同學們，已經有許多有形與無形的距離，大家不再像昔日那般親近。

會計系大三、大四功課都不輕，我平時又要家教、打工賺錢，另外還要參加球隊練球，加上臨畢業前，我突然想轉行往新聞界發展，是以生活一直很忙碌，沒能撥出一點點時間，去關切復學後的前班代，生活過得好不好？功課是不是已經漸漸回到學習軌道上了？

在忙與茫之間，在那年動盪、多事的六月，我從成大會計系畢業了，接到報社錄取通知之後，馬上匆匆忙忙的趕到台北報到，搖身一變成為社會新鮮人。從會計系到新聞採訪工作，跨得距離不算小，所以一進入職場之後，我馬上又面臨一堆嶄新的挑戰，採訪技巧、新聞寫作、人脈網絡、金融新知……等等，無一不是必須重新學習的學問，所以工作壓力一直都不算輕。

記者工作，通常是白天採訪，晚上寫稿交件，加上彼時星期六也必須上整天班，作息時間和一般上班族很不一樣，導致自畢業之後，同學之間的聯誼活動，我幾乎都無法參加，有幾位同學在台北舉辦婚宴，也都在筵席中途才能匆匆趕到；和同學疏於聯絡，就不太瞭解同學間的動態。這樣忙於工作多年後，有一天突然在租屋處的雲和街附近，碰到大學第一任班代；原來他也完成大學學業，北上工作了。他還是和在成大時一樣，熱愛籃球運動，正抱著籃球，準備前往台大打球。

看他恢復到籃球場上找人鬥牛了，我替他感到很高興，想說逾三十歲了，還能從事激烈的籃球運動，身體狀況應該恢復得還不錯。後來又在台大校園、雲和街、溫州街一帶，跟他碰過幾次面，但他酷愛籃球運動，我多半到台大慢跑，所以每次都只能簡單的寒喧幾句，從來沒有一起運動，或一起在附近用餐。總以為，以後有的是機會。

沒想到當再次聽到他的消息時，竟然是他開過刀的腦部又發生病變了，必須再開刀治療。還來不及去探病，就聽說他已經出院了，當時很為他感到高興。可是沒過多久，又有壞消息傳來，聽到他又開刀、住院了，短短的幾個月時間，又第二度被送進三總手術房。

這次總算和幾位在北部同學約好了，在一個星期日上午我們前往位於汀州路的三總探病。躺在病床上的前班代，已經無法言語，只能用握手的力量輕、重來和我們溝通，眼角則略微濕潤。看到這景相，令我非常難過，原本應該在籃球場上縱橫馳騁的健碩身軀，此刻卻除了手掌開合、眼睛睜眨之外，幾乎完全動彈不得。這和我們大一初認識時的班代——陳明烱，相去未免太遙遠了吧？

紅著眼眶回家，我心裡一直默禱著，希望他能趕快恢復健康。

雖然我住的地方距離三總很近，前往探病很方便，但我不敢單獨去看他，因為不知道要拿什麼話來安慰他，更害怕看他在病榻上的病容，那樣子，和當年的英姿煥發，完全無法聯想在一塊。

當我內心還在掙扎之際，沒多久，竟換來他離開我們的噩耗；一個年輕的生命，敵不過病魔的折騰，往生了，到另外一個世界去了！

光陰似箭、歲月如梭，我們班竟然畢業三十三年了，前幾年舉辦畢業三十週年同學會時，有三十幾位同學從各地回到台南歡聚一堂，當大家同在一起，開心閒話當年時，我突然想到第一任班代，當年大家一起考進成大，成為同班同學，當時他是意興風發、年輕有為的標竿人物；然而經過三十幾年物換星移後，如今同學重聚，大家分享事業及養兒育女的心得時，他卻再也無緣參與了。

我們認識後的他，雖然在大一時曾有過短暫的鋒芒，但宛如流星畫過天際一般，緊接著就是一連串的病痛折磨，以及從絢麗回到平凡的孤寂之路。為年輕殞落的生命感到惋惜，也想借用一首流行歌曲《你現在好嗎》的歌詞，我好想問班代：「你現在好嗎？」在另一個世界，有人照顧你嗎？

83

被觸殺的少棒夢

楊穆郁

我念小學時，先有紅葉少棒隊擊敗日本和歌山少棒隊（當年威廉波特世界少棒賽的冠軍隊伍），接著，隔年由金龍少棒隊首次為我國贏得美國威廉波特世界少棒賽冠軍，帶動了整個台灣的棒球熱潮，也激勵那個年代的小男生普遍都瘋迷棒球、為棒球著迷，也奠定台灣棒球運動蓬勃發展的基石。

我的家鄉在台灣中部的濱海小鎮。那時候，鄉下小孩幾乎個個活潑好動，普遍喜愛戶外活動；加上在我念小學時，已經是九年國教的年代了，少了初中聯考的升學壓力，不用惡補，小學生幾乎都精力旺盛，一下課就想玩耍、運動。透過電視越洋實況轉播，看到台灣少棒選手在威廉波特揚威的場面，更鼓舞那時候的孩童們，幾乎都喜歡上棒球。

可惜，我們學校雖然運動風氣興盛，是鎮運會總錦標的常勝軍，九人制排球隊，更多次打到全國冠亞軍爭奪戰。但囿於場地、設備、經費等軟硬體不足，學校一直沒有推廣少棒運動的計劃，甚至勸阻中、高年級男同學，不要在校園裡打棒球，以免打破教室門窗的玻璃及其他學校公物。

縱使沒辦法從學校獲得任何棒球養分，但喜愛棒球運動的鄉下小孩，在台灣少棒運動風氣方興未艾之際，並不想在棒球運動上缺席。為了玩球，我們曾經學習紅葉少棒隊的克難精神，一切靠自己，先用舊報紙、水泥紙袋折成可以接球的棒球手套，再借用阿公縫布袋的布袋針、布袋線，把手套邊緣縫牢固，就這樣湊合著接球。買不起縫線的硬式棒球，就用塑膠皮的準硬式或軟式棒球代替。沒有球棒，也要靠自力救濟，想辦法去鋸一段木材或竹竿，再稍事削整之後，再在雙手握球棒的地方纏上幾圈膠帶，這樣，就做成一支克難的球棒。經過拼拼湊湊的組合，看似簡陋，但已經夠讓鄉下小孩們在放學後時間，於自家曬穀場上或收割後的稻田間，興緻高昂的把棒球遊戲玩得不亦樂乎了。

因為從未受過正規的棒球訓練，也沒有任何一項標準的棒球器具和場地，所以我認為，當時我們那群小學生所從事的，只是一種「棒球遊戲」，根本稱不上是「棒球運動」！

在台灣農村普遍清貧的年代，我念小學的童年生活裡，除了上學、考試、幫忙農事之外，小學生平常最期待、最盼望的事情，當然非放假和遊戲莫屬了。有了棒球這項遊戲，則讓那一段年少的日子，過得更加充實與璀璨，因為棒球除了是一種遊戲之外，更是一種強身、勵志的運動，讓不少學童在內心裡，藏著一個自己的編織的「少棒夢」、「威廉波特夢」，讓等待著下課、等待著放學、等待寒暑假快點來臨的童年，除了青澀之外，還能添加些許不一樣的色彩。

第一代台中金龍少棒隊，是第一支到美國贏得世界少棒冠軍的台灣少棒隊。雖然號稱台中金龍，實際上卻是集結全國各地少棒好手組成的明星隊，等到隔年之後純由台中地區選手組成的台中金龍隊，卻連續二年都屈居全國亞軍，到我小五、小六那兩年，台中金龍隊更跌出全國少棒賽前三名之外。眼看台中地區的少棒隊成績退步，金龍隊世界冠軍的光環褪色，而自己又即將自小學畢業，少棒夢越行越遠，讓我在小學畢業前那段時間，不但過得不太開心，甚至心情還有點灰暗，成天悶悶不樂，對畢業這件事幾乎沒有什麼感覺。

在等待畢業、窮極無聊的日子裡，有一天級任紀老師突然宣布，我們班上要舉辦棒球賽。紀老師一宣布這項好消息後，立刻贏來全班同學歡聲雷動的喝采叫好。

接下來，班上同學就開始分頭忙著舉辦球賽的各種事務，包括：籌組球隊、張羅球具、布置場地……等等。從決定舉辦棒球賽起，我們在一個星期之內，就籌組了三支球隊，備齊了一套球具，包含十個棒球手套、一支木質球棒、幾顆準硬式棒球，還縫製了幾個壘包、製做一個本壘板等。三支球隊分別為：神鷹隊、虎風隊、無敵隊。我負責籌組虎風隊，還特地找最有畫畫天分的陳有恭同學在隊旗上畫了一隻栩栩如生的老虎。

紀老師是那次球賽的總策劃兼裁判，他決定比賽採雙循環賽制，三支球隊都會和其他兩隊各交手兩次，每一場比賽勝隊獲兩點積分、敗隊零積分，兩隊打成和局的話，則各獲一點積分，等兩個循環打完，積分最高的一隊就是冠軍隊。比賽時間則安排在每天下午最後兩節課。

比賽開打前幾天，先安排下午時間讓球隊練球。我們虎風隊沒有任何同學有棒球手套，也沒有球棒，全隊只有兩顆準硬式棒球，練球時只能用紙製的手套輕輕的傳接球，再央求其他兩隊同學，在他們練球的空檔，能把手套、球棒借我們練習。

備受期待的比賽，終於被我們盼到了，經抽籤決定的賽程，首場就由我們虎風隊和無敵隊交手。這場比賽，我自己先發主投，搭配的捕手是楊枝取同學。在我的快、慢速直球搭配下，對手一直無法攻站上得點圈，分數一路掛零到底，神風隊則靠幾支零星安打和四壞保送，攻下寶貴的二分，最後以二比零獲勝。

第二天輪到神鷹隊和無敵隊交手，在經過一番纏鬥後，最後由神鷹隊以大幅領先的比分贏得勝利。第三天則由我們虎風隊和神鷹隊兩支各獲一勝的球隊碰頭，爭奪第一循環的第一名。賽前虎風隊是相對不被看好的，但我們對比賽充滿著鬥志，決心全力一博。我派出陳澄富擔任投手，自己則防守一壘。

前幾局，我們被神鷹隊先攻得兩分，之後雖然追回一分，然而神鷹隊在局局有攻勢之下，又追加了兩分，取得四比一領先的局面。最後一局下半，是我們虎風隊僅剩的反攻機會，率先上場打擊的第二棒，遭到封殺出局，三、四棒則分別擊出二壘安和一壘安打，先追回一分。輪到第五棒的我上場打擊，靠選球獲得四壞球保送，形成一人出局，一、二壘有人的局面，後勢仍大有可為。

這個時候輪到第六棒紀明華打擊，由於他身材比較瘦小，前幾次打擊又都沒打好，因此有其他隊員建議更換代打。擔任隊長的我，當下很難取捨，在換與不換之間天人交戰了一會兒，最後決定以不變應萬變，仍然由紀明華上場打擊，而他也不負眾望，擊出一記飛到司令台旁那棵鳳凰木後方的二壘安打，在二壘的第四棒奮力奔回本壘，得到第三分，我也趁勢衝到三壘。但球場如戰場，賽況瞬息萬變，我在三壘還沒踩穩之際，突然間風雲變色。

因為同學們貪圖方便，在整理比賽場地時，發現三壘壘包處，剛好是平時投擲鉛球的投擲區，就設定投擲區那塊粗糙的水泥地為三壘，不再另外放置壘包。面對那種水泥地壘包，採滑壘方式肯定會受傷、流血的，因此我採一般跑壘的方式踏上三壘，但因衝力太大，加上學校操場比較濕滑，踩過壘包之後，又往前衝了一步，才煞住整個身體。就在這個時候，神鷹隊已經把球回傳到他們三壘手陳本德的手套裡，並大聲叫他對我做觸殺，我就在差半步才能踩回三壘區時，遭到觸殺出局。

對這個判決，我很不服氣、很不能接受。我認為是那一個不安全的壘包，害我不敢滑壘，才會在跑壘時剎不住車，不應該判我出局。但紀老師最後仍維持原判，宣告虎風隊二出局。

最後半局，二出局、二壘有人，落後一分的虎風隊，輪到第七棒打擊。雖然在二好球之後，擊出一支安打，但球打得不夠深遠，沒辦法護送紀明華跑回本壘得分，只能先推進到三壘，形成一、三壘有人的局面。此時，虎風隊仍然有追平比分、甚至反敗為勝的機會，局面非常緊張。只可惜後繼乏力，虎風隊沒再得分，神鷹隊最後以四比三獲勝。

球隊原本有機會贏球的，卻因為一個小細節疏忽，沒能一鼓作氣反敗為勝，我覺得自己是輸球的頭號戰犯，因為如果沒有在跑三壘時衝過頭，虎風隊應該有機會多得幾分的。

因為自己的過失，害球隊以一分落敗，令我渾身不自在，內心被急著要復仇雪恨的情緒籠罩著，迫不及待的希望第二循環比賽趕快展開。等待的日子，相當不好受，每一刻都如坐針氈似的。好不容易挨過星期六、星期日，星期一上學時，我比平時提早到學校，除了渴望打第二循環比賽之外，也想快點和虎風隊的隊友見面，好相互激勵、凝聚必勝的決心。

由於心思全放在球賽上，早就無心上課，完全不知道老師上課在講些什麼。等第二節上課鈴響後，卻看紀老師臉色鐵青、表情肅穆的走進教室，先是不發一語，接著點名無敵隊的幾位同學，把他們帶到教師休息室去，丟下一臉茫然的其餘五十幾位同學。教室裡先是一片靜默，但安靜的場面沒維持多久，同學們隨即三三兩兩的交頭接耳起來，其中不乏談論紀老師突然帶走蔡同學等人這件事情。

紀老師和蔡同學他們，一直到接近中午的時候，才又回到教室。老師仍然一臉怒氣，除了處罰剛剛被帶出去談話的同學之外，還找班長去聊了幾句話，然後就提早下課了。

下午第一節課，紀老師並沒有進教室，由班長宣布大家自習、寫作業，同時也轉達紀老師的指示：棒球賽第二循環不打了！

這真是一記晴天霹靂！

為什麼？為什麼？但班長、其他同學都沒有答案，誰也不知道為什麼球賽不打了。

二天後，才開始有消息靈通的同學帶來最新情報；原來是蔡同學他們，前幾天到鎮上唯一的國中校園玩，發現體育器材室的窗戶沒關，就找來了長竹竿，從窗戶勾吊出五個嶄新的棒球手套。自以為神不知鬼不覺，但卻被在附近割草的工友全看在眼裡了。

這時我也解開了心中一個疑惑，原本很勉強才湊足可以比賽的棒球手套，而且多半老舊不堪，等比賽開始之後，卻突然多出來好幾個新穎的手套？原來它們是鎮上國中的公物。

球賽停辦了、贏球復仇的機會落空了、冠軍更遙不可及了！

再過二個多星期，我參加一場沉悶的畢業典禮後，正式告別小學生涯。我的小學生活，還有「少棒夢」，似乎在被觸殺那一剎那，就已經畫下句點了。

84

意外但珍貴的冠軍

楊穆郁

成大會計系館的位置，隔著古董火車頭和中正堂相鄰。因地利之便，我大二、大三時都曾在中正堂當工讀生，負責打掃、拖地等清潔工作；平日在課與課之間的空檔時間，也常到那兒打羽毛球。我愛打羽毛球，但囿於沒受過正規訓練，所以球技並不出色。

大四那年，會計系男生羽球隊，在系際杯男子組比賽，很早就落敗，止步於預賽。預賽就被淘汰，一下子比賽就結束了，只好改當觀眾，沒課時就往中正堂跑，除了看他系的比賽。欣賞別人的球技和精彩比賽之餘，也常利用比賽空檔，上場揮揮拍、活動活動筋骨。此時，系學會的大三學弟妹們，竟然委請我帶女生組的比賽，也不知道哪來的膽識，我竟然沒多做考慮，就勇敢的承接這個工作，在不是我專擅的羽毛球運動，擔任臨場調度的教練工作。

答應帶會計系女生隊參加系際杯羽球賽一事後，才獲悉，原來系主任葉教授是羽毛球高手，平時都有在成大教職員隊裡打球。此時我頓覺壓力沉重，心想，男生隊兵敗如山倒，女生隊總該交出像樣一點的成績吧？不然，改天系主任如果突然聊到羽毛球，我豈不很沒面子。

然而事情並沒有我想像中順利。成大男、女生比例懸殊，向來是全國知名的，而會系計女生人數，和其他學系比較，應該可以排在前段班了，照說，運動成績應該要比男生強很多，也可以順利找到可用之兵上場比賽才對。可是事與願違，預賽第一場，我就差點交不出與賽名單（playing order）來，最後是在硬著頭皮寫下出賽的單、雙打選手名單之後，再央請學妹們儘速回勝利二舍揪人，才走鋼索般的贏下該場比賽，令我捏了好大一把冷汗。

第二場比賽和第一場如出一轍，我在填寫比賽選手出場順序表時，只能把已到場的選手先派上場打第一點單打，然後拜託學妹們回女生宿舍，請被我安排打第二點雙打的選手，趕快趕到中正堂備戰。還好，勝利二舍距離位在光復校區大門口右側的中正堂不遠，選手最後都能即時趕到。

正當為接連「苦勝」而嘆息之際，有一位我認識，但不算熟的體育老師，指著不遠處一位正在揮拍的女生，對我說：「那位是你們系上的選手，是校隊的，怎麼沒找她來打系際杯？」

其實，會計系不算大，每一年級日、夜間部各一個班而已，愛好運動的女生也不太多，能加入校隊的更是屈指可數，有這樣的人才，系上竟然都不知道，還要讓我這「半桶師」教練，每場比賽都在左支右絀的窘狀下煎熬。得到這個好消息，我趕緊趨前謙恭的延攬良才，經過一番寒暄之後，才得知對方是夜會五的夏錦秀，的的確確是會計系的學生，也確實是成大羽球校隊的成員。我立刻邀她披掛會計系的戰袍，她不但允諾效力，還進一步介紹系上還有一位可用之將，是剛從外文系轉系過來的馬來西亞僑生——楊碧娥。

一口氣添加二員大將之後，會計系女子羽球隊，從原本打得跌跌撞撞；雖然勉強晉級，但並不被看好的陣容，搖身一變成為被各系視為勁敵的強隊。才剛從外文系轉到會計系的大二僑生楊碧娥，更是球場上最受矚目的焦點。

她來自馬來西亞，當年馬來西亞的羽球風氣遠比台灣興盛，早年伍文美、西迪兄弟都在國際羽壇各領風騷多年，還傳承給後來的李宗偉、吳柳瑩、謝定峰和蘇偉譯等人，讓馬來西亞的羽球運動，一直在國際上佔有舉足輕重的地位。在當年馬來西亞羽球實力遠比台灣強的情況下，楊碧娥似乎在僑居地時就曾受到大馬的羽球風氣熏陶，果然球技出眾，為會計系在晉級之路，立下不少汗馬功勞。

值得一提的，她不但球技好，而且身材勻稱高䠷、臉蛋甜美，自從她加入系隊之後，每逢會計系出賽時，場邊觀賽的人潮都會突然大增，大多是別系來幫會計系加油，當義務啦啦隊的男生，明眼人稍加留意就可發現，幾乎都是楊碧娥的球迷。

從開賽之初摸著石子過河的贏一場算一場，到有兩位即戰力的好手加入之後，幾乎場場輕鬆取勝，我帶兵作戰的心情也變得較為踏實與篤定，一直到進入決賽爭奪冠軍那天，即將與頭號勁敵外文系對戰，我才又再度面臨考驗，而且是一次沉重的考驗。因為敵我雙方都有校隊成員，選手的實力都在伯仲之間，評估輸贏的機率應該落在五五波之間，此時選手臨場表現，以及教練的調度、排點，就變得格外重要。

夏錦秀告訴我，如果她碰上外文系最強的選手，由於對方比較年輕力壯，單打她可能打不贏對方，如果換成派楊碧娥應戰，兩人實力相當，勝敗則完全要看球運及臨場表現而定。這個情報讓我在排選手出賽順序時陷入長考，最後我決定賭一把，心想，既然我們最強的兩位，碰到對方最強那一位，都沒有必勝的把握，因此我希望能以下駟對上駟，想辦法派不強的選手，消化掉他們最強的一點，剩下來的點數，就比較有把握了。所以第一點單打，我派出我們班同學彭孟瑤，第二點雙打，則排夏錦秀帶大二的學妹盧幸繁，最後一點單打，再由楊碧娥出馬。

當裁判揭曉雙方的出賽名單時，我差點忍不住要喊出「Bingo」，因為被我猜中了，他們果然排出最強的選手打第一點。我們會計系把第一點當做犧牲打，以大比分落敗之後，接著雙打、第二單打，都輕鬆獲勝，幸運的贏得七十七學年度系際杯羽球賽女子組冠軍。

在那年十一月十一日成大校慶運動會上，獲頒冠軍獎杯。會計系終於擺脫只會拿啦啦隊比賽冠軍的形象了，那一年，除了啦啦隊之外，我們還奪下女子羽球冠軍，多拿了一座獎杯。

自己沒有打出好成績，卻意外帶領女生隊，在歷經波折的多場比賽後，憑藉大家努力和幸運之神眷顧，終於奪得女子組羽球賽冠軍，也成為我大學生涯中一件難忘的經驗。感謝夏錦秀、楊碧娥、彭孟瑤、盧幸繁、簡蘭蘋等人，當年在球場上的賣力爭戰，我們才能贏得那一座事前不敢妄想，事後讓我高興好幾天的冠軍獎杯。感謝大家當年為系上榮譽努力的過程！

85

土包子

趙雄飛

民國六十三年我是已服務了七年的空軍少校軍官，有一天聯隊部推薦我參加赴邦交國北非利比亞軍方工作甄試的機會，有幸通過國防部英文及電子通信技術的口筆試，受限於機密何日出國待命中。

民國六十五年，突然接到人令準備出國並安排先到木柵某單位接受出國前為期一週的反共愛國及國際禮儀講習，完訓後，我安頓好妻兒（當時肚子還有第二胎不知是兒或女即將臨盆，結果二兒子是在我出國十天後出生，時隔兩年等妻小三人萬里尋夫到利比亞依親，第一次見面時，二兒子已經兩歲了，他見到我就怕怕的，一直躲在媽媽後面緊握不放，經過很長一段時日才接受我，可悲也！）民國六十五年七月二十一日我三十歲持公務護照揮別父母及妻兒於松山國際機場搭乘泰航DC-10班機出發，記得那個時期尚沒有開放觀光，祇有公務、留學生、或商務等人士有出國機會，所以旅客們都會頸套彩色花環，依依不捨的在松山機場噴水池前拍照留念，可見當年出國是件非常不容易及興奮的大事。我們這一群來自陸海空軍約三十位的同行者，因為保密是在登機前才被告知飛行路線先過境曼谷及雅典，在雅典停留一天才會有利比亞航空公司班機轉飛利比亞第二大城班加西（بنغازي）再轉飛到目的地利比亞首都的黎波里（طرابلس），一再的轉機及長途飛行比現今旅行累多了。這篇人生經歷短文主要是記錄我們在雅典停留一天發生的一件小趣事，想起來就好笑，不再藏私，希望與志工們分享。

當年我們這一票人去利比亞工作是一件外交大事，外交部也請我國駐曼谷、雅典的代表處及駐利比亞大使館在各機場派祕書接待及協助我們，因為所有成員從來沒到過歐洲，雖然我在空軍常常搭飛機，但都是國內的軍用螺旋槳飛機，也沒有美麗的空中小姐及餐飲服務，所以這是我第一次搭豪華大客機出國，感覺非常刺激及新鮮。我們利用在雅典停留的一天到旅館休息及順便一日遊，欣賞到希臘愛琴海的海天風光、藍白建築、海邊穿比基尼的美女、古蹟神廟及希臘美食等等都讓我們大開眼界、開心不已。

第二天，旅館一覺醒來早餐時有人在問房間內為何除了有一個馬桶外還多了一個不是馬桶的盆是什麼用途，其中有人說從未見過不敢用、有人說已用來洗內衣褲及手帕、有人將腳放在盆裡清洗、有人坐在上面沖澡很方便省力、更有一位好奇的低頭查看時打開龍頭瞬間噴了一臉水等等，最後有一位說今早起床問過服務人員是用來清洗便後的臀部及私處的，大家知道了正確用法後笑翻天，好像這玩意兒祇有歐洲人使用，在木柵受訓時，教官都沒傳授，真是台灣來的「土包子」！

在利比亞，我被分發到利比亞空軍工作，因為利比亞自古以來曾被羅馬帝國、鄂圖曼帝國、意大利及英國統治過，所以比較仇外尤其是對歐美，不喜歡使用英語等外語，常對我表達中國人最好，上班時常教我阿拉伯語，如阿語「中國人是朋友」（الصيني صديق），音譯是「稀泥 傻地客」，「麵包」（خبز）音譯是「活菩薩」，很好記！這樣讓我學到一口阿拉伯語日常溝通之用，上班講阿語，下班回到家講華語，但至今久未使用已忘了很多！

十年漫長的異域生活，佔了我一生最寶貴的歲月（三十歲至四十歲），十年內只在民國六十九年返台休假一次，及因利比亞與我們斷交，不適合再以軍職身分在利比亞工作必須返台辦理退伍，使用平民身分再繼續工作，其餘每年休假都攜家帶眷在歐洲遊蕩！考慮已漸漸年長的父母及三個兒子的教育（小兒子在利比亞出生）就斷然辭職返國。返國後第二個月，就看到報紙某單位招募工程師，於是我幸運的考進榮工處服務，負責國防部花蓮佳山計畫的通信電子、導航、塔台、作戰指揮中心及氣象系統等設計工程，完成後轉調台北市捷運工程局及捷運公司服務。從第一條木柵線開始興建及營運擔任首批種籽人員，直到十年前六十六歲退休，捷運已經是大台北地區安全便捷不可或缺的交通工具，我都有全程參與經歷過，與有榮焉！因為與王董事長結緣於捷運，所以退休後，毅然加入繁榮企業志工團，盡力貢獻剩餘力量及享受行善之樂！

利比亞面積約是台灣的五十倍，人口僅二五〇萬，冷戰時期在利比亞工作了十年，有時候在這麼大的國度裡南來北往出差，見到壯觀浩瀚的撒哈拉大沙漠及美麗的地中海，還有那雄偉的羅馬古蹟。

有段時間上下班曾與蘇聯的紅軍朝夕相處，有時在街上，見到穿毛裝的中國人，互相閃躲不敢打招呼，也見識及共事過不同國籍不同膚色的人，的確是讓我開了眼界，增長了國際觀，我確實已從「土包子」變成「洋包子」了！

利比亞可以說是我的第二故鄉，祇是利比亞現在被外來勢力搞得四分五裂軍閥割據，人民受苦，實在可悲，還不如以往狂人格達費統治時期安定及幸福！

我更了解到利比亞的沙漠文化，與利比亞人相處這麼長一段時間，經歷過不少趣事及危險事件，一言難盡，至今永難忘懷，這篇短文只是我們在前進利比亞路途中發生的小趣事兒，其餘在利比亞期間更精彩的事等後續再與志工們分享吧！

感謝王董事長的創意讓志工們分享各自不同的人生經歷，我們都是有福之人，可以互相學習，法喜充滿！

86

戰爭與和平

趙雄飛

一九七六年民國六十五年七月二十日我們飛抵位於北非的利比亞（阿拉伯語：دولة ليبيا），首都的黎波里（طرابلس），利比亞位於地中海南岸，與埃及、蘇丹、查德、尼日、阿爾及利亞及突尼西亞相鄰，第二次世界大戰後於一九五一年獨立，建立了聯邦制的利比亞聯合王國，一九六九年反對君主制的利比亞綠色革命爆發，由軍官組織領導人格達費成為革命指導委員會主席，建立阿拉伯利比亞共和國，一九七七年更名為大阿拉伯利比亞人民社會主義民眾國。

一九五九年利比亞與中華民國建交，一九七八年利比亞與中華人民共和國建交，之後我國成立中華民國駐利比亞商務辦事處。

利比亞是回教國家，盛產及輸出石油，為非洲最富有的國家，實施社會主義，利比亞人及外國人的所有的教育及醫療完全免費，民生必需品價格非常低廉，軍公警及管理人員由利比亞人擔任，其餘絕大多數技術及勞力工作聘用外國人，當時軍方是老大，我們外國人能在軍方工作也很吃得開！

我們抵達後，被利比亞軍方安排住在首都最大的地中海旅館，利比亞軍方高層特地為我們舉辦盛大歡迎餐會（不是酒會，因為利比亞禁酒），我國駐利比亞的蔡大使及祕書等官員也應邀與會，利比亞軍方穿著英挺軍裝，我們穿西裝打領帶，餐廳服務員穿製服打領結，先聽取雙方官員致詞，享用利比亞特色餐及氣泡礦泉水，我們首次參加類似國宴的聚會，感受到兩國友好的邦誼及榮耀。

在等待分發的時日，我們就逛街了解當地文化，大使館也告知我們一些禁忌及注意事項，一週後，我們就被分發到利比亞的陸海空軍、防空及情報等單位，我及其他五位被分派到惠勒斯空軍基地，此基地是冷戰時期由美國人興建及使用，用以監控蘇聯在黑海及地中海的軍事活動，格達費革命成功後，趕走美軍並接收，採取仇美親蘇國策。

報到第一天，我看到基地內都是俄製米格機、法製幻象機、俄製TU轟炸機、美製C-130運輸機及俄製運輸機等先進軍機，而我們中華民國空軍仍在克難使用舊型軍機，可見國際政治環境及財力的高下。我們幾位正常日每天搭專車到基地上班，下班回旅館，假日休閒寫家書或逛街。

一九七三年中東戰爭結束以後，埃及總統薩達特主張同以色列緩解關係，引起了利比亞領導人格達費的不滿，雙方互相指責，邊境地區不斷陳兵，緊張氣氛逐漸加劇。有一天上午上班時一位很英俊瀟灑及紳士型的利比亞空軍中尉軍官Noredin前來請我及另一位立即搭專車回旅館收拾全部行李，準備搭中午的飛機前往利比亞東北部的小城吐布魯克（طبرق），他腰掛手槍帶我們兩位及行李登上C-130運輸機。

我在國內空軍服務時，經常搭乘軍機都是C-119運輸機，如不幸坐在前段位置，起飛及飛行中，發動機震耳欲聾連帶臉皮都會抖動，這是我第一次很好奇的搭乘先進型飛機，從機尾走進內艙祇見到兩旁座椅已經拆除，地板上放滿了木箱，約有二十位持長短槍的利比亞軍人坐在木箱上面，我們也就有樣學樣的找空間坐在箱子上面，飛機很平順起飛，也沒感覺到不舒服的噪音及震動，大家沉默不語，我就東張西望仔細觀察機內設施，突然發覺木箱內裝的都是運往前線的炸彈，整個人頓時傻住了！萬一發生意外，保證粉身碎骨，兩地距離一二八〇公里，我們上了賊船也不能跳機，心中一直祈禱，煎熬了兩個多小時，終於平安降落吐布魯克納瑟空軍基地，阿彌陀佛觀世音菩薩保佑，也同時要感謝阿拉真主الشكر لله，真主至大الله أكبر！

吐布魯克位於利比亞東北部濱臨地中海，距離埃及邊境約五〇公里，人口約八萬，盛產高品質石油，位置重要是兵家必爭之地，最有名氣的是二戰時的坦克大決戰，當時德軍隆美爾的坦克大軍就是在此地敗在盟軍坦克手下，造成後來德軍在南歐節節敗退。所以這個小城的朝聖地就是上萬軍人的公墓，可憐的年青人戰死埋骨異鄉，戰敗國德軍公墓是石頭牆上，刻著姓名的集體坑，戰勝國是有名有姓的單人墓，包括英軍、法軍及其他盟軍的大型公墓，供後人憑弔，由此可見戰爭的殘酷及可怕！

同樣的，我們兩個人被軍方安排住在城裡的小旅館，過著上班到空軍基地下班回旅館、假日寫家書、逛小街或公墓的寂寞日子。與我們同住在旅館的約三十位蘇聯防空部隊的紅軍，大家每天共乘軍方的巴士到機場上下班，冷戰期間，雙方都不敢打招呼，我們兩個人坐右邊，老毛子全坐左邊，很自然的左右涇渭分明，生怕交往後，被扣上通敵、洩漏機密的帽子。有一天早上，用完早餐，在旅館門口等巴士上班時，一位年輕瀟灑英俊的紅軍略通英語跟我聊了幾句，第二天早上，我看他在樓下提著大皮箱，問他要去那裡？他回答我昨天跟我講話被人告密，今天要被送回莫斯科，我能說什麼呢！我想他回國後的下場一定很慘，我猜西伯利亞是他最有可能被送去的地方吧！

我們在機場上班漸漸的嗅到有戰爭的氣息，因為利軍忙著運補，同時飛機起降頻繁，一九七七年七月二十一日四日戰爭爆發，利比亞和埃及交界處發生了武裝衝突，我們被通知待在旅館不用到基地上班，軍人在街上荷槍實彈實施戒嚴，晚上燈火管制，埃及戰鬥機也來轟炸我們上班的空軍機場，經過阿爾及利亞及阿盟等進行協調至七月二十六日戰爭中止，利比亞和埃及正式斷交，以致於後來我們休假時，拿不到埃及的簽證，因為埃及就近在隔壁，滿可惜的。

在異國工作書信往返台灣約需兩個月，父母看新聞得知利埃之戰要我辭職返國，我當時年輕氣盛，也沒有危險意識，加上我們的大使也不樂見。因為我國跟利方約定祇從事技術支援及顧問工作，身分敏感，不能直接到第一線參戰，但有時候還會不得已的踩到模糊的紅線，例如一九七九年，反政府武裝佔領利比亞南部鄰國查德的首都恩加美納，之後幾個武裝組織互相爭奪權力，北部鄰國利比亞便乘勢填補了法國的位置，並介入查德內戰，我們有的工作人員便隨著利軍到查德境內，還好都平安歸來！

直到兩年後，一九七八年軍方專車到五百多公里外的班加西（بنغازي）接到從台灣萬里迢迢來依親的家人，在機場見面時真是感慨萬千，不論環境好壞，總算暫時一起在邊境小城穩定居住下來，直到十年後辭職返國。

在利比亞十年身陷戰爭危機及兩次車禍，都幸運逃脫化險為夷，往事歷歷在目，限於篇幅，有些往事等下一回再與各位分享。全球正處於兵凶戰危及難民潮時刻，如萬一發生戰爭是可怕及殘忍的。

辛丑年即將結束，讓我們快樂迎接壬寅年，希望台海兩岸和平相處，風平浪靜、人民安居樂業，子子孫孫幸福美滿，更祝志工們新年快樂身體健康！

87

我在利比亞的生活花絮

趙雄飛

之一

在利比亞生活了十年，對這個沙漠文化的國度由陌生、好奇到漸漸的適應，直到完全融入，以下是一些我的小見聞，先分享一下博君一笑：

氣候

地廣人稀，全國九五％都是撒哈拉沙漠，除北部沿海地區有狹長的平原綠帶及南部山區外，大部分均為沙漠。沿海地區屬地中海型氣候，夏天乾燥，很熱時都不會流汗，冬季有時候會下雪。內陸廣大地區屬熱帶沙漠氣候，日夜溫差很大。全年三不五時會刮沙漠風暴，強風帶起的細沙無孔不入，開車能見度差，還要開大燈及用雨刷刮沙慢速行駛，從戶外回來常常都是灰頭土臉。曾有幾次去沙漠的綠州出差，浩瀚一望無際的美麗起伏黃沙，置身於長滿椰棗樹的綠州，晚上滿滿的明亮星空及月亮，寂靜的夜色，好像與世隔絕了。沙漠裡有很多如羚羊等動物生存，沙龜也很常見。

我從利比亞帶一小塊萬年形成的沙漠玫瑰石回台灣，台灣氣候潮濕，保管至今仍未粉化，每次見到陳列在飾品櫃內的玫瑰石就懷念起大沙漠！另據探勘撒哈拉沙漠下方有廣闊的淡水蘊藏量，計劃將沙漠的地下引進各城市，可惜因為內戰而停擺！我早期居住的城市地下水因靠近地中海，喝起來有鹹味，我們形容做湯時不用放鹽正好，後來建設海水淡化廠才解決了飲水需求。

民族性

利比亞九〇%為白種阿拉伯人，幾乎都信奉伊斯蘭教，就像我們的古代一樣民風保守，男主外女主內，男女授受不親，沒有未婚生子、同婚、男女戀人公開摟摟抱抱等先進現象，女性在家裡也不接見來訪客人。

因為未婚女性不用包頭巾，我們住宿旅館附近有一所女子中學，早上上學時會有學生經過旅館前面，而我們此時已用完早餐站在門口等交通車上班，都會看見濃眉大眼、高挺鼻、皮膚白晰、身材姣好的漂亮女學生經過去上學，我們會跟她們打招呼說「早安、小姐很漂亮」、فتاة جميلة、صباح الخير，她們會笑說「謝謝，中國人」、「謝謝，稀泥」(شكرا صيني)，我猜她們心裡可能在想為什麼這些「稀泥」的臉都是平平的？哈哈哈！

已婚的女性要用布將頭、臉及全身包的密不透風只露兩隻眼睛，曾有利比亞小兵在路上，告訴我能分辨出女生的美醜，我實在不相信隔著一層布能看出來面孔漂亮與否，而且，婚後拼命生小孩、做家事、足不出戶、大吃特吃、甜食等身材大都膨脹變形了，怪哉！

在電影院，女性或家庭成員坐樓上，男性坐樓下，公車上也是分開坐，國內航線不畫座號，女性及家眷先上機，有時候最後上機的男生已沒有坐位了，所以我們搭飛機時都盡量排隊在前面，免得最後上機沒有坐位被趕下來。

利比亞人大多數個性直爽及單純，我曾看到兩個小兵吵架甚至推擠，一小時後兩個人又在一起喝茶、談笑風生，好像什麼事都沒有發生過，忘的真快！有幾次我與負責的軍官發生爭執，我被他氣的要命，過了一會，他好像沒事兒的跟我嘻皮笑臉，真沒輒！要是國人可能會恨你一輩子甚至絕交。

食物

伊斯蘭教的飲食，相信大家都耳熟能詳，主要是羊、牛、雞、魚、駱駝等肉類，野外有些野驢，利比亞人不會食用，我們有同事牽回來吃，我有小嚐一些，很像牛肉還不錯吃。

羊是他們最大宗最喜歡的肉類，全身除了毛、皮及骨頭其他部位全都吃，有一次，小兵在我面前的地上殺羊，剝皮動作快速利落，肉及內臟也不清洗就烤將起來，尤其處理羊腸，祇將裡面的穢物擠出來就烤給我吃，我嚇的說已吃飽了。

市場賣牛肉更有意思，祇賣牛肉、牛舌及牛尾，其他部位都當垃圾丟棄。家眷沒來的前兩年，我們在旅館餐廳吃膩了，有位同事帶來一個大同電鍋，我們有時候就在房間裡煮些中餐解饞，有一次我們去買牛肉，看見肉攤下有很多牛肚，就問老闆價錢，老闆說通通送給我們，那麼一大片烏黑黑的臭牛肚，我們祇請老闆割了一小片，回旅館清洗後就下鍋，整個房間味道很難聞，三小時後黑黑黃黃的牛肚已軟化，我們將其切條吃起來，有同事說牛肚湯很營養，每個人也喝了一些黑牛肚湯，說實在話，真不好吃也不好喝，後來問前輩才知道處理牛肚要先把表面一層的汙垢刮除，直到變成乾淨白色的牛肚才沒臭味，難怪味道不好，但已下肚了，真噁心！

談到雞肉也有意思，利比亞人在街上殺雞是在雞脖子割一刀就將雞往空中一丟，任其流血死亡，付錢後，自行帶回家處理後事。如到養雞場買雞肉，內臟及雞腳一律免費任你裝，老中最愛拿一大袋免費雞腳回來，難怪我回國後至今不再吃雞腳了。

利比亞人不太吃海鮮，漁船都是到地中海買其他國家漁船打的魚，不太講究冷藏，看起來都不太新鮮。倒是我們有時候到海邊可以很誇張的用大鏟子刮下滿佈在石頭上的貝類，因為利比亞人不吃貝殼類海鮮，好可惜！有時在海邊用繩子釣鰻魚，餌一下水，石頭縫裡的數十隻像蛇的鰻魚頭冒出來，我們都吃到怕！駱駝肉顏色粉紅筋多，口感不佳，如有機會不建議各位享受！

時效

利比亞人比較沒有時間觀念，我們請他們辦事，回答都是「等五分鐘」、等一會、或明天，一再催一再同樣的回答，永遠都是「明天」，事情都要拖很久才辦好。辦什麼事都慢吞吞、拖拖拉拉，祇有開車快沒有耐性，橫衝直撞開快車，前面車稍慢些，就拼命按喇叭，不知道在急什麼，好奇怪！

隨營補習

利比亞的軍官都受過一定的教育及到國外受過訓練，程度素質還不錯，待遇很好，軍方配屋及配轎車！士兵程度就參差不齊了，甚至還有很多文盲，所以軍方開辦小學及中學的隨營補習班（類似台灣早期國軍的隨營補習班），利用晚上上課，我們初到利比亞語言不通，也報名參加小學班，跟利比亞阿兵哥一起當同學，使用阿拉伯語上課，有阿拉伯文及數學課程，我們每次考試都名列前茅，老師在班上經常說中國人這麼優秀，阿拉伯文讀寫聽都比利比亞阿兵哥強，數學考試很快就交卷又正確，老師就罵他們的阿兵哥真笨又不用功，簡單的數學都算錯一堆，很好笑，我們沒有漏氣！還有很多經歷花絮不勝枚舉，本篇先就此打住，且待下回分解吧！謝謝！شكراً！

之二

一九七八年，利比亞與中華人民共和國正式建交，我大使館隨即宣布斷交及中止雙方合作關係並撤館，我們這些持公務護照具備軍職的工作人員，頓時失去主管單位（政府對政府合約關係）。大使希望我們與他同進退一起返國，問題是我們這些單身或有家眷或有子女教育等問題很複雜，需要時間處理，一時無法解決，大使館很快就要撤離，我們的資深前輩代表經過與大使協商結論是尊重工作人員意願，願意辭職者返國後官復原職，希望留下繼續工作者以個人名義與利比亞政府簽約，並在一定期間內返台辦理軍職退伍。此時開始各自選擇去留，國防部派了兩位長官來利比亞各地與我們面對面討論問題及徵求意願，利比亞軍方高層通信指揮官Zikri上校誠意十足，也親自到各工作單位與我們協商，希望我們繼續留在利比亞工作，雙方搶人戰意味十足。

結果，有眷者大多數留下來，單身的很多都返台，留下來的人員及家屬將公務護照改換成普通護照，也成立了正式的中華協會代辦領事功能及與利比亞官方協商事宜，有關斷交後的問題才得以暫時解決。兩年後成立中華民國駐利比亞商務辦事處，又在二〇一一年因利比亞內戰而關閉辦事處迄今。

我的家眷才剛來利比亞，也有三個嗷嗷待哺的兒子，所以祇得選擇留下繼續打拼，並在一九八〇年利用返台休假時辦理退伍，結束十四年的軍職生涯。後續有新人報到接替我的工作，所以我就有機會調到首都黎波里的陸軍電台工作，由東部到西部舉家搬遷一二八〇公里，傢俱、電器物品等由軍方派車運送，我們全家五個人搭飛機前往首都。

記得搬家當天吐布魯克天氣晴朗，軍方派車送走傢俱，也送我們一家到納瑟空軍基地搭乘利航波音727班機，傍晚起飛後不久就遭遇大雷雨，飛機一路劇烈的大升大降、整機抖動加上左右擺動，有好幾次感覺飛機像雲霄飛車幾乎要翻轉過來，夜間的窗外閃電交加，機上旅客都嚇得要命，飛機好像要解體了，每個人都綁緊安全帶及雙手緊抓著座椅，口中唸唸有詞在祈禱，女人尖叫聲及小孩哭聲持續不斷，就這樣恐怖飛行了快三個小時（本來只要一．五小時），我認為駕駛員是在盡量繞道避開雷雨區，最後在大風雨中，搖晃的重著地降落在的黎波里首都機場，當平安落地時全體旅客熱烈鼓掌感謝阿拉真主及機長شكرا لك！這趟飛行是我此生至今搭飛機最恐怖的一次，一家五口都在飛機上，現在想起來還心有餘悸！

六〇年代的台灣國民所得還很低，我記得出國那一年我的月薪才新台幣六千元，我們工作人員幾乎都沒有私家汽車也不會開車，據說利比亞缺乏公共交通運輸，出門一定要開車，最重要的是外國人考駕照非常難，曾有一位眷屬考了十七次都沒過，所以很多人及眷屬都在出國前學習開車考駕照，到了利比亞再換成利比亞駕照。

到利比亞之後，果不其然，滿街都是利比亞人最喜歡的日本及法國白色汽車，路上沒有摩托車及自行車，我最初在吐布魯克小城市尚不需要車輛，調到首都後，就立即買了一輛二手日本車，我只有駕照沒有道路經驗，拿到車就硬著頭皮用一檔開回家，久而久之就熟練了！這輛舊車就用來上下班、載家人去中華學校、採購訪友、郊遊、還載家人去了一趟突尼西亞觀光等。

既然要開車就要保養及修車，車資維護費事小，問題是保養場的技術品質不敢領教，好好的車經過那些外籍修車工動手後問題更多，好在我們有機械或修車專長的同事，在他的指導下，我們都是買備品後，自己保養如換潤滑油、濾心、剎車皮、避震器、指示燈、火星塞、調整等，甚至更換引擎的活塞環都沒問題。因為所有車輛及零組件都是進口管制品，經常青黃不接長期缺件或缺車，報廢車場是我們經常去找二手零組件的地方。

我有一位同事第二天早上出門，發現四個輪胎不異而飛，有時連雨刷、電瓶或整台車都被偷走，還有一位同事出門時，發現有四個人正在推走他停在門口的老爺巴西製金龜車，立即去阻止還被打一頓，真辛苦。因為電路問題也是我的專長，就自己研究組裝車輛防盜警報器，阻嚇及示警效果奇佳，價廉物美，同樣的幫同事及代表處的官員們組裝。新車有段時間長期不進口，二手車奇貨可居，價格都超過新車。依規定外國人可以進口新車，所以我才申購自比利時進口一輛，我特地在門前停車場打了地錨，用鏈條將新車像牛一樣栓住以防被竊，一時之間人人自危，新、舊車防竊花樣百出，魔高一尺道高一丈，窮則變變則通，真是神通廣大！

我們住在軍方提供的宿舍，鄰居有台灣人、俄國人、法國人等外國人，但好景不常，有一天樓上法國人家裡瓦斯爆炸，碎片掉落正中我停在下面的車窗，這片玻璃遍尋不著，這段沒腿的期間，有事時都是肇事的法國人將他的標緻車借我使用，最後住在班加西的同事在廢車場找到了一片前窗玻璃，特地藉出差名義，飛了五百公里扛過來，真是感激不盡！

平靜日子又過了兩年，有一天我開車從銀行回上班處，在野外的半途中，為閃躲對向來車，因路窄加上車速快衝上邊坡，整車翻轉兩圈落地，我的座椅兩邊從底盤各插進一根路旁鐵絲網的鋼條支架，差一點就當場喪命，真要謝謝阿拉保佑 شكرا لك 。將車子修好時，我申請自比利時進口的一輛新車也到貨，舊車很輕易地就出售了。

有一天商務辦事處在代表的官邸，邀宴我們中華協會這一屆新理監事等人，雖然利比亞禁酒也無處販售，但不少老外包括我就會私自釀酒，大家把酒言歡場面熱烈，我一時高興，自然是喝了不少，但還清醒，回程，我車上還載了一位理事一起回家，半路上有說有笑，就在快到家的附近十字路口等綠燈左轉，夜間我明明看是綠燈及對向也沒來車，方向盤一左打碰的一聲出事了，下車一看，擦撞到穿制服開自家皮卡的警察，在利比亞酒駕被抓是要坐牢的，這下完蛋了！我馬上請我同事下車代為處理，我將車駛離現場開回家，一進家門就說我出車禍了！倒頭就醉倒在床上，被家人及辦事處一等祕書叫醒時，已是半夜三點，這一睡就是三個小時也清醒了。

通曉阿拉伯語的祕書說警方要我到案說明，同事的夫人也很緊張，要我趕快去將她被扣在警察局的先生釋放回家，我喝了一杯濃茶，就開我的肇事車去警察局報到，到警察局後，我就請祕書開車將被扣的同事先送回家，並說已很晚了！我可以自己處理。值班警察用阿拉伯語問我為何離開肇事現場？我說身體不舒服，回家休息，又問我是否酒駕？我說沒有喝酒，但有喝茶，我就問被我撞的警察有沒有受傷？他說沒有，我說人安全最重要！警方又問我是哪一國人在哪上班等問題，我都照實回答，當他知道我在利比亞軍方工作，我也說出幾位領導人的名字，雙方談話氣氛就越來越像老友般融洽，還請我一起共用同一個小杯子喝甜濃茶，他說中國人是好朋友，而且你的阿拉伯語講的很好，你以後要小心開車，就賠償車損結案如何？我當然同意被撞警察估算的損失三十利鎊（約台幣三千六百元），我馬上付清並簽字結案。

值班警察等那位警察一離開，就跟我說你喝酒了才撞車，不過你是我們的好朋友，現在天氣寒冷，晚上值班需要喝酒才舒服，明天能不能送我一瓶酒？我學利比亞最常用的話術說：「沒問題，明天！」雙方擁抱一下，握手拜拜！我才沒那麼笨，給他酒，如果他喝酒出事，一定咬死我，我不就完蛋了？那個時代，人人酒後開車習以為常，不像現在酒後不開車或代駕，請大家不要學習我的不良示範，會害人害己的！

為了工作人員的子女教育，我們在利比亞成立一所小學、國中及高中的中華學校，由軍方提供校舍，書本由國內提供，老師就由我們工作人員於下班後或眷屬擔任，我曾教英語及數學，內人教國語，學生不多都是小班或混班制，持畢（結）業證書或成績單到世界各地學校，甚至美國讀書都沒有問題。我們也有同事將兒女送到利比亞當地學校讀書，從小學完全免費到大學畢業，這些小孩成績優異都是第一名，阿文程度比利比亞人還棒，這條路也是很好的選擇。

利比亞人的頭髮是捲毛髮質，沒有理過我們東方人的直髮，記得剛到利比亞時，有同事去理髮店理髮，回到旅館讓大家笑翻，黑白分明像個大鍋蓋，就像時下最流行的各種怪頭，如今是最時髦的都見怪不怪了！後來我們都從台灣買工具，大家互相理髮，我家三個兒子頭髮都是我理的，直到返台後還繼續理到國中畢業，可見我的理髮技術已達專業水準，有沒有志工想讓我服務一下？

利比亞沙漠文化飲食也與我們不同，自古沙漠生活物質缺乏，遊牧民族在沙漠裡要節省、感情好及團結才能生存，所以養成的文化是不管認不認識，有飯就坐下大家一起吃，用右手取食物吃，也用手來喝湯，喝濃甜茶或咖啡消解肚子裡油膩膩的羊肉，而且以一個小小杯子大家輪流喝，才表示是好朋友，如果拒絕會得罪人的，我剛到利比亞時為了友誼，盡量忍耐配合，久了，能閃就閃。

台商提個〇〇七皮箱跑遍全世界所言不假，尤其跟利比亞人做生意更不容易，等訂單、等款項、等手續都需要耐心，我們的台商為了做生意常常一次住旅館就是好幾個月之久，等待時間很多，常到我們工作人員家打牙祭、聊天、玩麻將等，交往久了都是好朋友，大家回台灣後都還繼續來往。

後面這幾年，住在人多的首都活動多，正常日早上至下午兩點上班，下班後接送小孩到中華學校上課或授課，假日與同事家庭聚餐或出遊或麻將戰，我不打麻將，下班後多數時間在後院種菜或超前部署指導小孩的學業，休假出國到歐洲自助旅遊，日子過得還算順利及愉快。我工作十年後返國再開創不知的未來，直到現在退休養老過餘生。後來在利比亞的同事也陸續離職返台或到美國打拼，有一位最有恆心堅持在利比亞工作了近四十年才返台，賺錢培植的兒子們非常有成就，很可惜就在他返台沒多久後往生了！而我們在台灣的利比亞鄉親也各奔前程但還會經常聚會敘舊，直到前年我們最敬仰的辦事處代表往生。另一方面有些鄉親年紀大了行動不便，所以漸漸的就聚少離多，年節時打個電話或line互動關心！

感謝王董事長我們的故事的活動給了我動力，胡亂將還在腦袋裡的往事已回憶寫了四篇短文，道出利比亞十年生活中的片段。

已經離開利比亞三十六年之久了，但那是我人生最精華的歲月體驗最神祕與我們文化反差最大的地方，大漠文化至今仍讓我懷念不已！感謝國家給了我機會磨練及成長，感謝利比亞政府在物資及精神上寬厚的待我。這些陳年往事在我這個工程背景人的筆下寫的零零碎碎又辭不達意及華麗，還請朋友們多見諒及指教，希望各位多少可以了解一下這個陌生的國度及我的感受。我也會將我們的故事傳給兒孫們，讓一起在利比亞生活的三個兒子回味那一段玩沙的快樂童年，讓孫輩們知道我的一段人生奇遇，希望能啟發他們的智慧及能見度！

COVID-19新冠疫情不知道還要持續多少年？利比亞不知道還要亂多少年？我也不知道還能健康的活多少年？此生不知道還有沒有機會再舊地重遊？上天保佑大家！مع السلامة

[illegible]

之三

我寫的前四篇我們的故事僅簡略地提到一些在利比亞軍方應聘工作的經歷及生活花絮，因為當年利比亞付我薪資的政府早已消失，現在這個國家也因為外力介入造成內亂而軍閥割據，形勢已完全改觀，當年不能說的軍情現在已不是機密且過時甚久，所以第五篇我主要想交待些工作上的情節，這樣我在利比亞的故事才能初步完成最後一幅拼圖！

中華民國與利比亞在正式邦交期間我們有農耕隊、醫療隊、工程隊等技術人員，一九六九年九月一日上尉通信官格達費革命成功前後，我駐利人員已開始逐漸減少，一九七六年我們這批通信電子及機械專業人員到利比亞時，我記得當時在軍醫院還有五位醫生、一位車輛工程師、一位土木工程師、一位水利工程師及分散在的黎波里、班加西及吐布魯克的陸軍電台及工廠不到十位的通信工程師，一位在東部德爾納（Derna）公立醫院的藥劑師及利比亞政府每年提供台灣回教中大學生獎學金就讀利比亞中大學的數十名學生，上述這些國人除學生外大多數都是在利比亞軍方工作。一九七六年增加我們這一批主要是通信電子及少數車輛機械工程師的生力軍，全部都被分發到軍方各軍種服務，斷交之後又陸續來了一些新人，期間來來去去，據聞至今都已全部離開利比亞了。

利比亞地廣人稀，無線電通信是當年軍方在各主要城市及重要據點最重要的通信聯絡指揮工具，而中長程無線電通信必需採用高頻（High Frequency HF）無線電，高頻無線電波是靠高空中電離層的反射到地面，或一再折射達到遠距或越洋通信的功能，電離層位於距地表高度大約九〇公里到一〇〇〇公里處，因其導電的特性，在早期衛星通訊技術尚未發展成熟之前，電離層被廣泛被用，但缺點是電離層受到外在影響有時候不是很穩定，通信也就會產生干擾、雜音或衰弱，所以通信不良時就要變換頻率改善。至於極高頻（Very High FrequencyVHF）或超高頻（Ultra High Frequency UHF）的視距（line-of-sight）通信則不適用於中長程通信，利比亞空軍的塔台對飛機及飛機對飛機則使用此頻段通信設備。

在利比亞的前幾年，我被分發在空軍基地的機動式電台工作，電台內配置美製發射輸出功率一〇〇瓦及一〇〇〇瓦無線電收發射機，使用半導體設備及裝在車頂的鞭狀天線（whip antenna），以便於移動，與我在國內空軍當時使用相同的裝備，所以工作駕輕就熟，有時間就跟當班的利比亞小兵學阿拉伯語，上午十點早餐時間，安排我到軍官餐廳吃早餐，利比亞不分空勤飛行與地勤軍官，吃的都是一樣的肉類、蛋類、牛奶、麵包等伙食，營養很夠了，而我國空軍空勤與地勤伙食是不同的。

一九七八年利埃戰爭結束後我被分派到陸軍通信檢修工廠，部隊故障的小型無線電後送工廠檢修，比較沒有時間壓力，屬後勤工作，無線電機五花八門購自很多不同國家，但都是半導體電晶體設備，當時最多的是英製無線電通信設備，有說明書及線路圖參考，累積經驗後也得心應手！

之後陸軍無線電台需要人手，我又被調到大型無線電台，均為美製舊型真空管無線電設備，輸出為一〇〇〇瓦及一〇〇〇〇瓦高功率的收發射機配上密碼設備，使用固定式佔地面積如一個足球場的大型全頻方向性對數週期天線（log-periodic antenna），因為是真空管設備輸出功率很高，所以最後一級功率放大器的一支真空管體型有五〇公分（高）×三〇公分（寬）之大，是我見過最大的真空管。檢修方式跟我在國內空軍時類似，使用測試儀器如真空管測試器、示波器、信號產生器、靈敏度測試儀、功率表等校正或量測找出故障點，活線作業下也少不了會觸些小電，謹慎些麻一下習慣就好！如今科技進步神速使用積體電路及軟體等機型小而輕、功能強大的時代，尤其通信技術進步之神速，衛星通信、光纖通信、加上手機多元功能等的數位通信，真是不可同日而語了。

我們主要被分配在的黎波里、班加西及吐布魯克三個主要電台，每個主要電台兩位工程師，每個主電台還負責幾個距離數百公里的外台，外台故障時，就要出差處理，平均每個月都至少要出差一次以上，距離近的開車；遠的搭飛機，通信不能中斷，二十四小時待命，其責任及壓力不小。

我在吐布魯克電台有時去遠在三百公里的賈格布布（Al jaghbub）沙漠外台出差時，利兵開著英製Range Rover越野車在一望無際祇見前方天地線的筆直沙漠公路上，開到天邊前方又是一望無際，一路上沒有其他車輛來往，祇有我們一輛車獨自高速行駛在荒涼的薩哈拉沙漠裡，我不知道利兵開車時，口中不停的是在唱歌還是在唸可蘭經提神，我也不停的找他聊天，生怕因馬路太直，開車太無聊而打瞌睡，到了目的地，利兵就喝茶聊天睡覺休息，等我處理好，再以同樣方式疾駛返回吐布魯克，如一時處理不好，就吃睡在綠洲，享受那寧靜的夜空及大地！

有一次從的黎波里搭利航班機到距離八百公里的沙漠綠洲薩巴赫（Sabah）外台出差，在利比亞的表定起飛時間僅供參考用，我當時阿語尚不足以有效溝通，所以就緊跟著一位也到薩巴赫的利比亞乘客並坐在一起等待，在晚上十點左右我閉目養神就睡著了，突然醒來見不到旁邊的他，心慌的以為飛機已經飛走了，正在東張西望時見他從廁所出來，真是喜出望外，不敢再閉目養神了，緊盯著他就沒錯！

我們除負責處理通信設備問題、建制系統並訓練利兵，今天教過明天他們就忘記，也不喜歡閱讀說明書、了解線路圖及操作測試設備，每次像猴子學人戴帽子，你脫他脫你戴他戴依樣畫葫蘆，碰到問題就記得我們動過哪裡他就動哪裡，不針對問題研究說明書及線路圖，亂換一通實在怕其越修越壞，我們乾脆自己動手比較安全。時間久了利兵很佩服我們的技術，常說中國工程師很棒，認為我們是萬能的，最常找我幫他們修理自己的手提式收音機及卡帶唱機，甚至有時候還找我幫他們修手錶或皮帶等私人用品，真是哭笑不得，為了友誼無奈的盡量試試看，但我們的私交變得非常好，國民外交是也！他們那麼不用功也無所謂，我就問利兵萬一哪天地下的石油抽光了，你們怎麼像現在一樣過著好日子？得到的回應是沒關係 لا مشكلة，再回去放羊吃椰棗！果真是無憂無慮、隨遇而安的沙漠文化！

在每年為期三十天的齋戒月 رمضان 期間，除了老人、小孩、病人、孕婦、月事來潮的女性，所有穆斯林在日出後到日落前不飲食、不吸菸、禁止親密關係，齋戒月對於穆斯林來說是一個奉獻、反思和自我克制的聖月，其意義除了完成宗教義務外，還在於陶冶性格、節制私欲、體會窮人疾苦、萌發惻隱之心、濟貧、行善，實踐自我控制與淨化身心的機會。阿兵哥上班時間都是懶洋洋或打瞌睡，一落日就吃喝歡樂不睡覺，政府的運作幾乎是半停頓狀態，此期間辦事效率奇差有得等，上班時我們也不好在他們面前吃喝，但也不能不工作，好在上班時間縮短，忍一忍就下班。最怕遇到去外台出差，不吃不喝跑一天還要工作真辛苦！

一九六九年格達費推翻老王，建立親蘇仇美的社會主義國家，利比亞社會由開放轉為保守，許多場所如港口等敏感地方不准拍照，關閉娛樂場所，每年的九月一日在廣場閱兵慶祝革命成功，革委員主席格達費上校在台上批評美帝，一講就是三小時之久，口才及體力驚人！

我家小兒子的護照出生地註明是利比亞（Libya），當他服完預官役申請到研究所到美國在台協會申請美簽時，被美官一問再問問到爆，加上提供證明是他爸爸的我與恐怖份子無關後才給簽證。前年，他在香港申請永久居留證時，也碰到同樣問題，被港府移民署要求我們全家在利比亞的證明文件及說明，有些阿拉伯文文件還要提供英或中譯本，主要是一再確認及證明我曾在利比亞軍方的工作與恐怖份子無關才通過，真冤枉！

利比亞政府每兩年，提供一次我們全家五口往返台灣休假全額的機票代金，每兩年可休假兩個月，我們可以用這筆不算少的錢選擇買機票返台休假、到其他國家渡假、在利比亞境內遊玩、或在家休假等方式運用，如代金使用不完就可存起來，很有彈性是很好的福利！因為祇要飛過地中海航程短就到歐洲大陸，所以我有幾次都是攜家帶眷到歐洲渡假，那時代沒有旅行社、沒有通信及網路，更沒有機加酒，也沒有申根簽證，祇能到每個想去的國家駐利比亞的大使館或在旅遊地的其他歐洲國家大使館辦簽證，非常麻煩。

那個時代，旅遊很不方便，買好機票，出發到了目的地，在機場找有地圖的旅館資訊看板上有按鈕打電話訂旅館，如有房間，再搭公共交通工具或計程車前往旅館報到。有一次運氣不好，全家抵達倫敦希斯絡國際機場已找不到旅館，有一位好心的計程車司機帶著我們全家到處找房間，好不容易到一家中型旅館祇剩一間雙人大床房間，那時候已經是晚上十點，三個幼童累了一天，直打瞌睡，我馬上付款三百美金入住，恐慌無奈心情才安定下來，感激之心自然不在話下，全家差一點就要流落街頭或睡火車站，真辛苦又勞累！

我們在歐洲的旅程都是自由行或在當地參加小旅遊（tour），跟航空公司買的機票可以在歐洲繞一圈最多可預定四個停點（stop），隨機應變及調整旅程不加價，是不錯的選擇！有一年夏天小兒子還小就坐在嬰兒車上羅馬自由行，天氣非常熱，我也學其他很多觀光客一樣將上衣脫光掛在嬰兒車上，逛了一下午發現上衣不見了，一定是在路上滑脫掉，我很不習慣就這樣光著上身回旅館，路人及旅館人員也見怪不怪，因為很多男人因太熱都不穿上衣，入境隨俗很時髦又酷的！

有一次到維也納遊玩，看資訊搭河輪遊多腦河去匈牙利的布達佩斯很方便，經過詢問會在我們的護照上蓋上共產國家匈牙利簽證，因漢賊不兩立有所顧慮就打消此行，以免回來後有麻煩，好可惜！

歐洲有些國家如法國人就不太會講英語，但在巴黎有很多阿拉伯人開的小店，我到阿裔法人的雜貨店購物講的是阿拉伯語，溝通很親切，好像見到了老鄉。但是阿拉伯語也有講不太通的地方，我講的是利比亞口音的阿拉伯語，一九八八年在榮工處服務時，曾到波斯灣的巴林出差兩個月，在那裡跟阿拉伯人就講不太通，我想就像華語的北京話、四川話、廣東話、閩南等方言一樣不太通吧！

那個年代，國人去歐洲觀光的不多，很難得遇見國人，更少見陸客，到了很多歐洲國家欣賞美麗的風景、建築、教堂、古蹟、博物館等大開眼界，一九八〇年我第一次在巴黎及倫敦搭地下鐵覺得很新鮮又方便，增長了見識！而台北捷運第一條木柵線是一九九六年三月二十八日通車，沒想到我回國後，竟然巧合的幹捷運這一行直到退休，可能也是當年在歐洲搭地下鐵的好感，對我轉行到捷運有些啟發作用吧！

歐洲物價都很高，當年也不適合去共產國家，但歐洲富有的文化及美麗的風景休假時，我們很興奮的一遊再遊，也算是我在利比亞工作的一大收獲。當年，因為政治因素不能造訪很多國家，現在卻因為新冠疫情不敢出國，物換星移，誰又會想得到世事的變化呢？

《我們的故事》讓我回憶與家人在利比亞工作及生活的種種，總計寫了五篇短文，大都是我的所見所聞，到此該停筆了！正確的說法是該停止滑手機的keep打稿了！往事已久遠，如有不完整或有誤之處請指教，希望藉此讓各位稍加認識這個位於地中海南岸，神祕又陌生的阿拉伯國家。

謝謝各位耐心的看完！祝大家二〇二二年一帆風順！

شكرا جزيلا لك　سنة جديدة سعيدة

88

驚濤駭浪的一天

譚秋月

小時候家住在緬甸的中國城，算是城市中心，記得在九歲時，緬甸發生排華運動，我的家剛好在中國共產黨學生活動中心大樓附近，當抗議學生及暴民來到中國城市時，凡看到家門口有放著天神神位的家就是中國人，不管是中國共產黨或者是國民黨，當時稱為左派右派的家，暴民就進入搶劫，抵抗的話就傷害抵抗者性命。

我家位置在二樓，暴動期間，我在門縫中看到讓我最難忘的一幕，有一位國術館的老人家拿著關東大刀站在街道中間，要保護這中國城的中國子民，一群暴民進入中國城時，這位威武拿著關東大刀的老人家與暴民頑強的抵抗，最後不幸，老人家被這一群人活活打死在街上。

另外，到了傍晚，中國共產黨清青年活動中心大樓裡面，當時有很多中國青年學生，在高唱高喊著毛澤東萬歲，中國萬歲，樓下的暴民聽到後，想攻入大樓搶奪，因有鐵、木門擋著，攻不進去，最後在樓下放火燒，在大樓裡面的學生就往下逃，男生到了下面就被暴民打，甚至被打死，女生的話，被暴民強姦，割乳房及其他，抵抗到最後就往生，在此情況下，尚留在大樓裡面的青年學生，不願受辱，許許多多的中國男女青年學生，從高樓上喊著毛澤東萬歲，中國萬歲就往下跳，這一幕至今讓我無法忘懷，現在回到中華民國，又碰到現在的老公感到很幸福。

89

小時候難忘的一天

陳瑞龍

父親是滇緬軍人，停留在滇緬區，後來因為國民中央政府資源不足的關係，照顧不了部隊，所以軍長叫部隊分散，自求謀力生活，因此我父親就往緬甸仰光發展，在仰光做家具的生意。

記得十歲時，因中國共產黨在中國發動五四運動，此運動擴散到緬甸，（以前太小，不懂政治、經濟）當時在緬甸的共產黨員學生像著魔般，在每一個學校裡高唱毛語錄，因而影響到當地學生反感，最終產生排華暴動。此暴動初期時溫和的抗議，後來演變成搶掠華人的財產，強姦中國的少婦女後又殺她們，這一群暴民從中國城開始，然後經過我家那條路，在未到我家前一、二天，父親就告訴員工及家人所有男孩，包括我和弟弟，必須要保護家裡的每一個人，因前面已發生搶奪財產外還殺害強姦婦女事故，所以要大家必須手上拿一個利器。因父親作家具行業，所以家裡有各種各樣的家具行使用的利器，我和弟弟握著斧頭，在家某個角落站在媽媽和姊姊妹妹的前面，大門前由我父親和員工守著.

十歲的我太小，不懂什麼安危，聽到暴民從街頭喊及玻璃碎掉，敲打鐵門各種各樣雜亂的聲音傳來，手上斧頭握得好緊，回頭望一望媽媽和姊姊妹妹們，並告訴弟弟，我先出手，看著哥哥後面就可以，因為在暴動開始父親有教我一點國術。

不久後暴民經家門口，就對我家開始攻擊，鐵門和木門被推、敲打，丟石頭到門上，上面的玻璃窗幾乎所有都破光，此時大門後的父親和員工，頂著大門，大家非常緊張，記得父親說，要拼了，大概經過十到十五分鐘，幸好隔壁的緬甸同胞居民出來幫我們出聲說，這一家不是共產黨，鄰居又作了什麼不知，聽到暴民漸漸地遠離聲音，終於結束這生死關頭一刻。

現在想來，感恩父母親用生命來保護我們，更感恩父母親平日照顧鄰居們，因而躲過這一劫，也因父母的DNA之故，讓我夫妻兩人有緣與充滿愛心的一群人結緣，感恩感恩。

90

病榻照護感言

陳薰玲

最近由於媽媽心臟出狀況不斷進出醫院，過年前急診在臟內裝了三隻支架，以為可以好好過年，不料在大年初二又暈倒過去，不得已又緊急送醫院，診斷是是肺積水與主動脈鈣化，需進行主動脈瓣膜的置換。雖然我母親雖已九十四歲高齡，但平常生活自理，不需假借旁人幫忙，而且每天早上九點準時坐在電視前上班——看股票，或許她的虔誠拜佛和善良，老天爺總給她很好的名牌，她的頭腦異常清楚，對於股票如數家珍，我們都自歎不如，平時也都引以她為傲，這是我們最大的福報！

母親住院期間由於疫情關係醫院只允許一個人陪伴病人者，兄弟姊妹中大家認為我和媽媽感情最好，因此推派我去照顧媽媽，我當然義不容辭從台南趕快北上，進入醫院後才發覺醫護人員的辛勞和人力的短缺。經過住院幾日觀察，發現病房內絕大部分是老人和外勞，其實父母最期待的是自己子女在旁陪伴，平時非疫情時子女還可以輪流照顧，無奈疫情關係醫院規定每位病人只能有一位照護者，也不允許探病，再加上子女也都上了年紀，因此照顧的工作也只能落在外勞身上，想到看了真的很心酸。疫情把人的親情做了很無情的隔離，還好有手機視訊，可以彌補一些遺憾。

在醫院有時半夜會碰到時起比落的急救，醫護人員緊急的搶救除了對生命的尊重外，也傳達對生命在呼吸間的不確定性。這時我深深體會老年照護的重要，人不貴在活得多老，而是要活得品質好。台灣在二〇二六年將進入超高齡社會，二〇二〇年扶老比實際質已來到二二·五%，在二〇二〇年上升到二十五%，代表每四位青壯人口扶養一位老人。但隨著青壯年生活壓力的強大，本身已自顧不暇，又哪來的能力去兼顧照護老人，況且每次進出醫院雖有健保還是需要堅強的財力支持。以我母親為例年前的三隻支架出院時付了二十三萬元，過陣子做的主動脈瓣膜置換也需上百萬元的手術費，這恐怕也不是每個人都可支付得起。

未來外勞的輸入勢必減少，很多照護需要下一代事必躬親，再加上社會貧富差距懸殊擴大，如果社會福利不佳的狀況下，會不會有大量的流浪老人呢？每每憶及此心中就很難過！

還好，繁榮社會企業給我們一線希望，滴水鑿石，希望在將來能幫助更多的人，使幼有所養，壯有所用，老有所終……讓社會處處充滿溫暖！

91

人生歷程點點滴滴

游保杉

自民國六十五年從成功大學水利系畢業後，於民國七十九年有幸再度回到母系由學生角色改變成為教師。畢業至今已近四十六年，這期間歷經了不少人生大小事，不管順境或逆境都豐富了自己人生歷練，藉此機會回顧一些點滴也可以跟著大家腳步一齊熱鬧。因為投稿念頭起步較慢，只好將以前投稿台灣大學土木系系友會期刊「杜風」的文章找出，重新修改增補勉強湊成本文，期望能在截稿日期前完成。

台電五年，體驗日本敬業精神

畢業服完兵役後，先在水利局待了兩個多月後，隨即於民國六十九年底轉入台灣電力公司，在台灣電力公司參與了明湖抽蓄發電廠的興建工作長達近五年。「明湖抽蓄發電廠」現命名為大觀二廠，於民國七十四年八月竣工，是國內第一座抽蓄發電廠。興建「明湖抽蓄發電廠」時日本在抽蓄發電這一方面比我們有經驗，因此不管是設計或現場施工，台電都請了一些日本來的工程師擔任顧問。從日本顧問身上看他們對工作「敬」的態度，比如下午一點半上班，日本工程師已經在隧道的現場就位了，但反觀我們台灣工程師才從午休中起來準備上班，不得不佩服他們對時間及工作的敬業態度。這種對時間恭敬的準時讓我回想大學時代有一位張玉田老師，他是山東人到日本攻讀博士後回到成大水利系教書，他總是在上課前就在教室門口等候，等上課鐘聲最後一響結束後就準時進入教室，下課鐘聲一響起就準時下課，一學期下來沒有一次例外，當時就只覺得很特別而已，不能理解原來這是張老師對時間的「恭敬」。後來稍微了解日本茶道「和敬清寂」精神，更能理解「敬」原來已經融入在日本的生活文化中。受到這種異國文化的衝擊也激發我出國學習的動機。

回到成大，開啟教學研究生涯

民國七十三年在「明湖抽蓄發電廠」土建工程快要結束前，台電公司要派遣我到美國墾務局受訓之時，我同時錄取了教育部公費留學英國。當時面臨人生的抉擇，一是接受公司的派遣，繼續留在台灣擁有一個穩定工作；二是出國留學，但回國後可能會面對的是一個不確定的未來。那時上班已經有段時間，覺得生活需要有點改變，最後決定出國讀書除符合自己規劃外也比較具有挑戰。英國教育是師徒制，博士班學生是不需要修課的，他們認為博士班學生應著重在獨立研究、無師自通能力的養成，剛去時很不習慣這樣的學習方式，但慢慢地就習慣了。民國七十九年從英國畢業回來，因緣際會我回到成功大學水利系擔任教職，從此開始我生涯的第二個跑道。就這樣已在成功大學待了三十餘年的教書、研究生涯，回想這段時間我享受與學生相處及與研究生討論的日子。每週定期與學生討論之前，我希望他們養成問自己以下三個問題的習慣：一、明確了解自己的問題？二、有哪些解決問題方法？三、那一個方法比較可行？剛開始學生對第二、三個問題均很難提出自己看法，即使有也不成熟。但重點是希望學生能養成自己解決問題的能力與習慣。慢慢地發現學生能有自己想法時，對學生的成長內心會有一種莫名欣慰。

愛上運動，享受揮汗愉悅心情

四十多歲那年，偶然因為某種機緣下，我加入成大教職員網球社，從此愛上網球。每個星期二和五晚上，是屬於我的網球之夜，無論有會議在進行、或在台北出差，為了打網球，我也會拼全力在網球之夜開始前趕回家裡簡單吃點東西，然後背上球袋享受我的網球。在球場上對每一顆球來回的專注，要求每一球的完美，讓我忘掉了白天繁忙工作。每個打球夜晚在揮灑汗水的同時，也消弭一天工作的勞累與壓力。因此工作壓力越大，我打球次數會越頻繁，每當星期二和五的夜晚，我總期待踏上網球場享受揮汗樂趣。後來因為腰部問題無法再打網球而改打太極拳，也從其中體會陰陽、虛實、柔弱、及剛強的太極道理，對我擔任六年工學院院長工作推動有很大的幫助。退休後為了強化老化後的肌耐力，現在每週二至三次的健身房重力訓練及蒸汽浴，雖然不同運動方式但同樣享受著運動流汗後的愉悅心情。

第二座山，創造退休人生風景

退休的英文Retire如果拆開成Re-Tire，或許可以解釋為退休是要更換一個輪胎以轉換人生另一個跑道。人生第一個三十年主要是人生學習階段，第二個三十年則是對工作及事業的努力奮鬥，如今算是爬過第一座山，不管它的高低總算都過去了，人生第一座山大多是外在的追求。退休後進入第三個三十年，雖然仍然掛著成功大學名譽教授退而不休，雖然仍然帶著研究團隊，雖然仍然參與政府部門的委員會工作。但此刻的心情已經大不相同，對於外在的「得」已經淡然而是抱著服務回饋的態度。去年退休後曾經有一個想法，就是希望每週能抽出半天時間找一間咖啡館，在咖啡陪伴下逐一記錄下一甲子以來的貴人。在人生歷程中得助於人之處實在太多，期待利用記錄人生貴人來回顧感念他們，在撰稿過程中浮現應該努力去落實這個念頭，與努力創造退休後第二座山的不同風景。

92

奉母之命成婚，今幸淘趣弄孫

謝萬達

原本還想男兒立志出鄉關，事業未成誓不婚。奉母之命，於是在大三暑假報名參加班上與輔大家政系合辦男女聯誼畢業旅行。

認識了也是庄腳囝仔出身，輔大家政系同齡的華生。華生家三男五女，達生家三女五男，兩個都是農家子弟的五男五女，可謂門當戶對。

一次畢旅結成姻緣，相親之旅，可謂陽謀。從陌生到認識，從認識到友情愛情親情，一路走來不知不覺已過了四十二個年頭。

歲月不曾饒過誰，華達雖也未曾饒過歲月，但卻曾辜負了好多歲月。因退休前與華生全力以赴，於工作經營事業致錯過了，女兒與兒子自嬰兒童年少年青年的天倫。

有一次放假在家，抱著兩歲的女兒，竟然聽她自言自語喃喃道：「兩毛……五毛……漲停板了。」

民國七六~七八年代，全民瘋股市。原來褓姆，白天經常帶著她去號子觀盤，耳濡目染，如鸚鵡學舌。

兩個小孩都是十五歲就出國留學。放牛吃草，直到大學畢業，適應了加國環境，工作了幾年，成為永久居民／公民。女兒成家，生了一男一女。

或多或少基於補償心理，也想不應再錯過弄孫天倫。二〇一五年退休後，便旅居加拿大溫哥華，偕華生與子女孫子女。

一家人同住在Coquitlam／高貴林的Como Lake湖邊小居。「孔門累客居」，一改退休前的儒家積極，知其不可而為之的習慣，嘗試過著道家生活，知其不可而安之若命。

鷦鷯巢林　不過一枝　鼴鼠飲河　不過滿腹
讀經之餘　弄孫淘趣　春夏秋冬　阿公阿婆
天天帶著　孫子孫女出門
湖邊大自然play ground
賞花賞鳥　野餐遊戲

詩曰：

溫哥華夏雁乘涼　松鴨萬露滴雨裳
遠峰照月一湖水　達美孔門累客旁

小孫子

大雪天　千里冰封　隨後追著阿公琴聲
手之舞之足之蹈之　北國風光　寒林存暖

小孫女

在遊樂場玩轉圈圈　聽阿公彈完草螟仔弄雞公
習慣性放下一切拍手鼓勵　說時遲那時快　轉久頭暈一個亮蹌
平衡不支倒退嚕倒地　這麼捧場　全場笑然
已過耳順之年　返台防疫團圓
正值全球疫情破表　感恩寶島歲月靜好
時也運也命也　達生華生
正德利用厚生　法天貴真
上界高真　唯善是祐
感謝阿隆　及土地公
風調雨順　國泰民安

93

紀念一位親愛的家人——我的阿正哥哥

胡美華

他，是唐寶寶。

八個孩子中，排行第六，上有一位大哥、四位姊姊，下有我及小弟。

父親生病過逝時，弟弟才出生十個月，他則尚未滿五歲。

聽姊姊們說，由於生長遲緩，小他兩歲多的我都到處跑了，他還走不好，最喜歡雙手舉高高，賴著二姊要背背。

在那個年代的鄉下，沒有特殊教育學校，學齡到了，也去上一般國民學校。等我上學時，他繼續跟我一起念一年級。弟弟畢業了，他還沒升級！

雖語音不清，但會自我介紹自己的名字。會寫自己名字，雖筆畫不足、雖然三個字次序排列有時會顛倒，但看得懂他寫的是：胡長正。

民國八〇年，家裡裝了電話，不知道經過多少年，他終於可以清清楚楚告訴別人我家電話是：五二五－七五五。

喜歡吹自創旋律的口琴、喜歡打鼓、喜歡參加村裡的婚喪喜慶、喜歡幫人挑韭菜，歡歡喜喜拿著人家給的微薄工資給媽媽。大致來說，除了極少數的人之外，多數良善的村民是接納他、善待他的。

有一次返鄉，陪著他推著裝捆好資源回收的手推車去回收場，他沿路用手指東指西，歡喜熱情的跟我介紹這裡是×××的家，那邊是×××的家。而我唯一聽懂的是，他指著路邊的一間厝說：這是楊老師（稻香國小的楊世珍老師）的家！（他說對了，那真的是楊老師家）

曾經，二姊返鄉也陪他去回收場，親眼見他為一位蹲在路邊的老婆婆，在不滿載的推車上，挪一個位置，推著婆婆回她附近的家。姊姊說，婆婆有給阿哥哥一百塊錢零用金，阿哥哥也收下了。回家後，他只把回收場給的錢交給媽媽，婆婆給的，他說是他的。要自己收起來！

與媽媽一起做完環保回收，喜歡拿出他蒐羅來的作業本、攤開快翻爛的小學課本，專注的、一筆一畫的寫，寫完，一本本堆疊得整整齊齊，彷彿那是他無比神聖莊嚴的事業。

看到兄弟姊妹都會騎腳踏車，他也要學，幫他在車子後座橫綁一根長竹竿，就這樣在馬路上、在學校操場中，跌了再騎、騎了再跌，最終摔壞了一部腳踏車，他也學會了。

花蓮有了啟智學校後，有一段時間，媽媽也讓他去那裡學習生活技能。初期是搭交通車，後來自己騎腳踏車。

從居家的稻香村，經過路線複雜的花蓮市，騎到美崙的啟智學校。我始終無法想像偉大的媽媽，是用多大的毅力帶著他一遍又一遍的穿梭在其中，以至於最終他竟然可以自己騎車去上學，又平安的騎回家！

因此他眷戀這個他成長的、熟悉的地方，儘管弟弟有心接媽媽與他去西部安養，他還是會吵著要回家。

家裡從來過得清苦，為醫治父親的肝病，更是雪上加霜。老師來家裡跟媽媽說妳的孩子成績不錯，好不好讓他參加補習，考初中？

兄姊們犧牲可能可以再升學的機會，國校畢業就出外打拼，幫忙家計。我比較幸運，可以多讀一點書。我常想，阿正哥哥若不是生來如此，以他的學習態度，他肯定可以是我們家的博士。

一輩子詞彙有限，若家人對其發音不清的話語會錯意，也會懊惱的說「嗯黑啦」（客家語，不是啦）！

有時睡覺哭醒，知道會說：作惡夢！

如果媽媽騎機車外出，他也會哭喪著臉找媽媽：媽媽ㄌㄟ。

過年收到的壓歲錢，他會自己騎車去花蓮市為自己買領帶，錢拿出來，隨老闆算。

平常喜歡打赤膊、光腳丫。但知道媽媽要帶他出門，他也會為自己穿上白襯衫、打領帶、穿皮鞋。知道這樣好帥。

他就是這麼一個單純的人。

因一次意外，騎單車摔倒昏睡在炎炎烈日下的柏油路上，等到有人發現送醫，半側著地的臉、手臂、大腿、小腿已嚴重燙傷。

難得有三姊細心照料，但在這往往返返的醫療、植皮、住院、出院之間，也漸漸失去了行動能力，自此住進了療養院。有時為了防止他拔鼻胃管，院方還不顧他的哭喊，將他五花大綁。

在阿正哥哥住進療養院兩年後，媽媽辭世。他是老媽媽一輩子的牽掛，不論她九十四歲離世之前，為她無法再親自照看他，而作了什麼安排。相信她還是帶著遺憾離開的。

再四年，二〇一七年八月二十五日清晨五點，巡房的護工發現阿正哥哥沒了呼吸。

親愛的阿正哥哥：

自此，你真的沒有了肉身的束縛，沒有了語言表達的障礙。可以自由的隨你的因緣，去更美好的地方。相信媽媽在天之靈，終可含笑。

我喜歡牽著你肥肥短短的手。今後再也不能夠。但是我為你高興。

自你出生來到人間，一輩子的善良無爭，至此告別，世壽六十二。

我要謝謝你選擇做爸爸媽媽的孩子，做我的阿哥哥。

也要謝謝你替我們這些散居四處的兄弟姊妹們天天陪在媽媽身邊五十八年。

在女兒滿週歲時，媽媽帶阿正哥哥到台北，不知道他是何時到樓上的，當我發現的時候，平日練字的桌子上，已端正的擺放著幾張隨心所欲、不需人教、充滿童趣的毛筆字。

三十幾年過去了，經歷幾次清理物品、搬家，已將它們丟到回收箱，每每又撿回來。老家中，原來他視如珍寶的筆、書、作業本，在他住進療養院後，已被清理或回收。如今這幾張翰墨，成了唯一留下可以看得到阿正哥哥字跡的遺作。

睹物思人，彷彿看到阿正哥哥以他弱視的眼睛，對照著書本，伏案一筆一畫認真、專注臨寫的樣子……。

93

生命的導師──我的父親

245號無名氏

民國三〇年代，台灣傳染病流行，我父親三歲時，他的生母因照顧患有傷寒的外甥，不幸感染病逝。隨後，一歲的小妹被迫送給別人，卻遭養家虐待，家人急忙將小妹抱回，但路途中小妹就夭折了。前年爆發COVID-19時，有一天父親在夢裡淚流滿面，彷彿見到母親抱著妹妹來看他。事隔八十年，現有口罩、疫苗、隔離制、實名制完善的防疫系統，父親相當感恩。

父親有三位姊姊，一位哥哥，是政府評列的低收入戶。他六歲時，曾學三姊去賣冰棒、糖葫蘆及油條等，但因年幼，冰棒賣不出去，淚水就隨著融化的冰棒，一滴滴滑下；曾遇過較長的孩童，朝父親的糖葫蘆丟灑沙土，威嚇他不許侵入地盤；油條則被大人惡意捏碎，意圖殺價……小小的心靈甚是受傷。故優先選購弱勢、良善商家的貨品，是家人購物的準則。

父親求學階段，無人督促，考上省二中後就中斷課業，直到我讀高中時，他才去補校取得文憑，並鼓勵我，他能給我的嫁妝就是學歷。他年輕時，因營養不良，身材瘦小，故求師習武，鍛鍊出憲兵的好體格。我念女中時，有嚴重頭痛，中西醫治療均無效果，差點休學，最後是藉由他教我的多項體操，而逐漸康復。從此，運動是我解除壓力、增強免疫的良方。

我對小時候的疾病印象深刻，父親睡前會用手電筒誘引肛門口的蟯蟲、蛔蟲，為我抓除；幫我擦砂眼藥膏……最難纏的是疔瘡等皮膚疾病，曾經有個疔瘡，巨大且化膿，藥膏無效，父親只好載我去診所開刀治療，開完刀帶我去吃大麵羹，我終於破涕為笑。他不忍我再次開刀，繼續尋找解方，最後找到「百草膏」，並花重本，每天騎腳踏車去買蛇湯，我的疔瘡終於根除，體質也變佳。父親的愛，教我如何照顧別人。

剛出社會的父親，曾當過演員的武術指導，且外貌更勝明星，又有副好嗓音，但不喜演藝圈的特殊文化，轉而經營電影院，惟於業績起色時，卻逢颱風等因素被迫歇業。進入機械業後，因操勞趕工，食指遭機器輾斷，惟當時我的母親因病需緊急手術，父親向親戚借錢，無人伸出援手，他只好硬著頭皮，向合作廠家先調貨款，該老闆竟二話不說，立即拿出兩千元，要父親趕快到醫院辦手續。自此，父親在這家機械公司服務三十年退休，每逢高薪挖角，他總是因老闆的這份恩情而堅定地婉拒。

父親歷經民國五〇～八〇年代台灣精密機械的發展，從機械維修到自製工具母機，從人工控制、NC到CNC工具機。我小時候看母親辛勞地用手洗滌父親油汙的工作服，高中時，則見父親在裝有冷氣的會議室裡，教導品管圈、魚骨圖等，回家研讀松下幸之助的全套管理著作。之後，父親陸續創立公司的建教合作制度、員工福利制度等，在殘障福利法未立法之前，已曾排除眾議，錄取重度身障的優秀工程師。

碩士畢業後，我有幸進入經建會參與全民健康保險規劃，有一次父親接受經建會邀請，代表業界到台北開會，會議結束後，我們父女相約見面，交換工作想法。我發現，父親治理公司的理念，與健保規劃精神有些類似，全民健保是藉由個人、雇主與政府負擔保險費的社會保險制度，共同分擔社會風險，排除個人就醫障礙；父親則視員工為公司的重要資產，並體現公司企業的社會責任。父親的潛移默化，冥冥之中帶我走入社會福利領域。

回憶研究所時，放寒暑假回家，男友天天寫信給我，我擔心父親會反對我們交往，不敢跟父親坦白。婚後才知道，他已利用出差的機會，找到來信的地址，祕密觀察過了，難怪，後來男方的說親，意外的順利。我的婚禮，恰巧與父親接待行政院長參訪公司的行程撞期，父親並未堅持婚禮改期，我想他或許是擔心拜別的儀式，會哭得比我慘，然而當晚父親還是及時趕上婚宴。之後，父親與我公婆的來往密切，他們的情誼甚至勝於親手足。

父親深感人生無常，且周遭不乏因遺產分配而反目成仇的家庭。他七十歲以後，就開始交代遺囑，近幾年，更是叮嚀葬禮以簡單家祭即可。他常說，人一輩子要賺多少錢，早已註定，無須孜營於個人名利，人們會記得的，是你為別人的付出，及對社會的貢獻。感謝父親對我無盡的呵護，在我生命的每一階段，扮演導師的角色，以身教、言教引領我邁向康健之路。

95

到過兩個外島的預官

林本炫

當兵時抽中「金馬獎」，到過外島的預官不少，但是到過兩個外島的預官，全台灣應該就只有我一人了。

民國七十三年六月我大學畢業，同時考上研究所和陸軍步兵科預備軍官，為了避免研究所畢業後和大哥兩人同時服役，家中無人照顧，所以我決定先去服兵役，保留研究所學籍，退伍後再回來念研究所。很多人勸我，等研究所畢業後再去當兵吧，一定會有經理官、補給官等後勤兵科給碩士，不用去當苦哈哈的第一線戰鬥步兵。

我是第三四期第二梯次預備軍官，民國七十三年十月到成功嶺報到，展開八週預備軍官基本訓練。接著到鳳山的步兵學校，繼續接受十二週步兵專業訓練。那一梯次受訓的步兵預官總共有一〇隊，剛到步兵學校那晚，要抽籤編隊。據說抽到「第一〇隊」，就是步兵裡的「迫擊砲連」，從此鹹魚翻身，不必走路走到腳底破皮。輪到我時，沒有抱很大希望，沒想到竟然真的抽到「第一〇連」！

「第一〇連」真的是迫擊砲連，也就是步兵裡的砲兵。十二週的訓練，一大半時間在教室上課，學習火砲射擊原理，後半段則是搬運火砲、架設火砲、練習繪製水平圖、火砲瞄準、砲兵觀測等砲操課程，以及最後，到屏東里港的火砲實彈射擊。雖是迫擊砲，有一套特殊的觀測、繪圖、射擊技術，和砲兵差不多，根本用不到「三角函數」。傳說中當砲兵三角函數要很好，純粹是胡亂猜測。在步兵學校十二週專業訓練結束，最緊張的又是抽部隊番號。我抽中的部隊番號292師在苗栗，幸運之神再次眷顧我，沒有抽中「金馬獎」。

民國七十四年二月放完「結訓假」之後，到苗栗「大坪頂營區」292師師部報到，天氣很冷，經過兩天之後，士兵把我帶到位於大甲的旅部營區。接著就是帶部隊操練，準備接下來的師對抗、南北大縱走，一連串的苦日子。然而，就在到大甲旅部剛滿一個月那一天傍晚，剛結束一天疲累的操練，安全士官拿了「電話紀錄簿」，上面寫著「少尉排長林本炫限二十四小時內至台東岩灣報到支援一清專案」，要我看完後簽字。連上長官和士兵，認定這又是一起「運用特權借調到涼爽單位躲避步兵操練」的案子。

懷著忐忑不安的心情先回台北告知父母，家裡的人非常擔心。因為「一清專案」起於當時政府利用黑道幫派，到美國暗殺《蔣經國傳》作者台裔美國人劉宜良（筆名江南），而「支援一清專案」打擊黑道幫派，竟然要動用到迫擊砲排長，可見對方火力強大。搭當天晚上十點半的莒光號，才能完成二十四小時內到岩灣的軍令，沒有其他選擇。到了台北火車站月台，遇見幾位同樣接到命令趕赴岩灣的同期預官，心裡才比較放心。後來才知道，當時政府迫於美國壓力，為了做給美國人看，所以從陸軍各師，各抽掉一名法律系、社會系、社工系、心理系畢業的當期預官，一共十六名，要對「一清專案」拘捕的幫派份子進行「幫派犯罪研究」。

坐了八小時的火車到台東，再轉車到岩灣。岩灣是管訓隊，因為沒有我們床位，管訓隊幹部也一時不知道為何來了十六名預官，所以我們和管訓隊員手工製作的紙錢，一起睡了兩天之後，有人分發到台東泰源管訓隊，有人留在岩灣，另外一批七人到綠島。我就是屬於綠島那一批。在斜風細雨中，我第一次搭飛機，我們七人搭乘十人座小飛機斜斜地降落在綠島機場，來到我當兵的第一個外島。

一般人以為綠島只有一個監獄，其實當時小小綠島，總共有三個關犯人的地方，離機場最近的是綠島監獄，靠近中寮漁港，歸法務部管轄；第二個是軍事監獄，屬當時國防部管轄；第三個是管訓隊，由當時的「警備總部」（後來改制為海洋巡防署）底下的「綠島指揮部」管轄。我們七人報到的地方就是管訓隊。管訓隊和軍事監獄只有一牆之隔，軍事監獄外面寫著「綠洲山莊」，門口站著憲兵。目前的「綠島人權紀念園區」就是由後兩者構成。

「綠島指揮部」誤以為我們是來支援管理犯人的軍官，二話不說把我們派到基層營舍，每天要見習帶領一百名全身刺青的管訓隊員。當時「一清專案」管訓隊員，進來後脫光全身換上淡紫色囚服，用鉚釘釘上一副腳鐐。當天晚上要學習的第一課，就是如何雙腳戴著腳鐐穿脫褲子。白天戴著腳鐐在大太陽底下操練「立正」、「稍息」和「跑步」，如果不聽話、違規，則加釘一副腳鐐，最多到四副，還要照常操練，包括跑步。曾經有幾次，在營房中對著一百名管訓隊員講話，那場景像極《監獄風雲》，至今難以忘記。

直到一個月後公文來了，我們七人才脫離基層營舍，進行「幫派犯罪」的研究。可惜念大學時完全沒有學過「質性研究」的概念和方法，大三整年都在學習問卷設計和分析，於是讓「一清專案」管訓隊員填寫問卷。其後利用每三個月可以回台灣休假的機會，到中研院電算中心用大電腦分析這些問卷資料，跑出漂亮的報表，把長官唬得一愣一愣，現在想起來很好笑。而這也深深影響我後來對於問卷調查研究的看法。

民國七十四年底，支援一清專案的任務結束歸建，我們各自想辦法回去自己的部隊。這時候聽說我的部隊已經從苗栗移防到金門，改為319師，但不知道在哪裡。到松山軍用機場搭機那天，因為氣候不佳，直到下午三點多飛機才起飛，降落在金門尚義機場已經快六點。而六點整全金門宵禁，無故在外將被憲兵帶走。搭車到太武山金防部碰運氣看看，巧遇一位預官營輔導長，一問之下，竟然就是同一個單位，終於趕在天黑宵禁之前到了部隊報到。來到我當兵的第二個外島。

我所屬的連隊，戍守金門東部的天摩山，是在馬山灣的另外一邊，整個連就是在守海岸，我的排，更是海邊的海邊。排裡有一個哨所整個空著，據說是整個班被對岸水鬼「摸」掉，從此廢棄。「投筆從戎」從台大電機系轉到陸軍官校的林正義（後改名林毅夫）」，來金門之後擔任馬山連連長，從馬山灣下水叛逃到對岸。「維基百科」寫說，林正義從馬山灣泅水到廈門，那是不可能的，廈門非常遠。

馬山和天摩山正對面，有中共管轄的「大嶝島」和「小嶝島」，相距一八〇〇公尺，是金門和對岸最近之處。而且一定是利用退潮時，靠著漂浮物，順著潮水過去，不可能完全靠游泳。所以部隊每個月都會發潮汐表，觀看潮汐表的時間，部隊就知道該如何警戒對岸水鬼順著漲潮靠近過來。

民國七十五年八月三十一日，是三四期第二梯次預官退伍的日子。但是「韋恩颱風」在台灣海峽盤旋，軍艦無法過來金門接人，延誤五天之後，金防部決定派軍用飛機（波音737），接這一批預官回台灣。就這樣，我去也搭軍機，回台灣也搭軍機。不但是唯一去過綠島和金門兩個外島的預官，也是服役期間唯一沒有搭軍艦暈船往返金門的預官。經歷兩個外島的奇幻軍旅，一個小男孩就這樣成長了。

民國九十五年八月，我來苗栗的聯合大學教書，此後每天路過大坪頂，回想當年的陸軍292師師部。可能是當年結下的緣分。

96

拾穗——追憶標仔伯

郭杏元

龍應台的《大武山下》，託興隆學長之福來到手中；正如其他的禮物，受之有愧，得了歡喜。

小說中有個有趣的員外，編造出各種背景的柔情女子，分別以她們為名，寫信給受刑人，信中甜言蜜語，款款深情，騙死人不償命，詐騙集團等級的。收信的受刑人，他挑選不可能出獄的；萬一，案情逆轉，人出來了，員外也能當機立斷，翻轉劇情，絕不穿幫、漏餡。

小說中，員外自我辯解：

「怎麼會是詐欺呢？」他認真地說，「沒有對價關係。我又沒有得到任何好處，我在行善。我老母教我要布施，這就是我的布施。」

小說，當然是編造的，但，鄉間還真有這類人物。雖是微塵眾生，對人對事，卻自有看法，有取捨，也有善巧。

我爸爸四兄弟，獨獨我們這一房慈父嚴母。我媽曾抱怨爸爸不幫忙管教子女，我爸的意思是我媽都管成那樣了，他還要管什麼。我爸身強力壯，但個性溫和，對人很少疾言厲色，對子女也是一樣，幾乎不動氣。這一生，我爸對我大聲說話，我努力想來，只記得兩次。第一次，我在拾穗，上小學那年的七月。

我出生的那個舊家，在「番社庄」的正中央，房間七、八間，三大房的家人擠著住（我二伯那房另住苗栗公館，負責照看那邊的田地。農忙時，兩邊的人力互通有無）。我後來看著我們曾睡過的那張紅眠床，小小的，除了父母還塞了我們三姊妹，很難想像究竟如何擺放；幸好，我當時還小，不記得有什麼不適。

我上小學的前一年，我們搬進新蓋好的農莊三合院，東西外圍再各加一條護龍，共二十一個房間，格局方正，寬敞明亮，通風極佳。二三十口的親人，每個人都可以伸直腳好好睡覺，連長工阿禾仔都有他自睡的床，兩頭水牛晚上都還牽入最西最南的那打通的特大房間，連稻穀、柴草都有空房間堆置。前後院都大，後院遍植果樹，葡萄一架，荔枝、龍眼、柚子、蓮霧各三四棵，芭樂、木瓜成排……，四季花果香，樹下養雞鴨。屋前有兩個曬穀場，三合院內的鋪水泥；外面那個曬穀場更大，形狀近似學校的躲避球場，是泥地，割稻之前用稀釋過的牛糞抹過（不臭，真的，還有淡淡的青草味）。圍牆外，就是自家田地。

我第一次看人割稻，就是在自家的農地上，打穀機隆隆作響，空氣中彌漫著特殊的禾稈香，蚱蜢、螳螂、七星瓢蟲、金龜子、臭蟲……冷不防就冒出來，活蹦亂跳，熱鬧得很。

那時，還是人力收割，幾個農夫負責割稻，速度差不多，割下的稻穗有固定的擺法，依序放在地上；接著有四個人負責打穀，兩人一組，輪番上陣，一大把一大把緊緊拿起稻穗，右腳踩著機器踏板，雙手順勢把稻穗略鋪成微微的扇狀（如果緊握成圓圓的一束，中間的會打不到），輕輕放在滾動的打穀機的滾輪上，不能鬆手，可也不能重壓，稻穗在農夫的手上，正面碾、反面碾，有時再補一下側邊，就利落完成了，有韻律、有節奏。打完的禾桿，還是有序的丟放回兩邊的地上；還有一位在打穀機的另一頭，彎腰撿出還夾帶穀粒的小稻穗，置於掛在打穀機旁的麻布袋裡。

這些農夫都是高手，合作無間，節奏很快，打穀機的聲音幾乎沒停過，很多村莊裡的小孩子來拾穗，我看了有趣，也跟著下去撿。拾穗，右手一根一根的撿起來，擱左手握著。就像在尋寶，偶爾同時看到三五根，就是意外的收穫。我拾著拾著，竟看到有一大絡的稻穀，全是金黃的稻穗，很高興的大叫一聲「哇！那會架濟？（怎麼會這麼多！）」太驚喜了！

我爸，當下，回過頭，喝斥：「啊妳囝仔人，不懂代誌，黑白講，回去，回去！」口氣很急，樣子有點生氣，硬把我趕走。奇怪？不是該誇我好眼力嗎？我有錯嗎？就真的很多啊！一向好脾氣的爸爸到底在氣什麼？我完全搞不懂。一旁負責打穀、和我爸配對的標仔伯，對著我，咧嘴笑。我愣愣的仰頭看著，他臉很黑、牙齒很白，表情怪怪的。那年頭，小孩子守規矩，有大有小，不敢說：「你還笑？笑什麼笑？」除非跟天借膽！

標仔伯，大人都叫他「龜標」，為什麼加個「龜」字，不知道，從來沒問過。他皮膚很黑，但不知是不是原住民。他太太「標仔鳳」則確定是，因為臉上有刺青。標仔鳳說話大聲，作風豪爽，割稻手腳利落，不輸男生；總之，她就是和別的婦女很不一樣。

他們兩夫妻，工作勤勞，省吃儉用，曾經存了一筆錢打算買地，訂金都付了，未料標仔伯被毒蛇咬到，只好救命為先，花了不少錢，田沒買成，訂金被沒收。類似的不幸，後來又發生過一次，情節不同，無奈和沮喪則更深沉。他認為自己命中無福，就斷了買田的念。這些事，聽家中大人閒聊時說起的。

我高一那年秋天，長輩分家。在那之前，每逢農忙，常見他們來幫忙，在我們家吃五餐。晚餐後，還會泡茶，邊商討第二天的分配工作，算是很熟的鄉親。我有時跪（坐著，下巴會抵到桌面）在長椅條上，就著神明桌前的大四方桌寫作業，不能吵到他們；有時一分神，也會聽到一些有的沒的，對那些鄉親叔伯的脾性也略知一二。後來社會形態不同，農民即使來幫忙種作，也不在我們家吃五餐；再後來，機械取代勞力，就更沒機會相遇了；我結婚後，回娘家，這些人事也就更少聞問了。

有一年，米勒的《拾穗》來台展出，我們也去看展，看著看著，往事突然冒了出來，「啊！」懂了！

那一群人的默契，沒有人會說破的默契，我不信就只我一個小孩子察覺。

後來，回娘家，打聽標仔伯夫妻的情況，我媽說：「標仔鳳先走，病死的；龜標則是自殺，自己買了米酒和毒藥，到墳場邊尋短，死後才被發現。伊，也死很多年了。唉！」聽了，悵然久久。

他們一生沒有子女。那年頭，日夜操勞，翻轉命運的農民，有；但是鬱鬱以終的，也有。

我們家女眾不用下田割稻通，忙著煮五餐、翻曬稻穀等，但若颱風將來襲，拿得起鐮刀的就都下

是田搶收。可，忘了是在什麼情況下，標仔伯曾教我割稻的要領，只記得當時言談從容，應非搶收，是吃點心的休息空檔嗎？忘了。他說：「左手虎口向前輕輕攏著稻仔叢，右手的鐮刀刀面和稻稈垂直，輕輕靠著，左手往前輕推就好，不要使蠻力；這樣，一整天下來都不會累！」他示範時的姿勢、表情，歷歷在目。我很少割稻，但記得這個要領，甚至知道：很多事都不要使蠻力。

97

夜路及借錢

洪得耀

民國六十四年八月初，一位男孩由台南火車站搭海線平快車北上台北，即將展開他的研究所生涯，原預計八～十小時車程，然因強烈颱風妮娜侵台，行至中部時，火車在一個男孩未聽過站名的車站停下來，列車長告知因颱風侵襲，大甲溪溪水暴漲，超過警戒線，沖擊大甲溪上鐵橋橋墩，為顧及行車安全，列車須在此等候，安全無虞後才會開車，時間未定。於是男孩就下車到站外看看，方知此站名為「清水車站」，站前一條馬路，街道兩邊無啥建築，又因下雨，幾無人煙，相當冷清。男孩便轉頭回到車廂內等候，等了兩個多小時後，火車終於又鳴笛往北出發了。（幾年後，男孩快成家，才知道停在此站是有因緣的，原來老天爺早有安排）

男孩離開鳳凰花城到了杜鵑花城後，展開新一輪的研究生生活，因剛開學，那幾年學生流行夜遊，以濱海沿線為熱門景點。化工系學長們，比照他們前一年的慣例，辦了一次迎新夜遊，目的地為鼻頭角燈塔。並特別

邀請同校中文系大四女同學多位同遊。當晚月亮高掛，雲淡風輕，一行人披星戴月走了一段山路，來到鼻頭國小，夜已深了，學長安排大夥就在國小一間教室裡披著外套就地而息。第二天黎明，大夥陸續醒來，就在附近走走。男孩與同學看到有小販在學校旁推著攤車賣豆花，兩人就前往擬買碗豆花當早餐，遇見兩位中文系同遊之女同學亦在吃豆花。四人就邊用豆花邊嗑牙。記得同學開玩笑說：「吃完的，可以先走，走之前，先去幫大家結帳。」半年後據女孩告知，當時為了爭口氣，輸人不輸陣，就硬是跟我們耗到大隊人馬要開拔往燈塔出發時，才各自結帳歸隊。

在往燈塔路上，大夥兒一路說說笑笑走抵燈塔。男孩與女孩一路鬥嘴說笑，並聊到雙方對於排球運動有所愛好。夜遊過後不久，男孩班上同學向女孩班上下了戰書，邀請排球場上分個輸贏。現已忘了那方得勝，只記得比賽結束後，雙方握手言和後就各自散開，擬用午餐去也。轉頭走了一～兩分鐘後，遲鈍的男隊（多位鳳凰花城來的）才想起「不對喔！應該要邀請女隊一起用餐才有風度。」於是推舉腿長的男孩回頭去追回女隊。男孩三步並作兩步急起直追，好不容易在近女生宿舍前看到女孩們，就誠惶誠恐的向女孩們邀請，女孩告知她們正在討論這些男生怎麼不懂禮貌，連個邀請用餐皆無，就離開啦。聽得男孩冷汗直冒，還好可能看到男孩滿臉真誠的樣子，同意接受邀請。

男孩就帶著一票女生轉頭往新生南路方向走去，女孩問那間餐廳？此時男孩才想到，匆忙之間，忘了問用餐地點。只好帶著娘子軍們，在新生南路上，一間間找，男孩進出了四、五間，皆未見同學。此時走到「大聲公燒臘店（廣式餐廳）」大夥決定不找了，就在此用餐。進了餐廳圍一圓桌開始點菜，

此時男孩才發現，背包交給了同學一起帶走，身無分文，又是一身冷汗。只好硬著頭皮，偷偷拉著女孩衣角，告知實情，女孩秉著俠義精神，同意先借錢給男孩度過難關。（男孩好像有看到女孩嘴角閃過一抹神祕的微笑）

餐廳事件過後，男孩開始與女孩正式來往，亦偶會到女舍站崗，很快，女孩畢業了，離開學校回家鄉大甲找工作，不久來信告知她在她的高中母校清水高中找到教職，此時男孩才了解，原來當年火車停在清水火車站是有緣因的。（兩年後男孩在離清水車站一公里不到的清水高中旁租了個房子二樓，成了家正式升等為男人並生養了兩個小男孩，待了近五年）

一年後，男孩亦畢了業，進入桃園龍潭的中科院任職，雙方仍一直保持書信往來，男孩有空亦會南下大甲、清水，有機會拜訪女孩家人（父母及祖父母……）並於農忙期間偶兼做長工，打打雜及將稻穀倒入風鼓上方斗（鼓風機俗稱「風鼓」，將收成的稻穀以風力將穀殼、粉粒及穀粒分離出來）。聽女孩說族人他們皆認為男孩夠高，不用踏小板凳上，就可輕易將稻穀送入風鼓上方斗，很好用。

再過約一年，男孩與女孩修成了正果，如神話中常說的從此過著……的生活。男孩與女孩也進階成男人女人，又過了數十年終於成了老人家了！

（未完不再續……）

幾十年後，當年的女孩班上開同學會，老婆婆攜伴參加，同學們詢問他們當初是如何認識的，只聽見兩人異口同聲的說：

「唉！夜路走多了……」

同學好奇當年借錢的男孩，後來如何還款。

只見老頭兒又嘆了一口氣：「他啊！到現在還在還……」

後話

從本故事中，讀者可得到兩千萬的教訓：

1、千萬不要走夜路，因為夜路走多了，會……

2、千萬不要跟女生借錢，否則您可能到現在還在……

哈哈哈！

98

我的十個兄弟姊妹的家

陳麗玉

我父親在家中排行第二，為人誠懇寬厚，當年爺爺受鄉下外公之託，母親十來歲就嫁到家中來，跟父親做了一輩子夫妻，養育了十個子女。我出生的時候，很幸運的二戰已經結束，比我先出世的哥哥姊姊都曾經經歷過空襲警報、跑防空洞、躲砲彈……每天都拉緊神經準備逃難的生活，那時孩子小，家中糧食不足，加以無預警的飛機空襲，相當困頓……記憶中，幼年時我們要穿的衣服都一件件擠在麻袋裡，當時不懂，慢慢才知道，這樣才方便母親在緊急時，背起麻袋抱起小孩，這對她當時是多麼重要啊……那種逃難的恐慌，我們雖然沒有經歷過，但從爸媽往後遇事的謹慎與知命，可以看得出來。

對於戰爭結束後才出世的孩子，能夠享有和平該是很幸福才是，但當時家中食指浩繁，父親又特別喜愛小孩，家裡隔一陣子就聞到濃濃的麻油雞酒香味。有一次，爸爸帶我們到床邊看剛出生的弟弟，還開玩笑地說昨天晚上在路邊撿到的……也難怪，媽媽體型微胖，根本看不出懷孕，就這樣隔兩年到四年，辛勞的媽媽，除了店裡的事務，日常家務的勞累，還要照顧我們飲食起居，課業和便當……現在算起來，大哥和小妹相差有二十四歲，正好兩輪，也就是說，辛苦的母親在二十四年當中，一直都不停的生育。

父親經營布商，記憶中，他總是騎著一輛腳踏車，是很古董的那種，後座載貨的鐵架寬寬的，非常堅固紮實，帶出去賣的布一匹匹疊上去，就可以騎著到鄉下兜售了。

母親不會騎車，大多把布匹背在肩頭，靠著走路一步一步扛過去。當時最疼愛母親的姨媽就住在三星鄉大洲村，靠著她的引薦，村莊裡的人都認識父親，於是姨媽家就成為推銷布匹的出路。

也因為這樣，寒暑假爸爸媽媽一忙起來就把我們丟到鄉下，我好像是最常去的那一個，享受到姨媽及表姊親情的關愛最多。而鄉間的生活就成為我一生最懷念的部分。大人們在井邊洗衣的歡聲笑語；才學會走路，小小的我被大鵝追著跑的慌張，記憶猶新；空曠的田野，一望無際的天空；涉過湍急的溪水，看著水蛇從腳邊游走，一路奔向表姊的菜園，抱回一堆空心菜給姨媽，那特別可口的菜香，至今仍念念不忘……靜夜躺在床上，傾聽姨媽家的大鐘滴答聲響，隨著美麗的懷思遊到遙遠的夢境……那是我往後生活每遇難題，一次次想回去尋找的地方，尋回那清純無憂童稚的我。

父母親的年代，沒有機會接受很高的教育，但是他們養育的十個孩子都很出色，尤其是大哥，除了長得帥，還聰明絕頂，在家中無力支援之下，成大畢業後，就獨力飛美國留學，拿到兩個博士學位，還晉身科技發明的先鋒，他是我們的榜樣，也是最足以代替父親最權威的兄長，更是父母最引以為傲的兒子。每次回家鄉，總會帶著我們攜老扶幼到相館拍張全家福，到現在留下來的全家福，都有我們各個時期的樣子。

從前孩子多的家庭，都會以大的帶小的方式分擔父母的重擔，很驕傲的，我有個姊姊教我才藝，她是護士，也是家中最孝順的一個，最令我們感恩的是她犧牲上國中的機會，幫父母扛起家計，雖然後來有機緣上夜間部補足學業，我們對她還是感覺虧欠。她長得非常漂亮，又很能幹，她年輕時，照相館都以大哥和她的照片放在櫥窗做最吸引人的宣傳，當年很多年輕男子都以她為追求對象。她聰明又學得很快，才藝可多了，舉凡唱歌、縫紉、烹飪、醫藥……等等，沒什麼可以難得倒她，她是我的才藝小老師。

另一位姊姊則是我的畫畫、英文、數學以及作文的小老師，因而求學期間，就經常圍繞在兩位姊姊身旁，除了學習、問問題，偶爾也會幫忙他們帶孩子做家務……很小的時候她們是我的小媽媽，求學後，她們都是我的小老師，她們教給我的課業才藝，她們的為人風範，我深受影響。

再談談我與弟弟妹妹的互動，十個兄弟姊妹當中，我的年紀正好在中間，下面的兩個弟弟、兩個妹妹就是我帶領的小兵了。玩在一起的機會非常多，感情也很深厚。我經常用煮蕃薯湯逗他們，鼓勵他們幫忙擦地板，他們也樂得有東西吃，各個認真得很，真是可愛。有時母親忙不過來，我會在一大早，陽光開始變熱的時候，把所有的鍋盆帶到天井裝滿水，曬了一整天，等黃昏時水就變溫了，再一個個將他們抓來洗澡，這就省了很多用大爐灶燒材的時間。有一次還帶他們曬蘿蔔做蘿蔔乾，白天曬完晚上還繼續撒鹽，然後每個人的腳丫子都跑到上面踩踩揉揉……大家同心協力，玩玩鬧鬧，嘻嘻哈哈，笑鬧間就完成了。興致來時，我最愛煮東西給他們吃了，他們也樂得很，一個個站在旁邊，拿著盤子排著隊，邊唱歌邊等待。廚房不大，大家擠在一起，歡笑熱鬧的樣子，幾乎把屋頂都掀起來了，直等到吃東西才能安靜下來……有時候覺得他們好像是我的寵物，逗他們很開心，這就像兩位姊姊疼愛我一樣，有著說不出的親密關係。

跟弟弟妹妹在一起，有說不完的歡樂時光，有一回列隊走路到鄉下表姊家，路很遠，口又渴，這個當姊姊的自掏腰包買冰棒給他們吃，看他們歡喜感激的樣子，連我自己都很感動。

童年趣事數也數不完，沒有留下照片，只有隱約的記憶和濃濃的懷念，那一個個在陽光下的身影，和純真相愛的手足，都因長大後各自的打拼而有點疏離，雖然還有幾位兄弟姊妹仍然守在家鄉，但各自都選擇自己喜歡的兄姊親近。

父母離世之後，大家也漸漸老了，感情的濃淡卻在時間與空間的隔閡裡慢慢失了味，但小時候的點點滴滴，卻在我們中間扮演著關鍵的，將我們拉近距離的親密角色，不過幾個姊妹還依然相互惦念，至今還有許多說不完的話。

想起父親生病時，母親握著我的手很無助的說：「你爸爸不在，我就沒有家了，怎麼辦？」當時心裡一震，不知如何安慰她……現在自己老了，對這句話有更深的領悟。人一生到這世上，難免有風風雨雨，是父母手足的親情，在我們成長的過程為我們帶來歡笑，從他們的愛裡，我們得到肯定和激勵，保有著童稚的歡笑。成家之後，攜手扶持的換了一個人，對孩子也多了許多責任。遇到困難的時候，總會回想當年父母是怎樣度過的，有他們走在前頭，親身示現面對人生的智慧，多少讓我們定了心。而今我們成了人生路上的長者，面對年輕的孩子，只能盡心陪伴……

感謝孩子們始終不讓我為他們操心，這是他們默默愛我的方式。

由衷感謝有你們在身邊，彼此相愛一路同行，我並不孤單。

感謝有這樣的機會回顧人生，憶起父母家人恩深情重，更讓我看見這一生蒙受的恩情，竟是如許難以回報，由衷感念……只但願善用餘生而無憾！

99

五十多年前，成大的一群拙子——樂友唱片行的傳奇

黃豪

黃豪——成大工管61級，要為五十多年前成功大學的這麼一群「拙子們」寫一些當年台南古城的小小創舉或說傻傻的故事吧！

為了對音樂的熱愛，當年大學生，邊上課邊校外兼經營黑膠唱片的，應也少有吧！

話說會愛上古典音樂與哲學，是啟蒙於省立新竹高中，當年合唱團及管樂隊都很著名，而且高中管樂隊就開始演奏如貝多芬愛格蒙特序曲……等較為有。

所以進了成大，一年級就加入「成大古典音樂社」，遇見到機械系楊學長、工程科學系張學長，經過菜鳥新生的第一年，快放暑假的時候，社團裡少數同學一起考慮到當年校園裡的「古典音樂社」算是「爹不疼娘不愛」的小小社團，遠比不上「三民主義研究社」、「滔滔社」，甚至「土風舞研究社」……

當年的成大，「西格瑪社」獨領風騷，內容涉及天文、地理、人生哲學……及至音樂藝術都包括在內，一般以

成大建築系同學為主，建築系算得上工學院二十個科系裡面最具有人文藝術氣息的科系。

所以「古典音樂社」學長提出，勝利路上近南一中後門，有一間小小破舊的黑膠唱片行，主持的小姐做不下去，貼出「欲頂讓」的字條，門牌號碼是104號。

大家商議結果，初步決定，在即將到來的暑假，十來位男女同學，分別打工、家教……設法籌籌看，是否能湊錢來接管（註：當年公立大學學雜費，每學期要台幣兩千元，其中五百元是學費）。

暑假兩個多月過去了，也是我大二的這一年，大夥兒們算算才湊得九千多元，後來陸續有同學再湊個一千、五百，家中較可以的則出兩千，直到有一萬二、三千時，終於接手了原有的唱片行，取名「樂友唱片行」。

之後，台南市勝利路104號，成為我們課後聚會的地方，小小店面分為內外兩間，還記得面對馬路的店門，是左右開啟的木頭拉門，而裡面那間，則是高出地面約六〇公分的日式塌塌米房間，可坐可躺，之後沒多久就被男同學掛上「Smoking Room」的牌子。哈哈！當時真是氣煞了不少需要輪流顧店的女同學。

而店內則擺設簡單的玻璃櫃子，牆面釘架上的是要賣的黑膠唱片，透明玻璃櫃上則擺放著唱機，店裡面兩個牆角，則放置電機系同學克難組裝的兩個音箱喇叭，算是有模有樣了。

當年的成大課業都很「緊」，不少科系宰人又宰得兇，但是但是剛剛新開張的「樂友唱片行」總得有人顧店、賣唱片。故而從週一排到週七，分別有中午班與晚上班，所以說排到班的同學，是那天上午上課中午開店，下午上課後傍晚或晚上才能有人開店了！

可喜的是，只要有人開店，就從小小唱片裡不斷流出各時代的古典音樂，從古典樂派、浪漫樂派、國民樂派、抽象樂派……到近代，也從巴哈、韓德爾、維瓦第……莫札特、貝多芬、蕭邦……漸漸有越來越多成大同學，甚而南一中的同學，歡喜到店裡逛逛，欣賞、聊天……或三兩好友過來臭蓋……以音樂會友，慢慢形成一種閒靜和諧的氛圍，閉上眼睛好好沉澱自己，讓音樂進入心靈做最微妙的交流！

店內的記帳本是較厚的B5線圈筆記本，左右各一頁，左邊記當天賣出的唱片、編號、曲目，及價錢。右邊的這一頁則是同學們的塗鴉、心緒與感言。

令人懷念的是，塗鴉帳本已累積了四十五大本，一直保留到今天，後來樂友有同學製成微型膠卷存檔。

記帳後賣唱片所收的款項，就放在玻璃櫃檯裡的一個舊餅乾鐵盒內，當天晚間或第二天早上開店前，將鈔票與帳本核對後正式收好，我就順便將唱片行裡裡外外做個清潔，而且也不會忘記將那間Smoking Room榻榻米也擦乾淨，更重要的是留下來的菸灰缸。

當年，我也需負責每月前往古典黑膠唱片批發商支付貨款，並將要賣的，有好曲目的唱片帶回。批發商也會跟我做些檢討並給意見，當年台灣翻製古典黑膠唱片的較有名的是亞洲、松竹、鳴鳳……等幾家廠商。

因為有了這店，我們的大學生活都圍繞在這家唱片行裡，年輕時代的滿腔熱情也都沉浸在音樂裡，除了開店、顧店，賣唱片、補片……還有種種雜務，有同學就問，公立大學課業重，不好好讀書、修學分，弄什麼唱片行？

而且在此同時，還須兼辦校園內的「成大古典音樂社」各項活動……這讓我們忙的越來越有勁。可喜的是，校園內合法的「古典音樂社團」，只能每年招收一次大一新生，而唱片行才更有機會吸引到新血輪，讓男、女同學排班顧店，終於有越來越多「樂友唱片行」的男女同學自嘲說我們根本是一群「拙子」！

其實「拙子」們的傻勁付出，也有不為人知的「成為大不一樣」的機遇，當年「成功堂」旁邊的「學生活動中心」非常小，而唯獨古典音樂社，才擁有在勝利路上一間屬於自己的獨一無二的「學生聯絡中心」。包括店後的榻榻米Smoking Room，只要有開店，就大夥兒或坐或臥，臭蓋聊天，談談那些音樂大師，喜愛的曲目，動人的音樂家故事，或慶生、吃東西……簡直是增進感情的好場所。當年也真羨煞了不少其他社團的學生呢！

本是不受重視的小社團，器材、經費都嚴重不足，可有了樂友唱片行，以及眾多愛好音樂情同手足一起打拼的同學全力支援之後，我們就開始在成大校園、室內、戶外或大廳堂，舉辦各色各樣的「古典音樂欣賞」，最浪漫也最令人難忘的是在光復校區「榕園」的黃昏、星空下、中秋夜……倘佯在大片草坪上，聆聽開放式環繞音響播放的音樂……幾場震撼人心的夢中音樂饗宴！

有了校內的實力，觸角就開始向校外延伸，首先是我文學院趙同學的姊姊，當年是廣播電台知名音樂節目主持人趙晴女士。經同學的協助，名主持接受了成大古典音樂社邀請，從台北南下到成大成功堂，社團同學們在缺乏經費狀況下，同心協力自行「大作宣傳」，沒想到卻也能夠造成盛況空前，連台南縣市都有人慕名到來。成大唯一的成功堂難得見到大爆滿，連老師教授也都親身蒞臨，當天根本連走道的階梯都坐滿了同學，甚至成功堂外牆邊還有人用站的。

有了此次的爆滿經驗，「成大古典音樂社」跟著而來的二、三年，才有更多信心邀請到台北文化學院的「華崗交響樂團」及台中的「台灣省立交響樂團」……而且場場都擠爆。也因為這樣，成功大學的「成功堂」，當年也轟動整個台南縣市呢！

成大「拙子」初始篇，在此先告一個段落！

而當年勝利路上的「樂友唱片行」，之後還持續了八、九年之久，跟著小屋被建商收回拆除蓋樓房，而樂友唱片行由後代的「小拙子」們以及留校付出，晉任教授的同學們管理，將有關音樂的書籍、唱片及音響器材……等搬遷到東寧路上六樓的小房間，成立「樂友音響室」承續香火，前後維續了十五年之久！

而五十多年前，極其珍貴難得，還刻印著當年年輕時的足跡，厚厚的「古老帳本裡同學們的塗鴉」，目前收集到四十五大本之多，至今還保留在成大的「拙子」身邊，視為不可多得的人生回憶。

後記

五十多年前了！

先試著回想當年暑假打工，家教……湊錢開設「樂友唱片行」的拙子們，計有：電機系楊學長，工程科學系張學長，電機陳學長，會統系李學姊，企管系賴同學，及本人等。

而後「樂友唱片行」加「成大古典音樂社」則有諸多學長、學姊暨男女同學們齊心投入說不盡的「酸甜苦辣」心血在其中，年代久遠能想到的還有：水利系高學長（留德後回校任教授），會統系另一李學姊，外文系陳學姊，礦冶系張同學（一生致力於成大校友合唱）、黃同學、彭同學（竹中同學），機械系邱學弟，礦冶系江學弟、李學弟、陳學弟，外文系龍學妹、吳學妹，歷史系鄭學妹、吳學妹，會統系邱學妹，工程科學系劉學弟……等等，五十多年前至今，當年樂友香火又承續了十五個年頭，真是「拙族」族繁不及備載。受益於大學時代古典音樂的薰陶，往後人生各自在自己的生活裡，伴隨著一生的喜好，也影響到下一代及整個家族的氛圍，不管是投入音樂的研究，或接觸樂器的學習，都豐富了整個人生。真心誠意感謝當年培育我們的母校，古典音樂社團以及許許多多愛好音樂的同學，因為有了這分好因緣，才造就了這篇五十多年前美好的成大「拙子」的故事！

100

好好說再見

陶自強

人生總有些印記是深深的印刻在生命中。有感嘆！有震撼！有反省！時間的飛逝，已過了七年，但往事歷歷，恍如昨日。一場失足的意外，家姊頭部重創，在ICU（加護病房）為生命奮鬥。每日進出ICU，眼見患者們身上插著各式維持生命的管子，空間有一種無法言喻的氛圍，令人感到寒意。雖是短短的幾步路，令我感到煎熬跟畏懼。

唯一可盡力的，就是以言語安慰家姊（希望姊能感知），為她按摩四肢，希望能有反應，但昏迷指數未能回升。我由盼望墜落到絕望，跟主治醫生討論，唯一的答覆除非奇蹟，可能不會甦醒而呈植物人狀態。姊夫過世且無子女，家姊曾交代我——千萬不要以植物人的狀態存活，我必須做艱難的決定。以往我一直關注「安寧治療」的資訊，也贊同此觀念。在溝通的過程中，每個醫院或是醫生的觀念不盡相同。在此過程中，心理壓力下，極盡矛盾及茫然不知所措。

最後只能上FB向一向大力推動「慈悲說再見的安寧緩和醫療」的宜蘭陽明醫院陳秀丹醫生求救，深夜很快得到回應，要我第二天轉院，會幫忙安排安寧病房。給予我安定的能量，也指導了方向，及時穩住了我。真是感恩阿丹醫生的慈悲！

然我夫婦兩每天趕往宜蘭陽明醫院照顧，心中卻較平靜，陳醫師每日來巡病房，給家姊言語安慰並請她放下（人生的功課已完成）。家姊在安寧病房的照顧下，在眾人「愛」的圍繞下，平靜走完人生。經歷此過程，瞭解到人生的無常，在醫療觀念上必須要有一些事前的瞭解及動作，我們夫婦已簽署不作無效治療。感謝這突如其來的艱辛過程，有親朋好友的溫馨安慰協助及代禱祈福（家姊的好人緣），家姊能放下病痛，去做天使。

更慶幸家人的彼此相愛扶持，女兒由國外飛回台灣，直奔病榻，輕撫阿姨表達對她的愛，拔管時兒子在旁安慰阿姨。媳婦也趕回來支撐並紓解我的情緒，更要感謝我的另一半（張明生）的用心及陪伴。

101

也談沙烏地

張明生

之一

早期孫運璿、李國鼎、楊金欉、張斯敏諸位先生在蔣經國時代，就已銜命，與沙烏地阿拉伯Saudi Arab建立良好邦交，而來去奔走沙國。在一九七一年（民國六十年）年代初期，是雙方電力合作的創始，台電成立電力團，協助沙國規劃全國電力系統，默默耕耘不斷獻力，終博得沙方對我電力技術的充分肯定。

委建發電廠

我駐沙國薛毓麒大使有次返國述職，面見經國先生，報知沙國有意將巴哈省首座發電廠委我興建，並附建廠預算書。這件事便轉下交經濟部再轉下台電去做成本損益評估。經過仔細精算，造價超過所附預算，不單無利可圖，還要虧本。台電爰如實簽報上陳經濟部呈行政院。經國先生看了，只批五個字「虧本也要做」，本案就此敲定。（後建廠工程在台電精打細算下並沒虧本，還營造了個關係企業「台灣機電工程社」的電力技術團隊，續承包不少國外電廠及沙國變電站興建的生意，為台灣在國際上爭了一席之地。）

沙國風情記實

沙國人在國內服飾，會著白色、褐色、土色長袍，頭帶布巾，上面加個圓箍。據告沙國乾旱，沙漠日照甚強，焚風亦烈，如此可作保護，使男人在外工作時頭部不受傷。女子少外出，怕烈日乃著黑色長袍，頭帶面紗並將臉孔罩著，只露一對眼，以利行走。沙國人見面時，都會說Salamalikom，或也可以倒過來唸成Malikomsala，或來回應對方。這字意思是「阿拉保佑你」或「祝福你」的口頭讚美語。（紳士們見面就像西方人士，也會做擁抱貼臉的動作）

沙國是個很虔誠的回教國家，由他們每天五次的禱告便可看出。既使在Downtown的Center商店街，碰上禱告時間，店員都會請你到外面，稍候三十分鐘再進來，男店員即刻拉下鐵門。另外在鄉村教堂的長老也會叫喊沙國民眾入內禱告。如你在公路上駕車，也會看到卡車一輛輛停下，司機們下來，朝麥加市方向跪拜。

沙國人是遊牧民族，可用英文IBM三個字拿來比喻，還蠻貼切。I是Inshala，意思是「尊重上帝阿拉的意見」，碰到不知如何回答的事，就會說這個字，倒也化解尷尬。B是Bukala，指明天的意思，中基層沙國人民做事較散漫，沒有時間觀念。你找他請款或取文件，沙國人多會說這個字，到了第二天去找他，他還是會這麼說（不過，我會送他們些糖果吃，建立公關，就好多了）。至於M呢？是Malesi，是「沒有關係」。這倒有些像大陸人說的「沒事、沒事」一樣。尤其在發生交通事故，雙方爭吵半天，結果旁觀路人喊說Malesi Malesi，然後一哄而散。不過，我們曾有工程車行駛中，因青鋼橫擔在行車中震落，打死一位沙國路人，我方司機馬上被警察抓去關。

事實上，除小case外，大事還是要走法律的。沙國信奉的可蘭經規定，男人可娶四個老婆，但我問些沙國中階以上主管，他們都回說「不要不要，一個就好」。問他們為什麼，都說會吵死了，天天會吵架。另外一個原因，在巴哈鄉村，我看到的是男人要娶一房，花費很多，要七〇~八〇萬台幣，基層收入仍少，許多年輕人結不了婚。我遇到我們的守衛被性騷擾。某深夜，守衛王君打電話到我房間說：「報告經理，他們沙烏地守衛找我打鎗。」我立刻趕去，對方褲子都脫下來了，經我臭罵一頓才改正。我想是沒錢討老婆，更何況要娶四個的另項原因。沙國幣制單位「里亞」。一「里亞」合台幣一一元，沙國錢較大（當時一九八〇年，我在沙國月俸四五〇〇元里亞，而在台灣月俸才四萬元台幣）。

沙國不重女權，女人不能外出工作，除了女子學校的老師。所以商店店員都是男性。女人外出都是用黑面沙罩住頭臉，只露眼睛，身著黑色長袍，不過好的身材依然看得出來，結了婚的婦女都是中廣型，曲線消失。今日在大都會如首都利亞得市，第二大城吉達市，在超市及商店，我們可以清楚看到她們的臉蛋，已除去面紗，開放很多。年輕婦女還是很美，眼睛大大烏黑，身材如西方女子，人也很高䠷。在首都有條女人街，街上女性居多，因也賣些一般用品及電器，所以，我們男生也能去逛。

巴哈電力處處長曾帶我去過，那裡有點像夜市，人潮很多，美女不少。老婦少婦女學生小女生都可見到。但是一定不要跟她們搭訕和不能碰到他們，不然就很麻煩了。

之二

沙國婦女婚前婚後體型完全不同。婚前高眺清瘦美麗豐滿，婚後幾乎變中廣型。我曾問電廠沙國經理級主管「為什麼？」他說一者：沙國男人認為女子婚後胖胖的才美麗漂亮。這倒也似我們中國人說的：婦女到中年發福了，胖一些是福福泰泰有福氣。「那代表我們男人有辦法，把太太養的這麼好，哈哈哈！」他沉思後繼續道出第二個原因。我想想也是！

回教徒不食豬肉，喜吃羊肉，傳統沿襲過來的習慣。自然對羊肉的料理，有番考究，有種特色。我曾與另位技術組經理，同受電廠總經理Mr.Atiya相邀，到他住的Vila吃羊肉大餐。真見識了，我們席地毯圍坐。中央放置一個有如驕車輪胎大小的圓盤，盤中就是香噴但沒見熱氣的四分之一頭羊的羊肉。羊肉旁邊放了米飯，並和了葡萄干等堅果，外加些蘋果和香蕉。沙國人吃羊肉用右手大姆指、食指和中指，三指直入肉中，一轉一擰一拉，輕鬆愉快，便扯出一塊大小合宜的羊肉條塊送入口中。我們入境問俗如法泡製，有樣學樣，可是就是扯不出來，因為肉裡面實在太燙，手指根本無法停留，自是扯不出來。結果沙國老總代我們為之，還是交給我們一付刀叉。這是我一生吃過最好吃的悶羊肉，肉細而嫩，鹹淡剛好，熱度適中，果真烹飪有他一套（不似我去內蒙古吃的羊肉又硬又鹹）。

沙國是極缺水的國家，對水資源特別珍惜。電廠為我們蓋了宿舍，大夥好不開心搬了進去。公共衛浴設備跟在台灣的相同。過去我們住Camp，每天一水車，現在住進新宿舍，每天兩水車還不夠，老總跟我說：「請你們節約用水」。於是我們也貼公示，小廣告，還把馬桶水箱置入礦泉水瓶以減量用水，結果還是效果不彰。有天老總又來電話：「我去看了你們人洗澡，一邊抹肥皂，一邊還唱歌，水龍頭一直開著流水，太浪費了」。最後我只好將水龍頭開關閥弄成減量，並在處務會議報告，請大家配合改變一下自己的洗澡用水習慣。

電廠位置是在巴哈省會旁的一個鄉村叫Benisa。沙國是用回曆，西曆的週五才是回曆的星期天。我們每週工作六天，假日只一天。沙國地廣人稀，在鄉村有時一戶人家到另一戶會很遠。我們放假便開車翻越山嶺到山谷下的村莊走走。沙國人對我們也抱以好奇的眼光注視，也會問我們是Cini或是Korea?。Cini意思為中國人，Korea是指韓國人。我們回說是Cini，他們便會豎起姆指說Cini Quois，Quois意思為「好」，good，還加上一句Korea, Mus-quois，Mus是「不」。Mus-quois是「不好」。

足見過去台灣去的前輩，已給當地人有好的印象了。路途中餓了，很容易找到烤雞店、大餅店。每人來半隻剛烤好的肉雞，再配上沙國無酒精啤酒，十分快樂。

在沙國由台灣去的中國人共有八千人（南韓有六萬人）。我們在沙國的機構，除大使館、台電、台肥、榮工處、中華工程、新亞建設、民間工程公司。另外，榮民總醫院和台大醫院也派了醫療團隊。再來就是私人企業。現我駐沙代表處大使為鄧盛平先生。目前，中東國家相繼崛起，大肆建設，故而沙國也需跟進，電力建設將擴充很多，商機不斷，都是大標案。多由英國、加拿大得標。亞洲則以中國大陸及南韓為主。

我去沙烏地時，發電廠已蓋好在運轉中。台電纔拿到巴哈發電廠O&M的標（運轉與維護），合約簽了七年。台電方面需訓練沙國電力工程師及管理人員，任務是：不但將發電廠運維轉移，也將配電與變電業務，服務所全日供電及搶修業務等一併建置及轉移。因此我們駐沙巴哈電力處成立了發電、技術、供電、配電及供應五組，沙方相同也成立相應的組織，以為銜接，並續日後為該地區提供電力服務。這個標是個金雞母，乃讓台電成立的關係企業——台灣機電服務社，有了壯大的資金。在台灣蓋大樓、延攬人才、承接國內外工程而大展鵬圖。

值得一提的國旗小故事。在國外看到我們的國旗飄揚是件很興奮的事。發電廠區內有兩根很高的旗杆，是掛沙國國旗和巴哈省旗。有天居然沒有升旗，中午我就叫同事，把我們的國旗升上。但下午近傍晚，被電廠沙國老總發現不准，我便又下。在升上國旗後幾個小時，守衛打電話給我，說有訪客，我很納悶，在沙國發電廠怎會有訪客呢？便與對方通話，方知原來是他們看到了我們的國旗而停車，知道是台灣來的團隊，才會掛上自己的國旗，便想進來拜會台灣鄉親。我們大家也很興奮，立刻歡迎他們入內。原來他們也是工程界，輪休假，便結夥開車出外玩玩。同為台灣人，到了外國見到面，特別親切。於是，正值晚餐時分，我們還款待他們吃了頓台灣料理，並讓他們留宿一夜，次日一早啟程離開。你說奇不奇？妙不妙？

在台灣，如你開車到宜蘭，你會在頭城與礁溪間的濱海公路，看到數樓白色回教式的建築，邊上還種了許多棗子樹相襯，非常特殊。這是位宜蘭林姓商人，在沙國經商，賺了大錢，便在家鄉蓋了這個「回教式豪宅」，除作招待外賓用，內也陳列林董一生收藏所愛及古董，門窗面向太平洋，又帶來幾分神祕。作者有幸入內參觀，始知詳情。

沙國友人一直說，他們要開放「觀光Visa」多年，至今仍未成事。倘若諸位學長姊，日後待沙國開放觀光，務請前往一遊，搭上阿聯酋，安排十天檔期，走一趟沙烏地阿拉伯，此生定不後悔。遊歷及逛逛市區Center，女人街，沙漠中河流，吉達海邊沙灘及晚霞映照的棗子樹影，另海水淡化廠也是一景點。別忘了，買些石榴吃和高級糖棗子吃喔！

實際上，沙國是整片黃土不容易找到一年綠地的國家，人民生活相當辛苦，而我們寶島台灣是整片綠地，不容易找到一片黃土的樂園，不做比較，不知自己幸福。老天爺也很公平，遊牧民族苦了上千年，如今油元帶了財富來，也讓沙國人民得到不少福份。

沙國電力公司有位董事長，還來台灣留學，在台灣大學拿到了碩士學位。我的觀察，沙烏地的高級知識份子，都絕頂聰明，更加受到研究所以上的淬鍊，其機智反應都是一流。由此可見，教育是多麼重要，受知識薰陶，成就更大。

結語

「台灣早期許多人事物都是值得感恩、學習和懷念。」

102

弟弟不見了

嚮妃

在這個詐騙電話猖獗、騙子無所不在的年代很多社會案件大家都見怪不怪八〇年代初期，還在戒嚴時代。那年小弟才七歲，國小一年級。故事發生在民風純樸的彰化縣。

那天，就讀國中三年級的我，下課回到家裡以廠為家的我們，職員和工人們都像是家人，平常嘻嘻哈哈的職員們、辦公室的小姐們氣氛一別往常，嚴肅的神情特別怪異！奇怪的是，一堆不曾見過面無表情的中年男子們，跟著父親及伯父們，神神祕祕的在另一個房間裡密談。

不知在說些什麼？做什麼？

只見父親臉色十分沉重，叫母親幫我們準備了晚餐，因為三代同堂，太多人要照顧。母親跟平常一樣安頓好公公，也就是我的爺爺，餵飽一群剛下課飢腸轆轆的兒女們，當時就爸爸及排行最小（老五）的弟弟不在餐桌上，他可是爺爺最疼愛的小孫子。

第二天，還是一如往常的，四個孩子該上課的上課，該上班的上班，爺爺端坐在他的辦公桌，用放大鏡閱讀著報紙沒什麼不一樣的地方，只是，弟弟還是沒出現。還記得當年（一九九〇年）彭雪芬救夫（吳東亮）而聲名大噪，還有白冰冰的女兒，白曉燕綁架案（一九九七年）而轟動一時。

弟弟在學校不見了，國小一年級的小小朋友們，在班導師的詢問下，天真的孩子們告訴老師，一個自稱是家裡的人，留著一臉鬍子的中年叔叔，來把他帶回家了。

家裡那些陌生人，原來都是刑警……辦公室的一角組成了辦案小組，分析各種可能的情況，做了各種準備，等待著綁匪的電話（準備錄音）。家裡的大人及職員們也沒閒著，都在幫忙找尋各種蛛絲馬跡，每個人都成了福爾摩斯。

怎麼辦，弟弟再不回家，爺爺肯定會起疑心……。但，綁匪就是沒打電話來……

在一九八〇年初期，還沒聽過綁架吔，尤其在中部小鎮，別看小小學生的訊息，他們所描述那位叔叔的特徵，成了破案的關鍵。

因為我家的會計林小姐，突然想起了一位幫我們載運廢料的司機，就長這個樣子。警察們帶著各種情報，跟著父親及伯父們，找到了這位先生在深山中的老家，遠遠的（大家都有看過電影）他們看到弟弟像小狗一樣，小小的身子被鐵鍊綁在屋外，埋伏四週的刑警們發現只有一個老奶奶和一個小孩在家，就破門而入，把弟弟救回家了。

事後綁匪被抓，也被起訴了，因為家裡缺錢，沒有計劃就綁了我家小弟，但不知下一步怎麼威脅恐嚇，就被我的父親及刑警人員破案了。弟弟太幸運了，年紀還小的他，告知警察，老奶奶有幫他洗澡、給他東西吃，還一直叫她兒子放了他。

日後在綁匪起訴的過程中，也為他多加美言，讓他的罪行判輕一點，因為家裡本來就很苦，又有老小啊！

而小弟被綁架的事，在當時也上了地方報紙的頭條新聞。

後記

加入志工團隊後，發現其中一個重點項目，就在幫助單親家庭的照顧上（尤其是單親媽媽），社會本來就會貧富不均，遇到急需幫助的家庭，在對的時間伸出援手，就能幫到他們，也能讓他們的孩子們，感受到人間的溫暖，種下善的種子，日後有機會成為幫助別人的人，而不是為非做歹，危害社會的人。

103

同理心

張美蘭

妹妹一大早看到我，氣呼呼的抱怨著昨天夜裡，他們夫妻帶生病兒子掛急診的過程。

快到立春，氣溫忽冷忽熱，就讀幼稚園大班的外甥，被傳染了流行性感冒。本來不舒服的流感，加上先天支氣管較弱，狀況當然更嚴重。

「姊，妳知道嗎？昨晚，我們帶小孩去醫院掛急診，那個年輕醫生是這樣的態度。他連頭都不抬，用很冰冷的態度，瞪著電腦，面無表情、聲音沒有溫度的說：『感冒就是這樣，藥也吃了，不然妳要怎樣！』」

聽著一臉疲憊的妹妹訴說心中苦，我只能跟她說句：妳辛苦了！

頓時，妹妹有感而發的敘述著急診過程中，她忍不住對那醫生發了脾氣，大聲告訴他，你都沒有看我兒子的病史，他從上月月底就開始來看病，中間依醫生指示服藥，這樣經過已一個月，狀況都沒被控制，你能了解嗎？這豈是你說的感冒就是這樣！

說完，這位值夜班的年輕大夫，才急忙找了資深醫生前來會診，照了X光，二位醫生討論後，也確認沒有肺炎，兩夫妻才放心的帶著孩子回家休息。

很幸運，外甥狀況沒有更嚴重，再來就是讓小孩多多休息。季節交替，不管是老人、小孩或體質較弱者，都是比一般人來得辛苦！我只能這樣安慰身心交疲的妹妹。

妹妹事後對我說：「姊，謝謝妳！我要的不過是個同理心。現在想想還是要感恩夜裡值勤的醫生們，在最近流感及COVID-19猖獗，病患眾多的夜裡，他應該也很累，謝謝他請資深的醫生同步會診，再次確認孩子如雷的喘氣聲不是肺炎。」

同理心是一門要不斷修行的課題，期盼自己能夠經常保有同理心，關心和體諒身邊的每個人，我相信同理心讓世界更美好。

104

劫後餘生

張美蘭

逢年過節，父母健在，兄弟姊妹全數到齊，三代同堂相聚在一起，好不熱鬧！

母親有遠見，十數年前訂製的十六人大圓桌（換椅凳可坐上二十多人都沒問題），是大家茶餘飯後聊天八卦及討論工作（家族事業全年無休）的地方。

大年初二姊妹們各帶著家人回娘家，以大圓桌為中心，吃吃喝喝個沒完，還好家裡有個大草坪供活動玩耍，不然真會吃飽睡、睡飽吃。初二晚上用餐時間，家中大嫂及弟妹，準備了滿桌的山珍海味，在一片讚美聲中，孩子的尖叫哭喊聲響起。

前奏是一聲巨響……怎麼了？怎麼了？小妹跟我快速跑了過去！原來是四個孩子們在推擠中，把家裡的鐵製鳥巢吊椅撞倒，頂端的鐵器不偏不倚的打中家中身型最弱小但身手矯健，人稱「二哥」的五歲男孩右腦上。人電學的保健手法是家中共同認定的急救良方，二哥止不住的狂叫哭鬧情緒，在弟弟（他的爸爸）的順氣中安靜了下來，身為大姑姑的我細心觸診下，沒傷口、沒流血……真是萬幸！大人們繼續著吃到一半的晚餐，紛紛提起自己小時候的血腥趣事。小學時，大哥在家裡旁邊的雜草地裡探險，被毒蛇咬到，不准我告知父母，還好母親正好在二樓晾衣服，發現我鬼鬼祟祟的異狀，立馬飛車到台中打血清（當時彰化鄉下沒有血清），保住大哥小命一條。

身為長女的我也不遑多讓，提起小時候都跟男生們玩在一起（兄長、鄰居都是男的），爬牆、爬樹都是家常便飯，至今在左大腿後留下一道二十公分左右的疤痕，那是爬牆被自己家鐵絲網劃傷，印象中我的大腿皮開肉綻，就像切開三層肉般，第一層皮（薄）、第二層肥油（厚）及第三層滲著血水的瘦肉。一樣的，帶頭的哥哥叫我不能告訴爸媽，家裡剛好有個急救箱，兄妹二人自行包紮，長大後看到疤痕，父母才知有發生過這件事。接著大妹的串肉記，我這位小媽媽幫她洗澡，站在浴缸的邊條上，一不小心滑倒，背往後躺下，我把她拉起，她喊好痛好痛，原來肉插入了蓮蓬頭座，雖沒撞到脊椎，但少了一塊肉，可怕的塊肉餘生記！

換到輸人不輸陣的小妹，說到某年工廠辦尾牙當天，幫忙刷洗廁所滑倒，一邊耳朵裂開了，送醫院急救，當天真是亂成一團。整晚，見紅（血）趣事，聊個沒完沒了。

原來好多人的童年，就在玩樂、勞動及讀書中，伴隨著各種跌跌撞撞、大小傷口而漸漸長大；特別是在人口眾多的大家庭，三天三夜都說不完。

105

成大慈幼緣

陳耀銘

民國七十四年考上成大，在古都台南渡過了人生重要的四年。大一入學時來到社團聯展，因緣際會加入了慈幼社，從此展開多采多姿的社團生活。慈幼社依服務對象，分成育幼、安老、社福、燭光。我主要參加的活動是育幼組，每周二五傍晚，在成大校園集合，然後騎腳踏車到前火車站搭客運前往鹽行的育幼院，幫院童進行課業輔導。晚上九點結束後，再搭車返回校園。一整車的社團朋友，建立起深厚的友誼，成為一輩子的好朋友。

大一結束的暑假，受小畢學長邀約參加了救國團舉辦，由慈幼社出隊的「暑期基層文化服務隊」，一行約十位夥伴，到陌生的屏東春日鄉進行為期一週，帶領國小學童進行多樣的學習與團康活動，內容類似現在的夏令營。印象最深刻的是最後一天在廟口舉辦的村民晚會。舞台就在廟前的廣場，有模有樣的架起燈光與擴音器，一群大學生以簡單的服裝道具，輪流上場表演自編自導的短劇和音樂劇，帶給圍觀的老老少少一個歡樂的夏日夜晚。我們會就地取材或是利用報紙製作戲服。其中印象最深刻的一幕戲是，有位穿著報紙戲服的路人，莫名的捲進他人的爭執中，身上的報紙戲服被兩位爭吵中的演員瞬間扯破，驚恐的反應和無辜的表情，頓時惹得在場觀眾哄堂大笑，夥伴們精湛的演出，贏得現場如雷的掌聲。

大二暑假參加由成大主辦，慈幼社夥伴擔任輔導員的國中科學研習營，並擔任副隊長的角色。能夠來參加這個營隊的同學，都是台南縣市各個國中全校前幾名的資優生。為期兩個星期的營隊，課程、食宿都在成大校園。輔導員的角色雖然是褓姆，但是實際上也僅僅比學員們大上幾歲而已。所以我們得想出一些軟硬兼施的方法，讓這些聰明的學員信服。

因為大部分學員是第一次離家跟陌生人過團體生活，所以輔導員要跟緊學員，給予適度的心理輔導。營隊輔導員在每天的活動結束後，都要召開檢討會分享學員狀況，作為明日改進的依據。檢討會往往討論到半夜，然後隔天一早又要早起。所以在心理與身體都是處於極度緊繃的狀態。經過兩個星期的朝夕相處，學員們與輔導員也都培養出深厚的感情。

最後一晚的惜別晚會，是歡笑開場，最後含淚不捨分離的結束。多年過後，因為擔任教職到美國參加國際會議，在會場上被一位曾經參加過那一年科研營，正在美國攻讀博士班的台灣學生認出來，主動過來打招呼，也回味一些當年的共同回憶。這位女博士在幾年後回到成大任職，表現十分出色。

我的人生因為參加了慈幼社而多彩多姿，也因此跟很多人結下深厚的緣分。有一位當年在鹽行育幼院的小朋友，後來成為我指導畢業的碩士生，目前被公司外派到美國擔任要職。

對了，跟我結縭三十年的牽手也是在慈幼社結緣的喔！

106

我的童年三塊厝

洪麗分

我出生在彰化和美的三塊厝，聽這個名字，就知道是一個小小的村落。老家是小小的三合院，除了大廳和廚房外，應該只有六間房，爺爺奶奶一間，五個兒子各一間，我們的房間小小的，一頂通鋪，在搬離老家之前，我們一家六口就擠在這小小的通鋪上。通鋪旁是我們的廁所，其實只有一個木製的大尿桶，尿桶滿了就是田裡的肥料，肥水不落外人田，另外有個小閣樓置物用。

我家旁邊有小河，不過後面沒山坡，小河是灌溉渠道，是媽媽們洗衣，我們玩水、抓魚、釣青蛙的好地方。村子裡的建築物也都相依著，巷弄狹小還彎彎曲曲的，三叔公的家就在隔壁的小巷弄中，穿過小巷弄會到六嬸婆家，六嬸婆家隔壁是七叔公家，七叔公家對面是媽媽的娘家，算來爸爸媽媽是青梅竹馬。過年才聽我媽媽說，當年兩個大家長並不滿意這樁婚事，感謝奶奶到處借錢、招會，才湊齊四千元，送訂當天，多虧大舅媽自作主張的接下聘禮，這才知道為什麼我爸媽對奶奶與大舅媽特別感恩特別好。

我們的庄裡有一座廟叫和安宮，供奉五府千歲和三太子，廟裡有乩童，以前有疑難雜症，都會問神，人到就直接改一改，沒到就會由家人帶件衣服，在領口下蓋個章，穿著保平安，我想我應該是喝符水長大的。小時候家裡窮，唯一有好料的是神明生日，每年總會期待農曆六月二十八日，當天廟裡會上演布袋戲或歌仔戲，家裡也會奢侈地辦桌，宴請親友，是最期待的日子之一。要說有什麼不輸神明生日的日子，那就是我們小孩的生日了，奶奶會幫每個小孩過農曆生日，一碗麵線，一顆沾糖吃的水煮蛋，是壽星的福利。

我國小時，老家留給大伯住，阿公阿嬤、爸爸和三個叔叔到庄外覓地蓋房子，雖然有大馬路經過，但房子的前後都是農地，依然是鄉下，小妹是在新家出生的，我們家有五個小孩，老三是妹妹，她最好，兄弟姊妹都有。

讀書時要寫爸爸媽媽的職業欄時，好像可以寫很多，家裡有農地耕作中，是農夫；會製作工廠用的黑肥皀，是勞工；他們會自己打棉被，也算勞工；他們還會用廂型車載著百貨到鄉間販賣，是商人；爸爸喜歡幫人牽姻緣，是媒人。爸爸媽媽很努力，在那個年代，只要能賺錢的，他們都肯做，逢年過節的時候，還會到風景區賣燒酒螺。

爸爸媽媽的這麼多工作，我們家兄弟姊妹就讀高中之前或多或少都有參與到，是幫忙，也是玩耍。中部的稻作有兩期，插秧後如果稻田中有缺苗，我們會幫忙補秧苗，不記得其中的辛苦，但記得有一次，一隻水蛭咬著我的小腿，很怕，但只能硬著頭皮硬是把水蛭扯下，丟的遠遠的。稻子收割後，我們會跟在割稻機後撿拾稻穗，珍惜老天爺給的糧食。曬稻子可不輕鬆，要用耙子把金黃色的穀子堆成一道道的山丘，隔一段時間就要翻面，曬稻子很香，但稻穀有許多刺毛，會讓人發癢。

曬稻穀最怕西北雨，看到天色不對，吆喝一聲，大家都來蓋帆布。收割後焚燒乾稻草的時候，我們會在稻草灰燼中撿拾雪白如珍珠的現爆爆米香。二期稻作之後會休耕，這時候會改種豌豆，我們會幫忙使用農用打孔器，在田裡挖出排列整齊的小洞，將豌豆種子放進洞裡，再蓋上肥料，還要一瓢瓢的澆水。和美雖然不靠海，但是離海很近，冬天的風吹來，冷喔！豌豆成熟時，或蹲或彎腰，我們得一個個的採摘豆莢。豌豆的市場價格波動很大，爸爸每天都會把摘下來的豆子一袋一袋的送到農會，販子會根據豆子的品質喊價，心情當然也會隨著價格起伏。媽媽說，她把賣豌豆的錢拿去買黃金，我們三姊妹的嫁妝就是豌豆換來的。

爸媽也做肥皂，但不是大家用過的香皂或水晶肥皂，而是去汙力超強，工廠黑手在用的黑肥皂。我記得他們會把蘇打和牛油放到灶台上的大鍋裡煮，一直攪動到混和均勻，我們小孩會把地瓜和蒜頭放在灶口，肥皂做好了，肚子也飽了。煮好的肥皂會被舀到長方形的鐵桶模具中，等到冷卻定型後，再將鐵桶模具打開，一塊超級大的黑肥皂就成形了，接下來切割分裝就有我們小孩的工作了，爸爸會把適當高度的木頭模具，蓋在大塊的肥皂上，讓我們用膝蓋跪和雙手壓在模具上，自己用兩頭綁著木棒的細鐵線，沿著模具下緣劃過肥皂。接著爸爸會繼續將肥皂切割成一塊塊的成品。我們會幫忙將肥皂分裝到塑膠袋中，然後將塑膠袋的開口折好，最後一折要過一下燭火再黏緊，過火的時間要恰到好處，不及就會黏不牢，過了就會燙手。有時候我會跟著爸爸送貨到工廠，將做好的肥皂一批批的賣出，滿載出門，空車回。

爸爸說他國小畢業後就離家到北部學打棉被，所以這也是他的一項技術，手彈棉花的工序很複雜，包含整棉、鋪棉、彈棉、壓篩、收邊、牽紗、掄被、翻被、縫合等步驟。我們小孩可以幫忙也超愛幫忙的是掄被，這是用厚重的的木製輪斗在棉被上來回搓動平整棉被，我們負責坐在輪斗上，讓爸爸推著搓動，輪斗的上下顛簸，是爸爸的工廠，也是我們的遊樂場。

不知道大家有沒有吃過燒酒螺，小時候的過年，我們會全家動員到彰化八卦山賣燒酒螺。和美不靠海，但旁邊的鹿港和伸港都靠海，我們會先到海邊撿拾一粒粒長得像螺絲的小螺，裝滿幾個布袋帶回家，還記得有一年小螺多到撿不完，直接用掃把畚箕裝。帶回家的小螺清洗乾淨後，我們會用拔釘鉗剪去小螺的尖端，這動作很重要，不然螺肉就吸不出來了。坐在小椅子上，一腳踩著拔釘鉗的鉗柄，一手將螺尖放在鉗口上，另一隻手負責施力，就這樣，全家圍坐著，一粒一粒地剪。接著爸媽負責炒螺、調味，香噴噴的燒酒螺就出爐囉！過年期間一大早爸爸載著我們上八卦山，分成幾個攤位，我和大妹一組在大佛旁邊叫賣著「燒酒螺，來喔，好吃的燒酒螺」，我們兩個十來歲的小女生很可愛，生意挺不錯的，還有些客人會送給我們小禮物。現在看到風景區或夜市賣的燒酒螺，就會勾起無限的回憶。

家裡的經濟漸入佳境，應該是靠著行動百貨業，最早的記憶中，爸爸騎著摩托車，載肥皂或幾樣日用品到處送貨。小妹出生後，家裡買了小廂型車，爸爸說小孩會帶財來，小妹就帶著一台車子來。有了車之後，日用品數量變多，稱得上是百貨，每天傍晚爸媽做生意回來，我們要幫忙補貨，肥皂、衛生紙、洗衣粉、洗碗精，家裡用的日用品幾乎都有，就這樣，一台車凸歸彰化。偶爾的假日，我也會跟出門，爸爸會讓我用擴音器廣播，「賣茶箍的來囉，來喔，來買喔，衛生紙……逐項都有喔」。隨著百貨業興起，商店到處林立之後，行動百貨就成了服務業，服務偏鄉僻壤裡行動不便的老弱婦孺。

因為家裡有車，爸媽也會載我們出門去玩，在沒有地圖沒有導航的時代，真的佩服爸爸可以載我們四處旅遊。兄弟姊妹最難忘的是我們小時候竟然住過武陵賓館，是路途太遙遠了，當日回不了家，賺到一趟奢華之旅。

我們家人的感情很濃厚，聚在一起時，歡笑聲不絕於耳。兄弟姊妹各自成家之後，依然如此。兄弟姊妹雖然沒有飛黃騰達，但也安居樂業，小時候家庭生活中的點點滴滴造就了這一切。弟弟在而立之年回天，爸爸也在古稀之年快樂的出帆。接下來的故事，就由媽媽、我們兄弟姊妹和各自的另一半，以及下一代繼續創造著。

107

客家過年趣

洪麗分

為人媳婦後，每年過年最期待的是除夕回公公在屏東竹田老家拜拜，享受過年親族團聚的熱鬧氣氛。公公是客家人，高中後就搬到高雄市區生活，老家穎川堂在竹田頭崙算是規模第二大的伙房，為三進二橫的ㄇ字型格局，相當於閩南的三合院，正身堂屋有三堂，包括前堂、祖堂和後廳，前堂和祖堂之間有個大天井，後廳則是兩層樓的建築。堂屋兩側有四棟的橫屋，總共有二十四個房間，橫屋之間有狹窄的子孫巷隔開。

除夕兩點前，分散在各地的親族們帶著豐盛的牲禮、水果、酒水和年糕等擺滿祖堂內的供桌，兩點一到，眾人開始焚香祭禱，全家人手持清香，跟著長輩從天公爐開始拜，在裊裊煙雲中穿梭，努力閃躲其他人手上的香火，將手中的香插在各個香爐中，拜到最後通常被燻的一把眼淚一把鼻涕，足見人丁的興旺。祭祀的過程中，每年都會有不同的驚喜，堂屋前的禾埕變成大舞台，活潑可愛的電音三太子跳著現代的熱舞，炒熱年的氣氛；

舞獅（弄獅）在鑼鼓聲中幫大家驅邪避凶，鎮煞避邪；舞龍（弄龍）的氣勢最是震撼，數十公尺長的舞龍隨著龍珠的引領，靈活的翻滾、騰躍著，充滿著力與美，帶來祥瑞之氣，為來年祈求風調雨順；財神跳加官人人愛，加官晉祿，財源滾滾來。

伙房的探險是我和孩子們還小時的最愛，穿梭在大宅院狹小的子孫巷中，捉迷藏，走一走就到隔壁人家去了，進到客家庄的我們，除了會叫「阿伯、伯公」，聽的懂「細妹按靚」外，其他的就「聽毋識」，只好善用社交的利器，逢人就笑，恭賀新年好。

祭祖的重頭戲在最後，祖先們享用祭品的同時，紙錢在金爐中旺盛的燃燒著，希望祖先們也能豐衣足食；另外一方面，禾埕上繞著一圈又一圈的鞭炮，鋪滿整個地上，等待祖先們享用祭品，接收到子孫的獻金之後，祭祖來到最高潮，震耳欲聾的爆竹聲，趕走了年獸，除去瘴癘，除去舊歲，迎來新年，歡歡喜喜過新年。

沒想到今年的祭祖竟然也受到疫情的波及，回到老家時，冷冷清清的，熱鬧的氣氛不再，原來是因應疫情，祭祖的時間分散在一整天，以避免群聚。今年的新年新希望再加一條，期待明年新冠肺炎退散，大家歡聚過好年。

108

六天零兩年

果依

之一

陽光由百葉窗的縫隙鑽了進來，照在我眼睛上。我揉揉惺忪的睡眼，牆頭上一幅新的風景照，哦！今天是七月一日了！下午他就要來幫我收拾這我視為第二個家的小房間，在此我渡過了三年美好的時光。

三年了，我由一個初出校門不懂事的女孩，變成這個習於應付各種人的老油條。確實是的，往日所引以為傲的那份容貌和純真，早已蕩然無存。一年半前，當那股傲氣依然纏繞著我時，我認識了他。曾幾何時，我突然覺得我老了，老得可以嫁人了！於是，在一個暗淡的燈光下，我做了個一生中最大的許諾。而今天，他的來到，意味著我將永遠離開這第二個家而進入另一個家。

「嘟嘟嘟」三聲門響，門口有人叫著：「蘭姊。」

「進來，小玲。」小玲笑嘻嘻地推門進來。她是房東家二十歲的女孩，剛唸完大一。

「收拾房間啊！哪一天做新娘啊？」

「就是妳做伴娘的那一天！」小玲可說是我見過最漂亮的伴娘了。

「我說蘭姊啊！妳還是找別人吧！像妳這麼漂亮的新娘，何苦找我這個醜八怪當伴娘？」說著還對我扮個鬼臉。

「假如妳是醜八怪的話，那我不成了鐘樓怪人？」我裝著有點不高興。

「唉！只可惜現在沒有中國小姐選拔，要不然哪，咱們蘭姊準可以出國遊歷一番。」

「妳扯到哪裡去了！來來，幫我把這些信整理一下。」

「啊哈！咱們蘭姊要整理情書啦！怎麼不和他一塊重溫一下？」小玲把雙手一合，兩眼一閉，若有所思的樣子。

「好了好了！女孩兒家，大清早就嘀咕個沒完。」這是房東太太經常說小玲的話。

「是！我的好媽媽！」兩人相視笑了起來，然後開始埋首信堆中。

「咦！這一封是什麼？」小玲像是發現了寶藏一般。

我抬起頭來，望著小玲手上的東西，那是個空白的西式信封。我愣了一下，突然一個念頭閃過我的腦海，使我急於拿回它。小玲覺察出來，將信封拿得遠遠的，並且打算抽出裡面的東西。

「妳總該讓我先看看裡面是什麼吧！」我有些發急，雖然那已是三年前的一封信，但我卻希望能先看一遍，畢竟當年我並沒有讀它。

「妳得先答應讓我看，否則我就告訴他，說妳有一封神祕的信，要他叫妳拿給我看，不然我就跟他鬧個沒完。」

我屈服了她的條件，只是我得先看過一遍才能給她看。看完了信，心中微微的顫動，我有些不忍心去回想，然而往事卻一幕一幕的重現出來。我想起還有另外三個信封，便將它們都找了出來，重讀那三張短箋和那篇〈贈陌生人〉。

小玲堅持要我講出當年的情形，我頗是為難。她嚷道：「信裡面那麼多事情只有他和妳才知道，這我怎麼看得懂？」經不住她的執拗，我順著信的內容，說出了這一段往事。

當年畢業後，經由親戚的介紹，我到北部來就業，而住進了小玲的家。有一天，接到姨媽的來信，那厚厚的一疊，讓我吃了一驚。拆開之後，才知道除了姨媽的信外，另有一個信封。我立即明白是怎麼一回事。當時因為事忙，隨便看了幾行便收了起來，後來不知哪兒去了，也就忘了這件事。沒想到卻在三年後的今天才讀到它。

「姊：

自從我知道那美妙的兩個字後，我心裡就開始呼喚著姊。如是的稱呼讓我有一種親切的感覺，彷彿妳就在我的身邊。

還記得去年的四月十八日嗎？那天我吃完晚餐，正覺得閒著無聊，見妳坐在那輛自行車的後座上，一時興起想看看妳要上哪兒去。不幸的很，半路上就被妳們發覺了。接下來的事，也不必再提它。……」

由於表妹的臨時起意，我們倆共乘一輛自行車上清真館吃水餃，順便逛逛街。在一個路口遇到紅燈停下來。這時由後面跟上來一個男孩，停在我們右邊。他搶先過了馬路騎在前面，卻在下一個路口慢了下來，像是有心要等紅燈。表妹和我同意證實一下，果然情況立即明朗。他似乎也知道我們發覺他在跟著，索性騎近了些。看他那樣子，像是想說什麼又開不了口，我也裝著毫不在乎。表妹可不管這麼多，在中正路的斜坡上飛也似的往下衝，卻讓車前籃子裡的書掉了出來。我們回過頭來撿書，他卻在一旁偷笑著，真教人有點氣不過。我們很快的上路，落慌似的疾馳，當然這並不能擺脫他的跟隨。到達目的地後，他沒有再跟進來，我猜想他是吃過了。

第二天上午，我又見到了他。我心想：「他等著我來上課，只為了看一看我嗎？」往後的日子裡，又曾見過他幾次，而他總是用那同樣的神情望著我，眼睛裡似乎閃爍著無限的話語。漸漸地，我把這件事給淡忘了，直到他再度意外的出現。

之二

「……當時我想：『反正我又不會去追她，這樣做只不過是好玩而已！』事後證明，它並不如我想像中那般好玩，反而成了一種心理負擔。第二天我去等妳，後來又寫了封信，無非是想告訴妳，我無心要那麼做，我真怕妳誤會。大概是我沒這份勇氣，那封信至今依舊在我手中。

一個很大的轉變，發生在去年（二〇二一）的八月六日。有生以來的第一次，當我看到一個女孩子時，心跳會突然地加快，許久不能遏制。我在車站向妳敬了個禮，妳應該記得很清楚。……」

暑假裡，表妹來信說姨媽要我去玩幾天。姨媽家就在學校附近，平時有空就會去看看她。漫長的假期，正感到悶得發慌，去找表妹玩玩也好。

回家的那天，表妹載我到公路局車站，路過郵局，寄了封信給同學，當時就有一種很奇怪的感覺。到了車站，表妹替我買了張直達車票，她總是行動比我快一些。上車後，選了個窗口坐下。表妹像是有些依依不捨，然而鈴聲響起，引擎也不再沉默，在互相道別中，車子開動了。

車就要出站了，突然間，一個熟悉的面孔出現在月台上，他微笑著向我敬了個禮。是他，那個久違了的小男孩。我沒有片刻思考的時間，車已經把他拋在後頭。他怎麼會……？這才想起早先在郵局寄信時，就覺得有人在面前晃過兩次，只是當時沒留神，想不到他竟然跟到車站來了。「可愛的小男孩。」心裡想著：「暑假裡在學校做什麼？莫非……？」我竟然會想到他是來補修學分的，不禁自覺莞爾。

雖是直達車，卻難免要繞道市中心。行經西門路，「清真館」三字赫然出現，使我想起三個月前那一幕。那天如果他還沒吃晚餐，他可會跟進來？在那以前，就曾見過那特異的注視。這孩子，怎麼會這般的盯上個老大姊？滿腦子胡思亂想，身旁不知何時坐著一個婦人帶著一個四、五歲大的男孩。

車經過東門圓環時，那跨在鐵馬上的背影竟令我心裡開始不能平靜，真會是他嗎？我萬萬也沒想到他會在半路上守候，等著再見我一面。我不願再看著他，此刻我的心已經漸漸地亂了。「小男孩，你究竟為什麼要這樣？你可知道你在我眼中只不過是個 Little boy，而我卻是個受過創傷的女孩子。為什麼？為什麼你要來勾起我那苦澀的回憶呢？」

往事歷歷，一幕幕地浮現在腦海中。那段不堪回首的日子，若非姨媽和表妹給我鼓勵和安慰，我真不知會變成什麼樣子。小男孩的影子又出現腦海中，修長的身裁，頗有幾分秀氣的面龐，那雙總是含情地望著我的眼睛，車站上那微笑的敬禮，那張微笑的面孔，模糊了，模糊了，窗外的原野，變成了茫茫一片。

「媽咪，那個阿姨哭了！」是個小男孩的聲音。像是從夢中驚醒，我匆匆掏出手帕，拭去眼角的淚水。

「小姐，有什麼傷心的事嗎？」身旁的婦人關切地問著。

「沒有！」我差一點就要哭出聲來。「我沒什麼！」

「阿姨，不要哭嗎！」小男孩純真的話，終於止住了我奪眶而出的淚水。

很久很久沒有流淚了。那次，我傷心到了極點，我倆就這樣分開，悲憤幾乎置我於絕望之中。姨媽和表妹給了我許多安慰，讓我能夠堅強起來。我發誓不再為感情的事而流淚，然而在這個時候，卻為了一個不相識的小男孩而濕潤了我的眼眶，我不能再去想了！

「……第二天清晨，我回到了台北。奇妙的是，在台北的二十多天裡，我總是先想到妳，才會想到我當時所喜歡的一個女孩。漸漸地，我對妳的思念與日俱增，有一晚居然夢見了妳，卻叫不出妳的名字。

九月五日，我懷著一試的心理到註冊組去翻東西，被職員發現制止。匆忙中，僅得到了那確定的三個字和一個日期。於是我開始在心裡稱呼妳『姊』。令我訝異的是，妳比我大上六天零兩年。這也無妨，倒可讓我們之間更像是姊弟。」

我無法想像他竟在幾個月後還費了那麼大的勁兒，才知道我的名字和生日。難道他會打聽不出來？抑或是他情願自己去發掘？如果我猜得沒錯，他應該看到了我高中畢業的照片，那是貼在選課簿上的，旁邊就寫著我的出生年月日。六天零兩年，小孩子還真有想像力，兩年倒成了零頭。

「妳成了最能給我喜悅的人，使我得以享受這欣賞美好事物的樂趣。每當我見到妳，無限的歡欣湧上心頭，幾乎令我陶醉。遺憾的是，我很少有機會看到妳。因此，我從不放棄任何一個欣賞妳的機會，或許這就是我一直盯著妳看的緣故吧！……」

一天中午，表妹和我在學校附近的餐廳吃飯。表妹突然像是發現什麼似的對我說：「妳還記得那次跟在我們後面的那個小鬼嗎？」我表情的突然改變，讓表妹有點莫名其妙，以為我不高興了！她哪兒知道這半年來發生了什麼事？那次車站的送行，還有一次竟然會在我住處的巷口遇見他（我實在不認為那是巧合），至今也只是我和他之間的祕密。順著表妹眼睛的方向望去，我又看到了那張曾對我微笑的面龐。我無法知道他心裡想著什麼，只見他神情依舊，始終像是在用那雙眼睛對我訴說著。我從未見過一個男孩子如此這般地「欣賞」著女孩子，他著實是個異常的孩子。

「……妳漸漸變得對我重要了，只是尚未足以佔上我心目中的第一位。

十二月二十日，在南一書局見到妳，我的心又在撲通撲通地猛跳著。我第一次有機會如此地接近妳，真想拿起那張卡片，在妳面前展示那兩個大大的字『To You』。我感覺到我的手微微地抖動著。從那以後，我猜我是真正地愛上妳了。但妳依然停留在第二位。」

表妹和我去買卡片，想不到竟會遇到他。就在那面對面的一刻，我突然失去了思想，只能低頭望著那一張張的卡片，我不敢再看著他。表妹對我說了些什麼，我全然不知。費了好大的功夫，我才讓自己平靜下來。後來在三樓又見到他，我只有催促表妹趕緊下樓，我真有點怕見到他了！這一晚，我竟然無法安眠。他已經成為我生活上的負擔。

之三

「……終於機會來了，奮鬥了十個多月的妳，在今年春天很驕傲地取代了我心中的幻影，使我第一次感覺到擁有真實的妳。我的心無法再保持沉默，它是那麼地渴望向妳訴說。於是，我努力了三個晚上，為妳寫了那篇短文。那一個下午，天氣突然地轉變，讓我在寒風中等候了兩個半小時，僅為了確認妳已收到我的信。……」

那一年的三月裡，一個星期三的下午，我第一次見到這未具名的西式信封。下課後，抱著書本來到自行車旁，驚異地發現那躺在籃子裡的信封。那一瞬間，我幾乎能肯定是他給我的信。我收到的是兩張信紙和兩張稿紙。信中他寫著：

「經過了這段漫長的日子，我終於又見到了妳。妳還記得這個時常看著妳的男孩吧！

人生的際遇往往稍縱即逝。有多少人能抓住這一瞬間？我不敢說我有多麼喜歡妳，卻想告訴妳我是多麼地高興能見到妳。但妳就要走了，而我卻盼望能抓住些什麼。

我無心闖進妳的生活中，而希望能給妳些什麼。這篇短文只是我心中的一些話，但願妳能領會出我的誠意來。

最後，請妳諒解這個硬性推銷他自己的人所做的一切，無非是出自一片赤子之心。……」

在P.S.裡面，他寫下了系級。真想不到他已經三年級了，可是看起來實在還很小，他一定是早讀了一年。至於那篇短文，是這麼寫著：

「那一天，我騎過文學院東邊的小路，見到了這輛熟悉的雙輪車，腦海中浮現出一個甜蜜的笑容。啊！很久沒見到她了！我再度來到這個地方，它已消失了蹤影，在那下課鈴後。我終未能見到它那美麗的女主人。

我默默地欣賞著她，自從上一季溫暖的春天。她是如此地甜蜜動人，那般完美，令我不忍心去觸摸。我只是凝視著她，並不為了什麼，僅僅為了享受這份欣賞的樂趣。我不認識她，卻早已在心裡擁有了她。我深自慶幸，未曾在她之前走進這鳳凰花城。否則，我或早已為她瘋狂，何能如此平靜地在心底深處擁抱著她？我曾願終生擁有這完美的印象，而不去嘗試接觸她，深恐破壞了這份美好的感受。但此刻卻難以承受即將面臨的殘酷事實。

鳳凰花就要開了，在那漸熱的初夏。天哪！我豈忍心見那鳳凰花紅遍枝頭？它僅帶來了離別的信息，美麗的人兒就要離我而去，我將再也見不到她。我要到何時何地才能再尋到她所帶給我的喜悅？我深深知道，沒有人能取代她。誰能給我這般甜蜜的感受？誰能讓我在心底想要叫她一聲「……姊」？天啊！我何曾企圖擁有她？只是擔不起離別的哀愁和無限的相思。

中正路上的疾馳，台南車站的敬禮，我只不過是喜歡見到她而已啊！然而，未來的歲月裡，我將失去這份歡愉，只有從回憶中去找尋她的笑顏。一些零星的片段，兩封未曾與收信人見面的信（它們現今讀來是那麼地可笑），半篇不是小說的真實故事與幻想的聯集，和這篇我下定決心必得要送出的「贈陌生人」。

上帝啊！原諒我！我已無能判斷這件事是對的還是錯的。我只知道我若不去嘗試，我會後悔且難以原諒自己的，雖然我可能會因為做了一個錯誤的嘗試而感傷。上帝啊！我不求祢的憐憫，只求祢能繼續賜給我喜悅，在這僅存的日子裡，讓我能經常見到我的甜姊兒。阿門！」

讀完了它，獨自坐著思考那一字一句，表妹一聲不響地闖了進來，我不得不將事情的前後都告訴她。表妹聽了直搖頭說：「這種小孩子啊，閒著沒事做，就會寫這些肉麻的東西，妳不要理他。」我口頭上裝著不屑一顧，心裡面卻有些不忍，那會傷到這孩子的心，他畢竟太天真了。

「……我知道，我深深地愛上妳了，但我實在不敢奢望能得到妳的喜愛，只因妳太出眾，而我是如此的平庸。我不認為那七百三十七天能代表什麼，因為我只想愛著妳，只要妳能給我一絲兒眷顧，我就心滿意足了。最低限度，我能時常見到妳，同時能讓妳見到我，我就覺得這一份愛是值得的。」

他就這樣愛上我，我無法想像這究竟是為什麼。全校近千個女同學，偏要愛上個比自己大兩歲的女孩，而且還並不認識。就只因為我漂亮嗎？在人們的眼中，我或許是很出眾，但他也不如自己所說的平庸。若是時光倒轉，他大我兩歲，或許……。但是實在沒有一個女孩不會把他當成個小男孩啊！

隔了一週，我收到第二封信。春假過後，依舊是星期三的五點二十五分，我享受了最後一次那奇特的像是刺激般的感受。我根本沒打算給他如何答覆，他也在信裡說過不敢期望我的答覆。但他為什麼不再寫信呢？如今我已經離開學校三年，卻懷念那三次走出教室來到車旁的那一刻。

「……我不該停止寫信給妳，我猜我是誤會了。我實在沒有理由不再繼續啊！我停止了寫信，卻未曾停止那每週一次的守候，只希望能見妳一面。雖然那只是短暫的片刻，但我在七天裡只能有這一次啊！而妳卻從不對我多看一眼。我真是這般地令妳討厭嗎？」

他的確是誤會了。但我究竟是如何讓他誤會的呢？難道那一次我把車停在……？我錯了！是我使他不再繼續寫信。那是我收到第三封信的後一個星期，他找到了我的車，因為我下課出來時見到他。我並沒有討厭他啊！我所以不想看到他，實在是因為那多少會令我難過。他不再寫信給我，倒反而讓我誤會了他。唉！這是怎麼一回事啊？

「……我沒料到那會是最後一次見到妳。我看著妳，妳也看了我一下。不知道為什麼，當時竟然頗為心酸，真想走上前去，對妳說聲：『姊，我愛妳！』莫非這就是永遠見不到妳的徵兆？但我怎麼能說呢？當著她和她母親的面？

我竟沒能再見到妳。我原先一直計劃要在離別之前對妳說出那一句話。那三個字，我從未向任何人提起，而始終希望妳是第一個聽到我說出口的人。如今，我依舊盼望著這親口向妳說出的一天，只是它可能永遠不會來臨了。我常想，一個人若能看出他人的眼神，妳該早已從我的雙眼中看出我是多麼的愛妳。」

畢業考的前一天，姨媽、表妹和我三個人在校門口的水果攤前遇見他。他不再像從前那樣深情地凝視著我，我哪兒想得到他正在為離別而感到心酸？可憐的孩子！那三個字對他真有那麼大的意義嗎？我倒情願能聽他說一聲，只是我再也沒有見到他。或許我不該那麼早上北部來，而應該參加畢業典禮，那還能給他一個機會，他必定曾寄望於這一天！

「……妳已經走了，沒有給我留下一點值得紀念的東西。時間或許會沖淡我對妳的思念，但我終生也不會忘記這個我曾經深深地愛著，卻從不懷疑應不應該愛她的女孩。即使她像是那麼地不願見到我，她所給我如此美好的印象，卻被完完整整地保留在我的心中，直到永遠永遠。

明天，我就要離開這曾經屬於我們的小城，回到那繁華的大都市。我怎麼能懷著滿腹的心語返鄉？只有藉這薄薄的三張紙，向妳做最後一次的傾訴。甜姊兒！容我再喚妳一聲『姊』，而盼望著來自遠方的回音。

祝妳 快樂

敬上 六月二十五日

P.S. 懷著最後一絲希望，我寫下這個地址：台北市×××。盼望妳的回音。」

看完了信，小玲依然還沉醉在故事的情節中，直嚷著：「我好想見見他哦！」我賞了她一個白眼。

小玲突然像是發現新大陸一般，很興奮的說：「我來寫信給他。」

「妳別鬧了！我就要結婚了！妳要是讓我嫁不成，我一輩子都不會原諒妳！」

小玲被我澆了一盆冷水，悻悻然地說：「那麼深情的男孩子，妳不要，我還想要呢！」

「別說了！待會兒我就把信給燒了。讓妳死了這條心。」

望著熊熊的火光，我心裡默默地唸著：「再會了，小男孩！祝福你能夠找到你理想的伴侶！」

後記

我在後記裡面說：「小說的內容是根據真實的故事改編。至於哪一部分是真實的，哪些是虛構的，聰明的讀者應該不難看出。」

故事中，小男孩寫的信都是真實的，小男孩與蘭姊見面的時間和地點也是真的。表妹確有其人，只是表妹的身分和姨媽是虛構的。故事內容只要跟小男孩無關的部分，都是虛構的。所以表妹與蘭姊之間的對話是虛構的，以蘭姊的身分所鋪陳的故事完全是作者的想像，而小玲的部分則完全是作者創造出來的。

根據目前大家的回應，大部分都認為作者是蘭姊，其實是當年寫信時還不滿二十一歲的小男孩。

我只能說：寫這篇小說時還未滿二十四歲的我，竟然有這麼豐富的想像力，尤其是從女生的角度來撰寫，還真不是件簡單的事。

最後，借用李宗盛的《鬼迷心竅》裡面的一段歌詞來表達我的心情：有人問我妳究竟是哪裡好，這麼多年我還忘不了。

謝謝大家對「六天零兩年」的喜愛！至於我是誰並不重要！或許哪一天我想通了，我會讓大家知道的。再次感謝！

109

初中生活點滴

羅平

民國五十四年初中聯考，考上台北市立大同初中，開始了每天通勤的生活。早上六點半多就要出門，走十五分鐘到公車站，從永和搭5路公車到台北車站，轉25路公車到學校。當年的5路公車，是「五十鈴」的「牛頭公車」，車門是由司機轉動一根桿子來開關。我習慣站在司機的後面，看著司機開車，並模仿他操作排檔桿。25路公車是沒有車頭的，大大的引擎蓋就在司機右邊，長長的排檔桿延伸到引擎蓋的後方，司機拉排檔桿的動作很特殊。引擎蓋右邊有兩個座位，有時會有人坐在引擎蓋上面。公車只有一個車門，車掌小姐站在車門邊負責收票，車掌小姐的椅子很小，坐起來一定不舒服，要用手開關車門，又要面對各式各樣的乘客，心情肯定不會好，也因此得到「晚娘面孔」的稱號。車票則要到售票亭購買，有單張票和回數票，學生票是月票，一次剪一格。

那時火車站前面那一條路叫做「中正路」，一直通到松山火車站，是台北市最長的一條路，而且因為是用蔣總統的名字做路名，所以全程沒有分「段」。中正路是台北市南、北路的分界線，以北稱為北路，以南稱為南路。至於東、西路則是以中山南、北路和羅斯福路為分界線。很多年後開闢了忠孝東、西路，原來的中正路從現今的華山藝文特區開始一分為二，以西的部分成為忠孝西路和忠孝東路一段，以東的部分改為八德路並分為四段。

25路公車從台北車站出發，到中山北路左轉上「天橋」跨越鐵路到長安東路口。當年「天橋」是台北市唯一跨越鐵路的橋梁。天橋下有一家「天橋飯店」，當年是很有名的餐廳。公車沿著南京東路開到伊通街左轉就到學校了，終點是光復新村。

大同初中有三個以嚴格出名的老師，分別叫做「牛頭」、「馬面」和「黑扁」，我被分到黑扁這一班三年，比起牛頭馬面那兩班，我們算是幸運的。初三那年我曾見過馬面班的同學兩個臉頰被打得像豬肝色一樣，看起來很恐怖。不過如果以考上建中來說，付出代價還是有收獲的。我們班考上建中好像有二十人以上，馬面班就厲害得多了！

大同初中最有名的就是「波浪操」，每個學生都要練習，動作一共六拍，每個人依次做動作，做起來非常漂亮，學校常常會出去表演。國慶日的前一天晚上都會有「四海同心團結晚會」，招待歸國華僑，在中華體育館舉行，我們也曾經去表演。

當年初中生有一門課是「童子軍」，有一本小冊子，每天要記錄「日行一善」。我算是比較老實的，大多有做，最常寫的是「關路燈」，因為路燈的燈桿上有一個開關，早上上學時常常是我在關燈。我同學陸×善就比較調皮，經常隨便寫，譬如他會寫「給乞丐一毛錢」。當年還有毛筆作業，有一次陸同學寫了「一九二九，凍死老狗」，連黑扁老師都哭笑不得。初三時還有一次被他搗蛋，讓我覺得受盡委屈，到現在都還記得。

十月三十一日是蔣總統誕辰，當天放假，民間登山團體會舉辦祝壽登山活動。有一年是登七星山，到了山頂時，雲霧繚繞，什麼都看不到，那是此生第一次體驗。還有兩次從坪林的小格頭走到新店的龜山，也就是現在翡翠水庫所在的位置。最後一段接近龜山的路段，走在小台車的軌道上。還要走一條很長的台車吊橋跨越北勢溪，橋中間只有大約二十公分寬的木板，走起來膽戰心驚，換做現在，肯定會腿軟。

新生入學時，學校會安排各種校隊表演，我被國樂隊吸引而參加了國樂隊。當時覺得打大鼓很帥，另一方面是因為沒有人能像我雙手連擊那麼快，我就專門打大鼓。印象最深刻的曲子是《將軍令》，電影黃飛鴻的主題曲《男兒當自強》就是改編自《將軍令》。當年參加台北市國樂比賽，每年都輸給「成淵」。而最遺憾的是，沒有學習到其他的樂器。

民國五十七年，開始實施九年國民義務教育，初中改制為國中，台北市也合併鄰近的台北縣幾個鄉鎮升格為直轄市。我的初中生活到此結束，也算是多彩多姿、回味無窮，值得了！

110

塵封多年的創作

羅平

年輕時，總有些奇奇怪怪的事情，尤其是情竇初開的年齡。一直到大一，都還沒有真正喜歡過女生。大一下學期國文課寫作文，我寫了一篇〈小妹〉，那是第一次寫文章描述一個很特殊的文學院大一女同學。這篇寫在稿紙上經過國文老師評點過的文章，我一直保存到前幾年，機械64級同學會時，我把當年收藏的東西給同學們欣賞，當時擔任成大博物館館長的同班同學褚教授對我的收藏很驚豔，我就全部捐給成大博物館了。

大二時，我們班邀請某系的女同學郊遊，卻沒有認識哪個女同學。大三時，為了一個女同學，跑去旁聽「新聞寫作」這門課。就在我第一次缺課的下個禮拜，才發覺那一堂課是期中考，我只好離開教室，就再也沒有進入那間教室。後來我寫了一首詩送給她，那是我生平寫的第一首詩。只是她已經有男朋友，這件事也就到一個終點。詩名是：〈贈陳〉。

相逢未識昔春郊，盈盈笑顏見今朝。
前程錦繡誰為伴？知音覓處半箭遙。
畢業前夕，我想寫一首歌，靈感來自於「American Pie」，歌名是：《鳳凰城的驕傲》，想獻給所有成大的女同學。絞盡腦汁，只寫了第一段。
鳳凰樹它又漲紅了臉，悄悄地對我說聲再見。
時光飛逝，匆匆四年。芳草天涯，何必流連。
鳳凰城的驕傲再見，驪歌已瀰漫這六月天。
妳不用傷感，我也不用懷念。為重逢而舉杯，珍重再見。

回台北工作一段日子以後，報紙上看到電子琴招生的小廣告，學了幾個月就停了。一年後，看到老師的廣告有「作曲」，我又回去想學作曲，老師說要作曲要會鋼琴，又從頭開始學鋼琴。有一次看到老師的女兒在練琴，深深地被她吸引。那一年的除夕早晨，醒來後突然靈感來了，寫出一首歌詞，半小時後，曲子也完成了。那是我第一首完整的詞曲創作。歌名是：《盼望》。

如果接近妳並不難，為何我依然孤單？
如果喜歡妳並沒錯，為何我依然寂寞？

我未曾呼喚妳的名字，
也未曾追尋妳的影子。只盼望早日和妳相聚，我的心靈就不再空虛。

我把詞曲用一張紙寫成簡譜，上課時帶著，老師的女兒剛好在家，我就請她彈一遍。她稍微看了一下，用最後一句的旋律當前奏，我寫的歌就這樣第一次被人演奏，而且是女主角本人。因為沒有達到我想要學作曲的初衷，我就沒有再學鋼琴了。

後來我又寫了一首歌《有緣總相聚》，也是詞曲創作。

有緣總相聚，永不分離。無緣在夢裡，尋尋覓覓。
有緣總相聚，此情不渝。我心屬於妳，信我莫疑。
為了什麼，離我遠去？誰來聽我，傾訴衷曲？
有緣總相聚，此情不渝。

我心屬於妳，信我莫疑。日日盼望，妳的消息。
夜夜等待，妳的歸期。有緣總相聚，此情不渝。
我心屬於妳，信我莫疑。有一天晚上，在等公車回家時，突然想寫曲子，想到徐志摩的《偶然》，居然用十分鐘就譜曲完成，旋律還滿好聽的。

和我的妻子交往三年後，她把她的創作交給我譜曲，我把歌詞稍微修改工整一些便於譜曲。歌名是：《風鈴的等待》。

若你是風，
我就是那掛在窗前的風鈴。
若你不來，
我就只能靜靜地等待。
啊！等待的我呀！
我多願我是風。
等待畢竟不是我的初衷。噢……！
但我知道，
我是永遠不會變成那風。
我只能夠，做個等待的風鈴。
那等待著的，那等待著的。
要什麼樣的風，

才能使我的鈴聲，

更響、更脆、更美！

四年前，妻子過世，我過了一段辛苦的日子，直到我遇到了我的老伴。因為她是英文系畢業，我為她寫了一首英文詩，也是我這輩子唯一的一首英文詩。詩名是：《Riddle》。

I once had a dream.
Life is like a stream.
Only time can tell.
Voice sounds like a bell.
Everything seems all the same.
Yesterday is just a game.
Old days linger in my memory.
Unknown future is my fantasy.

這首詩是一個謎語，您猜得出來嗎？

111

童年趣事

文華暄（18歲）

韶光荏苒，笨重的高中鐘響聲敲起我的思緒，好似在繁忙的日子裡剝下一塊屬於童年的回憶。

校園鐘聲是青春的證明，在響耳的聲響間，交織出了你我的記憶。

「3、2、1，衝！」以短小的身軀踏著飛快的速度往樓梯向下衝是小學時與朋友的快樂回憶，我們喜愛在上課鐘響前四十秒跑去距離樓梯三百公尺遠的外堂教室，享受著用速度和時間比拼的快感。

手拉著手一同衝刺向下，在摔跤的恐懼中卻有鐘響敲響帶來的壓迫感，不敢留戀於任一塊階梯，只留下汗水揮灑在空中的痕跡。

鐘聲響起，心跳以不規則的頻率快速跳躍者，坐穩在教室內的是氣喘如牛的我們，滿頭大汗下，臉上卻堆著滿滿的成就感。我們互看一眼，會心一笑，用眼神替彼此跑贏鐘響給予認可，為極為平凡的上學日子增添歡樂的時光。

鐘聲再次響起，我細細品味著過往那段單純無憂的回憶。我才發現，原來鐘聲是一張時光票券，使我在繁忙的日子裡，還能悠遊穿梭於美好的時空記憶裡。

112

求學

文錫懋（20歲）

十餘年求學生涯，步入充滿自由思想的大學殿堂的我，在與優秀同儕的交流中，開始思考「當前教育」的真實面。愛因斯坦說過一句著名的話，科學研究基於同一法則，即一切事物的產生取決於自然規律，這也適用於人們的行動。這不禁令我深思。回過神才發現，思考教育的存在意義，已讓我廢寢忘食。

「階級複製」是我對當前台灣教育的見解，有著資源優勢的群體，發揮自身優勢，使其下一代繼承複製升學優勢或青出於藍。面對越趨多元的學習與升學管道，經濟上的弱勢族群有著明顯較低的容錯率，地區上的不均衡使得可汲取資源有著差異，像是購買書籍、活動營隊演講資訊、補習家教等。

台大經濟系駱明慶教授所做統計「國立台灣大學的有一半的比例被雙北市包辦，其中最多的來自大安區，家庭平均年收入也位居前列」。很多成功人士都告訴你：在學期間要多方嘗試、參加社團培養團隊合作、去當志工培養同理心、出國交換或參訪培養國際視野。但現實中，只有位處中產階級以上的孩子有此選擇的權利，有不少人根本負擔不起這樣的費用，有些甚至必須打工賺取生活費、一出社會就背上沉重的學貸。「資本階級」也有另一套玩法，自幼就送出國讀書，大學考差也沒關係，送去國外喝個洋墨水回來就好，或靠著資產的繼承度日。在不同階級間出現不同的遊戲規則，而這就是「馬太效應」，富者越富、窮者續窮，少數成功案例也不過是幸存者偏差。

「教育」變成鞏固階級的工具，身處底層的人們難以得知「教育」的玩法。

教育本該是促進知識傳遞減少壁壘，進而增加社會流動性，長期之下達成穩定的社會結構，缺乏流動性的社會看似階級穩定，經年累月卻是一股更大的反動因子。

其實，相較於提供看似實用的技能，教育更該給的是正確的觀念，一個持續思考學習的精神。

113

記憶的味道

張秀妃

小時候，身在五個孩子的傳統鄉下家庭，搶食物就是每天上演的戲碼，水果更是當年我們唯一所謂正食外的點心零嘴，每每水果一端出，總是搶得你死我活的，母親不得不每次都搬出「兄友弟恭」、「孔融讓梨」那套說詞，但孩子們誰都「只想吃」，哪管那麼多，最後常常逼得母親大人只好祭出雞毛撢子；但唯有一樣，我們可以盡情吃到飽，可以讓五個孩子圍著一個鼓鼓五十斤的大米袋，用力吃，大口吃，盡情吃，那就是集三千寵愛在一身的楊貴妃最愛的「荔枝」。

在阿公的祖厝老家三合院後院，阿公的阿公的阿公吧……年代已經不可考！那裡種植了一小片荔枝園，每年五月開始，總是很爭氣的，長出肥美又碩大的果實。每年送走了冬天，天氣開始回暖，我們幾個孩子，就已經迫不及待的三天兩頭問阿公，「有荔枝可以吃了沒？」小小的十隻眼睛，老是眼巴巴的希望那些樹快快結果，就在五月的某天上課放學，在廳堂，看到了那熟悉的米袋變鼓了，露出綠綠的葉子，五個孩子以跑白米的速度立馬往前衝去，大喊「荔枝」……一人都拿了一大把，直接席地而坐，連書包都忘了拿下來，迫不及待撥開荔枝的「盔甲」，將那如珍珠般的果肉整顆往嘴塞，一顆接著一顆，果汁一個勁的往外噴射，將我們胸前大腿沾滿了甜滋滋的荔枝汁，此時彷彿與世隔絕，整個人沉浸鮮美的荔枝園地中，伴隨五個孩子滿足笑聲與臉上笑容。

荔枝的產季並不長，也不好保存，一般是從五月到七月初的最好吃。沒有熟透的荔枝，外殼紅中帶青綠，有如初戀般的羞澀味道，甜中帶酸；而成熟的荔枝，穿著紅通通的戰甲，有如即將步入禮堂的新人，甜蜜到最高點，而我們就一路從季初吃到季末，幾乎天天吃，一點也吃不膩，甜美多汁的荔枝就這樣陪伴著我們從春末到夏初，讓我們的童年留下最甜的美味回憶。

長大了，荔枝園也因為祖厝改建而消失了，那五個愛吃愛搶的孩子們也在世界各地各奔前程，雖然只能偶爾聚首，但那屬於我們荔枝季節的童年時光，永遠是心中最甜蜜的那一塊。

114

搭牛車

羅全櫻

《淘氣阿隆》讀後感

王興隆董事長的《淘氣阿隆》雖我已拜讀好幾遍了，但每次重溫都會有不同的感受，尤其是年幼的阿隆那些淘氣的往事，總覺童趣無限純真可貴。

茲列幾篇令我感動的事蹟如下：

⑴難忘的小學同窗／難忘的初中同窗／難忘的高中同窗／難忘的大學同學／吾愛吾師。從這幾篇文章中可以看出王董非常重視同窗情誼，尊師重道飲水思源的良善本質，尤其是對捨己救人的高中同窗韋啟承，雖人已逝半世紀了，但王董仍念茲在茲日夜不忘他，為韋啟承努力奔走，爭取南一中最佳校友至高榮譽來表彰韋啟承。猶記兩年前王董率領無名氏志工團至南台灣振興旅遊，就專程安排到東港小義人韋啟承銅像前悼念他，並大聲唱南一中校歌緬懷韋啟承，同行志工們無不為王董的守諾，真愛同窗情誼而感動落淚！

⑵101/102頁的榮譽旗故事篇——讓人敬佩王董的領

導潛能，也告訴我們「領導不是天生的，用服務代來替領導」的思維更有智慧！

(3) 133/134頁擲標槍的啟示篇——讓我知道事前充足的準備及反覆沙盤推演才能獲得最後勝利的重要性。

在王董奪得金牌後，有了很棒的啟示：縱然手頭可用資源豐厚，但若不珍惜善用反而任意揮霍，總有彈盡援絕時；而手頭可用資源少的人，若能事先在紙上作業和沙盤推演，模擬各種狀況的對策，那麼，再難的挑戰仍會有很大的勝算。

在我們人生旅程中何嘗又不是如此呢?!

後記：搭牛車

猶記小時候，住鄉下萬巒四合院聚落，每到農作物收成時節，載穀物的牛車都會經過家門前的鄉間小路，此時我和村莊的小孩就會躲藏在牛車後面用兩手拉著牛車底下的橫桿把兩腳縮起來，讓牛車載一程，好享受「搭牛車」的樂趣。然久而久之，牛車主人覺得很納悶為何牛車只要經過我們村莊，平時力壯的牛就會顯得格外疲累步履蹣跚，速度緩慢，幾乎拉不動？哈哈哈！原來是牛車底下橫桿上多了愛玩的小孩們。過了幾天，牛主人很聰明不動聲色，在牛車上準備了一畚箕的牛糞，有天他的牛車又經過我們村莊小路，我和村子裡小孩照樣躲到牛車後面橫桿下想搭牛車，結果牛主人讓牛載了一小程後就拿出長柄杓挖牛糞往後橫桿傾倒，臭得我們這群小孩倉皇地落荒而逃，從此再也不敢偷搭牛車了！

115

樂苦備

羅隆禮

《淘氣阿隆》讀後心得

難忘的大學同學篇

讀完王學長的《淘氣阿隆》，勾起了多姿多彩的大學生涯，思緒拉回到四十多年前成橄的青春歲月。

大學四年最難忘的是成大橄欖球員隊的「樂苦備」時光。

橄欖球英文是Rugby，諧音「樂苦備」，訓練時辛苦，比賽中痛苦，但苦盡甘來後的勝利果實快樂卻是加倍的。

橄欖球當年號稱是男人的運動，衝撞及擒抱運動多，受傷是家常便飯，我們卻甘之如飴。

成大橄欖球隊在學校是——孤獨的鬥士

默默苦練從不張揚，直到民國六十七年第二次奪得大專杯冠軍才引起校方關注。

記得當年成大新聞曾以一篇〈孤獨的鬥士〉介紹成橄，寫的非常傳神。成橄中我們68級的有九位。

周章誠和李文正讓人印象深刻，周章誠最令人佩服，瘦弱的身材又跑不快，完全是書生模樣（確實是書生，大三時參加現代舞社，結識到好姻緣）。打的位置卻是最具橄欖球象徵的鬥牛Scrum最中間的位置，對手常是熊面獠牙級的，比賽中常撞得滿頭包，但他卻甘之如飴的苦練，成為成橄的傳奇！我們的教練邱漢生老師（48級土木系，南一中時期青年國手，成大時期是國手，後來是國家代表隊教練）。

就以周章誠為成橄的精神代表。

李文正是另一個傳奇！我們兩人身材好跑得快，大一時就引起注目，認定是未來的主力球員，李文正外型酷似日本摔角名將朱木安東尼，學生時期暱稱「朱木」直到現在。李文正外貌粗獷，實則心思細膩，觀察入微，幽默風趣，當年他跟同級的吳迺達兩人在集訓室的鬥嘴完全是東北的二人轉，滿室笑聲不斷；讓大家忘卻了練習的疲勞苦痛。周章誠及李文正現在事業有成，仍然繼續為成橄畢業校友及在校生出錢出力，也是無名氏志工，跟隨王興隆學長熱心公益服務社會。

後記

想起我在五歲時的頑皮糗事，有次清明節時跟隨大人去掃墓，在最後結束離開前要點鞭炮的時候，我雀躍的跑過去搶著要放鞭炮，我高興得點燃了鞭炮，卻緊緊的抓住不放，完全不知道要把點燃的鞭炮丟出去，一直拿在手裡直到爆炸！致把右手的手掌都炸傷了，大人們看到嚇壞了，趕緊給我敷藥包紮。

也因為這件事糗事，自此以後經常被大人及眾堂哥們笑虧我是羅家第一笨——「羅大憨」！

116

靈魂出竅的經歷／姻緣天註定

羅隆禮

靈魂出竅的經歷

我有過靈魂出竅死而復生的經歷，那是六十七年大三的暑假，我照往例到成檝ＯＢ郭榮洲學長（63電機系），兄弟位在桃園新屋鄉赤欄村的一博公司打工，由於是第三年來了，熟悉工作環境，跟同事們也熟識了，白天努力工作，晚上成檝弟兄或到附近同事家聊天吃宵夜，喝喝小酒，假日再跟阿洲ＯＢ到台大打球，日子過得充實愉快。八月中的一天晚飯後，信步走到同事家聊天，幾個年輕人吃著小菜喝著啤酒，倒也快活。不知誰提議到中壢市區逛街，於是同事載我就出發了。那時從新屋赤欄村到中壢市區最快的路就是中央大學後門的山路，我們邊騎車邊聊天，偶爾還哼著歌，很開心。

突然間一陣天旋地轉，我失去知覺。（後來郭榮洲學長轉述，我們在一處彎道與對向的計程車相撞，同事撞進車底，我則是凌空飛越計程車，頭部重重的撞在後面的貨車引擎蓋上，當場昏死過去。）靈魂似乎已經出竅，在虛無中飄蕩，注視著昏死在地上的肉身。不知過了多久，恍惚中聽到一句台語「這個還有救的」，靈魂又回來了。迷幻中似乎有人試圖把我抬起，但我感覺一只手提著我的皮帶要抬起時，身體輕飄飄的上浮著，靈魂疑似又漂走了，我再次昏死過去。醒來已是三天後了，眼前是父親及大伯母憔悴又驚喜的面容，我鬼門關前走一遭，死而復生了。

在中壢新國民醫院住了三天，慢慢好轉。父親說我昏迷的三天中吐了不少血，還好運動員的身體雖虛弱還扛的住。父親第二天訂了火車回屏東，上車慢慢往座位移動時，對面的幾位小姐驚恐的把頭移開，不敢看，在她們眼中看到的是一位臉色慘白的殭屍在飄動著（連我自己都有這感覺，身體輕飄飄的）。

回到家，母親一臉憔悴，雙眼紅腫。

（出事當晚，阿洲ＯＢ公司會計小姐轉述醫院診斷「有生命危險」，母親哭了整整一個晚上，到我甦醒過來，父親再報平安時，母親才放下焦灼的心。）

後記

大難不死必有後福，一點不假，很快就應驗了。半年後，六十八年一月下旬在我準備預官考試時，工管70級的學弟陳誼善介紹乾姊相識。

這是我跟太太羅全櫻的初識，一段long story愛情長跑的開始。

姻緣天註定

話說「大難不死必有後福」，六十七年暑假經歷死而復生的事故，半年後就應驗了。

六十八年一月下旬，大四上學期剛結束，我正如火如荼的準備預官考試，小兩屆工管70級的學弟陳誼善突然來找我，說他乾姊要來台南市做教學輔導，希望我能陪他一起招待乾姊。陳誼善從大一就是我帶他打橄欖球，成橄又注重學長制，我也一路看著他跟乾姊徵筆友從陌生到互認為乾姊弟的過程，就大方說：「好，學長請客。」

到了見面的晚上，乾姊來了，屏師專畢業剛當老師半年，還是學生模樣，未施脂粉，天生的自然美，我被高壓電電擊，愣住了，還好迅速恢復正常。

那天晚上，我們先到高檔的遠東百貨鑽石樓晚餐，飯後到全美戲院觀賞電影。全美戲院十元可看兩場（電影內容已忘了，只記得其中一部是探險隊在新幾內亞蠻荒被食人族攻擊的故事。）看完電影都十一點多了，學弟送乾姊回旅館，我則回住處睡覺。（那天花費了我半個月的生活費）

第二天學弟跟我說：學長，我乾姊說你很無趣。原來他有意撮合我們兩位。說實在的，我大學生涯都在打球，沒交過女朋友，完全沒戀愛經驗，又心繫臨近的預官考試，加上乾姊是冰山美人，擦不出火花。但埋下了伏筆。

這是我跟太太羅全櫻的初次相遇，愛情長跑的開始。

預官放榜了，幸運考上運輸官，這是特官，卻是第二梯次，意即六月初畢業到當兵有近四個月空檔，要如何渡過。

我靈機一動，被電到的心跳出來，五月底去找學弟，他說：學長，我乾姊被借調到板橋教師研習會（大觀路上／國立藝專對面）編教科書了。我說：善仔，打電話給乾姊，說你有寫信，很重要，託學長親自帶去轉交。

畢業典禮後立刻北上，雙方約在教師研習會門口見面。見面之後雙方聊了一下，得知她在學英文，每天五點半下班後匆匆忙忙趕搭公車到濟南路二段的美爾頓補習班，上課時間是七點到十點，下課後再搭公車回研習會。這是一段長路又會塞車，常常來不來吃晚餐，有時回到研習會都快十二點了。

我腦筋一轉，跑去找成檄ＯＢ郭榮洲學長：阿洲，今年暑假打工，我不到桃園新屋的工廠了，我要到台北長安東路的公司見習。

阿洲ＯＢ心知肚明，不但安排宿舍，還撥一台偉士牌機車給我。當我第二天晚上十點準時在美爾頓樓下出現時，羅全櫻睜大眼睛，驚訝之餘還是默默坐上後座，就這樣三個多月的接送專車出發了。

剛開始幾天還中規中距，慢慢騎，十一點左右到研習會，到國立藝專旁巷子買個麵包當宵夜。漸漸地，開始走彎路還會走錯路，時間越來越晚，超過十二點才到研習會。有幾次還騎到河床，撞到石頭，摩托車故障修理。阿洲學長看在眼裡，調侃道：讀書都沒這麼認真（後來他開玩笑說：阿禮仔都不認真讀書，考試都靠作弊的。被羅全櫻當真，害我百口莫辨。）

（後面這段越騎越遠越久，甚至走彎路走錯路的故事，以後常被老婆說路痴，腦袋不靈光。學弟們是豎起大拇指，每天走不同的錯路，不簡單。）

人說日久生情，真不假，等到十月份當兵時已是男女朋友關係，我帶她到學弟面前：「善仔，叫大嫂。」從此乾姊稱呼轉尊稱為大嫂。

當兵前半年在運輸官學校受訓（土城頂埔／現在的鴻海土城廠），到板橋教師研習會不算太遠，隔兩三天爬牆出去，攔計程車去看老婆訴說相思苦，再回來睡覺。

下部隊後到后里軍報到，抽中金馬獎。三天後隨部隊移防。在金門的一年四個月，偶爾打電話，主要以寫信為主，雁書憑寄以慰相思之情。其間老婆隨教師研習會輔導團到金門一週教學，營長特地放假讓我陪伴老婆，陪同拜會縣長及遊覽景點，渡過了寶貴的一週。

退伍回來，看到老婆精心整理我們往來的情書，她按順序一一編號，我寫的信編號到880號，平均每天兩封，封封情意綿綿，紙短情長，我自已都覺得不可思議，驗證阿洲學長的話：讀書都沒這麼認真。

後記

歷史是如此驚人的相似。我父母親經媒婆介紹，我母親教過我三堂哥（大伯母的老三），所以三堂哥常笑著對我說：隆禮，以前我稱呼你媽媽說邱老師，現正是稱嬸嬸了。非常巧，我太太當實習老師時也教過我大堂哥（大伯母的老大）的兒子，所以大堂哥兒子對老婆的稱呼也從老師轉為嬸嬸。

我跟老婆鬥嘴時，常以上面例證「姻緣天註定」。

117

運動生涯回顧

羅隆禮

之一

我又來到青草地上了，地面一片青綠，遠處一群小朋友在外籍教練指導下學踢足球，他們快樂奔跑的模樣觸動了我的思緒……。

我從小愛動跑得快，小學五上時被選入足球隊及排球隊，前一年英格蘭奪得一九六六年世界足球杯冠軍，他們的433陣法，威震歐陸各國，也流行世界。謝老師讓我打核心的中堅位置，前前後後全場跑，很累但也很過癮。

然而更累的是排球，沈嘉聰老師受嚴格的日式教育，除了排球也是柔道選手，教學要求十分嚴格，採取的是聞名於世的東洋魔女式苦練（一九六四年日本女排打敗雄霸多年的蘇聯女排，奪得東京奧運金牌，聲名遠播，號稱東洋魔女。）

每天下午四點準時操練到夕陽西下，我是九人制的後排中，發球、接發球、救球的反覆操練，結束後全體青蛙跳操場一圈，跳完後腳幾乎站不起來。

日式球隊教育，重視體能與基本動作，要求極其嚴格嚴苛，更重視的是服從性與團隊紀律，這都為我們這群小孩子，打下深厚基礎。

小六時參加多項比賽，戰績輝煌，尤其是排球。印象最深刻的是，跟老松國小的決賽。當時老松國小號稱世界最大小學，學生人數超過一萬人，我們屏師附小學生還不到一千人。我的身高才一四三公分，我們隊上最高的是一六〇公分；對方身材高大，且前排有一七〇公分以上，真是天龍國人。我們贏在技術；輸在身材，比賽結果屈居亞軍。

進入國中後，排球是六人制，我身高不足，就專心在足球上發展，只可惜屏東地區比賽少，球技進步有限。

進入高雄中學時，雄中足球風氣鼎盛，校內校外比賽多，同學們文武雙全，穿皮鞋在風塵滾滾沙場踢球，是課餘時間的熱門奇景。我在高一新生杯因表現突出，高二時被選進校隊，此後球技進步飛快。高三參加高雄市高中足球錦標賽，與同學李振華表現出色，屢屢阻截對方攻勢，號稱雄中鐵衛雙保險。

進入成大後，正是成大足球頂峰時期，連霸大專杯冠軍。港澳僑生球技高超，進入足球校隊困難重重。於是就先打各項球類新生杯再說，結果在排球賽上，我們工管系得到新生杯冠軍。我們班上有幾位同學打過排球，溫健中、周同昌、林孝錦、吳迺達、洪海瑞、徐志文加上我，實力堅強，輕鬆拿下冠軍。

雖有學長稱讚我排球基本功紮實，然我知道一七三公分的身高，排不上主力。剛好有工管65級王慶煌學長來我們班上，邀集新生盃橄欖球賽，於是匆促成軍，練了幾天就上場，第一場比賽竟然就贏了化工系，也因此打出了興趣。

新生杯橄欖球賽後，王學長邀請要參加校隊的球員清晨練球，五點半就必須從裕農路52號租屋處，騎腳踏車到光復球場，六點集合做操、慢跑操場，等教練邱漢生老師到場後開始練習。

我們大一新生，原則上都先安排練前鋒，從正集團Scrum（司克蘭又稱鬥牛）開始，然後球傳給後鋒展開進攻，我們在學長的帶領下追著球跑，有時候球傳不順或掉球，就重來一次。跑了二十分鐘左右，我從司克蘭出來，向著球移動方向奔跑，這時，剛好有顆球未傳好，我迅速跟上，行動間彎腰撈起在地上彈跳的球，這時候身後傳來，「嗨，那邊有個新將！」是邱老師的聲音。從此我就開始練後鋒的位置，也是我在成橄的位置——13號正鋒。

我們68級新生有九位，我跟交管系的李文正身材好、速度快，大一就引起注目，認定是未來的主力選手。邱老師曾跟台南市前輩說，看兩年後，我們成熟後的表現，後來證實確實如此。

只是大一時期，我跟李文正兩人練球屢屢遲到，隊長吳大珉就以「molori」招待我們（這是成橄傳統，源自日本，隊長在球場中央把球往球場邊角深遠踢，遲到的新生，必須奔跑去檢回球，來回十次）。

大一元旦（六十七年一月一日），迎來了成橄第一次隊慶，歷屆畢業OB-OLD BROTHER回母校，下午在光復校區操場集合，大合照後，ＯＢ們與在校生分隊對抗，增進感情，下午五點結束。晚上在餐廳聚餐，隊慶氣氛熱烈，ＯＢ們相互寒暄，鼓勵我們在校生努力練球，ＯＢ們更大力捐款支持球隊。

後來元旦隊慶就成了成橄傳統，這兩年更增加成橄與台北醫學大學五、六十歲以上紅藍褲組友誼賽，以球會友更添熱鬧。（紅褲組六十歲以上／藍褲組五十歲以上）

這裡介紹一下成橄教練邱漢生老師，成橄的精神領袖。邱老師是成大土木系48級，成大時期是台南市代表隊及國家代表隊選手，之後是國家代表隊教練，也是世界橄協認證國際裁判及規則委員，多次代表國家出席國際大會，為國爭光。

邱老師學養豐厚，不僅教導球技，更重視人格球品，他以三件事教導成大球員：

1.橄欖球是紳士的運動：

橄欖球是動腦筋而不光是用蠻力的運動，在英國、澳洲、紐西蘭、南非等英屬地國家，橄欖球是gentlemen的運動。

2.橄欖球RUGBY是樂苦備：

訓練時很苦，比賽時很累很苦，而勝利的果實其快樂卻是加倍的。

3.橄欖球是團隊的運動：

One for all, All for one，時時記得把球傳給位置更好的同伴。

在邱老師的教導下，成橄乾淨的球風，遵重對手遵守規則，在橄欖球界獲得好評。

大一下學期大專杯由台大主辦，日期是六十五年四月十二～十七日，成大是衛冕者，壓力大，台大、陸官則是虎視眈眈。

我們提早二月底開始集訓，全體睡在光復操場司令台下的集訓室，每天早上五點半起床，換球衣後集合做熱身操再跑操場，六點邱老師到場開始練球。練球很硬很苦，邱老師會依訓練計劃，照表操課並逐漸加強訓練份量，一般到七點二十分才結束，然後再去早餐店吃早餐（全部OB贊助），接著上課。

下午三點半左右，隊友們自動到球場報到，或練個人技巧或小組團隊戰術。每星期有兩次體能訓練，時間是一個半小時到兩小時，校園、校外都被我們跑遍了，最長則是跑到安平古堡來回。

晚上八點前隊友又自動到集訓室報到，有打屁聊天的，有讀書的，最多的是相互按摩服務，恢復疲勞，大家說說笑笑，時間過的很快。十點時隊長宣布熄燈，大伙迅速就寢，頓時鼾聲此起彼落，熱鬧的很。

星期天下午則是全體到台南市橄欖球場，跟台南市代表隊OB友誼賽，積累實戰經驗。經過一個多月的集訓，每個人的體能及球隊實力倍增，大家信心滿滿，在前往台北比賽的遊覽車上，李文正用收音機放出溫拿五虎的招牌歌曲《Sha la la la》，大伙唱的起勁，歡樂的氣氛達到最高點。

奈何比賽時，天時、地利不佳，台北陰雨綿綿，氣溫又冷，球又濕、又重、很難傳，加上球場一片泥濘跑不動，只能打水戰。成大完全沒經驗，幾經苦戰，最後以分組亞軍進入決賽，取得亞軍。

之二

大二上學期搬到光復操場旁的學生宿舍，靠近球場練的更勤了。上學期有兩件事：

1. 邱老師擔任國家代表隊教練，備戰十二月十二～二十日在漢城舉行的第五屆亞洲杯橄欖球錦標賽。練球則由隊長謝文坤（工管67級）及四年級學長們帶領，照著邱老師的教球模式認真練球，球隊實力維持一定水平。
2. 新生杯橄欖球賽，競賽規則允許每隊可以有兩位二年級生上場，工管系有我跟吳迺達兩位校隊球員，輕鬆拿下冠軍寶座。

大二下學期，輪由成大主辦第七屆大專杯（六十六年三月二十八日四月二日），比賽地點正是光復操場。成橄具備天時地利人和優勢，大家信心滿滿，早早於二月中旬展開集訓。奈何比賽結果不如人意，成大在循環預賽中取得冠軍，進入交叉決賽後以些微差距敗給台大，取得亞軍。

大專杯後緊接著是系際杯比賽，謝文坤腳受傷，工管系實力大減，對機航系的比賽中，我全場奔跑，持續的擒抱（tackle）阻截對方攻勢，在一次飛撲tackle時，腦震盪被抬出場，短暫休息後再繼續下場，還是輸了比賽。

這場比賽給幾位高年級學長留下深刻印象，在接下來的隊長選舉中推選我，接任謝文坤的隊長職務。（被推舉時，倉促間沒有準備，只喊出一句「打倒台大」，獲得如雷掌聲）。

大二暑假照例到成橄ＯＢ郭榮洲學長兄弟在桃園新屋的工廠打工，阿洲ＯＢ說當隊長了，要加強球技，更重要的是加強聯絡ＯＢ及募款，開啟了我往後近四十年的聯絡工作。

暑期間，全國橄協舉辦教練講習會，邀請威爾斯籍國際教練來台，教學內容豐富翔實，教法生動活潑，又有實際演練，威爾斯教練還播放當時最著名的紐西蘭全黑隊及全英獅子隊的系列賽影片，並予講評。我參加台北場及台南場的講習，眼界大開，橄欖球的學養提升許多。

大三了肩負隊長重任，加強自我要求，隊友們也是如此，球隊集體練球時間（星期二／五下午及星期四清晨）外，每天下午三點到球場後，自動自發的或練體能或練個人技巧或小組戰術演練，操到夕陽西下才肯收兵，大家一致的目標就是「大專杯冠軍」。

六十六年十二月底前第三十二屆全國錦標賽在台南市橄欖球場舉行，有四隊參加比賽，除了成大是大專乙組，其他三隊（師大、輔大及文化大學）都是甲組球隊，以橄欖球專長保送生組成，陣中都有國手級選手，實力堅強，是檢測成大戰力最好的試金石。四隊循環比賽結果：

成大亞軍

其中勝文化大學的比賽，創下乙組球隊勝甲組球隊紀錄，震驚橄欖球界。

大三下第八屆大專杯（六十七年三月二十七～三十一日）在台南崑山工專舉行，這是成橄六十三年十二月初次奪得大專杯冠軍的幸運福地。經過上學期全國錦標賽的洗禮，球隊實力更上一層，每個人都是信心十足，殺氣騰騰。成大在預賽循環中，三戰全勝，以分組冠軍進入決賽。

在交叉決賽中，又兩戰全勝的戰績取得總冠軍。

在與台大最後的決賽，雙方精銳盡出，成橄實力明顯技高一籌，以22比0壓倒性優勢贏得勝利。終場前謝文坤搶下亂集團的球，迅速拋傳給我，當我快腿繞過防手球員，半場獨跑時，場邊成大觀眾拚命鼓掌歡呼，還有興奮在場邊陪跑的，那場景深印腦海終身難忘。

賽事，全隊圍成圈圈聽邱老師講評，每個人都激動不已，我靠在阿洲ＯＢ肩上哭了，阿洲輕輕的拍著我安慰。

這是勝利的喜悅，也是橄欖球 rugby 樂苦備的證明。

——訓練時辛苦。

——比賽中痛苦。

——苦盡甘來後的勝利果實快樂卻是加倍的。

118

女兒紅——高粱

張天樕

「養子必備狀元酒，養女必釀女兒紅」。在初知即將身為人父之時，此種念頭已油然而生！

傳說中，正統的女兒紅是黃酒，屬於紹興酒的一種，但基於我不愛，實則不會釀，所以一開始就排除在外。而家中飲酒成員分三派，父喜高粱母愛紅酒，本人則偏好威士忌。

除紅酒外，威士忌與高粱酒，皆屬越沉越香的酒，只要保存良好，都禁得起歲月的考驗。但唯獨只有高粱酒才會在瓶身上押日期，嗯！理應非它莫屬！

原小女預產期為九月十六日，家父早在年初即拜託在金門酒廠工作的同袍留意當天生產的酒，殊不知小女性子急，坐著噴射機提前一個月到來，讓我們完全措手不及，就忘記通知要留意出生當日的酒，等回過神來，早已滿月，即便認真找，也兩個月過去了。

此時，機智的兄長去信酒廠，詢問八月十七日當天出產的酒種能在哪裡購入，酒廠回覆：「當天有裝瓶58

度、秋節酒以及戰酒，而目前酒都已經鋪貨至全省通路了。」接著再詢問下游廠商，得到的答案都是未紀錄，只能靠自己到一般通路尋找，無計可施下，也只能大海撈針了！那天起，只要經過各酒商通路，都一定會光顧尋找。但一心路找至十全路，問不下數十家店，摸不下數百瓶酒，只求來罐女兒紅！仍猶如石沉大海，戰績零！

突然靈機一動，畢竟只要提到「金門高粱」，多數人都剛好會有一位金門同學，強者我同學，雖然人不在金門，還是很給力的分別在宜蘭和台北，找到兩瓶58度以及十瓶秋節紀念酒。接著很幸運的在小女滿三個月那天，陸續又找到了幾瓶58度，心想，夠了夠了，等妳出嫁那天，夠妳老子以及妳老子的老子喝了！

在尋酒時期，也有不斷的在網路上搜尋，但是法律規定，酒之販賣，不得以自動販賣機、郵購、電子購物或其他無法辨識購買者年齡等方式為之。雖立意良好，未成年禁止飲酒，但著實也增添了尋酒的難度。但終皇天不負苦心人，孝女感動天（孝順女兒？）。同此時網路上有回應了，有位收藏家說他手上有兩瓶今年最夯，全宇宙限量一萬兩千瓶的三公升戰酒——戰酒黑金龍、金釀黃金酒，每一瓶都是老師傅手工打造，酒內含有金箔，喝了成精，喝完成佛。藏家還說，我看你是百年難得一見的尋酒奇才，這樣吧，我這裡有三瓶，兩瓶讓與你吧！就這樣，很幸運的入手兩瓶「三公升戰酒黑金龍金門高粱金釀黃金金箔酒」！

這條尋酒的崎嶇之路，絕對能證明初為人父最單純且執著的父愛，只盼未來那天出嫁的妳，能藉此感受到滿滿的用心與愛！

119

撕榜單

張天禹

高中升學時參加高雄區高中聯招，通常考試後填志願統一分發，我這一屆恰好是末代的聯考，分發採取考生現場自己選擇要就讀的學校，也就是撕榜單，這應該也是末代的吧？

分發當天一早，文件準備好後，父親便載著我驅車從潮州前往高雄，當時即使方便的88快速道路尚未出現，但時常往返高雄的父親也早已估算好所需路程提早出發，怎知人算不如天算，前一天下大雨，當天雨勢雖小，雨量仍驚人，導致沿路多處積水，車程不如想像中順利，一路上忐忑不安，父親在車上一直碎念說下次寧可提早一天入住附近飯店，也不要第二天冒險從遠地趕車過來，那可是一輩子的大事，遲到就完了！隨著時間一分一秒流逝，眼看就快要到報到時間了仍然塞在路上，此時，焦急的父親怕耽誤兒子前程，突然一個玩命關頭上身，急踩油門不斷地繞道，穿越鄉間小路，躲過積水的區域飆車，才在最後一刻趕上報到，呼，分發還沒開始魂魄已經分出去一半了。

到了分發會場，考生們先照分數排序，同分的再依照各科目分數向下排，我只記得先從國文開始排，很不幸的我每次大考作文常常寫不好國文分數總拿不高，於是在同分這組我排序在最後，接著依照排好的順序進入大禮堂入座。禮堂內一樓坐考生，家長們坐二樓，舞台是撕榜區，上面有各個學校以及像日曆般的號碼紙，最表層的號碼代表著該校當天招收的名額，每撕一張下來號碼數減一，直至撕到最後一張1號為止，該校就額滿了。

考生們入座後緊接著就開始依序上台撕榜單了，由於排序時沒有將男女分開來排，再加上並非所有排序較前的考生都會撕大家心目中的第一志願（雖然這也是極少數啦），所以其實光用肉眼看無法看出雄中／雄女的1號會落在哪個幸運兒身上，也因此現場其實瀰漫著一股緊張刺激的氛圍。隨著榜單一張一張被撕下，氣氛也越發肅殺，我永遠記得，當雄中的1號被撕走時，發出尖叫的不是坐在位子上的考生，也不是正在排隊上台的同學，而是後面一大群的「家長們」，隨後家長們彷彿是輸了自己的戰場般鬱結，就像是人生無望了（？）其實人生哪有這麼直線呢？至於最後我撕了哪張呢？我撕了高師大附中的7號，現在覺得自己挺幸運的，不過這又是另外的故事了。

過了這麼多年，撕榜單的場景仍歷歷在目，屢屢與同儕朋友討論，沒印象有聽過類似的經驗，相信電子化普及的現代一定也不會再有，當天我幾乎是撕了兩次榜單，趕上報到時簡直就是撕到了最後一張入場券，我想這樣的緊張刺激還是不要的好。

120

大腳丫仲介

戴靜秋

每當年節總會想起阿嬤的話：「大腳婆找無妳的鞋」，早年物資缺乏年代，有鞋可穿算是很好的家庭，偏偏家裡窮加上我的腳丫子又大，連檢別人剩下的鞋子都難，老一輩的都說：「大腳婆查某嫺命」，誰也沒想到我這大腳婆後來因緣際會進入不動產仲介業，跑遍了多少工業用地及廠房。

房仲

有一天，聽說婆家後面有間房子要賣，鄰居說屋主在鎮內開腳踏車店，我找遍了鬧區，終於問到了，老闆娘坐在店門口，反問我：「妳要買嗎？」我說：「是啊！妳要賣多少？」她隨口回了：「九十五萬。」我：「太貴了，五十萬！」她降價一萬，我增加一萬，一來一往來到了九十萬，我還是嫌貴，她想了一下說：「阿無算妳八十萬。」我馬上說：「好！」立刻給了訂金，當天請人寫了買賣契約，很快完成過戶。

買賣完成後，我覺得鎮內房價好像飆太高了，決定賣掉另一棟，於是自己手寫求售紅單，沿街見到電線桿就貼，這如果是現在，恐怕會被環保局罰到破產。沒多久，鎮內到處都是我的傳單，還沒迎來買主，卻接到仲介公司的電話，說要幫我賣，聊著聊著，直接邀請我加入他們公司，擔任房仲，我就這樣進入了房地產銷售業。報到一個星期後，第一次值班，就有客戶來看房，馬上看馬上收斡旋金，真是好的開始。

法拍

累積房仲經驗一段時間，聽說法拍市場利潤可觀，也積極參與，除了自拍也代客投標。有一次看中一個位於高雄市凱旋路的物件，投標日我開著老舊的「飛羚101」，無視風風雨雨的颱風天，趕赴高雄地方法院，現場擠滿了投資者，當標的揭曉時，我驚呼出聲，我得標金額竟然只高第二標一千元。辦妥手續，看著依然風雨交加的街道，當年還沒有台88高雄至潮州快速道路，聽著廣播，鳳山至屏東大橋路面幾乎都淹水，決定繞道小港，經東港回潮州。順利通過雙園大橋，不知怎的轉入鄉間小路，水已淹過前面橋梁路面，我以一檔強行通過，開著開著水已淹過車子底盤，瞬間超過車門，我拼命加油車子也無法前進，使盡力量才推開車門。這時水淹到我腰部，我知道絕對不能跌倒，於是大腳丫堅定的踏穩每一步，緩慢的向前行，很快的水淹到了胸部，前進變得越來越困難，我心裡呼喊著諸天神佛，誠心禱告著：天公伯、媽祖婆、耶穌基督、聖母娘娘，請保佑我平安通過，我兩個兒子還小還需要我照顧，拜託拜託我不能死在這裡！

好像聽到我的禱告，對面傳來聲音：「前面有人嗎？」我尖叫著：「救命啊！救命啊！」本來看不清的視線，突然出現一台消防車，那也是他們能前進的最深處，我的大腳丫再次沉穩的帶著我來到搜救人員可以抓到我的地方，水已經快淹到鼻孔。上了車，他們告訴我，有人打電話說有車子陷在橋上，我除了謝謝專程趕過來的消防大大們的救命之恩，也感謝那位不知名的善心人士，隨手一通電話，救了一條命。事後，我特地回到現場，想不通我怎麼會走這條路，橋旁有座小廟，我也前往祭拜，謝謝諸天神佛保佑，逃過一劫。我想這是個警訊，法拍不該是我涉獵的，從此法拍與我絕緣。

代銷

幾年後，房地產陷入景氣循環的谷底，經朋友介紹轉入代銷，就是現場銷售正在興建或已完成的新屋，可是市場一片蕭條，不能坐等客戶上門，我這大腳婆帶頭走出去，深入社區拜訪潛在買家，先後完成好幾個建案餘屋。

廠房土地

又經過好幾年，決定追求更高層次，北上轉戰工業不動產，先後應徵了五、六家，老闆聽到我從南部上來，紛紛表示這是一個很專精的領域，說我不適合，最後只有一家答應給我試用一個月，我除了勤加學習專業知識，只要有空就邁著大腳丫的步伐，挨家挨戶的在工業區拜訪，皇天不負苦心人，在期限內完成了一個大型出租物件，就這樣正式踏入廠房土地買賣的行列。

有一個老闆想要擴廠，看中了一塊一千多坪的工業地，找了很多仲介，就是沒有人可以找到地主，資料上地主住在台北市的豪宅，沒有電話，寫信去也不理，我這大腳丫直接到了現場，告訴守衛要找○○○，他問我哪裡找？我說我姓戴，他按對講機說有個戴小姐來訪，女屋主說：「那是我妹妹，讓她上來。」等開門看到我，非常驚訝的問我是誰？我自我介紹並表明來意，她笑笑的說：「剛好我妹妹今天要來找我，妳也姓戴，我們有緣。」後來這塊地成交，距我進公司約八個月，成為公司傳奇。

不動產仲介就是不斷的開發客源，不論是買方或是賣方，我蒐集了各工業區的資料，只要公開的訊息通通建檔，經營越久，客戶資料越齊全。在開發的過程中也會遇到反開發，就是同行來挖物件，反開發的招式千奇百怪，我被挖走無數的物件，最奇葩的是利用神明來騙我，他自稱是地主的代表，要我提供買方的資料，我當然不肯，他說他們賣這塊地要經過神明同意，我遇到的老闆買賣廠房土地大都有仙仔指導，不疑有他，到指定的廟宇，他很隆重的擺上供品，焚香禱告，要我填上買方姓名地址，紙上也有賣方的詳細資料，很慎重的稟告，祈求神明玉成這筆買賣，儀式完成，資料連同金紙一起焚燒。從此這個人杳無音訊，等到我再次拜訪我的買方客戶，老闆娘告訴我他們已經買了，就是那塊地，天哪，金庸小說中黃蘗師的老婆黃蓉的媽媽那種看一遍就過目不忘是真的，那ㄟ按ㄋㄟ？

都更危老

開發到一個老舊的廠房，我建議不要賣，幾次洽談後，老闆娘問我：「別人都叫我趕快賣，為什麼妳說不要賣？」我分析賣地後移轉下一代的稅務利弊得失，不如搭都更便車，既可以讓舊廠房變成新廠房，還可以減稅，幾經研討，老闆娘接受我推薦的實施者，我也全程陪同完成合建契約。這是我投入都市更新及危險老舊房屋改建的第一步，目前手頭上還有幾件正在進行。

結語

俗語說：一枝草一點露，二、三十年的大腳丫仲介歷程，讓我對於「天公疼憨人」感受很深，實實在在的做，該妳的跑不掉，我相信只要肯做，不怕沒飯吃。

121

紅包

張勝龍

握著手中的紅包，離開建國南路圖書館總館，那是無名氏分享園區年終志工晚會主持人發給每個人的，我尊之為工頭的王大善人在會場說：「希望大家將紅包轉送給拾荒老人」，王董常年備有紅包，遇到可幫助的對象立即致贈，今年讓志工們轉發，希望大家也能體會分享的喜悅。

我們夫妻決定要趕快送出去，車上討論著：什麼時間地點可以找到他們？就在回家的路上，已經晚上十點多，還真看到一位推著滿車紙箱的老婆婆，正蹣跚的在路邊移動著。

停好車，老婆小跑步的追上去，雙手奉上紅包，老婦人滿臉錯愕，當內人解說後，半推半就的將紅包塞入長者的手中，看著那轉變成欣喜的臉龐，我內心說著：「我更加服了您了，工頭大哥。」

深知這是要傳遞出去的愛心，隔天我們開車上街，很快的送出了第二個紅包。

不久，我遠赴海外，接任新職。年終，Christmas party開始前，我發給每個人五個紅包，請大家跟著我唸：「紅包！紅包！紅包！」

幾經練習，這些外國人（應該說是本地人，我才是外國人）對於紅包兩個字已經朗朗上口。

接著，我模仿在台灣的興隆大哥，向拿著紅包不知所以的夥伴們說：「紅包裡面的錢不是公司給你們的，也不是我給的，這是上天請你們帶回家鄉，轉送給你們認為需要的人，如果你覺得你更需要，你也可以留下來給自己。」

「Sir, Santa Claus?」

……

「Sir, picture?」

「No need！」

年後，從鄉下返回上班的同仁有人秀出照片，紅包兩端顯示著歡笑與驚訝。

一年又一年，所有人各自帶著紅包返鄉過節。

再一次的年尾，當我宣布Christmas party開始，沒有人散開，反而大聲的說：「Sir！紅包！」

我故作恍然的拿出一疊疊的紅包，五個五個的分給每一個人。

122

嘉獎

張勝龍

那年，我上尉，擔任清泉崗空軍基地塔台管制官，職責是安排飛機起降，看著軍機起飛離開機場範圍，交給下一個管制單位，或是落地滑離跑道交給地面管制席位，也就是要目迎目送，隨時掌握飛機的動態。這一天，（一九八一年）民國七十年七月十六日，有架T-33進場，那是雙座機，練習低空通過，就是沒有要落地，只是貼地飛行，看著他飛越跑道中段，飛機尾端突然冒出一團火，我趕忙按住麥克風：「T-bird 309，注意，你的機尾好像起火了！」瞬間，兩團傘花沖天而出，其下的飛機向前墜地，接著一團煙火冒出在跑道尾端。失事了，軍機失事了，就在我眼前，眼睜睜的看著國家少了一架飛機。

傍晚，隊長帶著我進入飛機失事檢討會場，兩邊坐滿了各個單位的相關人員，還沒走到我們的席位，前面穿飛行裝的上校，聲音宏亮的說：「塔台管制官，你救了我一命，謝謝你！」

「中隊長，這個管制官要嘉獎。」

「通航中隊，沒你們的事，你們可以回去了。」於是，隨著隊長的步伐，抬頭、挺胸，邁步而出，將一干人等甩在身後，出了會場才發覺怎麼沒有收下巴，反而還略微仰起，好像隊長也是。

當嘉獎令下來，隨之塞進包包，畢竟，摔了軍機我嘉獎，能說嗎?!多年後退伍，陸續從媒體得知，那位上校長官後來榮升總司令、參謀總長及國防部長。

民國一〇四年（二〇一五年），軍校同學會在母校-空軍航空技術學院舉行，當校園巡禮到航管教室，看著學弟妹們講解塔台管制飛機的演練，我娓娓道出陳年往事，旁邊中將次長退伍的同學，瞪大了眼睛說：那是部長，沒想到當天是你值班。不久，接獲部長的晚宴邀約，同學陪同，在板橋見到了三十幾年前的上校，今日的一級上將，已卸任的部長再次的致謝意，我也感謝部長的再次嘉獎。

123

我家的飛禽走獸

張勝龍

掌上明珠

朋友好心送了一隻剛生下的綠繡眼，雖然已年過半百，還是跟著流行走，人生第一次養起了鳥兒，綠繡眼台語叫做「青迪仔」，我把他命名「張迪迪」，餵養時先叫著「迪迪」，再以木片送食物給小傢伙，聽到聲音的「迪迪」仰著嘴一口口的吞食，不久我改以左手托著鳥，右手餵食，「迪迪」慢慢的習慣窩在我的手掌心。

迪迪會飛了，我們訓練他看到我們舉起手指頭就飛過來，聰明的迪迪很快就學會了，從此自由的在客廳飛翔，想進食才自己回鳥籠，累了想休息時，如果不回籠就飛過來停在手上，讓我虛握著，安然的在掌心睡覺，老婆說迪迪好像我的掌上明珠。

迪迪越大越調皮，搶食買回來的蔬菜，我怕有農藥殘留，揮趕著，他左跳右跳的繼續啄著；我們用餐時也飛過來搶米飯吃，後來只好關入鳥籠才能安心吃頓飯，迪迪不甘心的啾啾叫。

從小就餵養木瓜的迪迪，每次吃完會左右摩擦鳥喙，如同我們飯後擦嘴，有一次我舉起左手食指，叫聲「迪迪」，他立馬飛過來，我以右手拇指及食指抓住牠尖尖的嘴巴，一次次的幫忙擦拭直到乾淨。接著我的食指輕輕的從迪迪頭頂經脖子慢慢往下，只見迪迪如呆頭鵝般，伸長了鳥脖子，瞇著眼，手指過處，羽毛呈波浪狀豎起，鳥陶醉了，人也陶醉了。

年節我們攜帶迪迪返鄉，高齡的母親學會呼叫迪迪，看著不怕生的迪迪停在母親的食指，享受老人家幫牠搔癢，舒爽不設防的樣子，媽媽也不自覺得露出笑容，宛如慈祥的老奶奶寵溺著孫子，我拍下珍貴鏡頭，如今已成絕響。

小兒子大學畢業送回與他相依三四年的貓——張小美，新夥伴的到來，迪迪這個小小鳥居然如同每日停在我們頭上、耳朵、肩膀，搶著飛到貓的身上，把大家嚇壞了；還好，貓只是繃緊了身體，看看綠繡眼又看看我們，喵喵的叫兩聲就走開。我馬上展開訓練，告誡張小美不可欺負張迪迪，緊張的渡過一段磨合期，美美顯現溫順的本性，與迪迪和平共處。

再一次的春節，我們準備南下回老家，這次假期比較短，而且行李有點多，車上放不下貓籠、貓砂盆及兩個鳥籠，因為我們又多養了一對綠繡眼——張團團、張圓圓。於是拜託鄰居幫忙照顧，老先生常來我們家，見過貓與鳥共處的畫面，很喜歡牠們，迪迪會飛到他手上，美美也接受他的撫摸。交代了飼料等物品及餵養的細節，我們將家裡鑰匙及美美、迪迪託付給好心的鄰居，返鄉過節去。

年後，回到中和，推開家門，老先生匆忙趕過來，說怕影響我們過春節，一直不敢打電話，看到我們回來了，急忙過來解釋，說他都沒有移動現場，希望我們了解他沒做錯什麼，然後帶我們到前陽台的角落，兩個鳥籠靜置著，三隻綠繡眼鳥頭躲入鋪底的報紙，身體僵硬，牠們不是生活在客廳嗎，怎麼會在陽台？

老先生說他害怕貓會傷害鳥，覺得應該將牠們分開，於是將鳥籠移到室外陽台，誰知除夕跨年時，從沒近距離聽過鞭炮聲的綠繡眼們嚇壞了，整夜此起彼落的震天巨響，任憑牠們如鴕鳥般埋入報紙中，還是活活嚇死了。

我心愛的掌上明珠——張迪迪就這樣走了，還只能安慰滿臉歉疚的老鄰居。

似曾相識燕歸來

有一天中午，看到電視新聞報導，有位華裔交換生尋求立委協助，希望簡化手續，讓她飼養的小鸚鵡能隨她返回美國，畫面傳來女記者推門而入，鸚鵡迎面飛來，停在記者頭上，口中碎碎唸，好像在秀外國語言，我們夫妻轉頭對望，瞬間想起我們家的綠繡眼，在半年前離開的掌上明珠——張迪迪。

原來這位華裔女大學生在台大一年期滿，即將返回美國，去年買了這隻虎皮小鸚鵡，如同我照顧綠繡眼，從出生不久開始餵食到會自由飛翔，甚至帶到課堂照顧，一年的陪伴，感情深厚，她願意付機票買個座位。但是詢問出入境規定，要抽出一定量的血液以供檢疫，讓她猶豫了，因為小小的鳥兒抽完那麼多的血，還能活嗎？

礙於規定，雖經立委協調，仍然無解，眼看著已經拖延返美行程，她的家人希望她放棄鸚鵡，盡快回去，於是透過立委服務處，徵求愛鳥人士認養。我與妻子再次對望，立刻拿起話機，查詢立委服務處電話，馬上去電登記。

幾天後鸚鵡的主人在同學的陪同下，來到我家現場勘查並訪談，我們讓我家的貓咪坐在身旁，回憶我們與迪迪相處的點點滴滴，並秀出照片及錄影，貓與鳥和樂融融，如果她放心的話，我們希望可以與她的虎皮小鸚鵡Ciri作伴。

過了一段時間，估計她已經訪談過所有登記者，接到她的來電，希望再次與我們交換意見，這一次，她很詳細述說一年來與Ciri相處的情形，看得出來Ciri是她的心肝寶貝，一個女生遠從地球的另一端，獨自來台灣求學，還好有活潑饒舌的鸚鵡陪伴，沖淡不少思鄉情懷，聊著聊著，她希望我們幫她照顧好Ciri。

Ciri並沒有馬上交給我們，準備回國的同時也珍惜與Ciri相處的時光，期間我們全家邀她一起用餐，她帶來Ciri及相關物品，有不同種類的食物、各種小玩具，以及鳥的藥品，詳細的告訴我們食物及藥物怎麼餵養，鳥的玩具在什麼情況下使用，以及動物醫院回診日期，餐後，仍然攜帶Ciri回去。

搭機那天，開車送她到桃園機場，路上她抱著Ciri的籠子，一人一鳥不斷的交談著，我們不忍打斷。辦完登機手續，她依依不捨的將Ciri交給我，入關前，她與家人講著電話，然後轉過身來，說她媽媽想謝謝我們，我太太接過手機，談了好一會兒才掛斷，我們揮揮手送她離去，請她安心，我們會好好照顧Citi。

老婆說她媽媽一直感謝我們收留Citi，否則她女兒都不想回去了。

帶Citi回家的第一件事，教導我們家的貓張小美認識新夥伴，不能動手，不能動口，要和平相處，然後我抱著美美。老婆打開鳥籠，Citi如同電視上直接飛到我頭上，一樣的碎碎唸，轉過頭改飛到老婆頭上，看見我手上的貓，立刻飛過來，居然想停在美美頭上，好小子，反了反了，從此開始教導鸚鵡不要騷擾貓咪。

因為有長期與綠繡眼相處的經驗，聰明的Citi順利的學會聽到呼叫就停在我們的手指，很快的融入我們的生活，和綠繡眼一樣，搶著吃我們的水果，看到的東西都咬著玩，一下飛客廳一下飛書房，上上下下的跳耀，吵得你無法靜下心來看書，玩膩了，就自得其樂的嘰嘰呱呱的講著我們聽不懂的話，可能從小聽美語長大的吧。

我拍著Citi的照片，mail給返美的〇〇小姐，也將活動錄影上傳youtube，讓她能隨時看著Citi的現況，期間〇〇小姐除了回信，也會自美來電關心Citi。

有了上次綠繡眼慘死的經驗，我們回南部時一定帶著Citi同行。

就這樣Citi在我們家快樂的過了一年。

有一天，收到來信：

張伯伯您好！

暑假過的愉快嗎？張伯母和兩位哥哥都好嗎？

家姊（○○）和弟弟（○○）過幾天就要去台灣開研討會，他們很想趁此機會去幫我探望Citi，因為我真得很想牠，希望能得到您們的允許，不好意思打擾您們了！他們待在台灣的時間不長，屆時她們會和您連絡。

謝謝！

敬祝闔家夏安

○○ 敬上

我立刻回信：

○○小姐：

很高興收到您的來信，這麼晚才回覆，希望沒讓您失望。

內人與我竭誠歡迎您的家人蒞臨，請他們記住下列電話：張勝龍：0910……戴靜秋：0932……家裡：02-2223……方便的話，請盡早來電約個時間。

謝謝您的關心，我家大兒子目前在銀行上班，小兒子預計今年九月退伍，如果有緣，他們剛好休假在家，也可作陪。

附上三張Citi的照片。

祝福您闔家安康

張勝龍 敬上 2011／7／16

幾天後，她回信了：

張伯伯、伯母：

恭喜張大哥找到一個穩定的好工作。

昨天才送走姊姊與小弟，他們一起同去參加中興大學的工程研討會，為期兩週，第三週才會轉往台北自由行，屆時再與您們連絡。希望沒有太打擾您們。

謝謝您寄來Citi的三張可愛的照片，變壯了許多，看起來還是那麼貪吃！不知還是不是那麼皮，出籠子玩後不想回家。

敬祝　暑安

晚○○謹上

收到信後，我告訴Citi幾個星期後，有人會來看你，我會幫你們拍照，喜愛你的○○小姐一定會很高興。

然後如同往常般，清理Citi的鳥籠，讓Citi沐浴，之前養的綠繡眼迪迪很喜歡戲水，我準備的水杯不夠牠噴灑，有時會跟我進浴室，淋著微弱的蓮蓬頭水，Citi來了之後，也是這樣，在浴室內，我沖刷著鳥糞及Citi吐出的污穢物，Citi碎碎唸的唱著外國語言，如往常般的興奮狀，突然鳥頭下垂，聲音沒了，我驚覺不對，衝上去雙手捧著Citi一動也不動，大聲呼喊著：「Citi Citi Citi！」沒有反應，我對著鳥嘴，不敢太大力，很小心的嘴對嘴人工呼吸，希望能搶救回來，Citi還是醒來，我攤坐在地上，看著手中的Citi，腦筋一片空白……

不知過了多久，老婆回來，打開電燈，問我發生什麼事，為什麼不開燈坐在地板上？我攤開雙手，看到動也不動的Citi，她驚叫著坐到我旁邊，接過Citi，眼淚奪眶而出，兩個人就這樣又坐了不知多久的時間。

許久許久，想起○○小姐的家人要來看Citi，卻發生這樣不幸的事，不知如何面對他們，夫妻倆商量片刻，決定將Citi製作成標本，讓他們帶回美國給○○小姐，上網找到了在桃園的店家，約好時間直接驅車前往，請老闆務必幫忙趕工，好讓Citi能一起回美國。

回到中和，連夜寫了封信。

○○：

從桃園專門製作標本處返回中和，心情仍然無法平靜，一時之間不知如何講起，夜深了，還是要讓您知道這個不幸的消息。

今天下午五點多，Citi不幸死亡，都是我的疏失，待思緒稍稍穩定後，再詳細說明，很沉重的附上我們將Citi送往製作標本的照片。

店主人說標本有兩種方式，第一只取出內臟，骨架完整保留，大概要二個月才能完工。第二種直接剝皮丟棄骨架，時間比較短，大約半個月。

我們不同意剝皮，要求完整保留骨架，但是請求他加快趕工，希望在令姊離台前完成，好讓他們帶回美國，他答應在八月五日完工。

雖然Citi不在了，請接受我們製作標本，讓您留念的這點誠意。

盼望令姊仍能與我們聯絡，屆時會將燒錄好本來要等與令姊見面時給的Citi影音檔案一併託付。

我們已經掉很多淚了（想到這麼可愛的……），希望您收信能保持冷靜，就怪我好了。

寫不下去了。

張勝龍　敬上

半個月後，○○小姐回信了：

張伯伯您好！

前一陣子當我聽到Citi不幸去世的消息，一時之間真的難以相信，也難以接受。

記得我才在機場送走了姊姊弟弟，去機場途中，我們大家都很興奮不停地談論Citi，姊姊與弟弟的興奮是因為這一年來我天天談論著Citi有多麼的聰明、活潑、可愛；而我卻興奮期待著再兩個禮拜她們便會帶來許多Citi美美的照片與MV。但是，怎麼姊姊她們才到台灣沒多久，卻傳來Citi不幸過世的消息，真令我震驚不已，也真難以接受。

兩個禮拜來，我都是躲在房內，難以下嚥，每每想到Ciri便令我淚流滿面。他出生第二天便被我帶回家，看他睜著半開的眼睛，拖著虛弱羽毛未豐的身體，啾啾叫著討著食物的模樣實在惹人憐愛。因為是第一次呵護著這麼小的雛鳥（美國鳥店只賣至少六個禮拜大的小鳥），剛開始我都天天帶著他到台大上課以方便餵食，深怕有什麼閃失，會妨害他的健康成長。隨著時間，我看他一天天茁壯，羽毛漸豐，我也參與了他第一次的笨拙飛行。在台灣求學的那一年中，他陪我渡過隻身在外的寂寞，他的馬戲團式地表演也帶給我無比的歡樂。許多的回憶，不時湧上心頭。

實際上，去年回到美國後，我無時無刻的想念著他，每天都期待著Email能帶來他的些許訊息或影像。媽媽常說您與張伯母工作都很忙，不要常打擾你們，直到一個多月前，好幾夜我都夢到Ciri遭遇不測的相同噩夢，深夜嚇醒，我好是傷心，不停地哭泣，母親安慰我說那只是一場夢，我仍擔心不已，母親說要是不放心可以打個電話給您，當電話那端傳來Ciri的聲音，我擔心的萬斤石頭才得以放下。我很後悔，當時沒有在電話中告訴你我的噩夢，說不定說了後會讓我們一起提醒，這次意外就不會發生了，想到此我更加自責。

這一個多禮拜來，媽媽天天陪著我，開示了我許多，也使我想了許多生死與生命的意義，激動的情緒才慢慢平復下來，直到現在才有力氣給您回覆，希望您能體諒。

媽媽說每個生命，無論是人類、畜生、或是鳥獸，來到這世界上，一定有其意義。我想Ciri來到這世界的意義是要我們活著要像他一樣天天唱歌快樂，也藉由他來讓我們認識，所以張伯伯你也不要太傷心，要學著像他一樣天天開心。

至於標本的問題，家父有去打聽，美國海關對進口標本的規定，通常都是旅客在出國旅遊前便要向海關作事前申請，完成一些繁雜的手續，待手續後完成會取得一張許可證，然後在國外旅遊玩畢後，便連同標本和標本許可證入關。現在已不及申請許可證，我的姊姊和弟弟過幾天就要回來了，所以我想張伯伯您就留下Citi的標本，而Citi用過的兩個鳥籠（一大一小）、和我與他一起玩過的一個鈴鐺、兩個夾子、一串塑膠球球、一個小鞦韆、一串塑膠圈圈一塊讓我姊姊與弟弟帶回來。這樣，我想念Citi的時候就看看帶回來Citi的東西，而張伯伯想念他時，也可以看看摸摸標本，以解我們大家對他的思念。

讓我們一起對我們都疼愛的Citi再次說「Citi我們都很愛你！Citi願你在天上要天天開心」！

祝 闔府平安快樂

〇〇 敬上

還在自責中的我，請大兒子幫我回信。

〇〇你好：

我是張伯伯的大兒子天禹。

家父接獲你來信後想起可愛的Citi悲傷複雜，於是託我代為回信，希望妳不會介意，看到妳漸漸從傷痛中走出來我們很是欣慰，謝謝妳們的體諒，真的Citi在我們家的這一年說長不長，說短不短，我們全家也都很愛他……；我相信誰都不希望這悲劇發生的。妳不要自責，如同妳母親說的「每個生命的發生都有他的意義存在」。

妳提及的大籠子因為壞掉已經扔掉了，其他東西大部分都有留著，除了有些比較尖銳的物品，家父說Citi之前在玩較尖銳物品的時候有弄到受傷過，所以後來才不給他玩那些東西，還有留著的東西都會一併交付給令姊請他帶回去。

最後，再次謝謝妳的體諒。

希望妳一切安好！

Best wishes.

天禹

第二天，○○小姐的姊姊與弟弟來到我家，送給我們遠從美國帶來的禮物，我們回贈了伴手禮，同時將Citi所有的物品及存有照片影音檔的隨身碟交給兩姊弟，在尷尬的氣氛中，兩個年輕人不斷的安慰我，讓我這半百老頭子無言以對。

幾天後，〇〇小姐回信給我兒子。

天禹哥，你好！

謝謝你抽空給我寫信！

希望你能多勸勸張伯伯，Citi走了已不能復生，逝者以已，應節哀順變，多多保重身體為是。也請轉告張伯伯，我絕對沒有責怪他老人家的意思，萬般皆命，與其它小鳥相較，Citi能得到這麼多人的疼愛，過了兩年快樂的時光，相信牠是幸福快樂的。

當初拜訪了二十多家想要收養Citi的人家，我覺得你們是最愛Citi的家庭，所以這次事故絕對是個意外，也請張伯伯不要傷心難過了！

在上次回張伯伯的信裡，我寫了一個多禮拜，就是不知如何下筆，一來中文造詣不佳，再者我真不知如何寫才不會再挑起張伯伯難過懊悔，還希望你能多多安慰他，希望他能早點釋懷。

我也想在上次信中對他說一些話，後來覺得不妥而作罷。我想分享的是：記得第一次我們三個小孩剛養小鳥，不知輕重地抓起小鳥時，母親給了我們一番教誨，因為小鳥體型瘦小，媽媽要我們站在同理的立場去想想，小鳥與我們體積差上千百倍，若不想傷害牠們，都應以比和人握手更輕上千百倍的力氣，輕手輕腳的對待牠們，對待牠們不要以對人的方式，而是要以鳥的方式對待，否則愛之反而害之，甚至一不小心，我們不希望的悲劇就會發生。

她又舉個例要我們就以喝水這件事來觀察小鳥和我們人類有什麼不同，觀察了一個禮拜以後，我們三個小孩發現，牠們居然不須要喝很多水，如果喝太多水，便會拉肚子，所以由此衍申，我們也知道若給牠們吃蔬菜水果時，也不能餵食具水份豐富的蔬果，否則牠們就會生病。

由此，我們也應該學會，因為小鳥的嘴巴很小，喉嚨非常delicate，所以對人小case的對嘴噴水，對牠們確是致命的傷害，希望在張伯伯逐漸從傷痛中走出後，你能稍稍提醒他，往後有機會再飼養小鳥時，不要再向小鳥嘴裡噴水，對牠們而言這是個危險的舉動，切記！切記！

還有，小鳥有時會吐些反芻的食物，是表達牠們的愛意或喜歡，沒有不好的意思，牠們也會自己清理嘴巴，不用我們人類擔心，我們只要將籠子清理乾淨即可

姊姊弟弟已將Ciri身前的玩物帶來，謝謝你們的割愛，讓我緬懷對牠的思念，也謝謝你們體貼的姆指碟，我看到許多可愛Ciri的照片與影片，真的非常感謝，最後代我向張伯伯問好。

祝

夏安

〇〇

我還是無言以對，不再去信，她也不再來信。曾經有如飛禽走獸樂園的客廳，只剩一隻貓——張小美，昔日活潑的張Ciri已成標本，靜靜的立在電視櫃上，提醒著我：愛之適足以害之。

六年後，唯一的貓因病去世，我將張Citi與張小美安葬於高雄燕巢山上的修道院，請牠們隨恩主修行，希望牠們原諒我的愚蠢行為。

抉擇

D1- 晴天霹靂

老婆大人LINE來視訊，一把鼻涕一把眼淚：「美美急診，醫師說腫瘤破裂，要緊急開刀，我已經同意了，可是他說不樂觀，怎麼辦？」

我在國外，領導在台北，美美在家陪她。

小兒子讀大學時，早餐店老闆娘告知：「有隻很可愛的貓，可能隨主人出遊走失了，徘徊在附近，快變流浪貓了！」經過獸醫院整理，美美住進宿舍，很快的擄獲一群離家求學少男少女的心。兒子畢業後，美美很自然的送回老家——老爹老娘的家，我這老爹給美美正名——張小美。

從此張小美在我家作威作福，所有房間都是她的領域，尤其主臥房，晚上一定吵著進來，半夜吵著出去，就是擺明著不許關門。

開完刀，視訊又來了：「美美腫瘤太多，無法割除，醫師建議讓她自然睡覺，嗚……」

我說：「等我後天返台處理。」在我出國奮鬥這幾年，幸好有美美在台陪伴，突然間，哪能抉擇已有深厚感情的另個生命的去留？縱然在某些人眼中，那只不過是個寵物。

D2-和平共處

美美術後第二天，老婆大人迫不及待到加護病床，看看我們家的寶貝張小美。傳來的圖片及影像都不佳，沒有平日酷酷的神情，似乎還在與傷口纏鬥著。美美疑似豹貓，滿身金髮，我們戲稱金毛獅王，可這獅王脾氣溫馴，雖然不喜歡給人抱，但是抓或抱也不生氣，只是想辦法掙脫，然後細聲的喵喵叫。

她不給抱，但又黏人，喜歡窩在家人身旁，看電視時，會趴在你旁邊，看書時，不是窩在腳邊，就是跳上書桌，趴著陪你，當你伸手撫摸，她會很享受的瞇著眼，但是只要做出擁抱的動作，馬上跳離。

美美吃飼料，飲食簡單，不用多操心。

剛到我們家，有一次我正看著電視，一面吃著水果，突然手臂伸來貓爪不斷碰觸，回頭一看，美美眼睜睜的看著我，貓手不斷的推擠，那眼神似乎在乞討，我順手給了她一塊，她嗅了嗅，想吃又無法咀嚼，於是我咬爛了再給，果然她很順利的一口吞下。從此在我們家，吃水果時，美美一定會湊上來，一家人般的分享美食。

金毛獅王在我們家並不是獨霸，與她共處的先後有：綠繡眼、虎皮小鸚鵡。

同一個屋簷，貓與鳥同居，貓不住貓籠，鳥也三不五時自由翱翔在客廳。

剛開始，美美神情緊繃的看著鳥兒，我口氣嚴肅的警告：「不可以喔，美美！只能看，不能動手，更不能動口」。這樣訓練下來，慢慢地維持了生態平衡，可見美美個性之溫馴。

可惜綠繡眼們——張迪迪、張團團、張圓圓及虎皮小鸚鵡——張Citi，都先後離去。

D3- 萬分難捨

飛機delay了一個小時，終於返回桃園機場。趨車直達這家二十四小時看診的動物醫院，護理人員說，兩天來美美在加護病房不吃不喝。任憑我們以平常方式，哄著：「美……」我們家的張小美無動於衷，趴在那，眼神失焦，茫茫然……

醫師解釋目前狀況，前天剖開腹腔，發現腫瘤四散，無法處理，縫合後轉進加護病床，二十四小時點滴，為減輕疼痛，加貼嗎啡片。開刀當天醫院建議人道處理，但是飼主要等先生回國，請問現在的決定？

妻子介紹：「這是我先生。」氣氛驟降，所有人看著我，等我的答案。我看著醫師，正想說出我的決定，突然感覺異樣情緒傳來，轉過頭，看到老婆不忍心的眼神，我活生生的嚥下尚未出口的字句，嘆著氣，告訴她：「等兒子後天回國再決定吧！」

美美是他帶回來的！

D4- 一線生機

美美術後第四天，在加護病床前，看著張小美，我輕輕的：「美……臭美……」昨天毫無知覺的美美，突然站起來，看著我們，中氣十足的：「喵……」久久才坐下。我趕忙拿出手機，調成錄影，再叫：「美……」她奮力的站起來，再次回答：「喵……」這次只是短暫的，很快的坐了下來。

看來，美美病情好轉了⁉或許，這將是張小美最後的聲音⁉

我們詢問醫師，答案仍是無解，嗎啡藥效三至五天，如果出院，不知何時會自然離世？

留或不留？

誰能告訴我？

想起了某先生，花費巨資，遠赴歐洲，取得合法安樂死，可是資格到手，仍然選擇返台，繼續為生命的延續而奮鬥。一個有權合法決定自己生命者，事前言之鑿鑿，事後依然猶豫。

我們怎能輕易的抹除一個走入你生活的生靈？

唉，這個難題就留給明天返台的兒子！

D5-生命歸宿

小兒子返台，我們接機後直接到醫院，辦好出院，回到她熟悉的環境，她感覺舒適溫暖的家。美美很快的躲進角落茶几下，那是她最喜歡躲貓貓的地方，應該也是她內心最安全的窩。許久許久，美美走出窩，到處逛逛，聞聞熟悉的氣息，經過飼料碗，聞也不聞，直接路過，看來和在醫院一樣，完全沒胃口。

來到貓砂，縱身一跳，進去撒了一泡尿，很辛苦地跳了出來，這次沒有撥弄貓砂掩埋尿液。

美美很愛乾淨，不管大小號，事後會花很長時間善後，現在大概有心無力了。接著跳上沙發，我們撥理著他的毛髮，叫著她的名字，安撫她的情緒，美美順從的趴著，露出享受的神情。

老婆如往常般不時的抱起美美，以前她會掙扎著想跳開，這一晚張小美只是安靜的縮在最疼她的媽媽的懷抱中，失焦的眼神，茫茫然的不知在看什麼？

不知美美何時會離開？她走了後要如何處理她的遺體？我們決定將她安葬在山上——高雄燕巢的修道院，希望她能隨著我們皈依的恩主修行。這樣最好先回南部，等美美一離開，才能最短時間內下葬。

這一晚，我在客廳陪著美美到凌晨將近兩點，看著她時而躲進角落，我乾脆將棉質貓屋放進茶几下，再將美美抱進去，台北好冷，這樣暖和些。

睡覺前，想到美美半夜敲門想進主臥房的往事，心理想著，今天如果她再敲門或者出聲音想進來的話，就起來幫她開門。

直到天亮，美美沒有來敲門，幾年來第一次沒有敲門。

D6- 落葉歸根

上午，冬天溫暖的陽光出現，美美走出窩，趴在門口享受著，然後站起身，望著沙發，如往常般一躍而上，想藉由扶手轉跳椅背，只是，畫面變調了，美美跳起高度不足，雙手只能死死的抓著扶手，兩腳懸空吊掛在外，幾番掙扎，摔回地板，眼睜睜的看著沙發，喘著濃濃的氣息。

通常她會趴在椅背，望著陽台，有時有鳥來覓食，她會靜靜的觀賞，幾年來常有白頭翁，帶著摳摳的聲音在陽台走動，久而久之，老婆突然發現美美跟著學會鳥叫聲，只是很可惜，始終沒有錄到貓學鳥叫的畫面。

這個椅背上的位置，也是美美歡迎我們回家的寶座。只要發覺有家人回來，她會站在椅背上，開始喵喵喵地叫著，直到我們開門進來，撫摸她打完招呼。

美美不知是嗅覺還是聽覺特靈，最疼她的媽媽回來，摩托車一進巷口，不管在哪裡，第一時間衝上椅背寶座，激動的喵著不停，那聲音整個巷弄鄰居都聽得到。

唉！看著落難的金毛獅王，我把她抱上椅背。

一會兒，她似乎想到陽台，我怕她摔下來，直接抱著到陽台鞋櫃上，那裡陽光直射，應該很暖和。我剛離開，卻見她從鞋櫃跳到陽台鐵窗，真怕她再失足，還好她穩穩地站立，就這樣如同往常，她聞著一盆盆的花花草草。

以前，美美會吃食我們種的一種藥草，只要不舒服，就會看到她好像本能般，到陽台尋找對她有幫助的花草藥，這一次，希望她還是能找到可以醫好的草藥！

午後，我們從中和出發，兼程南下。

這一夜，我還是陪著美美到凌晨一、二點，她活動範圍越來越小，大部分時間只能趴在椅子上。

D7.1-迴光返照

上午，兒子和準媳婦回來，想帶美美去高雄大醫院，看看能不能有轉機？

看著狀況越來越差的美美，兒子的媽詳細的解釋，在台北醫院剖開腹腔後，醫師詳細指出美美內臟都是腫瘤，已經無法處理的事實，如果換醫院再來一次，對於美美只是又一次的折騰。

縱有萬分不捨，我提議不要再讓美美受折磨，立刻送到附近動物醫院，走安寧程序。

四周默然。

我抱著棉質貓屋，對著裡面的美美說：「美，妳這一世的任務已經完成，我們不願看妳繼續受苦，現在要幫妳走完最後一步，然後帶妳到山上隨恩主修行，希望妳能早日投胎。美，妳不能怪我們喔！」

走在暖冬的馬路，美美好奇的看著，幾分鐘的路程，很快到了動物醫院。

看診的女醫師觀察美美，了解台北開刀的詳情，問我們，要讓美美自然走或是人道處理？如果交給醫院，會先打麻醉針，然後再施打讓心臟停止跳動的藥劑，過程大概十幾分鐘。見我們沒反應，她讓我們研究看看，就退出診療室。

我們夫妻倆和兒子，沒有人開口，靜靜的看著診療檯上的美美，很難抉擇。

趴著的美美突然站起來，跳到地面上，很有精神的想要離開，兒子馬上抓住美美，並將她抱回檯上，我撫摸著美美的毛髮，看著不斷擦拭眼淚的老婆，聽到兒子帶著哽咽的聲音：「可是美美很有精神！」

我請醫師進來，告訴她我們還是要帶美美回家，請她告訴我們可以做些什麼事幫助美美？醫師建議我們可以試著灌餵流質食物，如果美美能吸收，她的體力會好些。

於是，我又抱著美美走回家。

D7.2-不離不棄

回家的路上，看美美精神不錯，我試著放到地上，美美踏出貓屋，歪歪扭扭的好像正在學步，走沒幾步就趴在路邊喘氣，七八天不吃不喝，哪來的體力？

下午的美美，精神狀況越來越差。

晚上我們外出用餐，回到家，一開門，美美不在沙發椅上，地板也沒有，老婆急了，一聲聲的：「美……臭美……」沒有回應。

美美喜歡躲貓貓，以她現在的狀況，如果躲在我們勾不到的地方，麻煩大了。

夫妻兩個趴在地板，從客廳到廚房、廁所，不斷的喊叫著美美，找不到就是找不到，美美……妳在哪裡？

這幾年來，每次我們要外出，怕美美躲在房間或前後陽台，無法回客廳進食，都要花費些時間，從各個可能的角落把她給找出來。後來發現美美喜歡一種塑膠包裝的零食，只要摩擦塑膠袋，美美很快的衝出來，給她解饞的同時，趕快關好其它房間門。

前幾天出院後，我們也試著餵以她最愛的零食，可是她無動於衷。如果美美還是喜歡這個零嘴，就能讓她自動出現。

繼續焦急的尋找著，突然閃出一個念頭，我三步併兩步的衝上二樓。

老家房子是早期的夾層屋，一二樓間的夾層是大兒子房間，二三樓的夾層是小兒子的，我們的主臥在二樓。

才轉過第一層樓梯，我停了下來，因為我看到張小美了，她靜靜的伏坐著，守著我們房間門口，應該是認為我們在裡面，一陣心酸湧起，美美啊美美，還是一樣不願獨處，怎麼樣也要爬到主臥房和我們在一起，這麼多的階梯，要耗費多久的時間才上得來啊？

愛心媽媽衝了上來，不捨的抱起美美，緊緊的摟在懷中。

D7.3- 輾轉難眠

從醫院回來，我們夫妻聯手灌食，美美都吐出來，完全嚥不下肚。

美美愛乾淨，每次灌食後，都會幫她擦洗一番，再放到沙發，三個軟墊成了她活動的空間，五體投地的趴著，一動也不動，久久才拖著身體從這頭轉到那頭，過程是緩慢的，每換個位置，會在原地喘著氣，趴著不動，如同醫師說的，當她很痛苦的時候，會趴著動也不動。

晚上，再一次灌食後，我們基本上是放棄了，老婆不斷的抱著美美，任憑她怎麼叫著：「美美」，我們家的張小美始終不掙扎、不回應。

深夜，剩下我陪著美美。

像往常般，讓她坐在我旁邊，我輕撫著她的鼻子、人中、頭頂，輕聲地一而再的告訴美美生命的階段任務，感謝她幾年來在我們家陪伴我們，希望她能早點解脫，無罣礙的離開。

實在很睏了，睡覺前，怕美美受凍，於是將貓屋放入紙箱，只留上面小小的通風口，告訴美美，乖乖地在裡面睡覺，不要起來了。

上到二樓，剛躺下，突然直覺似的驚醒，趕忙到一樓客廳，打開電燈，紙箱已經傾倒，美美爬離洞口，趴在一旁望著我。

我無言，美美就是美美，不給抱，也不願被關，以前只要關進籠子，一定抓著、叫著，想盡辦法出來。

沒辦法，幫她蓋了大浴巾，隨她了，我不睡不行了。

D8.1-最後身影

清晨，太太起床到客廳，看到美美上半身掛在小板凳上，應該是想從板凳到貓砂盆，有心無力，就這樣吊掛著不知多久時間？

把我叫起來商量，我們決定提早送到動物醫院。

今天是平安夜，醫院居然要到十一點才看診，折騰啊！

將我們的決定及最新狀況告訴兩個兒子，等待醫院開門期間，兒子們分別LINE視訊呼叫著美美，可是美美完全沒有回應，這個時候，她只剩下間斷的抽蓄，那種很痛苦的表情，讓人不忍卒睹！

平安夜不平安啊！

終於等到看診，再次抱著美美進去，等了一下，醫院開二診，美美在診療檯上，護士兩手抓著貓爪，醫師檢查血管，因為嚴重脫水，幾乎找不到可以注射的血管，換了不同腳，終於找到，試了一下，確定可以。

我站在診療檯前，旁邊是不斷擦眼淚的領導大人，前面是護士與醫師，美美背對我們。

醫師注射完第一瓶，還可以看見美美呼吸起伏的腹部。

醫師觀察了一下，隨即取出第二瓶，我知道那是讓心臟停止跳動的藥劑，心理默默唸著：「張小美，謝謝妳這段期間陪著我們，希望妳安安心心地離去，等下會帶妳到修道院，請妳隨著恩主修練！」

第二瓶藥注射完畢，醫師以聽筒仔細檢查，隨後抬起頭說：「美美已經走了。」我看了下時間，正午十二點。

醫師接著說，動物與人類不同，她們往生後，眼睛不會閉著，我往前一步，果然看見美美大大的眼珠子，那是美美最後的身影。

D8.2-返璞歸真

美美遺體放入紙棺前，愛心媽媽忍住眼淚，親自折疊軟墊，鋪放在底部，才讓美美入住，上面覆蓋著佛被，最後封箱。

抱著紙棺，我告訴美美跟著我們上車，準備去高雄燕巢。

車上，除了美美，那個牽動台美兩個家庭的Citi也在，前天帶美美南下前，告訴已經製作成標本的Citi，準備南下到山上修行，此刻也請Citi跟好，和美美一起到山上。

張Citi是個虎皮小鸚鵡，這又是一段心痛的往事，就一起到山上告個段落吧！

車行順利，抵達修道院。先焚香稟告恩主，感謝恩主幫忙，諸事順利，祈求恩主渡化美美與Citi。

山上常駐師兄拿來鋤頭與圓鍬，帶領我們來到預定地，兩人輪流挖土，好久好久沒拿鋤頭，一鐽一鐽的幫美美挖好領域。

我抱起紙棺，輕輕地放入穴中，確定穩固不會搖晃，告訴美美以後就安心住在這裡。

接著將Citi放在紙棺旁，告訴美美不可以欺負Citi，兩個以後就在這隨恩主修行。

將四周的土撥回，蓋住紙棺，再到附近取新土覆蓋，成了隆起狀的墳墓。

站在墳前，靜思片刻，轉身偕同太太離去。

今日西方平安夜，站在東方道院內，圓融了兩段塵緣，讓一切反璞歸真吧！

124

春風化雨

胡貞一

環顧現在的城市，很難想像小時候住在稻田旁邊，台北市和平東路二段76巷與96巷正中間，是我小時候的家。牆旁邊是稻田，常常腳踩著書房窗櫺，俐落的坐到牆頭，看農夫耕田、看老牛認真地走著來回，我也等待稻禾長大，看打穀機有節奏的將稻穀析出。

媽媽可沒像我有興趣，施肥時全家窗戶緊閉，然後蚊子躲進院子裡的工具間；沿著田間稻埂，走過小橋，可以進入台大校園；稻田右邊是兵工廠，每天清晨四點廚房裡的吆喝聲，剁菜聲，迴旋在晨曦中。

有些年，少棒比賽在夜裡，兵工廠的加油聲如雷灌耳，總可以判定打出全壘打；稻田的左邊有樹林，寬闊的路；站在田埂上，藍天白雲，稻穗蕩漾漣漪。那是個物質不豐厚的年代，但是，學習與精進卻是生機盎然，從家裡向右邊走，沿著小河（瑠公圳支流）、曬穀場，可以到學校（現在的國北教大附小）；向左邊走，經過師大教職員宿舍，小河，也可以到學校。

當年，北師附小的老師來自各省著名師範學校，以校為家，教學認真，女老師們穿著旗袍，校長譚達士，一襲旗袍、和藹可親，帶領純樸校風，很難想像。音樂老師是省立交響樂團首席，美術老師則是當代畫家，油畫翹楚，國語文老師，自然科學老師，則引領基礎教育，執教壇牛耳；每天早晨到校早自習，算術與閱讀；校長重視閱讀能力的培養，小學一二年級是看圖說話，三年級開始練習閱讀，清晨早自習，奠定兒童基礎涵養。

那時街坊巷弄，孩子們玩在一起，打棒球，拿著木板、小皮球，玩得不亦樂乎；一個炎熱的傍晚，我被母親召回家，準備到衛理女中報到；人生有幾個即景，烙印著；從記憶寶庫中取出時，歷歷如繪，彷彿活在當時。

衛理的創校校長，陳紀彝校長，是當年留學英國的教育家，英文比中文好，還記得老校長站在講台上，跟我們解釋為什麼洗澡水不熱，老人家張羅每個住校孩子的衣食住行；那時不懂，現在能夠體會，什麼是「張羅」，展佈開來，每個細節、每個環節，扣好、銜接。

衛理女中的右邊是故宮博物院，當年中間一片綠色植被，風景宜人，視野遼闊，空氣尤其清新；國文老師帶著我們到故宮旁邊的小溪，上「春之林野」，當年國文課本中的一課；說實在，沒能記得老師授課內容，只記得大家赤腳在找螃蟹！

衛理的自然科學課程與實驗課程是當年佼佼者，在動手做實驗之後，分析數據，總結歸納，核驗原理，紮實基礎；另外，就是英文課程，初一是外籍女老師，教學認真，英文的口說能力是這時候下過功夫；英文上課的模式，與之後北一女的英文課，不太相同，北一女的英文課本就有三個書局版本，環球、三民、遠東；再加上純英文的文法課本（東華書局），每天都得念，還有數學，勤做勤讀；之後，在成大工程科學領域，流體力學這學門，成績最好，原因是：流體力學有課本還有參考課本書籍，大概五本書，我喜歡念裡面的英文，一個概念或理論，五本書研讀下來，自成工法，不熟也難。

我在成大，紮實念了幾年書，教室，圖書館，宿舍；這份勤耕耘，來自北一女學姊們的榜樣。大概高二開始到自修教室，晚自修，走進去，喔！高三學姊正在用功，每天兩個便當，中午一個，晚上一個；制服洗到發白，一看就知道，姊姊穿完給妹妹；學姊們每晚唸書，唸到除夕傍晚，正月初一再到自修教室唸書；可是各項活動，無役不與。

高一站到總統府前，江學珠校長帶著總教官，教導大家打直身桿，堅忍挺立；高二，是鄭璽瓊校長，特地將我這一班帶到校長室坐談，無所不談。這是個大班級，六十四位同學，來自高一各班數學合於標準的，將來準備進入理工領域的同學；這班的確日後在聯考中表現優異，校內樂儀隊核心。但是，學期剛開始同學們來自各班，互不熟識，升旗時間整體散漫無章，所以，校長邀集全班談話。各點位各面向的努力，要能融合，才會具體成型，在求學階段的努力，加上工作時系統分析師的訓練，得以日後在師大科學教育研究所旁聽六年課程；雖是旁聽，作業一起，報告一起。每位教授都會給很多論文研讀，好在有成大用功的底子，工作時習得系統分析的能力，不但按時繳交作業，報告時還能幫忙年輕同學，這時候的同學；泰半是國高中教師，匀出時間繼續研究所課業。然而，這兩年暫緩學業，攜帶外孫，卻是開啟另外學習領域……

人生皆融學習，學習展開人生新頁！

125

HBL少年籃球冠軍隊的靠山——王興隆與繁榮社會企業

林淑惠

燃燒全台球迷熱血魂的台灣高中籃球甲級聯賽（HBL）三月七日落幕，於台北小巨蛋舉行總決賽，「黑衫軍」泰山高中原以13分落後強敵南山高中，但因沉穩團結、沉著應戰，最終逆轉勝，勇奪隊史第一座HBL男子組冠軍，締造球隊里程碑。

籃球少年冠軍的背後除了苦練外，各自家有本難唸的經。有孩子窮到繳不出健保費，有剛出生就差點送給別人家養，有放棄好學校遠從台中跑來這裡打球，也有混過幫派、跳過廟會陣頭、曾打架鬧事的孩子；還有單親及隔代教養家境困難的孩子；但因為籃球，讓他們找到翻轉人生的機會和舞台，帶給他們希望和榮耀。

王興隆董事長發起的龍門基金輔助，針對泰山高中籃球隊隊員單親及隔代教養、家境困難的孩子們，提供每月五千元助學基金專案直到畢業；在成大學長姊及繁榮志工們的愛心認養下，泰山高中籃球隊隊員助學金三年前推動至今，在今年台灣高中籃球甲級聯賽戰役上大放異彩，寫下逆轉勝、勵志感人教材。另外，王興隆所領導的繁榮社會企業為泰山高中籃球校隊的強力後盾，三年來，透過成大學長姊及志工們贊助，一路陪伴球隊成長茁壯。三月二十四日晚上，繁榮志工成大學長張文溫席開慶功宴，他專程北上，設宴款待今年（二〇二二）HBL冠軍泰山高中籃球隊的陳教練及四位選手，以及王興隆董事長及認捐清寒球員助學獎金的十多位繁榮志工，龍門基金頒發給四位球員一人一萬元助學金。

行善　讓財富更有靈魂

霧社國小有位家長錯過基金會申請補助，這位媽媽急切需二千元助學金，她們住在山間羊腸小徑邊一座未完工的初胚寺廟的後方，學長驅車探訪。只見一個生病的男人躺在床上昏睡，才知他先生原本在台北開貿易公司，後來不幸罹患癌症末期，結束公司舉家搬來這裡養病，她到處幫人採茶，清潔、打零工維持家計。女人四個孩子中，最小的是小學二級，成績是班上第一名。她忙打工，不知基金會有公告申請助學金，她很需要這筆錢，其他三個孩子在外住宿就讀，一位大學、一位高中、一位國中，房東要預收下一期房租，借住寺廟月付三千元，她以健保支付丈夫生病的醫藥費。每月打零工，收入很不穩定。學長就從身上拿出八個紅包，告訴她這八萬元幫妳先解決這半年不足處，半年後，再拿八萬元給妳。這位媽媽說她只要那二千元助學金，興隆學長請她務必收下。興隆學長開車離開時，看到後視鏡中，她不停地向天空膜拜的身影，他不禁淚流滿面，好一位堅強的女性……。

如何讓社會邊緣弱勢團體有能力自立自強、自力更生?「送魚給別人，不如教會他怎樣捕魚」，前國喬電腦、現任繁榮社會企業股份有限公司的王興隆董事長一洗傳統公益運作的模式，讓公益更永續、更有建設性。他在二一一年年初規畫開辦一系列藝能師資培訓，從有興趣的志工變成有能力傳授才藝的種籽老師，將來有機會分組到各地巡迴寓教於樂做公益。下半年將禮聘中西式餐飲乙、丙級廚師證照資深監評開辦志工烘培甜點體驗課，這些都是繁榮社會企業取之社會，用之社會、行善公益的探索，歡迎樂於教導長者、弱勢者的志工分批學習才藝。

週末早晨七點多，曙光照耀在車水馬龍的台北市羅斯福路上，鬧區靜巷中，一處原本是兒童英語補習班連店招都未拆卸的公寓一樓，週日常有銀髮志工出沒，走進客廳，只見幾袋麵包和五穀饅頭以及豆漿任君選擇，約三十位志工們在寒喧享用早餐後，捲起衣袖子走去三間像是客廳即工廠的房間，貨架上擺著許多等待組裝的罐頭、米、麥片、醬油、香皂、肉鬆等民生必需品；此時，彷彿穿越時空走進時光隧道，那個家家戶戶手工業，客廳即工廠的一九六〇年代，整個台灣拚經濟，爸媽和隔壁鄰居一起帶著兒女圍站方桌，一邊閒話家常，一邊忙著手邊的手工，家家做聖誕吊飾、人造花、聖誕燈等的場景。

生產流水線一站站排開，志工們開始自動分工，各自負責組裝罐頭、貼貼紙、折紙箱等，各司其職，一群銀髮志工就在這不到幾坪大小的空間揮汗如雨的勞動起來，越做越起勁。從一〇五成立至今，近五年來，共送給偏鄉育幼院及老人養護中心或是啟智中心等公益團體三萬多箱，繁榮社會企業股份有限公司已經幫助千百個弱勢家庭，一年約有四到五千箱的公益福袋，價值數千萬元的公益福袋及愛心紅包。這些善款與物資，來自一千多名全台各地志工捐助。這些志同道合的志工有六成是他成大校友，四成是王興隆求學生涯的同學及就業時期的好友，拜網路社群之賜，王興隆每月在群組內刊登認捐公益福袋接龍，這群善男善女就相繼接龍出錢出力行善。

王興隆從小想法和其它人不太一樣，有些人對他很敬重，佩服他在做聖人做的事；也有些人可能會認為他沽名釣譽，總是高調的揭櫫理想；但是，王興隆認為只要思考存錢的意義，就會覺得金錢若用濟弱扶傾上，才會格外有意義，他認為施比受更為有福，行善做公益讓他樂此不疲。

讓愛傳承　聖火相傳運動魂

一一〇年母校成大慶賀創校九十週年校慶，二〇二一全國大專院校運動會（簡稱全大運）在國立成功大學舉行，王興隆學長接到成大學務長林麗娟博士電話，盛情邀約他四月十九日回成大，由蘇慧貞校長點燃聖火，興隆學長接下聖火跑第一棒，然後，聖火將由成大傑出學長姊們接力跑完全台一週後回到成大。望著王興隆頒發助學金紅包給泰山高中籃球隊孩子們的相片，真摯的眼神、無盡的期許，青春不曾消逝，只是從王興隆那裡，遷徙到青春無敵的籃球小子那裡，曾是運動員沉穩的心理素質，讓施與受的兩雙手充滿了傳承力量。

後記

一百位作者的一百三十多篇故事，血淚歡笑苦盡甘來。

看完——

百人一甲子功力灌頂，一生受益良多。

你身處哪個故事情境，你嚮往哪個故事發展，我們共寫一本好書。

感恩教育我們的各校師長！

感恩父母帶我們來到這世界！

有天你們懷念我們這一代人，請拿出這本《我們的故事》，告訴我們你們的故事！

感謝文編志工黃培玟、趙德玉、林淑惠、趙葳華。還有時報出版趙政岷董事長全力支持。

淘氣阿隆

PEOPLE 481

我們的故事：濟世傳情，100 位愛心志工，分享難忘的人生紀錄

主　編—王興隆
文字編輯—黃培玟、趙德玉、林淑惠、趙葳華
協力編輯—謝翠鈺
封面設計—陳文德
美術編輯—趙小芳

董事長—趙政岷
出版者—時報文化出版企業股份有限公司
108019 台北市和平西路三段二四〇號七樓
發行專線—（〇二）二三〇六六八四二
讀者服務專線—〇八〇〇二三一七〇五
（〇二）二三〇四七一〇三
讀者服務傳真—（〇二）二三〇四六八五八
郵撥—一九三四四七二四時報文化出版公司
信箱—一〇八九九台北華江橋郵局第九九信箱

時報悅讀網—http://www.readingtimes.com.tw
法律顧問—理律法律事務所　陳長文律師、李念祖律師
印　刷—勁達印刷有限公司
初版一刷—二〇二二年四月八日
初版三刷—二〇二三年二月八日
平裝定價—新台幣五八〇元
精裝定價—新台幣七〇〇元

時報文化出版公司成立於一九七五年，
並於一九九九年股票上櫃公開發行，於二〇〇八年脫離中時集團非屬旺中，
以「尊重智慧與創意的文化事業」為信念。

我們的故事：濟世傳情,100 位愛心志工, 分享難忘的人生紀錄
/ 王興隆主編 . -- 一版 . -- 臺北市 : 時報文化 , 2022.04
面； 公分 . -- (PEOPLE ; 481)

ISBN 978-626-335-225-4(平裝)
ISBN 978-626-335-244-5(精裝)

1.CST: 志工　2.CST: 文集

547.16　　111004012

ISBN 978-626-335-225-4(平裝)
ISBN 978-626-335-244-5(精裝)
Printed in Taiwan